非 CHENG

肥城市
非物质文化遗产旅游
活化研究

张颖 著

图书在版编目（CIP）数据

肥城市非物质文化遗产旅游活化研究 / 张颖著 .

哈尔滨：黑龙江科学技术出版社，2024. 6. -- ISBN

978-7-5719-2431-7

Ⅰ . F592.752.4

中国国家版本馆 CIP 数据核字第 20242A66P4 号

肥城市非物质文化遗产旅游活化研究

FEICHENGSHI FEIWUZHIWENHUAYICHANLUYOU HUOHUA YANJIU

策划编辑　沈福威　顾天歌
责任编辑　刘　路
封面设计　墨君笙传媒
出　　版　黑龙江科学技术出版社
地　　址　哈尔滨市南岗区公安街 70-2 号
邮　　编　150007
电　　话　（0451）53642106
传　　真　（0451）53642143
网　　址　www.lkcbs.cn
发　　行　全国新华书店
印　　刷　泰安市华岳印刷有限公司
开　　本　710 mm×1000 mm　1/16
印　　张　20
字　　数　350 千字
版　　次　2024 年 6 月第 1 版
印　　次　2024 年 6 月第 1 次印刷
书　　号　ISBN 978-7-5719-2431-7
定　　价　98.00 元

# 前言

## PREFACE

　　非物质文化遗产是指各民族人民世代相承的、与群众生活密切相关的各种传统文化表现形式和文化空间。非物质文化遗产是人类的智慧结晶和文明瑰宝。随着时代的变迁，一些非物质文化遗产生存的社会文化环境发生了巨大的变化，传统的文化元素渐行渐远，以至于在现代市场经济环境中，不再具有竞争力。因此，对非物质文化遗产实施活态保护，使其融入现代生活、展现当代价值，成为现阶段的必然选择。当前，在文旅深度融合的大背景下，非物质文化遗产为旅游塑造了更高的品质内涵，旅游为非物质文化遗产注入了更多的活化基因，以旅游与非物质文化遗产的双向奔赴，推进非物质文化遗产与旅游深度融合发展，成为文旅融合的应有之义和重要内容。可以说，非物质文化遗产与旅游融合发展具有天然的契合点，并在融合发展过程中呈现出互为场景的基本特点。旅游为非物质文化遗产提供应用场景，为其活化利用指明方向；同时，非物质文化遗产能够赋予旅游业丰富的文化内涵，为游客提供更加深度的文化旅游体验，增强对非物质文化遗产的参与感、认同感，产生良好的社会效益和环境效益。

　　肥城历史悠久，文化灿烂。非物质文化遗产存量丰富、类型多样，分布广泛。西周时肥族人散居于此，古称肥子国。西汉初设置肥城县，至今已有2200多年的历史，是"史圣"左丘明故里、"商圣"范蠡隐居经商之地，素有"君子之邑"的美誉。目前，肥城市县级非物质文化遗产代表性项目达137项之多（其中86项入选泰安市级非物质文化遗产代表性项目名录，8项入选省级非物质文化遗产代表性项目名录）。可以说，肥城是山东省非物质文化遗产较为丰富的县市。肥城非物质文化遗产是肥城传统文化的集合和沉淀，是从肥城深厚的传统文化、悠久的历史发展过程中，历经岁月沧桑，保存、流传下来的。保护与传承非物质文化遗产就是让肥城深厚的历史文化内容及其元素动起来、活起来，变成看得见、摸得着的文化产品和文化品牌，变成现代城市竞争所必需的文化软实力、发展硬支撑。

近年来，肥城市委、市政府高度重视非物质文化遗产保护传承，在全面普查和科学认定的基础上，建立起非物质文化遗产名录体系，按照"保护为主、抢救第一、合理利用、传承发展"的保护方针和"政府主导、社会参与，职责明确、形成合力；长远规划、分步实施，点面结合、讲求实效"的原则，以非物质文化遗产项目和传承人为核心，建立了科学有效的非物质文化遗产保护和传承机制，使全市非物质文化遗产保护工作逐步走上全面的、整体性的保护阶段。尤其是近年来，在文化和旅游部提出的"在提高中保护""非遗（非物质文化遗产）走进现代生活""见人见物见生活"三个重要理念的推动下，肥城市积极探索非物质文化遗产的生产性保护和活态化传承路径，培育休闲度假、研学体验、文创开发等非遗旅游新业态，为非遗旅游活化利用提供平台、拓宽空间，使非遗的"厚家底"成为了发展的"新引擎"。

我作为基层文化工作者，多年来一直孜孜以求地开展非遗相关研究工作，先后在学术期刊发表《非遗保护视阈下民族传统文化体育》《非物质文化遗产旅游商品开发模式研究》等论文2篇，《肥城市非物质文化遗产旅游商品开发调查报告》获山东省文化旅游系统2022年度调研成果一等奖。为了与同行交流共享研究成果，为肥城非遗保护传承和旅游活化利用提供理论支持和决策参考，我在对研究成果进行整理分析的基础上撰写了本书。本书全面梳理了非物质文化遗产的概念化过程、类型及其特征，简要总结了非遗旅游活化的相关理论，对肥城市非物质文化遗产的形成背景、资源特点和旅游活化价值进行了梳理分析；同时对肥城市非遗旅游活化现状、效果和困境进行了实证研究，并从非遗旅游活化价值、非遗保护濒危度和旅游活化度三个方面进行了综合评价，提出了肥城市非遗旅游活化的对策建议。其中肥城非遗旅游活化价值、非遗保护濒危度和旅游活化度评价在肥城非遗研究方面尚属首次，希望这些积极尝试和有益探索成为引玉之砖，吸引更多的人了解、关注、热爱肥城非遗，并在今后工作中准确把握推进非遗与旅游深度融合发展的有关要求，厚植文化旅游优势，激发文化旅游活力，多措并举彰显肥城非遗魅力，推动肥城非遗和旅游真融合、深融合，绽放相得益彰、共同发展的美好未来。

张　颖

# 目录

## CONTENTS

# 第一章　非物质文化遗产旅游活化研究理论基础

## 第一节　非物质文化遗产概念化过程

作为近年来社会热点话题的"非物质文化遗产"，源自联合国教科文组织多年来推动的保护世界非物质文化遗产行动，以及相关会议发布的文件。随着全球一体化的加剧和现代文明的蓬勃发展，人们对"非物质文化遗产"概念的重新审视和认识也在不断深入。"非物质文化遗产"的概念，正是随着全球性非物质文化遗产保护工程的历史进程逐渐清晰起来的，它的出现以及围绕它实施的一系列保护工程，不是凭空臆造出来的，而是在五十多年漫长的探讨基础上，前后经历了四个重要阶段，才最终明晰了非物质文化遗产的概念和范畴界定。

**第一阶段，标志性成果是缔结《保护世界文化和自然遗产公约》，明确了"世界遗产"概念，并启动实施一系列世界遗产保护工程。**

第二次世界大战后，全球处于相对和平的大环境下，各国大都以工业化推动经济发展，在加快世界经济一体化发展趋势和现代化进程的同时，也带来了文化的迅速扩张，致使众多弱小民族传统文化的生存空间受到空前挤压，大量的重要历史非物质文化遗产遭到严重破坏甚至灭失。十九世纪六十年代初，埃及人在尼罗河上兴建阿斯旺大坝时，尼罗河水淹没了菲莱神庙和阿布辛贝庙原址，给这两座世界著名的文明古迹带来了灭顶之灾，人们用千年神庙换来了水利工程带来的巨大经济效益，却留下了永久的遗憾。据统计，在二十世纪六十至七十年代，在世界范围内因城市发展、兴修水利等基础设施建设工程而毁掉的历史古迹和建筑物远远多于两次世界大战。可见，经济建设对文物的破坏，比战争更为恐怖。严峻的形势引发了各国对保护世界文化遗产的关注。

1965年，在美国华盛顿举行的国际保护组织会议，从保护世界非物质文化遗产的高度，首次提出设立"世界遗产信托基金"的建议案，倡议通过国际合作共同保护"世界杰出的自然风景区和历史遗址"。1970年1月，由美国尼克松总统签署批准生效的《国家环境政策法》正式将这一构想纳入其中。美国的积极呼吁，引起联合国教科文组织的重视，1972年11月，联合国教科文组织第17届大会通过了《保护世界文化和自然遗产公约》，首次在国际社会以国际法形式规定了非物质文化遗产的保护，极大地推动了世界各国对非物质文化遗产的保护意识。

《保护世界文化和自然遗产公约》明确阐释了非物质文化遗产、自然遗产的概念，制定了国家保护和国际保护措施等条款，为世界遗产保护提供了制度化保障，是国际社会保护文化和自然遗产的纲领性文件，对于认定、保存、保护和传承对于全人类而言具有突出普遍价值的文化和自然遗产，促进世界遗产可持续发展发挥了重要推动作用。截至2023年，全球共有194个缔约国和1199项世界遗产。中国于1985年加入《保护世界文化和自然遗产公约》，截至2023年底，中国共有57个项目被联合国教科文组织列入《世界遗产名录》，总数位居全球第二。其中，世界非物质文化遗产39处，世界自然遗产14处，世界文化和自然遗产4处。

《保护世界文化和自然遗产公约》所称的"世界非物质文化遗产"主要是指："文物：从历史、艺术或科学角度看具有突出的普遍价值的建筑物、碑雕和碑画，具有考古性质成分或结构、铭文、窟洞以及联合体；建筑群：从历史、艺术或科学角度看在建筑式样、分布均匀或与环境景色结合方面具有突出的普遍价值的单立或连接的建筑群；遗址：从历史、审美、人种学或人类学角度看具有突出的普遍价值的人类工程或自然与人联合工程以及考古地址等地方。"

从《保护世界文化和自然遗产公约》对于"世界非物质文化遗产"的概念可以看出，其所说的非物质文化遗产只包括"文物""建筑群"和"遗址"三类，显然都是指非物质文化遗产。今天看来，这样的界定是不够确切，也不够全面的。

为了便于人们理解和操作，联合国教科文组织又制定了《实施世界遗产公约的操作指南》，其中规定，凡提名列入世界遗产名录的文化遗产项目，必须符合下列一项或几项标准：

1. 代表一种独特的艺术成就，一种创造性的天才杰作；

2. 能在一定时期内或世界某一文化区域内，对建筑艺术、纪念物艺术、城镇规划或景观设计方面的发展产生过大影响；

3. 能为一种已消逝的文明或文化传统提供一种独特的至少是特殊的见证；

4. 可作为一种建筑或建筑群或景观的杰出范例，展示出人类历史上一个（或几个）重要阶段；

5. 可作为传统的人类居住地或使用地的杰出范例,代表一种（或几种）文化,尤其在不可逆转之变化的影响下变得易于损坏；

6. 与具特殊普遍意义的事件或现行传统或思想或信仰或文学艺术作品有直接或实质的联系。这个界定标准明显具有"非物质"文化遗产的特征。"艺术成就""建筑艺术"等表述,体现的正是文物、遗址、建筑群所承载的"非物质"文化价值。因此,可以说《保护世界文化和自然遗产公约》为"非物质文化遗产"概念的确立奠定了最早的坚实基础。

**第二阶段,标志性成果是发布《保护民间创作建议案》,明确了"民间创作"概念,并启动实施民间创作保护工程。**

18 世纪和 19 世纪,有些语言学家、民俗学家和其他研究人员一直在努力尝试记录世界各地的口头文化传统。日本于 1950 年颁布了《文化财保护法》,成为日本保护国家文化遗产的根本性法律。它的保护范围涵盖了有形文化财、无形文化财等七大类。其中"无形文化财"和现在的"非物质文化遗产"概念相类似。林德尔·普罗特（原联合国教科文组织文化部国际标准司司长）在《定义"无形遗产"的概念:挑战和前景》一文中表示,"无形遗产"即"非物质遗产",就来源于日本的《文化财保护法》。1962 年,韩国参考日本政府的成功经验,也制定了《文化财保护法》,并将具有深厚文化内涵的音乐、舞蹈等涵盖在内。

对世界非物质文化遗产保护产生重要影响的国家自然是起步最早的日本和韩国,但对联合国教科文组织产生直接作用并最终促使联合国教科文组织接受这种主张的是美国。1976 年 1 月 2 日,美国国会通过了《民俗保护法案》。在该法案中,"美国民俗"涵盖范围非常广泛:"风俗、信仰、技巧、语言、文学、艺术、建筑、音乐、游戏、舞蹈、戏剧、宗教仪式、庆典、手工艺"等,在"美国境内各群体所持有的家族的、种族的、职业的、宗教的和地域的文化表现形式",都隶属美国民俗,并列入了《民俗保护法案》。

联合国教科文组织对非物质文化遗产的保护起步于 20 世纪 70 年代。在日本的推动下,非物质文化遗产保护的理念受到联合国教科文组织重视。1977 年,《联合国教科文组织第一个中期计划》（1977–1983）首次提及"非物质文化遗产"这个概念。1984 年,《联合国教科文组织第二个中期计划》（1984–1989）用"非物质文化遗产"这一概念来界定"文化遗产"的扩展部分。

联合国教科文组织对非物质文化遗产的保护实践始于20世纪90年代。1975年12月，《保护世界文化和自然遗产公约》生效后，一大批对人类具有重要价值的文化和自然遗产相继被列入了世界遗产名录，得到有效保护。但是，随着世界遗产保护实践的不断深入，人们很快发现，那些不能适用《保护世界文化和自然遗产公约》的非物质文化遗产面临着更为严峻的形势。为了弥补《保护世界文化和自然遗产公约》在非物质文化遗产保护方面的疏漏，1989年11月，联合国教科文组织于第25届大会通过了《保护民间创作建议案》。建议案明确："民间创作（或传统的民间文化）是指来自某一文化社区的全部创作，这些创作以传统为依据、由某一群体或一些个体所表达并被认为是符合社区期望的，作为其文化和社会特性的表达形式、准则和价值通过模仿或其他方式口头相传。它的形式包括：语言、文学、音乐、舞蹈、游戏、神话、礼仪、习惯、手工艺、建筑术及其他艺术。"尽管建议案尚未正式提出"非物质文化遗产"这一概念，但是已经将文化遗产保护范围从有形的物质文化遗产扩展到了无形的"民间创作"（或"传统的民间文化"），其保护的内容和后来"非物质文化遗产"界定的范围已经基本一致。可以说，《保护民间创作建议案》为非物质文化遗产概念的正式提出奠定了坚实基础。但《保护民间创作建议案》推行了近10年之久，其效果却不尽如人意。

**第三阶段，标志性成果是颁布《人类口头和非物质遗产代表作条例》，明确了"人类口头和非物质遗产"概念，并开始实施"人类口头和非物质遗产杰作（代表作）"计划。**

1997年11月，联合国教科文组织第29届大会通过的《人类口头遗产和非物质遗产代表作宣言》和1998年10月联合国教科文组织执行局第155届大会通过的《人类口头和非物质遗产代表作条例》，直接沿用《保护民间创作建议案》中"民间创作"的概念作为"人类口头和非物质遗产"的定义，这标志着"非物质文化遗产"的内涵在联合国法律文件中逐步明确和定型。

2000年，联合国教科文组织开始正式实施"人类口头和非物质遗产代表作宣布计划"，组织各国开展申报工作。2001年5月，联合国教科文组织宣布了第一批19项"人类口头和非物质遗产代表作"，在全世界产生重大影响。在19项代表作中,从所在区域来看,亚洲 6 项、欧洲 5 项、非洲 5 项、南美洲 3 项;从项目类别来看,文化空间类 5 项、戏曲类(包括中国的昆曲艺术)5 项、音乐和舞蹈类 4 项、口头遗产类 2 项、礼仪类 1 项、节日类 1 项、工艺类 1 项。从类别比例来看,戏曲和文化空间占有重要位置。2003 年 11 月,联合国教科文组织又公布了第二批 28 项人类口头和非物质遗产代表作,其中传统音乐类 1 项,口语和说唱、史诗表演类 5 项,歌舞表演类 12 项,节日类 3 项,偶戏(人偶、影偶)类 2 项,工艺类 1 项,医术类 1 项,绘画类 1 项,文化空间类 2 项。中国的"古琴艺术"名列其中。2005 年 11 月,联合国教科文组织公布了第三批 43 项人类口头和非物质文化遗产代表作名单,中国新疆维吾木卡姆艺术、中国和蒙古国联合申报的"蒙古族长调民歌"入选。

**第四阶段,标志性成果是发布《保护非物质文化遗产公约》,明确了"非物质文化遗产"概念,并正式设立人类非物质文化遗产代表作名录。**

联合国教科文组织 1993 年启动的"人类活瑰宝"体系和 2001 年陆续公布的"人类口头和非物质遗产代表作"使非物质文化遗产的重要性与日俱增,但在项目实施过程遇到的一些问题,使人们越来越意识到,非物质文化遗产保护迫切需要有新的规范性工具。2001 年 11 月联合国教科文组织第 31 届大会通过的《世界文化多样性宣言》和 2002 年 9 月联合国教科文组织第三届文化部长圆桌会议通过的《伊斯坦布尔宣言》,强调非物质文化遗产对人类文化多样性的重要意义,并呼吁加强非物质文化遗产的保护。联合国教科文组织经过多次研究,1999 年启动了《保护非物质文化遗产公约》的起草工作。2003 年 10 月,联合国教科文组织第 32 届大会审议并高票通过了《保护非物质文化遗产公约》。《保护非物质文化遗产公约》从国际准则的视角确定了"非物质文化遗产"的定义和内容等,使保护和传承非物质文化遗产的重要性和紧迫性成为全世界许多国家和地区的广泛共识,为未来非物质文化遗产保护事业奠定了坚实基础,提供了广阔前景。从此,非物质文化遗产保护工作逐渐形成国际潮流,并取得巨大成绩。

作为《保护非物质文化遗产公约》缔结国,中国政府积极落实联合国关于加强非物质文化遗产保护工作的相关要求,2005 年 3 月 31 日,国务院办公厅发布了《关于加强我国非物质文化遗产保护工作的意见》。2011 年 2 月 25 日,第十一届全国人民代表大会常务委员会第十九次会议通过了《中华人民共和国非物质文化遗产法》，并于 2011 年 6 月 1 日正式实施。从此，"非物质文化遗产"这一外来词语和概念正式进入中国官方语言，随后在学术界得到广泛应用，并迅速成为中国文化语境中最流行的时尚新词。

从 1989 年《关于保护民间传统文化与民间创作的建议》提出"传统文化和民间创作"，到 1997 年《人类口头和非物质遗产杰作宣言》改为"人类口头和非物质遗产"，最后到 2003 年《保护非物质文化遗产公约》明确界定"非物质文化遗产"的概念，这不仅仅是一个名称上的变化，更反映了国际社会在几十年推进非物质文化遗产保护工作过程中对其重要价值认识一个不断深化的过程。非物质文化遗产概念的提出发端于非物质文化遗产保护本身现实而迫切的需要，既是非物质文化遗产保护工作发展的必然趋势，更是时代性的需要。

# 第二节　非物质文化遗产概念和分类

非物质文化遗产的概念和分类不仅是非物质文化遗产保护实践工作的基础，也是非物质文化遗产理论研究的重要内容。因为不同国家的民族、历史、文化乃至国情不甚相同，因此，对于非物质文化遗产的具体分类并不完全一致。但是，联合国教科文组织颁布的《保护非物质文化遗产公约》，对于非物质文化遗产的分类几乎涵盖了世界各国的基本情况，中国学者们提出的非物质文化遗产的分类，几乎都是以这部公约所确立的体系为基础进行确立的。

## 一、联合国教科文组织关于非物质文化遗产的概念和分类

2003 年 10 月，联合国教科文组织第 32 届大会通过的《保护非物质文化遗产公约》第一章第二条，将非物质文化遗产定义为："指被各社区、群体，有时是个人，视为其文化遗产组成部分的各种社会实践、观念表述、表现形式、知识、技能以及相关的工具、实物、手工艺品和文化场所。这种非物质文化遗产世代相传，在各社区和群体适应周围环境以及与自然和历史的互动中，被不断地再创造，为这些社区和群体提供认同感和持续感，从而增强对文化多样性和人类

创造力的尊重。"

在《保护非物质文化遗产公约》中，只考虑符合现有国际文件，各社区、群体和个人之间相互尊重需要和顺应可持续发展的非物质文化遗产，包括以下五个领域：

1. 口头传统和表述（Oral traditions and expressions），包括作为非物质文化遗产媒介的语言；

2. 表演艺术（Performing arts）；

3. 社会风俗、礼仪、节庆（Social practices, rituals and festive events）；

4. 有关自然界和宇宙的知识与实践（knowledge and practices concerning nature and the universe）；

5. 传统手工艺技能（Traditional craftsmanship）。

根据《保护非物质文化遗产公约》关于非物质文化遗产的定义，可以明确三点：

1. 非物质文化遗产是由社区、群体和个人认定的，表明了社区、群体和个人的重要性。

2. 非物质文化遗产代代传承，且随着时间和自然环境、历史的发展而变化，是被不断再创造的。

3. 非物质文化遗产能够给社区和群体带来认同感和持续感，它能够从精神层面给人们带来或增强身份认同感。

此外，上述定义提到了"相关工具、实物、手工艺品和文化场所"，表明非物质文化遗产实践与物质的关联性，但这些物品和文化场所本身并不具有独立的非物质文化遗产价值。

《保护非物质文化遗产公约》第四章明确，"国际一级保护非物质文化遗产"由"人类非物质文化遗产代表作名录""急需保护的非物质文化遗产名录"和"保护非物质文化遗产的计划、项目和活动"三个序列组成。截至2022年12月，联合国教科文组织公布的非物质文化遗产名录（名册）项目共计677个，涉及140个国家。其中人类非物质文化遗产代表作名录568项，涉及136个国家；急需保护的非物质文化遗产名录76项，涉及40个国家；优秀实践名册33项，涉及31个国家。

标志以三角形、正方形和圆形为基本构图，线条图以一次手的运动开始并结束，中间没有任何停止或断落，三角形变成一个正方形，正方形变成一个圆形，而圆形则采取了泡状保护罩的形式，以突出该公约的宗旨和精神，强调的是传统与现代之间的联结——以手的运动表示传统，以类似于英文 at 的符号"@"象征现代，紧扣"一个现代性时代的遗产"的主题。该标志与联合国教科文组织徽标联合使用。（见图 1-1）

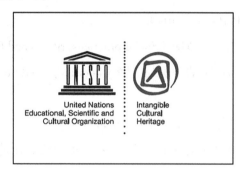

图 1-1 联合国教科文组织非物质文化遗产标志

2004 年 8 月，中国加入《保护非物质文化遗产公约》。截至 2022 年 12 月，中国先后有 43 个项目被列入联合国教科文组织非物质文化遗产名录（名册），数量高居世界第一位（见表 1-1）。其中，人类非物质文化遗产代表作（含昆曲、古琴艺术、新疆维吾尔木卡姆艺术和蒙古族长调民歌）35 项，急需保护的非物质文化遗产名录 7 项，优秀实践名册 1 项。

表 1-1　中国列入联合国教科文组织非物质文化遗产名录（名册）项目名单

| 序列 | 入选年份 | 项目名称 |
|---|---|---|
| 人类非物质文化遗产代表作名录(3项) | 2001 年 | 昆曲 |
| | 2003 年 | 古琴艺术 |
| | 2005 年 | 1.新疆维吾尔木卡姆艺术；2.蒙古族长调民歌（与蒙古国联合申报） |
| | 2009 年 | 1.中国篆刻；2.中国雕版印刷技艺；3.中国书法；4.中国剪纸；5.中国传统木结构营造技艺；6.南京云锦织造技艺；7.端午节；8.中国朝鲜族农乐舞；9.妈祖信俗；10.蒙古族呼麦歌唱艺术；11.南音；12.热贡艺术；13.中国传统桑蚕丝织技艺；14.龙泉青瓷传统烧制技艺；15.宣纸传统制作技艺；16.西安鼓乐；17.粤剧；18.花儿；19.玛纳斯；20.格萨（斯）尔；21.侗族大歌；22.藏戏 |

| 序列 | 入选年份 | 项目名称 |
|---|---|---|
| 人类非物质文化遗产代表作名录（3项） | 2010 年 | 1. 中医针灸；2. 京剧 |
| | 2011 年 | 中国皮影戏 |
| | 2013 年 | 中国珠算 |
| | 2016 年 | 二十四节气 |
| | 2018 年 | 藏医药浴法 |
| | 2020 年 | 1. 太极拳；2. 送王船——有关人与海洋可持续联系的仪式及相关实践 |
| | 2022 年 | 中国传统制茶技艺及其相关习俗 |
| 急需保护的非物质文化遗产名录（7项） | 2009 年 | 1. 羌年；2. 黎族传统纺染织绣技艺；3. 中国木拱桥传统营造技艺 |
| | 2010 年 | 1. 麦西热甫；2. 中国水密隔舱福船制造技艺；3. 中国活字印刷术 |
| | 2011 年 | 赫哲族伊玛堪 |
| 优秀实践名册（1项） | 2012 年 | 福建木偶戏后继人才培养计划 |

## 二、中国非物质文化遗产的概念和分类

我国对非物质文化遗产的概念和分类有法律和实践工作两个体系。

（一）法律体系。指《国家级非物质文化遗产代表作申报评定暂行办法》和《中华人民共和国非物质文化遗产法》这两部国家级非物质文化遗产专门法律法规中对非物质文化遗产的概念和分类，均与联合国教科文组织一致。

1.《国家级非物质文化遗产代表作申报评定暂行办法》中非物质文化遗产的概念和分类

2005 年 3 月 26 日，国务院办公厅发布的《关于加强我国非物质文化遗产保护工作的意见》附件 1《国家级非物质文化遗产代表作申报评定暂行办法》，对非物质文化遗产做了如下界定：

非物质文化遗产指各族人民世代相承的、与群众生活密切相关的各种传统文化表现形式（如民俗活动、表演艺术、传统知识和技能，以及与之相关的器具、实物、手工制品等）和文化空间。

非物质文化遗产可分为两类：

（1）传统的文化表现形式，如民俗活动、表演艺术、传统知识和技能等；

（2）文化空间，即定期举行传统文化活动或集中展现传统文化表现形式的场所，兼具空间性和时间性。

非物质文化遗产的范围包括：

（1）口头传统，包括作为文化载体的语言；

（2）传统表演艺术；

（2）民俗活动、礼仪、节庆；

（4）有关自然界和宇宙的民间传统知识和实践；

（5）传统手工艺技能；

（6）与上述表现形式相关的文化空间。

**2.《中华人民共和国非物质文化遗产法》中非物质文化遗产的概念和分类**

2011 年 2 月 25 日，中华人民共和国第十一届全国人民代表大会常务委员会第十九次会议通过并公布的《中华人民共和国非物质文化遗产法》第一章总则第二条，对非物质文化遗产做出如下界定：

本法所称非物质文化遗产，是指各族人民世代相传并视为其文化遗产组成部分的各种传统文化表现形式，以及与传统文化表现形式相关的实物和场所。包括：

（1）传统口头文学以及作为其载体的语言；

（2）传统美术、书法、音乐、舞蹈、戏剧、曲艺和杂技；

（3）传统技艺、医药和历法；

（4）传统礼仪、节庆等民俗；

（5）传统体育和游艺；

（6）其他非物质文化遗产。

**（二）实践工作体系。指包括《第一批国家级非物质文化遗产代表性项目名录》《中国非物质文化遗产普查手册》《第二～四批国家级非物质文化遗产项目名录》中非物质文化遗产的分类。**

我国在工作实践中遴选非物质文化遗产项目时，根据开展实际工作的需要，细化了非物质文化遗产的分类。

**1. 2006 年《第一批国家级非物质文化遗产代表性项目名录》中，采用的非**

物质文化遗产"十分法",包括民间文学、传统音乐、民间舞蹈、传统戏剧、曲艺、游艺与杂技、民间美术、传统手工技艺、传统医药、民俗。

**2. 2007年《中国非物质文化遗产普查手册》中,**采用的非物质文化遗产"十六类+文化空间"分类方法,包括民间文学、民间美术、民间音乐、民间舞蹈、戏曲、曲艺、民间杂技、民间手工技艺、生产商贸习俗、消费习俗、人生礼俗、岁时节令、民间信仰、民间知识及游艺、传统体育与杂技、传统医药以及文化空间。

**3. 2008—2014年《第二～四批国家级非物质文化遗产项目名录》中,**将非物质文化遗产分为十大门类,其中五个门类的名称在2008年有所调整,并沿用至今。每个代表性项目都有一个专属的项目编号,编号中的罗马数字代表所属门类。

（1）民间文学（Folk Literature）,是人民大众口头创作、世代口耳相传的语言艺术。民间文学形式丰富多样,包括神话、传说、史诗、故事、谚语、歌谣、歇后语等。最具代表性的是中国少数民族三大史诗《格萨（斯）尔》《玛纳斯》《江格尔》,还有在汉民族中广泛流传的《梁山伯与祝英台》等。

（2）传统音乐（Traditional Music）,是各族人民在长期社会生活过程中,集体创造出来的一种广泛流传于民间和上层社会、深受人们喜爱的传统音乐艺术表现形式。传统音乐主要通过口头创作方式产生和传播,具有地域性、流变性、通俗性、程式性等特点如客家山歌、惠东渔歌、南塘吹打乐等。

（3）传统舞蹈（Traditional Dance）,是广大劳动人民创造的、世代相传的,在日常生活场所表演的各种传统舞蹈。如藏族锅庄舞、傣族的孔雀舞、维吾尔族刀郎舞等。

（4）传统戏剧（Traditional Opera）,是中国各族人民共同创造的综合表演艺术。中国传统戏剧剧种丰富,历史悠久,讲究唱念做打,具有很强的程式性和技术性。如京剧、昆曲、黄梅戏、越剧、皮影戏、木偶戏等。

（5）曲艺（Chinese QUYI Music）,是以口头语言进行"说唱"叙述的表演艺术形式。它由民间口头文学和歌唱艺术长期演化发展而成,具有民间性、通俗性、一人多角、化出化入、说唱为主、简便易演等特点。如相声、苏州评弹、山东琴书等。

（6）传统体育、游艺与杂技（Traditional Sports, Recreation and Acrobatics）,包

括传统武术、传统竞技、传统体育、游艺、杂技、魔术、马戏、乔装戏、滑稽等，是数千年来中华民族健体强身、玩物适情文化生活中不可或缺的部分，具有深厚的传统、悠久的历史和广泛的民众基础。如少林功夫、太极拳、摔跤、抖空竹等。

（7）传统美术（Fine Art），是由广大民众创造的各种视觉造型艺术，大体上可分为民间绘画、民间雕塑、民间工艺、民间建筑四大类，包括广泛流传于各民族、各地域的剪纸、年画、泥人、泥塑、刺绣、民居建筑装饰等。

（8）传统技艺（Traditional Skill），指有着悠久文化历史背景，并必须经过一定的深入研究学习才能掌握的技术、技能。如雕版印刷技艺、中国传统木结构建筑营造技艺、中国传统桑蚕丝织技艺、南京云锦织造技艺等。

（9）传统医药（Traditional Medicine），指中医中药以及一些少数民族的传统医学药学，它属于传统民间知识体系中的一个重要组成部分，具有很高的科学认识价值和实践价值。如藏医、中药炮制、中医针灸等。

（10）民俗（Folk-custom），指一个国家或民族中由广大民众所创造、享用和传承的生活文化，包括信仰习俗、传统节日、服饰习俗、饮食习俗、居住习俗等。如春节、端午节、彝族火把节、傣族泼水节、藏族雪顿节、妈祖信俗等。

中国非物质文化遗产标识图案外部为圆形，内部为方形，图形中心造型为古陶器上最早出现的纹样之一——鱼纹。鱼纹外是一双抽象的手，上下围合。外部的圆形象征着循环往复，永不消失；内部的方形与外部圆形对应，象征天圆地方，表达了非物质文化遗产存在空间的广阔性；图形中心造型的鱼纹，"纹"通"文"，"文"隐喻非物质文化遗产，而鱼生于水，寓意中国非物质文化遗产源远流长，世代相传；鱼纹外的手上下围合，寓意着同心协力，共同继承和保护非物质文化遗产，守护中国的精神家园。标志图形上的残损，一方面传达出古朴和质拙感，另一方面反映了非物质文化遗产的特点、生存现状，激励人们加紧对非物质文化遗产的保护、珍藏与利用。红色是中国色，视觉内容丰富，既体现了中国非物质文化遗产的深厚底蕴，又具有奔放的时代活力。（见图 1-2）

图 1-2　中国非物质文化遗产标志

2006 年、2008 年、2011 年、2014 年和 2021 年，国务院先后公布了五批国家级非物质文化遗产代表性项目名录，共计 1557 个国家级非物质文化遗产代表性项目，按照申报地区或单位进行逐一统计，共计 3610 个子项。

## 第三节　非物质文化遗产旅游活化理论研究

关于非物质文化遗产旅游活化研究，国内外存在着明显的差异。国外非物质文化遗产旅游活化研究早在 1993 年已经开始系统化进行，尤以意大利和韩国最为突出。研究视角多倾向于商品性与原真性、政治属性、旅游影响、动力机制等方面。国内对非物质文化遗产旅游活化的研究是从联合国教科文组织颁布《非物质文化遗产公约》后开始的，研究方向主要集中在开发价值、开发原则、开发体例、案例实证、影响等五个方面。

### 一、非物质文化遗产旅游活化的提出与深化

关于"非物质文化遗产的旅游活化"，目前，学术界并没有官方的界定和一个准确的定义，主要是在"遗产活化"大概念下的具体表述。早期的国内外学者大多数仅仅将活化利用应用于建筑遗迹。而随着发展，"活化利用"应用的范围在不断扩展，逐渐运用于非物质文化遗产和旅游遗迹上。

"活化"一词最初是用于自然科学领域的术语，常用来指某一物质从其无活性状态转变为具有活性状态的过程，但如今已经广泛应用于其他领域。1979 年《巴拉宪章》正式提出了活化利用的概念和核心思想，在当时引起了广泛的关注，具有重要和广泛的意义。1998 年，Alison Maggs 对澳大利亚弗里曼特尔监狱的活化利用进行了深入研究，并对其中的利弊进行了分析；2009 年，Ashworth 指出，遗产活化可以通过经济协同来实现，并且可以通过不同的角色扮演来实现活化；2011 年，Marcello 提出，为了促进文化遗产活化，应该建立一个多媒体平台，以保护遗产及其技艺。

国内最早提出"活化利用"这一概念的是傅朝卿，1997 年，他在研究中将 Adaptive Reuse 翻译为"再利用"。在郑成功大学建筑研究所的支持下，他从学术研究、环境和行为三个角度对建筑再利用的课题进行了剖析；2000 年，林兆璋和倪文岩对广州芳村鹤洞混凝土厂进行了改建，使其成为一座地标性的花卉博览公

园，他们认为：对旧建筑的改造性再利用，不仅可以保持其生命力，更能够实现其经济价值的转移和文化价值的延续。2007年，德村志成将这一理论应用于遗产开发与旅游发展之间的联系以及开发与保护的探讨。之后，越来越多的国内学者将"活化利用"运用于文化遗产；2010年，中国台湾专家李常生和钟行明在对多个名人旧居旅游开发情况深入调查的基础上，指出文化遗产只有真正活起来，才会有更多的发展空间；喻学才在《遗产活化论》一文中指出，文化遗产活化可以分为遗产本体和观赏者活动两方面，并提供了变小为大、模拟浓缩等文化遗产活化的方法；2011年，张黎黎提出了一种活化利用旧工业建筑实现工业遗产持续利用的方法；2012年，吴必虎强调遗产活化才是古城重建的关键；2012年，张建忠在《文化遗产体验旅游开发的新业态》中以西安三大遗址公园为例提出了不同活化路径；2013年，王元在研究海南黎族地区文化遗产活化时，提出活化就是通过赋予文化遗产新用途，让它们拥有新的生命力，推动区域社会文化发展；2014年，张映秋和李静文通过对丽江古城的深入分析，提出文化遗产活化就是在保证真实性、不影响传承保护的同时，将其转变成文化旅游产品的过程。

综合学术界的研究，"遗产活化"是使遗产由"静态"向"动态"的一种转化，由于非物质文化遗产本身就具有"活态"的属性，"活化"主要是为了使其能够重现并重新加以利用。因此"非物质文化遗产旅游活化"可以看作是"非物质文化遗产旅游的开发"和"非物质文化遗产旅游产业化"的一种融合概念。总体来讲，就是非物质文化遗产通过旅游的方式进行再生和加以利用。

## 二、非物质文化遗产旅游活化理论研究

2003年联合国教科文组织《保护非物质文化遗产公约》颁布后，非物质文化遗产逐渐成为学术界研究热点。近十多年来，非物质文化遗产旅游活化逐渐受到学者们的关注，相关研究逐渐增多，众多学者的研究主要是围绕非物质文化遗产传承保护与旅游活化利用、非物质文化遗产旅游活化价值评价和开发模式等方面展开的。

### （一）非物质文化遗产传承保护与旅游活化开发研究

研究非物质文化遗产传承保护与旅游活化开发的互动关系和可持续发展路

径及对策，尤其是如何在活化开发过程中保护非遗（非物质文化遗产）的原真性，是学者们长期以来共同关注的焦点。马育倩、左晓丽指出非遗传承保护和旅游活化开发是相得益彰的互促关系，并提出了"前台—后台"发展模式，既要通过旅游活化开发促进非遗传承发展，又要注重保持非遗的原真性；徐茜认为要推动非遗原真性保护和旅游活化开发和谐发展，必须充分发挥专业人员、原住居民与地方政府的积极作用；雷蓉和胡北明从保护和传承的角度，深入探讨了非遗旅游活化开发的重要性及其对非遗传承保护的推动作用，他们认为，旅游活化开发能够为非遗带来传承保护资金，为其生存延续创造广阔空间，为其传承发展奠定群众基础，能够大幅提升遗产旅游的品牌和价值；顾金孚和王显成强调非遗旅游活化开发必须坚持科学策划、分类保护，努力实现可持续发展；赵悦和石美玉在深入剖析了非遗经济价值和各种保护方式的基础上，提出了一系列行之有效的保护性开发策略，用以化解非遗传承保护与旅游活化开发之间的矛盾；陶思炎等提出非遗旅游活化开发应坚持可持续原则、呵护原则、吸引性原则、因地制宜原则；邓小燕运用非遗原真性模型分析非遗传承保护与旅游活化开发之间的相互作用，为非遗传承保护和旅游活化开发提供了有效指导；贾鸿雁强调要推动非遗旅游活化开发，必须形成一套包含行政、经济、规划、教育、科研、法制等方面共同组成的完善的保障机制；董文寿、鄂崇荣指出旅游活化在促进非遗保护传承的同时，消解了其民族性、地方性，使非遗日渐商品化、表演化；张瑛、高云认为旅游活化开发为非遗提供了展示窗口，提供了保护资金，培养了群众基础，但同时也扭曲了非遗原有面貌，导致非遗变味、衰落和断裂。

### （二）非物质文化遗产旅游活化价值评价研究

在非遗旅游活化利用的相关研究中，旅游资源价值评价方面的研究占有很重要的位置。很多学者运用定量分析的方法，从科学、合理的角度对非遗旅游活化进行评估。尹华光等人通过调查问卷开展非遗旅游活化开发潜力评估，评估指标分为利益相关者、文旅产品开发、非遗本身价值、非遗承载力等 4 项一级指标和 29 项二级指标，为非遗旅游活化开发提供了有力的理论支持；顾金孚、王显成等人经过深入研究，构建了以涵盖旅游开发价值、非遗影响力、非遗开发潜力、非遗生态敏感度和非遗旅游活化开发条件等五项指标为基础的非遗旅游价值评价体系；欧阳正宇则以非遗旅游资源的吸引力、生命力、承载力三方面为综合评价层，构建了非遗旅游资源开发价值评价体系；吴必虎以资源、市场和产品等三个因素为基础，采用定性方法对河南洛阳非遗旅游活化开发进行了评价论证，搭建了一套区域旅游规划的思路框架。随后有大量研究者采用这一框架模式并加入定量分析对非物质文化遗产旅游活化开发进行分析；戴其文、肖刚则通过对游客的问卷调查，分析其对案例地非物质文化遗产的认知及旅游偏好，评价当地的非遗旅游活化开发情况；王红宝、周丽洁、邓小燕、朱晗、秦美玉等人也分别从旅游体验、消费者响应、社区参与等角度研究分析了非遗旅游活化开发的问题。

**（三）非物质文化遗产旅游活化模式研究**

非物质文化遗产旅游活化在现实实践中，具有多样化特征，研究者主要通过案例研究总结探讨非遗旅游活化开发模式和相关问题。阚如良等采取非遗集聚开发手段进行主题村落再造的开发模式，对传统技艺类非遗旅游活化具有借鉴意义；贾鸿雁提出非遗旅游活化开发可以采取静止发展、活态发展、综合发展和异地集锦式发展等四种模式；雷蓉、胡北明通过对民间文学、表演艺术、工艺美术以及生产生活知识与技能等六大类非遗项目进行系统研究，分别提出了有针对性的开发策略，对非遗旅游活化开发具有重要借鉴价值；马木兰、汪宇明在研究基础上梳理出旅游工艺品模式、非遗周模式、专题博物馆模式、文化生态旅游区模式、组合开发模式、民俗文化村模式等非遗产品化转化形式；张希月在总结舞台表演、旅游综合街区开发、博物馆旅游、节事旅游、旅游商品开发、主题公园建设、旅游体验活动等普遍性模式基础上，提出了"城市社区旅游"这一创新型非遗旅游活化开发模式；李浩以鲁班锁在淘宝、非遗相关网站进行贴合现代生活方式的开发为例，深入探讨了电商在非遗旅游商品开发中的应用；也有一些学者采用定量分析的方法研究非物质文化遗产旅游开发模式，这些研究主要集中在旅游线路开发方面。田宝龙、喻晓玲、成观雄用 TSP 数学模型分析法，设计出非物质文化遗产主题旅游线路的行程方案。

近年来，对非遗旅游活化模式的探讨不再仅仅停留在理论层面。在国内，四川、河北等地在乡村旅游非遗活化利用中，起到了先行先试的作用。向镜如分析了四川竹艺村非物质文化遗产资源的特点，并对其打造非遗小镇的路径进行了探究；黎玲分析了四川非物质文化遗产资源，提出展示体验模式、游客商品传承模式及依托节事活动模式推动非物质文化遗产与乡村旅游融合发展；田茂军等对湘西州10个乡村旅游示范点非遗与乡村结合利用情况进行了调查分析，总结出将非遗保护工作列入乡村旅游整体规划、适度旅游开发、建设非遗主题文化村、突出现代体验、动静展示结合、利用互联网等一系列建设性意见；四川省乐山市除了承办国内甚至国际非遗节庆，还在非遗与景区融合、开发非遗旅游文创产品方面进行了一系列的有益尝试，开发了夹江年画、跷脚牛肉等旅游文创产品与非遗美食，推出了非遗乡村旅游主题线路，使非遗与乡村旅游更加全面地融合发展。非遗的生产性保护和活化利用，早期曾备受争议，尽管如此，仍然有许多非物质文化遗产通过生产性保护获得了更大的发展空间，例如蔚县剪纸、莆田木雕、阳石雕、安溪铁观音、庆阳香包、寿山石雕等。因此，有关非遗旅游活化利用模式上的"生产性"和"产业化"仍然是可以持续探索的方向。

# 第二章　肥城市非物质文化遗产概述

## 第一节　肥城市非物质文化遗产形成背景

非物质文化遗产的形成和发展，总是与某一地区的自然环境、人文环境密切联系在一起的。肥城市非物质文化遗产来源于肥城人民长期的生产生活实践，独特的地理环境、文化传统、价值观念、民俗风情以及经济发展水平、行政区划变化等各个方面都影响着其特点和传承。

### 一、地理环境

地理环境是人类存在的自然基础和社会发展的物质条件，人类在特定的地理环境中生产生活，相伴而生的非物质文化必然烙印着鲜明的地域特征。肥城市非物质文化遗产的形成及其特色就是地理环境孕育的结晶。

肥城市位于山东省中部、泰山西麓，地理坐标为 N35°53′~36°19′，E116°28′~116°59′。处于山东省"山水圣人"旅游线的中心位置，地理位置优越、交通便利。东接泰安市岱岳区，西连泰安市东平县、济南市平阴县，南望泰安市宁阳县、济宁市汶上县，北邻济南市长清区。全境南北最长 48 千米，东西最宽 37.5 千米，总面积 1277.3 平方千米。

肥城境内地貌类型多样，平原山地相间分布，地势由东北向西南倾斜。最高点海拔 607.7 米，最低点海拔 57.7 米。北部是以肥城盆地为特征的康汇平原；南部是以汶河为特征的汶阳平原；中部以肥猪山、马山、布山为主，构成市内两大流域的分水岭。境内山脉属泰山山脉西麓，呈东北—西南走向，较大山头有 96 个，沟壑纵横，山脉相连，自然形成山地、丘陵、平原、涝洼等多种地形。肥城土地总面积 127730 公顷。其中，山地面积 42917.3 公顷，占全市总面积的 33.6%，海拔高度都在 150 米以上，青石山、沙石山约各占一半，山地土壤多属褐土，土层厚度在 30 厘米左右；丘陵面积 25418.3 公顷，占全市总面积的 19.9%，海拔高度在 100~150 米之间，主要分布于低山周围，基岩由石灰岩、花岗岩组成，土壤多为褐土性土（褐土和淋溶褐土），质地为壤质和沙壤质，地貌多为沟谷梯田、坡麓梯田，由坡积、洪积物形成，土层较厚，适宜于花生、地瓜、果树生长，利于发展种植业；平原面积 59394.4 公顷，占全市总面积的 46.5%，主要分布于汶河、康汇河流域，以及近山阶地以下地带，土壤多为洪水冲积物形成，属褐土和潮褐土，土层深厚，土质肥沃，是全市粮食主产区。

肥城属温暖带大陆性季风气候区，四季分明。春季干旱少雨，夏季炎热多雨，秋季凉爽干燥，冬季寒冷少雪。生长期年平均 249 天，无霜期年平均 189 天。光照资源比较丰富，年均总辐射量在 116~132 千卡 / 平方厘米。年日照时数在 2315~2898 小时之间，日照率为 53%~65%。降水主要集中在夏季（6~8 月），占全年降水的 64.8%，7 月最多，占全年降水的 29.7%。年平均蒸发量 1592.2 毫米。年平均风速 2.3 米 / 秒，最多风向 SSE（南偏东）。主要气象灾害有干旱、涝灾、大风、龙卷风、沙尘暴、暴雨、冰雹、低温霜冻、干热风、雷电等。

肥城境内资源丰富。高产农田有汶阳、康汇两大平原，拥有耕地 62.4 万亩，占耕地总面积的 61.3%，盛产小麦、玉米、大豆、棉花等。肥城是全国闻名的"佛桃之乡"，佛桃是肥城市独有的宝贵资源，也是中国的著名特产，已有 1700 多年的栽培历史。栽培总面积超过 10 万亩，获"大世界吉尼斯之最"，肥城被认定为"世界最大的桃园"。肥城已发现煤炭、岩盐、石膏、石灰石等 29 种矿产资源，是全国和山东省重要的能源、建材基地。按探明储量统计，石膏、岩盐、石灰岩、地热居全省前 4 位，钾盐居全省前列。另外，还有较大储量的花岗岩、黏土、黄沙等建材资源。木材、药材资源也布较广，产量可观。

肥城境内水资源随着气候变化呈下降趋势。远古时期，肥城地区雨量充沛，生态良好，形成大小山洪河道 43 条，均发源于泰莱山区及其余脉。汶河、康王河、汇河、漕河、浊河、小汇河、金线河等 7 条主要河流，均为季节性河流，控制流域面积约 8408.6 平方千米，总长度 196.3 千米。流域面积 20 平方千米以上的河流 17 条，总流域面积 911.6 平方千米。大汶河境内长 36.4 千米，康王河全长 42 千米，为境内的两大主要河流，也是汶阳、康汇平原生成的主要源流。平均地表水资源总量为 15321 万立方米，地下水资源总量为 21018 万立方米，扣除重复计算量，全市平均水资源总量为 26241 万立方米，人均占有水资源量 271

立方米。仅为全省平均水平的 57.6%，属极度缺水区。

优越的地理区位、便利的交通条件、丰富的自然资源为肥城市非物质文化遗产的产生和发展传播提供了重要的物质来源和良好的环境条件。

## 二、建制沿革

肥城市非物质文化遗产的衍生除了地理环境因素外，建制的存废及区划沿革的变迁也是重要因素之一，对肥城市非物质文化遗产的形成、发展及走向发挥着至关重要的作用。

肥城历史悠久。老城街道北坛遗址考古发现证明，六千年前的大汶口文化时期，即有先民在肥城这片热土上繁衍生息。

4000多年前，世传尧帝曾在今石横镇一带留下足迹，东衡鱼村旧称都君庄，古有都君庙，今存尧王冢。

3600多年前的夏代，肥城划分在传说中的兖州范围内。

3000多年前的商代，肥城版图圈定在方国奄（都城今曲阜）域内。

西周时期，肥城隶属鲁国，同时安临站镇稍南区域内尚存舜帝后裔妫姓"遂国"，汶阳镇东西浊头村一带有尧帝后裔任姓"铸国"。

春秋战国时期，肥城先属鲁国，后归齐国；周景王十五年（前530年），由今山西昔阳迁入今河北藁城境内的肥子国，被晋国所灭，遗民中的一支辗转迁徙到肥城，重建肥子国，为齐国附庸。齐国衰败后，肥族人失去依托，或流散他乡，或融入本土。肥子国虽然已经消失在历史的烟云中，但肥族文化及其影响已扎根肥城民间。"肥城"由此而得名，肥城文化从此有了地域概念。

秦代肥城北部属济北郡（治所今岱岳区旧县村），境地为卢县、章县、博阳县分辖。南部汶阳一带设汶阳县，隶属薛郡。西汉初年复置汶阳县，东汉、魏晋和南朝刘宋沿袭，北魏时县治移于泗水北，北齐时废置。汶阳县是肥城境内最早的建制县。

肥城作为县级行政建制，始于西汉初年（公元前206年）（治所在今老城西），属兖州刺史部泰山郡（治所今岱岳区范镇故县村）所辖。今肥城境内同期的建置县还有蛇丘、富阳、富成三县。

东汉章和年间（公元87—88年）撤销肥城县。境地分属济北郡卢县、蛇邱县和东平国富城县所辖。

三国魏（220—265年）至东晋（317年）前，归属同东汉。

327年（晋成帝咸和二年）后，境地属后赵、前燕、前秦、后燕、南燕的济北郡、东平郡分辖。

南北朝宋（420—479年），在肥城县故城设济北郡，境地分属卢县、蛇邱县和富城县所辖，隶属兖州。

南北朝北魏孝昌三年（527年），复置肥城县，并设东济北郡于肥城县城。

南北朝北齐（550—577年），撤东济北郡，并于茌平县设济北郡，县境属之。

南北朝北周建德六年（577年），于肥城县城置肥城郡。

隋开皇三年（583年），废肥城郡，保留肥城县，属济州所辖，隶属兖州。隋末，废肥城县，境地属济北郡所辖。

唐武德五年（622年），复置肥城县，属东泰州所辖，隶属河南道兖州。贞观元年（627年）撤肥城县，境地并入博城县。乾封元年（666年），改称乾封县。总章元年（668年），复改称博城县。神龙元年（705年），再次改称乾封县。五代（907—960年），境地仍属乾封县，隶属兖州。这一时期，肥城区域一直归博城县、乾封县管辖。

宋代（960—1279年），初为乾封县，后分属奉符县、平阴县所辖，隶属京东西路、郓州。

金代（1115—1234年），曾在旧肥城设辛寨镇，境地属平阴县、奉符县分辖，隶属山东西路东平府。

元至元十二年（1275年），复置肥城县，隶属山东东西道济宁路所辖。

明洪武二年（1369年），肥城县改属济南府所辖，隶属山东布政使司。

清代，初沿明制。雍正十二年（1734年），肥城县改属泰安州所辖，隶属山东布政使司泰武道。雍正十三年（1735年），泰安州升为泰安府，肥城县仍属之。至清亡，隶属关系未变。

辛亥革命后，民国二年（1913年）肥城属岱北道所辖。民国三年（1914年）属济南道所辖。民国二十七年（1938年），属第六行政督察区所辖。民国三十四年（1945年）2月属鲁西（第二办事处）第六行政督察专员公署所辖。民国三十六年（1947年）属第十五行政督察区所辖。

西汉初至元初 1000 多年，肥城县级建制或立或废，为多元文化交融聚合搭建了平台。从元初至新中国成立，肥城县级建制一直存续达 674 年，为文化的承传发展提供了行政保障。

抗日战争全面爆发后，1939 年 10 月，肥城县抗日政府成立。初属泰西行政委员会所辖，后属泰西专员公署所辖。1942 年 10 月，属晋冀鲁豫边区政府冀鲁豫第六专员公署所辖。1942 年 6 月，撤销泰西县，将该县西南部第一区（安驾庄）、第二区（高於）、第三区（边家院）的 286 个村划归肥城县。1949 年 9 月，肥城县属泰西专员公署所辖。

1950 年 5 月，肥城县归泰安专员公署所辖。1958 年 10 月，肥城县划归聊城地区所辖。1959 年 7 月，肥城县划归济南市所辖。1961 年 5 月，复归泰安地区所辖。1985 年 3 月，属泰安市所辖。

1992 年 8 月，撤销肥城县，改设肥城市（县级），由省直辖、泰安市代管，至今未变。

肥城建制沿革反映了肥城历史文化积淀的全过程，对于研究肥城非物质文化遗产的形成与发展具有非常重要的意义。

## 三、人文环境

非物质文化遗产是人类活态的传统文化，其形成和发展离不开人文环境。肥城文化发源于黄河流域，界定于泰山文化圈内，与中华文明同步起源、共同发展。肥城文化始于大汶口文化时期，延绵相袭 6000 多年，呈现从未断层的连续性，并在生产力的推动以及多元文化相互播化与涵化的作用下，不断进化。在这个过程中，凸显了肥桃文化、君子文化、商圣文化、汶阳田文化、军事文化等鲜明的地域特色，积淀了弥足珍贵的文化资源与文明遗产。这些具有深厚文化底蕴的优质人文资源，既是旅游发展的助推器，又是经济发展的增长极。

### （一）肥城文化与中华文明同步起源，共同发展，没有断层。

肥城文化起步于大汶口文化时期，老城街道北坛村 1974 年出土与大汶口文化类同的白陶鬶等大量器物，证实了距今 6000 多年前就有先民在肥城境内活动，制作的陶器达到了相当高的工艺水平。20 世纪 60 年代汶阳镇贾北村和 1973 年仪阳街道王晋村出土的蛋壳黑陶及其他器物，具有典型的龙山文化特征，体现了从大汶口文化到龙山文化的进化过程。反映肥城文化未曾间断的当属石横镇旅店村遗址，采集的标本显示，文化层延续了商、周及以后更长的历史时期。从出土的文物看，呈现了不断演化的趋势，叠印着不断进化的文化脉络。1965年潮泉镇小王庄出土西周晚期成组的珍贵文物，为肥城的历史文化增添了厚重感。其中的陈侯壶制作精美，铸有铭文 13 字。1986 年王庄镇东焦庄遗址出土的文物中，除商代青铜器外，还发现了汉代铁制鼎、釜、链、马镫等器物，证明肥城的农耕社会已经进入了冶铁时代。1987 年湖屯镇张店村出土的以铁犁铧为代表的一批铁器，被专家认为是中国较早的铁制农具……肥城出土的文物和地面遗存延绵承递各个朝代，表明了肥城文化连续发展的事实存在，勾勒出一幅清晰的社会文明由低级到高级的行进辙印。

肥城悠久的历史文化，通过文献索据，考察古城遗址和石刻遗存，可以得到进一步验证，并触摸到其渐进过程。安驾庄镇夏晖村下讙城遗址、锁鲁城遗址以及孙伯镇境内的蝎子城遗址，就是先民以城为居的标志证明。下讙城面积约 4 万平方米，还有时间稍后的锁鲁城、蝎子城遗存，都证实了当时的"城"具备了一定规模，社会文明步入城镇阶段。再往后的公元前 6 世纪末今老城街道北坛肥子国都城遗存，面积约 12 万平方米，说明"以城为国"的生活方式已经成为先民的必然选择。从建城到以城为国，描绘出肥城域内社会进步的路线图。古往今来，人们为了追求更好的生活而建立了城市。城市的发达，标志着生产力发展水平和人民生活水平的提高。更重要的是，城市的防御功能培育了群体关爱精神，这在肥城文化史上具有重要意义。肥城境内最早的石刻，当属世传秦相李斯所题范蠡墓碑"忠以事君，智以保身。千载而下，孰可比伦"，由此开启了肥城石刻艺术的先河。肥城出土的东汉永平十一年（68 年）和建初八年（83 年）的画像石，生动地表现了有汉一代肥城的社会图景及人们的审美诉求，从一个侧面反映了当时该地区的富庶及文化的发达。汶阳镇西徐村现存一古槐形石刻，世传唐代大诗人李白曾游览于此，赋诗《沙丘城下寄杜甫》，成为千古佳话。石刻左侧刻有"太白李先生一语谨题于图右"等文字。陶山朝阳洞内宋元时期的石佛造像，以其栩栩如生的精绝雕艺闻名于世，逼真地反映了那个时期人们的精神世界。边院镇东向南庄村出土的李穆墓志碑,洋洋大观的楷书,代表了宋代的书法艺术成就。立于安驾庄镇张家安村的龙公墓碑，诉说着元代著名道人张志纯的历史故事。石横镇隆庄关帝庙的风雨竹石刻，虽为明代作品，但以其功力非凡的画艺和精美灵动的诗作，延续着文学艺术的"魏晋风度"。王瓜店街道邓李付村的金山寺文会记碑，讲述着明代"肥城风气完萃，以故先进跨群、腾踏陟显、懋业于类"的文化盛况。牛山明代李邦珍手书"圭山"及"圭山赞"石刻，展示着那个年代的文化风貌。刻于明代崇祯年间的"重修五贤祠碑"，立于王瓜店街道冉庄村，以960字宏制碑文记载了"孔门五贤"的生平事迹，昭示着儒学的正宗传承。位于湖屯镇涧北村以北500米处的唐仲冕母墓碑刻，将清代学者唐仲冕与肥城紧密联系在一起。近代文化名人蔡元培题"葛云庵先生纪念碑"，预示着民主潮流的势不可当……肥城境内遍布各地的石刻，不仅铭记着各个历史时期的代表性文化符号，而且展示出文化进化的渐进行程。

**（二）肥城文化是一个多元一体的开放体系，是各民族文化相互融会、彼此渗透、渐行化合的结晶。**

肥城大量考古实物和文化遗存都带有文明交流融合的特征。石横镇东衡鱼村旧称都君庄，相传舜帝曾活动于此，使肥城先民最早接受了德风熏化。由于西周及春秋前期肥城地区隶属鲁国，民众最先接触到的是儒学思想。左丘明是肥城境内最具影响力的儒家代表人物，另有孔门高徒冉子（耕）和有子（若），为肥城构筑了最早的儒家文化底蕴。西汉董仲舒释经改造的经学作为封建专制文化，通过权力强行推介，成为肥城的主流意识形态。两汉之交，肥城境内战乱不息，纷争不断，先后发生了刘诩起兵卢城头、王梁挥师战肥城、光武帝平叛救桃城等兵燹战乱。人们在流离失所中，吸纳了外来文化元素。魏晋南北朝是肥城行政区划变化最频繁的时期，也是文化交融的鼎盛时期，儒者氾毓的高风亮节和悍将孟表的忠勇形象，在肥城南北影响广泛。唐代肥城两属乾封县，沐浴了大唐风韵。李白遗篇《赠别王山人归布山》，为肥城的山水文化增光添彩。唐末黄巢义军挥师过陶山，屯兵五岭，为肥城注入了不畏强暴的抗争文化。宋真宗御封"郁葱山"，敕建精礼寺，使肥城受到大宋文化的洗礼。康王赵构途经肥城，跟进了"神道设教"思想。明代回族辗转迁入肥城，带来了伊斯兰文化。刚正御史尹亭遭贬回乡，带回来的是心正无私的大无畏精神。副都御使李邦珍的为官治学之道，被肥城历代入仕贤达奉为楷模。明代被尊为"泰山五贤"之一的宋焘和清代学者唐仲冕的严谨治学精神，在肥城学界沿袭传扬，蔚成风气。

东汉初年佛教传入中原，于前秦苻健皇始元年（351年）传入泰山周边地区，陶山幽栖寺是佛教传入肥城的首个落脚点。经过魏晋南北朝数百年磨合，佛教吸收了本土大量传统文化成分，开始走进百姓的心灵世界。道教始创于东汉末年，至隋代才传入肥城，最早遗存为陶山东麓洞灵观。至元代，经过著名全真道人张志纯努力，道教才真正扎根于肥城民间，获得与佛教同等地位与发展空间。现存的泰山显灵宫、小泰山碧霞宫、护鲁山泰山行宫等道教建筑，均为明清时期创建，系泰山碧霞元君信仰在泰山周边的辐射点。宋元时期，信尹斯兰教的中原人渐次迁入肥城后，伊斯兰教文化容纳消化了儒、释、道文化精髓，丰富了本族教义。伊斯兰教文化精华，亦被佛道两家吸收融化，具体表现为"以儒释经"与"以回释儒"的互动。佛道回三教的传入，逐渐取代了肥城民间的原始崇拜，整合了民众意识形态，在稳定社会、熏化民风、德育人心等方面起着促进作用。继先秦子学、两汉经学之后，宋明理学以儒学为主体，吸收了佛、道两家某些思维方式，呈现了儒、释、道三教合一的特征，在统治者的支持下占据了文化领域的主导地位。明代已降，肥城书院无一不是理学教育。

近代以后，随着西学东渐，肥城文化自觉不自觉地涵化了西学，逐渐接受了民主、自由、平等的价值观，为肥城新文化形成起到了奠基作用。西方文化中自然科学知识体系的传入，也为肥城的新学教育奠定了基础。近代史上，肥城文化糅入了西方文化因子，更加丰富多彩，尤其是自然科学教育，几乎全部引用了西方知识体系。1866年肥城境内发生的太古学人张积中"黄崖山惨案"，碾碎了民间"乌托邦"梦幻。以进步人士葛延瑛为代表的民主思潮和早期共产党发动领导的抗日救亡群众运动，使肥城人民较早地接受了民主主义和马列主义。抗日烽火的点燃，使肥城人民看到了民族解放的希望。肥城各级党组织及人民政府的相继建立，使抗日根据地军民沐浴在阳光下，得享自由平等的新体制、新风尚。八路军115师东进支队转战肥城，带来了人民军队的光荣传统，成为干部群众学习的表率和榜样。解放战争中的土地革命，彻底重塑了肥城的下层结构，为以后社会的高效管理做了彩排预演。在这个过程中，劳苦大众逐渐摆脱了封建专制文化的束缚，接受了先进文化的指导，形成了优秀传统文化和中共政权充分渗透基层而共同塑造的社会凝聚力。战争年代的新文化不仅催生了肥城的当代教育事业，同时也锻造了追求光明的赵丹、王曼硕、阴法鲁等文化艺术名流。

历史上的人口迁徙，促进了民族大融合，推动了肥城的文化交流。肥城境内除汉族外，还有回族、蒙古族、彝族、壮族、满族、藏族、朝鲜族、水族、纳西族等 21 个少数民族，共有姓氏 431 个，几乎囊括了《百家姓》所有姓氏。少数民族定居肥城以及姓氏众多的表现，均是中国历史上数次民族大融合的体现。多个民族的和谐杂居，实现了文化的互相融化，共同繁荣。此外，政府组织的移民，对文化的交流也起到了推动作用。明代移民迁入肥城建村立庄 329 个，占全部行政村的 60.6%，奠定了境内人口的规模基础。明代迁入肥城的移民多来自现在的晋、冀、豫、苏、皖等周边省份，其中从山西洪洞移民点迁来者为最多。至今肥城民间仍保留着三晋用语和生活习俗，就是区域间地方传统文化交融互动的印记。

河道的疏通和官道的延伸，促进了肥城的文化交流融合。肥城最古老的交通方式当属舟楫行船。《尚书·禹贡》中"浮于汶，达于济"的历史记载，说明大汶河是夏代水上交通的干线之一。作为大汶河支流的康汇河，在承载舟楫航运的同时，也带动了沿河村镇的形成和经济的发展，并萌生了奔腾不息的水文化。迨至车马技术渐臻成熟后，水陆交通才发生了逆转。古代肥城有两纵两横四条官道，即纵横南北的济（南）兖（州）路、肥（城）梁（山）路和横亘东西的泰（安）平（阴）路、泰（安）东（平）路。古代的官道均由国都辐射四方，随着国都的变迁呈现兴衰状态。秦代至元代，国都均在中国的中西部，所以肥城境内的东西官道较为顺畅；元代至新中国成立，国都均在南方或北方，所以纵向官道成为通衢。肥城境内历史上所有的商贸往来、战争攻伐、民众流徙和内外交往，基本上都是依托官道进行的。由官道形成的交通网络，对文化的播化起着彼此沟通的重要作用，而官道中途的驿站和主要城镇，则是文化交汇融合的节点。

**（三）肥城文化经过长期进化、播化和涵化，在历史激荡流变中形成了融齐风鲁韵于一体的区域文化特色。**

肥城文化在历史发展进程中形成了自身的特质，彰显出独特的品格，肥桃文化、君子文化、商圣文化、农耕文化、军事文化等特色文化，融齐风鲁韵于一体，交相辉映、熠熠生辉，成为肥城一张张亮丽的文化名片。

肥桃文化是肥城文化最鲜明的特色。勤劳智慧的肥城人民在培育名优肥桃过程中，借鉴吸收中国传统文化中的多种元素，创造了绚丽多彩的肥桃文化，是中国桃文化的主要发祥地。肥桃的花、果、木作为不同的民俗载体，积淀着厚重的文化意识，逐渐由情感寄托升华为桃仙崇拜，由祝寿习俗演变为孝道文化，由桃木辟邪化境为吉祥文化，渗透到生活的方方面面，在潜移默化中引导人心趋善、民意思安，影响着一代代肥城人见贤思齐、里仁为美。

肥城的君子文化一向被世人称道，是肥城文化的一大特色。肥城的君子之风源于尧舜尚德遗风，始于儒家重要成员左丘明的巨大影响和孔子高徒冉子、有子的润泽。左丘明知识渊博，品德高尚，孔子视其为君子，谓之与其共好恶。《肥城县志》（清康熙十一年本）载："乐正子春曰：'子适齐过肥。肥有君子也。'"是以《史记》称左丘明为"鲁君子"，肥城亦因此而获"君子之邑"之美称。春秋时期肥城三位先哲的道德修养和人格魅力化育为厚重的君子文化，形成尚德崇文的优秀文化传统，在肥城深入人心，形成了人人争做君子的良好风尚，讲求修身齐家，推行仁爱思想，共谋和谐相处，重实践、重人事、重伦理、重教育，涌现了士燮、氾毓、孟表、张起岩、尹庭、李邦珍、宋焘、唐仲冕、唐鉴等众多杰出人物。

商圣文化是范蠡留给肥城的宝贵精神遗产。范蠡是春秋末期著名政治家、军事家和实业家，更是中国早期商业理论家，后人尊为"商圣"。他出身贫贱，辅佐越王勾践灭吴兴越，功成之后在肥城陶山幽栖隐居。范蠡在经商实践中，形成了"优选环境宜商容商；贱买贵卖，薄利多销；识别需求，开发市场；诚实守信，质量为本；多元相济，综合经营；富行天下，讲求商德"的经营之道，先后撰著了《陶朱公商训》《养鱼经》《理财致富十二法则》《理财致富十二戒律》等，为中国古代经济思想和经商理论奠定了基础。后人根据其经商之道，汇编成《陶朱公商训》，其君子商道精神成为肥城人民世代传承的精神财富，也成为齐鲁大地宝贵的文化遗产。范蠡重德守信、富行其德的君子思想，在肥城大地生根发芽，逐渐形成了"讲商德、守诚信、重民本"的君子德风，成为肥城市民共同的精神追求。

以汶阳田为代表的肥城农耕文化是中国农耕文明的典范。肥城汶阳田是中华农耕文明的发祥地之一。几千年来，以其超前的耕作技术、生产方式、宗法制度和高度发达的农耕文明，始终处于农业生产的领先地位。直到二十世纪五六十年代，国际上还流行"苏联有个乌克兰，中国有个汶阳田"一说，由此可见汶阳田在农耕文明中的先导作用及其广泛影响。在漫长的农耕历史中，肥城汶阳田的耕作技术始终处于农业生产的最前沿，亘古以来一直起着典范作用，并带动了生产方式的率先变革，最先构建了稳定的社会宗法制度，最早形成了农业社会的文明风尚，产生了广泛而深远的历史影响。肥城位于齐鲁交界，鲁学仁者型思想和齐国智者型思想，在汇聚、碰撞、磨合的过程中，起到了彼此借鉴、取长补短的交流作用，融合为"仁智合一"的齐鲁文化，在中国思想史上具有重要意义，影响巨大而深远。

肥城军事文化堪称一大亮点。肥城物产丰富，战略地位至关重要，历来为兵家必争之地。春秋时期就有"齐鲁必争汶阳田"的记载。尤其是近代光荣的革命历史，使肥城成为"红色热土"。1938年，泰西抗日武装力量汇集肥城空杏寺村，成功发动泰西抗日武装起义；山东西区人民抗敌自卫团攻克肥城县城和夜袭界首火车站，煅造出肥城人民不屈不挠的坚强品格，映射出强烈的爱国主义精神。1939年5月，罗荣桓、陈光指挥八路军115师在肥城取得陆房突围战斗胜利，是凸显肥城军事文化的精彩华章，载入中国共产党一百年大事记。而由此创造的"突围精神"，被肥城人民继承下来，并形成精神突围的优良思想传统。解放战争中，不论是死地求生的黄华洞战斗、狭路相逢的布山遭遇战，还是围剿残敌的石横大捷、痛击顽敌的项白屯战斗，肥城军民从没有被反动派的嚣张气焰吓倒，更没有在血淋淋的屠刀前低头，始终进行着艰苦卓绝的斗争。在肥城发生的军事斗争之所以演变为军事文化，是因为战争锻造了肥城人民不畏强暴、敢于斗争的顽强精神，铸就了肥城人民的钢锉性格。

## 四、经济环境

非物质文化是在人类生产实践中形成的，其进步的主要动因是活跃的社会生产力。在肥城历史上，由于各个历史时期经济发展水平不同，导致文化发展也出现了一些差异。明清时期，肥城境域内手工业发达，出现了大量技艺类非物质文化遗产。从地域上来说，城镇是人口聚集之地，商贸繁荣，经济发达，社会文化更为丰富，从而呈现出由城镇向外放射的现象。

考古发现证明，从6000年前大汶口文化时期开始，肥城大地上的先民就从游猎文明过渡到农耕文明。这种过渡得益于劳动人民在生产实践中学会了制作农具、开垦土地、选育良种和驯养家畜等技术。《左传》等文献记载，鲁国境内的今肥城辖域，是春秋时期最早废除井田制、实行私有制的地区之一。生产关系的变革促进了生产力的发展，导致产业分工更加明晰，即农业与畜牧业、农业与手工业、农业与商业的分工日渐专业化。这种产业分工使肥城呈现了多元经济共同发展的局面，为秦代以后的制造业、加工业等早期产业的形成奠定了基础。秦汉时期，肥城地区铁制农具和耕畜的广泛使用，推动了耕作技术的更大进步，生产力有了质的飞跃。然而这种飞跃并没有引起生产关系的根本变革，仅仅为各种产业的扩展提供了发展空间和原料基地，产业门类逐渐增多，生产规模逐步扩大。在漫长的封建专制社会中，肥城与华夏其他地区一样，一直处于以农耕为主的小农经济社会，生产力水平随着劳动手段的不断改良而缓慢递进，其中不乏长期处于徘徊不前的阶段。因此，变革生产关系、解放生产力，是肥城历代农民参与起义的主要动因，但历次农民起义的成果均被代表地主阶级利益的统治集团攫取，他们以强力政权维系着封建生产关系，作为劳动主体的广大农民始终不能摆脱依附地位，致使经济发展举步维艰，障碍重重。

肥城作为农业大县，农村生产力获得首次解放，始于解放战争中的土地制度改革。"耕者有其田"是肥城广大农民群众几千年来的梦想。土地改革的重要意义，在于彻底废除了封建剥削的土地制度，改变了农村的生产关系，摧毁了封建统治的社会基础，广大农民真正成了土地的主人，确立了农民在农业经济中的主体地位，从根本上解放了农村生产力，为农业生产恢复和工业化发展开辟了道路。据1992年版《肥城县志》记载，1949年肥城县在自然灾害比较严重的情况下，"粮食总产14770万斤，亩均164斤，接近抗战前的水平"。

中华人民共和国成立后，经过8年的经济恢复，肥城经济状况发生根本性变化。据1992年版《肥城县志》记载，1949年全县工农业总产值3585.77万元，其中工业总产值仅占9.3%，农业总产值占90.7%。农民年均收入41.02元，吃穿无保障。到社会主义改造基本完成后的1957年，全县工农业总产值达7178.32万元，比1949年增长一倍多。其中工业增长60.3%，农业增长104%。国民生产总值5181万元，人均国民收入76元，人民生活有了较大改善。1978年全县国民生产总值达33465万元，其中工业占38.4%，农业占61.6%，人均国民收入331元。粮食总产60092.1万千克，比1949年增长了7倍多。

肥城经济突飞猛进,始于1978年12月召开的十一届三中全会。在这次具有深远意义的伟大转折过程中,肥城重新确立了实事求是的思想路线,开始把经济建设作为工作重点,揭开了改革开放的序幕。肥城改革开放,始于农村联产承包制的迅速普及。这次生产关系的重大调整,极大地调动了农民群众的生产积极性,很快解决了长期困扰人们的温饱问题。随着改革开放的深入,肥城经济迅速摆脱了"左"的束缚,步入发展快车道,特别是以企业改制为重点的生产关系调整和民营经济的异军突起,迅即扭转了工业经济效益普遍低下的局面。综合实力逐渐增强,产业体系日趋完善,城乡面貌日新月异,人民生活幸福指数不断提高,社会事业得到统筹协调发展。到2021年,肥城市实现地区生产总值760亿元,完成一般公共预算收入44.7亿元,城镇和农村居民人均可支配收入分别达到43305元、21975元,与改革开放前的肥城经济有天壤之别。肥城先后荣膺全国文明城市、中国最具幸福感城市、国家园林城市、国家卫生城市、中国最佳生态宜居城市、全国生态文明先进市、全国平安建设先进市、省乡村振兴示范县、文化强省建设先进县、双拥模范城等荣誉称号,获得中华环境奖。

肥城经济发展与中华民族同步而行,经历了漫长的游猎文明和农耕文明两个阶段,中华人民共和国成立后迈进了工业文明的门槛,改革开放后步入快速发展时期。与此相伴的肥城文化,随着经济基础的变革不断嬗递。特别是改革开放以来,在生产关系不断调整、经济快速发展的同时,文化事业风生水起,呈现了空前繁荣的景象。

## 第二节　肥城市非物质文化遗产资源及特点

肥城是齐鲁文化、泰山文化、黄河文化多元交融之地,独特的历史人文环境孕育了形式多样、气质多元、层次多面的非物质文化遗产,其种类繁多,分布广泛,价值突出,独具特色。

### 一、肥城市非物质文化遗产资源情况

(一)资源数量。据统计,肥城市现有山东省级非物质文化遗产代表性项目8项、泰安市级86项、肥城市级137项。认定山东省级代表性传承人2人、泰

安市级 31 人、肥城市级 72 人，初步形成了以山东省级项目为核心、泰安市级项目为骨干、肥城市级项目为基础的非物质文化遗产代表性项目保护体系（表2-1）。

表2-1　肥城市非物质文化遗产代表性项目和传承人名录

| 序号 | 类别 | 项目名称 | 申报单位 | 肥城市级名录批次 | 泰安市级名录批次 | 山东省级名录批次 | 传承人 | 传承人层级 |
|---|---|---|---|---|---|---|---|---|
| 1 | I | 泥马渡康王 | 高新区（王瓜店街道） | 第一批（2007） | | | | |
| 2 | I | 穆柯寨的传说 | 高新区（王瓜店街道） | 第一批（2007） | | | | |
| 3 | I | 肥桃的来历 | 桃园镇 | 第一批（2007） | | | | |
| 4 | I | 范蠡与陶山的故事 | 湖屯镇 | 第一批（2007） | 第二批（2008） | 第二批（2009） | | |
| 5 | I | 李邦珍与胡氏之墓 | 老城街道 | 第一批（2007） | | | | |
| 6 | I | 栾家林与老县城 | 老城街道 | 第一批（2007） | | | | |
| 7 | I | 卧虎城传说 | 老城街道 | 第一批（2007） | | | | |
| 8 | I | 望鲁泉的传说 | 安临站镇 | 第一批（2007） | | | | |
| 9 | I | 孙膑·孙伯·云蒙山 | 孙伯镇 | 第一批（2007） | | | | |
| 10 | I | 孙家小庄的传说 | 新城街道 | 第一批（2007） | | | | |
| 11 | I | 虞舜仁孝感后母 | 石横镇 | 第一批（2007） | | | | |
| 12 | I | 肥桃的传说 | 肥城市非物质文化遗产保护协会 | 第二批（2010） | 第三批（2015） | 第四批（2016） | | |

| 序号 | 类别 | 项目名称 | 申报单位 | 肥城市级名录批次 | 泰安市级名录批次 | 山东省级名录批次 | 传承人 | 传承人层级 |
|---|---|---|---|---|---|---|---|---|
| 13 | I | 大汶河的传说 | 汶阳镇 | 第二批（2010） | | | | |
| 14 | I | 大明銮台侯与左丘明的故事 | 石横镇 | 第二批（2010） | | | | |
| 15 | I | 翦云山的传说 | 潮泉镇 | 第二批（2010） | | | | |
| 16 | I | 大汶河传说 | 孙伯镇 | 第三批（2012） | | | | |
| 17 | I | 汶阳哩言杂字 | 汶阳镇 | 第三批（2012） | | | | |
| 18 | I | 左丘明传说故事 | 左丘明文化研究院 | 第四批（2016） | 第六批（2016） | | | |
| 19 | I | 牛山的传说 | 肥城市滨河物业管理有限公司 | 第四批（2016） | 第六批2016） | | | |
| 20 | I | 肥城汶阳田传说 | 汶阳镇 | 第五批（2017） | 第七批（2018） | | | |
| 21 | I | 肥城云蒙山（莲花峪）传说 | 孙伯镇 | 第五批（2017） | 第七批（2018） | | | |
| 22 | I | 肥城张志纯传说 | 安驾庄镇 | 第五批（2017） | 第七批（2018） | | | |
| 23 | I | 晒书城传说 | 桃园镇 | 第二批（2010） | 第八批（2019） | | | |
| 24 | II | 肥城砖舍李氏唢呐 | 汶阳镇 | 第一批（2007） | 第三批（2010） | | 李志全 | 泰安市级 |
| 25 | II | 肥城安站梁氏唢呐 | 安临站镇 | 第一批（2007） | 第三批（2010） | | 梁士芳 | 泰安市级 |
| 26 | II | 安站陈氏唢呐 | 安临站镇 | 第三批（2012） | | | | |
| 27 | III | 高跷牌坊 | 经开区（边院镇） | 第一批（2007） | 第二批（2008） | | 宫文革 | 肥城市级 |

续表

| 序号 | 类别 | 项目名称 | 申报单位 | 肥城市级名录批次 | 泰安市级名录批次 | 山东省级名录批次 | 传承人 | 传承人层级 |
|---|---|---|---|---|---|---|---|---|
| 28 | III | 抬芯子 | 新城街道 | 第二批（2010） | | | | |
| 29 | III | 东坞花棍舞 | 孙伯镇 | 第六批（2018） | 第八批（2019） | | | |
| 30 | IV | 望鲁山皮影 | 安临站镇 | 第三批（2012） | 第六批（2016） | | 王志振 | 肥城市级 |
| 31 | IV | 横笛梆 | 石横镇 | 第三批（2012） | 第六批（2016） | | 延金凤 | 泰安市级 |
| 32 | IV | 肥城拉大画影子戏 | 安临站镇 | 第四批（2016） | 第七批（2018） | | 乔洪江 | 肥城市级 |
| 33 | IV | 坡西调 | 仪阳街道 | 第二批（2010） | 第七批（2018） | | | |
| 34 | VI | 石横武术 | 石横镇 | 第一批（2007） | 第四批（2012） | | 朱士汉等 | 肥城市级 |
| 35 | VI | 石横出山拳 | 石横镇 | 第五批（2017） | 第七批（2018） | | 徐庆国 | 泰安市级 |
| 36 | VI | 石横大枪 | 石横镇 | 第五批（2017） | 第七批（2018） | | 宗承华 | 泰安市级 |
| 37 | VI | 石横佛汉拳 | 石横镇 | 第四批（2016） | 第七批（2018） | | 尹逊东 | 泰安市级 |
| 38 | VI | 石横秘宗拳 | 石横镇 | 第五批（2017） | 第七批（2018） | | 史瑞泉 | 泰安市级 |
| 39 | VI | 肥城迷祖拳 | 石横镇 | 第六批（2018） | 第八批（2019） | | 朱传玉 | 泰安市级 |
| 40 | VI | 石横梅家拳 | 石横镇 | 第六批（2018） | 第八批（2019） | | 尹爱华 | 泰安市级 |
| 41 | VI | 五花八叉梅花拳 | 石横镇 | 第六批（2018） | 第八批（2019） | | 张树强 | 肥城市级 |
| 42 | VI | 肥城徐家拳 | 石横镇 | 第六批（2018） | 第八批（2019） | | 徐光增 | 泰安市级 |
| 43 | VI | 金刚罗汉拳 | 新城街道 | 第七批（2019） | 第九批（2020） | | 原基军 | 肥城市级 |

| 序号 | 类别 | 项目名称 | 申报单位 | 肥城市级名录批次 | 泰安市级名录批次 | 山东省级名录批次 | 传承人 | 传承人层级 |
|---|---|---|---|---|---|---|---|---|
| 44 | VI | 石横徐家枪 | 石横镇 | 第七批（2019） | 第九批（2020） | | | |
| 45 | VII | 夏氏石刻 | 潮泉镇 | 第一批（2007） | | | 夏庆章 | 肥城市级 |
| 46 | VII | 葛氏捧瓷 | 孙伯镇 | 第一批（2007） | 第六批（2016） | | 葛延振 | 肥城市级 |
| 47 | VII | 肥城王氏泥塑 | 新城街道 | 第五批（2017） | 第七批（2018） | | 王士荣 | 泰安市级 |
| 48 | VII | 张氏陶泥彩塑 | 高新区（王瓜店街道） | 第三批（2012） | 第四批（2012） | | 张青 | 泰安市级 |
| 49 | VII | 金凤剪纸 | 肥城市非物质文化遗产保护协会 | 第二批（2010） | 第六批（2016） | | 武金凤 | 泰安市级 |
| 50 | VII | 汶阳烙画 | 汶阳镇 | 第三批（2012） | 第六批（2016） | | 张衍洪 | 肥城市级 |
| 51 | VII | 李氏火笔画 | 新城街道 | 第四批（2016） | | | 李刚 | 肥城市级 |
| 52 | VII | 肥城李君剪纸 | 新城街道 | 第七批（2019） | | | | |
| 53 | VII | 肥城桃木雕刻技艺 | 肥城市正港木业工艺品厂 | 第五批（2017） | 第七批（2018） | 第五批（2021） | 程银贵 | 泰安市级 |
| 54 | VII | 肥城李氏刻瓷 | 新城街道 | 第五批（2017） | 第七批（2018） | | 李庆章 | 泰安市级 |
| 55 | VII | 王氏桃木雕刻技艺 | 肥城鸿熹桃木文化用品有限公司 | 第五批（2017） | | | | |
| 56 | VII | 肥城青石干茬缝砌墙技艺 | 孙伯镇 | 第四批（2016） | 第七批（2018） | | | |
| 57 | VII | 杨氏剪纸艺术 | 高新区（王瓜店街道） | 第七批（2019） | 第九批（2020） | | 杨真真 | 肥城市级 |

续表

| 序号 | 类别 | 项目名称 | 申报单位 | 肥城市级名录批次 | 泰安市级名录批次 | 山东省级名录批次 | 传承人 | 传承人层级 |
|---|---|---|---|---|---|---|---|---|
| 58 | VII | 幸福面塑 | 肥城市非物质文化遗产保护中心 | 第七批（2019） | 第九批（2020） | | 赵建华 | 肥城市级 |
| 59 | VII | 赵家面塑 | 肥城市非物质文化遗产保护中心 | 第七批（2019） | 第九批（2020） | | 赵朝霞 | 肥城市级 |
| 60 | VII | 倪氏面塑 | 孙伯镇 | 第八批（2021） | | | | |
| 61 | VIII | 白窑土陶烧制 | 潮泉镇 | 第一批（2007） | | | 郭长盈 | 肥城市级 |
| 62 | VIII | 扎龙灯 | 经开区（边院镇） | 第一批（2007） | | | 李建河 | 肥城市级 |
| 63 | VIII | 徐氏锡具制作技艺 | 王庄镇 | 第一批（2007） | 第三批（2010） | | 徐衍文 | 泰安市级 |
| 64 | VIII | 肥城桃栽培技艺 | 新城街道、桃园镇 | 第一批（2007） | 第二批（2008） | | 袁荣祥 | 肥城市级 |
| 65 | VIII | 下庄"泰山极顶"生姜 | 安临站镇 | 第一批（2007） | | | 苏殿余 | 肥城市级 |
| 66 | VIII | 东虎门柿子 | 安临站镇 | 第一批（2007） | | | 伊兆伟 | 肥城市级 |
| 67 | VIII | 河岔口鸭蛋 | 汶阳镇 | 第一批（2007） | | | 杨兆根 | 肥城市级 |
| 68 | VIII | 弭氏锡艺 | 经开区（边院镇） | 第二批（2010） | | | | |
| 69 | VIII | 袁寨武赵氏扎制技艺 | 汶阳镇 | 第二批（2010） | | | | |
| 70 | VIII | 尚氏铜艺 | 安驾庄镇 | 第二批（2010） | 第四批（2010） | 第四批（2016） | 尚乾坤 | 泰安市级 |

续表

| 序号 | 类别 | 项目名称 | 申报单位 | 肥城市级名录批次 | 泰安市级名录批次 | 山东省级名录批次 | 传承人 | 传承人层级 |
|---|---|---|---|---|---|---|---|---|
| 71 | VIII | 鼓腔烧饼制作技艺 | 经开区(边院镇) | 第二批(2010) | | | | |
| 72 | VIII | 演马金光牛肉制作技艺 | 王庄镇 | 第二批(2010) | 第五批(2015) | | 陈淑清 | 泰安市级 |
| 73 | VIII | 柳沟茶栽培与制作技艺 | 潮泉镇 | 第二批(2010) | | | | |
| 74 | VIII | 百尺龙灯扎制 | 老城街道 | 第三批(2012) | | | | |
| 75 | VIII | 宝聚鼎烧鸡制作技艺 | 高新区(王瓜店街道) | 第三批(2012) | | | | |
| 76 | VIII | 肥城东孔绿豆粉皮制作技艺 | 王庄镇 | 第一批(2007) | 第六批(2016) | | 孔德平 | 肥城市级 |
| 77 | VIII | 肥城韩庄头豆腐皮制作技艺 | 经开区(边院镇) | 第四批(2016) | 第六批(2016) | | | |
| 78 | VIII | 肥城大辛庄犬肉制作技艺 | 安临站镇 | 第一批(2007) | 第六批(2016) | | 辛培金 | 肥城市级 |
| 79 | VIII | 李氏装裱技艺 | 老城街道 | 第四批(2016) | | | | |
| 80 | VIII | 肥城刘氏锡艺 | 安驾庄镇 | 第四批(2016) | 第六批(2016) | | 刘彬银 | 肥城市级 |
| 81 | VIII | 武家烧鸡制作技艺 | 老城街道 | 第四批(2016) | | | | |
| 82 | VIII | 肥城甲氏瓯鸡制作技艺 | 石横镇 | 第四批(2016) | 第六批(2016) | | 古甲强 | 泰安市级 |
| 83 | VIII | 南栾犬肉制作技艺 | 孙伯镇 | 第四批(2016) | | | | |

| 序号 | 类别 | 项目名称 | 申报单位 | 肥城市级名录批次 | 泰安市级名录批次 | 山东省级名录批次 | 传承人 | 传承人层级 |
|---|---|---|---|---|---|---|---|---|
| 84 | VIII | 刘家小磨香油 | 经开区（边院镇） | 第四批（2016） | | | | |
| 85 | VIII | 大辛庄"担山狗肉王"加工技艺 | 安临站镇 | 第五批（2017） | | | | |
| 86 | VIII | 湖屯豆腐皮制作技艺 | 湖屯镇 | 第五批（2017） | 第七批（2018） | | | |
| 87 | VIII | 肥城肥子茶传统制茶技艺 | 泰安市东兴农业有限公司 | 第五批（2017） | 第七批（2018） | | 张其栋 | 泰安市级 |
| 88 | VIII | 康王河酒老五甑酿造工艺 | 肥城康王酒业有限公司 | 第五批（2017） | 第七批（2018） | | | |
| 89 | VIII | 肥城王晋甜瓜栽培技艺 | 仪阳街道 | 第一批（2007） | 第七批（2018） | | 赵丽英 | 肥城市级 |
| 90 | VIII | 汶阳人家手工布鞋制作技艺 | 山东和协鞋业有限公司 | 第六批（2018） | 第八批（2019） | | | |
| 91 | VIII | 孙伯岈山豆腐丝制作技艺 | 孙伯镇 | 第六批（2018） | 第八批（2019） | | | |
| 92 | VIII | 孙伯西程金丝绞瓜栽培技艺 | 孙伯镇 | 第六批（2018） | | | | |
| 93 | VIII | 罗窑土陶制作技艺 | 老城街道 | 第六批（2018） | 第八批（2019） | | 罗令朝 | 泰安市级 |
| 94 | VIII | 肥城聂氏铜器铸造工艺 | 泰安市龙藏深泉商贸有限公司 | 第六批（2018） | 第八批（2019） | 第五批（2021） | 聂强 | 肥城市级 |

续表

| 序号 | 类别 | 项目名称 | 申报单位 | 肥城市级名录批次 | 泰安市级名录批次 | 山东省级名录批次 | 传承人 | 传承人层级 |
|---|---|---|---|---|---|---|---|---|
| 95 | Ⅷ | 尹家吊炉烧饼制作技艺 | 石横镇 | 第六批（2018） | 第八批（2019） | | 尹代承 | 泰安市级 |
| 96 | Ⅷ | 肥城"八字古卤"法技艺 | 山东安味轩食品有限公司 | 第六批（2018） | 第八批（2019） | | | |
| 97 | Ⅷ | 肥桃酒酿造技艺 | 肥城佛桃源果酒有限公司 | | 第八批（2019） | | | |
| 98 | Ⅷ | 肥城花粉糕点传统制作技艺 | 山东泰之源食品有限公司 | 第六批（2018） | 第八批（2019） | | | |
| 99 | Ⅷ | 肥城袁氏陶艺 | 新城街道 | 第六批（2018） | 第八批（2019） | | 袁绪兰 | 泰安市级 |
| 100 | Ⅷ | 肥城桃核微雕技艺 | 肥城市桃木雕刻协会 | 第六批（2018） | 第八批（2019） | | 李正勇 | 泰安市级 |
| 101 | Ⅷ | 肥城张氏印章手工镌刻技艺 | 安驾庄镇 | 第六批（2018） | 第八批（2019） | | | |
| 102 | Ⅷ | "刘大姐"叉子火烧 | 湖屯镇 | 第七批（2019） | 第九批（2020） | | 刘玉梅 | 肥城市级 |
| 103 | Ⅷ | 古早味大鹏糖艺 | 仪阳街道 | 第六批（2018） | | | 王鹏 | 肥城市级 |
| 104 | Ⅷ | 肥城王氏糖画制作技艺 | 高新区（王瓜店街道） | 第七批（2019） | 第九批（2020） | | 王香 | 肥城市级 |
| 105 | Ⅷ | 肥城梁氏草编 | 新城街道 | 第七批（2019） | 第九批（2020） | | 梁志强 | 肥城市级 |
| 106 | Ⅷ | 肥城刘氏手工石臼艾绒艾条制作技艺 | 孙伯镇 | 第七批（2019） | 第九批（2020） | | | |

| 序号 | 类别 | 项目名称 | 申报单位 | 肥城市级名录批次 | 泰安市级名录批次 | 山东省级名录批次 | 传承人 | 传承人层级 |
|---|---|---|---|---|---|---|---|---|
| 107 | Ⅷ | 汶阳薛寨小磨香油传统制作技艺 | 汶阳镇 | 第七批（2019） | 第九批（2020） | | | |
| 108 | Ⅷ | 泰安古字画装裱修复技艺 | 肥城市非物质文化遗产保护中心 | 第八批（2021） | 第十批（2023） | | | |
| 109 | Ⅷ | 竹清香鲜汁汤包制作技艺 | 王庄镇 | 第八批（2021） | 第十批（2023） | | | |
| 110 | Ⅷ | 王西水塔豆制品制作技艺 | 高新区（王瓜店街道） | 第八批（2021） | 第十批（2023） | | | |
| 111 | Ⅸ | 安驾庄梁氏正骨疗法 | 肥城市安驾庄梁氏骨科医院 | 第一批（2007） | 第一批（2006） | 第二批（2009） | 梁盛兴 | 山东省级 |
| 112 | Ⅸ | 范氏治疗咽炎 | 潮泉镇 | 第一批（2007） | | | 范长良 | 肥城市级 |
| 113 | Ⅸ | 河岔口"杨氏膏药" | 汶阳镇 | 第一批（2007） | | | 杨月汉 | 肥城市级 |
| 114 | Ⅸ | 苏氏治疗面部神经麻痹 | 安临站镇 | 第一批（2007） | | | 苏玉民 | 肥城市级 |
| 115 | Ⅸ | 洪德堂于氏皮肤病疗法 | 高新区（王瓜店街道） | 第三批（2012） | 第四批（2012） | | 于洪文 | 泰安市级 |
| 116 | Ⅸ | 泰和堂刘氏膏药秘方 | 新城街道 | 第三批（2012） | 第五批（2015） | | 刘培涛 | 肥城市级 |
| 117 | Ⅸ | 翟氏疮疡疗法 | 仪阳街道 | 第一批（2007） | 第五批（2015） | | 孙远贵 | 泰安市级 |

| 序号 | 类别 | 项目名称 | 申报单位 | 肥城市级名录批次 | 泰安市级名录批次 | 山东省级名录批次 | 传承人 | 传承人层级 |
|---|---|---|---|---|---|---|---|---|
| 118 | IX | 湖屯孟氏推拿按摩术 | 湖屯镇 | 第五批（2017） | 第七批（2018） | | | |
| 119 | IX | 瑞泽堂王氏膏方 | 石横镇 | 第五批（2017） | 第七批（2018） | 第五批（2021） | 刘洪东 | 泰安市级 |
| 120 | IX | 中和堂口腔溃疡、咽炎疗法 | 孙伯镇 | 第五批（2017） | | | | |
| 121 | IX | 王氏中医推拿按摩 | 高新区（王瓜店街道） | 第五批（2017） | | | | |
| 122 | IX | 肥城致中和中医药 | 安驾庄镇 | 第四批（2016） | 第七批（2018） | | 梁升 | 肥城市级 |
| 123 | IX | 鸿仁堂王氏膏方 | 老城街道 | 第六批（2018） | 第八批（2019） | | 王强 | 泰安市级 |
| 124 | IX | 肥城李氏面瘫疗法 | 高新区（王瓜店街道） | 第七批（2019） | 第九批（2020） | | 李东 | 肥城市级 |
| 125 | IX | 天丰堂整脊正骨疗法 | 肥城市非物质文化遗产保护中心 | 第八批（2021） | 第十批（2023） | | | |
| 126 | X | 开口笑水饺 | 新城街道 | 第一批（2007） | 第二批（2008） | | 尹涛 | 肥城市级 |
| 127 | X | 桃木雕刻民俗 | 肥城市非物质文化遗产保护中心 | 第一批（2007） | 第一批（2006） | 第一批（2006） | 王来新 | 山东省级 |
| 128 | X | 岱阳观庙会 | 孙伯镇 | 第一批（2007） | 第十批（2023） | | | |
| 129 | X | 石横四月八庙会 | 石横镇 | 第一批（2007） | | | | |
| 130 | X | 宝金山庙会 | 经开区（边院镇） | 第一批（2007） | | | | |

续表

| 序号 | 类别 | 项目名称 | 申报单位 | 肥城市级名录批次 | 泰安市级名录批次 | 山东省级名录批次 | 传承人 | 传承人层级 |
|---|---|---|---|---|---|---|---|---|
| 131 | X | 小泰山庙会 | 湖屯镇 | 第二批（2010） | | | | |
| 132 | X | 四大件宴席习俗 | 潮泉镇 | 第四批（2016） | | | | |
| 133 | X | 安站青龙山庙会 | 安临站镇 | 第五批（2017） | | | | |
| 134 | X | 书画印艺术传承中华孝道文化 | 新城街道 | 第七批（2019） | | | | |
| 135 | X | 肥城桃木桃符制作民俗 | 桃园镇 | 第七批（2019） | 第九批（2020） | | 顾宗伟 | 肥城市级 |
| 136 | X | 五埠岭伙大门居住民俗 | 孙伯镇 | 第七批（2019） | 第九批（2020） | | | |
| 137 | X | 张氏四大件 | 汶阳镇 | 第八批（2021） | 第十批（2023） | | | |
| 合计 | | | | 137 | 86 | 8 | | |

注：1. 类别符号：Ⅰ民间文学（23项）；Ⅱ传统音乐（3项）；Ⅲ传统舞蹈（3项）；Ⅳ传统戏剧（4项）；Ⅵ传统体育、游艺、杂技（11项）；Ⅶ传统美术（16项）；Ⅷ传统技艺（50项）；Ⅸ传统医药（15项）；Ⅹ民俗（12项）。

2. 石横传统武术传承人为朱士汉、徐福臣、徐光增、张昭基、尹逊东、宗承华、宗承荣。

3. 肥城云蒙山（莲花峪）传说在肥城市级名录中为肥城云蒙山传说、肥城云蒙山莲花峪传说两个项目，在申报泰安市级项目时合并为一个项目。

## （二）资源类别

肥城市非物质文化遗产除曲艺外的各大类别都有涉及，其中民间文学23项，传统音乐3项，传统舞蹈3项，传统戏剧4项，传统体育、游艺、杂技11项，传统美术16项，传统技艺50项，传统医药15项，民俗12项。项目主要集中在民间文学（16%）、传统技艺（35%）、传统美术（13%）、传统医药（12%）四大类别，所占比例高达 75.4%（图 2-2）。

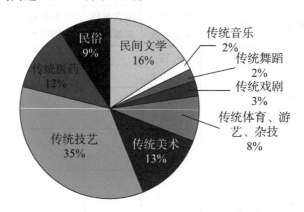

图 2-1 肥城市非物质文化遗产种类比例

## （三）资源分布

从空间分布看，肥城市非物质文化遗产覆盖辖区内 14 个镇街区，但从项目存量上看，在地域分布上相对集中，主要分布在新城街道、石横镇、孙伯镇、老城街道、高新区（王瓜店街道）、安临站镇、汶阳镇七个镇街区，其中新城街道 23 项、潮泉镇 6 项、老城街道 11 项、高新区（王瓜店街道）11 项、湖屯镇 5 项、石横镇 19 项、王庄镇 4 项、桃园镇 5 项、孙伯镇 14 项、安临站镇 11 项、仪阳街道 5 项、安驾庄镇 7 项、经开区（边院镇）7 项、汶阳镇 11 项。同一项目涉及多个镇街区的，按地域分开计算（表 2-2）。各镇街区的非遗资源类型虽都具有自身特色，但同时也存在部分资源相似的情况。这种空间分布情况有利于旅游线路的设计、旅游产品的组合和创新，有助于各镇街区非物质文化遗产旅游区域联动发展。

表 2-2 肥城市非物质文化遗产资源分布

| 地区 | 山东省级 | 泰安市级 | 肥城市级 | 合计 | 比例 |
|---|---|---|---|---|---|
| 新城街道 | 4 | 13 | 6 | 23 | 16.8% |
| 潮泉镇 | 0 | 0 | 6 | 6 | 4.4% |
| 老城街道 | 0 | 5 | 6 | 11 | 8.0% |
| 高新区（王瓜店街道） | 0 | 5 | 6 | 11 | 8.0% |
| 湖屯镇 | 1 | 3 | 1 | 5 | 3.6% |
| 石横镇 | 1 | 16 | 2 | 19 | 13.9% |
| 王庄镇 | 0 | 4 | 0 | 4 | 2.9% |

| 地区 | 山东省级 | 泰安市级 | 肥城市级 | 合计 | 比例 |
|---|---|---|---|---|---|
| 桃园镇 | 0 | 4 | 1 | 5 | 3.6% |
| 孙伯镇 | 0 | 8 | 6 | 14 | 10.2% |
| 安临站镇 | 0 | 4 | 7 | 11 | 8.0% |
| 仪阳街道 | 0 | 4 | 1 | 5 | 3.6% |
| 安驾庄镇 | 2 | 5 | 0 | 7 | 5.1% |
| 经开区（边院镇） | 0 | 2 | 5 | 7 | 5.1% |
| 汶阳镇 | 0 | 6 | 5 | 11 | 8.0% |

注：同一项目涉及多个镇街区的，按地域分开计算。

## 二、肥城市非物质文化遗产主要特点

### （一）总量丰富，类别完备

肥城市非物质文化遗产资源总量丰富，形式多样，分布广泛。申报的各级项目都贴近实际、贴近生活、贴近群众，无论价值观念还是呈现形态都与大众的生产生活有着密切联系。它们以人们喜闻乐见的艺术形式原生态传承发展，并以自身教化与娱乐的双重功能，融入人们的日常生活和生产，激发人们对真善美的追求，熔铸了肥城人民朴实、向上、厚重、内敛的精神品质。其既涵盖深刻的人与自然、人与社会及人与人之间和谐相处的理念，又呈现出与经济发达程度紧密相关的特点。

### （二）底蕴深厚，特色鲜明

肥城市非物质文化遗产有着悠久的传承历史和多元的文化主题，具有十分浓郁的地方色彩，这主要源于肥城市特殊的地域条件。最初的农耕文明先后融入虞舜的德孝文化、商周的礼乐文化、春秋战国的齐鲁文化，使肥城市非物质文化遗产积淀了深厚的传统文化基础，具有鲜明的地方性。例如边院镇东向北村高跷牌坊，是一种融合了高跷、杂技和舞蹈艺术于一体的特殊的民间文化表演形式，欢快、热烈、火爆，充满幽默、风趣和诙谐，有浓郁的乡土气息和鲜明的民间艺术特征。再如汶阳哩言杂字，是民国初年由汶阳乡村启蒙教育家马文源集俚言俗语，加以润色编成的一本启蒙识字读本，该书有17000余字，近3000常用字。书中所述，既教人识字明理，又教人勤俭持家，语言朴素，通俗易懂，说理叙事具体生动，给人以亲切的感觉，教人识字明理，加强自身修养。有"童蒙之宝箴、训蒙之捷径"之誉，对普及乡村文化起了积极作用，在肥城东南一带颇有影响。正是这种浓郁的地方色彩给肥城非物质文化遗产披上了一层神秘的面纱，极具吸引力。

（三）规模宏大，参与性强

肥城市非物质文化遗产表现的另外一个特征就是项目规模宏大，参与性较强。传统舞蹈、传统技艺、民俗等项目，具有很强的表演性和自娱性，每场表演活动参与人数众多，有的甚至达到上百人，规模宏大，观看人数众多，台上台下热闹非凡，可极大地调动民众等的积极性，参与程度非常高。如花棍舞是流传于孙伯东坞一带的传统舞蹈，但又带有武术动作。其特点是表演队伍队形整齐，表演者们手持花棍，边走边舞，或是用两条花棍互相击打，或是用花棍敲击肩、背、脚、头、臂、腰、腿，变换快慢节奏，动作多以跳、转、翻、旋等技巧为主，律动感强，处处充盈着飞舞之美，体现出热情欢快、灵巧多变的艺术特色。

（四）价值突出，潜力巨大

肥城独具特色的区位条件和魅力四射的人文情怀孕育了丰富的非物质文化遗产资源，这些资源展现出巨大的历史、文化、审美、社会、科学及教育等领域的价值，经过恰当地利用开发，能够带来可观的经济收益，具有突出的经济价值。尤其是肥城非物质文化遗产具有的观赏性、新奇性、参与性、文化性以及娱乐休闲性，具备了旅游资源的基本特质，能够满足游客求新求异求美求知的旅游需求，具有重要的旅游利用价值，适合社区旅游、旅游演艺、旅游购物、研学旅游、节庆旅游、主题公园等旅游项目开发，有助于旅游要素文化内涵和地方特色的提升。

# 第三节　肥城市非物质文化遗产传承保护

多年来，肥城市委、市政府高度重视非物质文化遗产保护传承与活化利用，始终坚持"保护为主、抢救第一，合理利用，传承发展"的工作方针，紧紧围绕"见人见物见生活"的保护理念，认真贯彻落实"长远规划、分步实施，点面结合、讲求实效"的总体要求,不断强化"以保护促传承、以传承促发展"的工作思路,紧紧抓住文旅融合的发展契机,以开展非物质文化遗产资源普查为基础,以建立名录体系和传承人体系为重点,以实现整体保护和动态保护为目的,积极创新工作机制,努力提升非物质文化遗产保护传承水平,取得明显成效。

## 一、着力加强组织领导,建立健全管理机制

为推动非物质文化遗产保护工作逐步走向制度化、规范化,肥城市政府颁布了《关于非物质文化遗产保护工作的意见》,成立了由市政府分管市长任组长,财政、住建、文旅、发改、教育等相关部门共同参与的领导小组,负责组织协调全市非物质文化遗产保护工作。各镇街区也相继建立非物质文化遗产保护机构,建立了覆盖全市的非物质文化遗产保护网络体系,形成了党政重视、部门负责、多方合作、全社会参与的工作格局。同时,市人大定期对非遗保护相关条例进行执法检查,有效保障了非遗法条的贯彻实施。

## 二、着力抓好资源普查,构建科学保护体系

按照"不漏村镇、不漏项目、不漏种类"的要求,全市开展了非物质文化遗产普查摸底工作,集中力量重点在民俗文化、民间工艺、民间技艺等方面进行普查,全面了解和掌握了全市非物质文化遗产资源的种类、数量、分布、生存环境等情况,共梳理非遗资源线索1006条,符合非物质文化遗产特征的调查项目211项,重点项目63项。通过拍摄视频、录制音频、整理图片和文字资料、征集实物等形式,较好地保护和保存了非遗项目的一些珍贵资料。编辑整理《肥城市非物质文化遗产资料汇编》四册,收集民间作品、实物320件,建立了非物质文化遗产档案资料室、数据库和珍贵实物陈列厅,为开展非遗保护工作夯实了基础。根据普查情况,市政府认定和抢救了一批濒危的非物质文化遗产项目,先后分八批公布了137项县级非物质文化遗产名录,分四批认定了72名县级非物质文化遗产项目代表性传承人。根据文化和旅游部、山东省文化和旅游厅有关部署安排,每年坚持对全市非遗项目进行再挖掘、再整理,精心挑选重点项目逐级申报,其中8项入选山东省非遗代表性项目名录、86项入选泰安市级。非遗代表性项目名录2人入选山东省非遗代表性传承人名录,31人入选泰

安市级非遗代表性传录人名录。从 2011 年开始，省财政对省级项目代表性传承人每人每年给予 5000 元的传承补助，先后邀请省内外专家来肥城对非遗工作者和非遗传承人进行专题培训 30 余次，培训非遗保护工作人员、传承人 600 多人次，先后选派 30 多名传承人到山东大学等高校学习培训，增强传承人传习非遗的信心，提升了传承能力。成功承办了山东省非遗保护工作队伍培训班，有效提升了各级传承人的责任意识和传承技艺水平。

### 三、着力创新保护模式，完善非遗阵地设施

始终坚持保护与发展并重、传承与创新并举的工作理念，深挖非遗的文化资源优势，建立了一批以非物质文化遗产项目为依托的传习基地、非遗工坊，促进了"非遗 + 旅游"的深度融合，推动非遗生产性保护，助力相关产业的发展。如：为提升桃木雕刻民俗项目的知名度和影响力，建成了中国桃文化博物馆，其被评为山东省非物质文化遗产生产性保护示范基地。五埠岭伙大门景区探索建成"非遗工坊"，先后引进桃木雕刻、徐氏面塑等非遗项目，定期开展非遗展示展演活动，培养周边村民从事非遗生产性保护工作，常态化开展中小学生研学教育活动，被省文化和旅游厅命名为山东省非物质文化遗产传承教育实践基地。石横武术、梁氏正骨、高跷牌坊、坡西调等传承基地，都设立在项目和传承人所在地，依托各传习所、传承人，结合传统节日和生活习俗，广泛开展丰富多彩的非遗传承活动。2022 年，少林出山拳徐家枪硬气功推广中学、石横镇中心小学、潮泉镇中心小学入选第一批泰安市级非物质文化遗产传承教育实践基地名单。深入开展"非遗进校园"和研学活动，通过列校本课程、入教学课堂，举办少儿非遗传承展演等形式，重点打造了河西小学、丘明中学、慈明学校和市实验幼儿园等 30 多个非遗传承特色学校，提高了青少年对优秀传统文化的参与感、认同感、自豪感。

### 四、着力加强宣传展示，营造浓厚保护氛围

综合运用报纸、广播、电视、网站、微信、微博、抖音等媒体，建立非遗宣传推广多元体系，多手段、多途径宣传肥城市非物质文化遗产。整理、编辑出版了《肥城市文化揽胜》《肥城文化丛书》《肥城区域文化通览》《范蠡与陶山

的故事》等书籍，动员鼓励传承人创作了《左丘明的故事》连环画、巨幅剪纸作品《桃子熟了》《桃之夭夭》、系列剪纸作品《桃农人家》等，用作品展示非遗之美。与肥城市融媒体中心合作，在肥城电视台综合频道《肥城新闻》中推出"致·非遗　敬·匠心"栏目，对肥城非遗进行全方位多角度的展示。充分利用传统节庆活动和"文化和自然遗产日"等节日，搭建平台，每年常态化举办展示展演活动、非遗大讲堂等大型群众性非遗宣传展示活动 20 多场次，肥城非遗的可见度、美誉度逐步提升。积极组织非遗项目和非遗传承人参加各类展示、比赛和交流活动，桃木雕刻、聂氏铜器铸造等项目代表山东省参加了中国国际进口博览会、中国（济南）非物质文化遗产博览会、中国民间艺术博览会、中国林产品博览会、深圳文化产业博览会、山东省（国际）文化产业博览会及工艺品展销会、上海世博会山东周、中国非物质文化遗产生产性保护成果大展等展会 600 多场次，参加中国旅游商品大赛、中国特色旅游商品大赛等获得金奖 200 多个，使肥城非遗的知名度和影响力不断扩大。同时，肥城非遗项目多次到欧洲、东南亚及港澳台等地参加文化交流活动。聂氏铜器铸造项目参加了在匈牙利首都布达佩斯举办的中国品牌商品中东欧展，受到了当地华裔和国外友人的高度关注。2019 年春节期间，肥城桃木雕刻、君祥蜂蜜等项目应邀参加了"故宫过大年"活动，受到了观众的热烈追捧。肥城非物质文化遗产已成为肥城市对外文化交流的重要名片之一。

## 五、着力推进开发利用，促进产业融合发展

坚持统筹非遗保护传承、开发利用和文旅融合，推动肥城非物质文化遗产创造性转化、创新性发展，更好地连接并融入现代生活。近年来，围绕桃木雕刻民俗和桃木雕刻技艺项目，探索实施"桃木雕刻工艺生产性保护与振兴发展模式"，将非物质文化遗产的传承保护和产业发展有机结合，积极培育文脉、技艺"两个生态"，强化创意、人才、集群、市场"四个支点"，完善政策引导、跨界链接、行业自律"三个机制"，创新地走出了一条传承发展优秀文化，促进非物质文化遗产向文化衍生品转化、向文化产业融合深化的探索之路。项目荣获第三届山东省文化创新奖。目前，肥城桃木旅游商品已发展到 30 多个系列，4000 多个品种。市内桃木旅游商品生产加工企业最多时达到 160 多家，吸纳从

业人员 4 万多人，实现年销售收入 20 亿元，占到国内市场份额的 80% 以上。肥城先后荣获"中国桃文化之乡""中国桃木雕刻之乡"等称号。积极探索"非遗＋研学""非遗＋餐饮""非遗＋民宿"等新模式，在鱼山桃花海景区、五埠岭伙大门景区、圣井峪旅游度假村、吕仙景区开发中都融入了非遗元素，极大地丰富了景区旅游业态，提升了文化内涵，成为这些景区跳出旅游同质化的重要"法宝"，促进了非遗传承与文旅产业的融合发展。充分发挥肥城非遗资源优势，助力乡村振兴，五埠岭伙大门景区"非遗工坊"辐射带动 300 余人就业，务工村民人均年增收 2 万元，极大地解决了农闲期五埠岭村及周边 8 个行政村剩余劳动力的问题。村民还通过学习非遗技艺，参与非遗产品制作、销售和原料供给来增收。"肥城市非遗助力精准脱贫项目""肥城市依托聂氏铜器铸造技艺等优势项目，积极开展非遗对外交流"分别荣获 2019 年度和 2020 年度山东省非遗保护十大亮点工作。

# 第三章　肥城市非物质文化遗产旅游活化的意义和价值

## 第一节　肥城市非物质文化遗产旅游活化的意义

非物质文化遗产来源于人们的生产生活实践，旅游是文化层面的生活体验，两者具有天然的内在联系。非物质文化遗产旅游活化利用，不仅能深入挖掘非物质文化遗产的内涵，使其与当代的生活理念、审美情趣等有机结合，让市民和游客以可感知的形式体验非物质文化遗产的独特魅力；同时，发展旅游业带来的经济收入又可以用于非物质文化遗产保护，形成良性循环。近年来，在文化和旅游部提出"在提高中保护""非遗走进现代生活""见人见物见生活"三个重要理念的推动下，非遗日渐成为可观、可感、可体验的旅游吸引物，旅游成为非遗活态传播的重要方式，为文旅融合发展注入了强劲动力。

### 一、非物质文化遗产旅游活化是对旅游行业的巨大推动，可以丰富景区旅游业态，提升旅游品质

随着经济的飞速发展，人们对美好生活的期待与希望不断提高，旅游逐渐成为人们的一种基本需求。但随着人们的旅游需求和意愿的不断升级，传统的观光旅游形式已经不能满足人们求新求异的心理需求。人们更期待在异地他乡通过多元化、个性化的旅游产品，获得不同生活方式和生活情调带来的独特体验。针对当前肥城旅游层次低、旅游项目少、线路单一的现状，必须突破当前固有的旅游资源开发、评价模式，进一步拓展旅游产业发展的空间。肥城非物质文化遗产拥有与生俱来的、经过时间沉淀的地域和文化之美，承载着肥城独特的文化气质和人文记忆，是文化与旅游融合发展的宝贵资源和重要支撑，可以满足游客"独特体验"的个性化需求，提升旅游服务质量和游客满意度。因此，通过非遗旅游活化，开发多元化的体验性、参与性旅游项目，不仅能够促进非

遗传承发展，也可以优化旅游业态和产品结构，提升景区精神内涵和文化品质，延长游客逗留时间，提升游客满意度，增强景区吸引力和竞争力。当前，肥城一些非遗项目已经融入了旅游景区和旅游项目，并在旅游活化过程中得以传承延续，生命力在广泛传播中得以加强。比如，列入山东省非物质文化遗产保护名录的"范蠡与陶山的传说"项目，就为故事发生地湖屯镇陶山旅游注入了活的灵魂。肥城桃木雕刻既是游客到肥城旅游购物的必选，其制作过程也是一项重要的旅游体验项目。

### 二、非物质文化遗产旅游活化能深度挖掘非物质文化遗产价值，可以展示非遗文化魅力，创造综合效益

非遗在旅游活化过程中能够使其蕴含的独特的文化、经济与社会价值得到充分彰显。比如，五埠岭伙大门景区利用伙大门居住民俗项目，通过修缮两条伙大门胡同，打造非遗工坊，集中展示，有代表性的非遗制作工艺、工艺作品和非遗传承人，逐渐成为非遗文化与旅游融合发展的良好典范。为了迎合游客对真实性的需求，聘请当地村民作为剪纸、榨油、摊煎饼、磨豆腐、纺线织布等非遗旅游体验项目的工作人员，使这些在农村濒临消亡的非遗项目通过旅游活化得到了挖掘和开发，最终实现其经济价值和社会价值。五埠岭伙大门景区2020年6月被泰安市文化和旅游局授予泰安市非遗工坊示范基地；2021年12月，被山东省文化和旅游厅确定为国家 AAAA 级旅游景区；2022年1月，被文化和旅游厅授予山东省非物质文化遗产传承教育实践基地；2022年10月，入选全国非遗与旅游融合发展优选项目名录；2023年3月，被评为山东省文化体验廊道重点建设村。

### 三、非物质文化遗产旅游活化是保护非物质文化遗产的重要渠道，能够推动非遗活态传承融入现代生活

肥城特色鲜明的非物质文化遗产是一种具有历史性、审美性和真实性的独特文化资源，是重要的旅游吸引物，将这些非遗项目旅游活化利用，可以培育和扩大非物质文化遗产的受众群体，让传统文化走进现代生活，为非遗活态传承和市场化发展搭建平台。非遗旅游活化，可寓教于游，形成生动活泼，更乐

于为游客所接受。同时，也可以给旅游景区带来巨大的旅游效应和经济效益，使旅游目的地民众认识到本地非遗的价值。这样，可以唤醒游客和非遗传承人保护与传承非遗的热情，从游、接两方面提高保护意识，营造良好的保护氛围。因而，从一定程度上可以说，非遗旅游活化既为非遗保护工作奠定了群众基础，扩大了其在民众中的影响力，增强了他们的保护意识，又丰富了旅游供给，满足了人们日益提升的多层次、多元化的旅游的需求。如肥城孙伯镇五埠岭伙大门景区，把优美的传统村落景观和独特的非物质文化遗产有机结合起来，初步探索出一条保护非物质文化遗产与文旅深度融合的路子，形成了"自然环境优美、地域风情浓厚、非遗特色鲜明、百姓积极参与"的整体性保护"五埠模式"。

## 四、非物质文化遗产旅游活化能缓解非物质文化遗产的生存困境，推动非遗传承发展，焕发生机活力

非物质文化遗产是劳动人民在长期的生产生活实践中创造的，与民众生活息息相关、紧密相连。但随着现代文明的不断发展和生活方式的转变，一些非物质文化遗产与民众生活之间的互构共生关系受到了一定的损害，逐渐脱离民众日常生活，失去了生存和传承的土壤。在市场经济大潮的冲击下，传承人难以凭借其特有的传统文化技艺维持基本生存条件，为了维持生计只能另谋出路，使许多珍贵的非物质文化遗产濒临消亡。改革开放后，随着旅游业发展和现代旅游消费增加，通过非遗旅游活化，很多被抛弃、被遗忘的非物质文化遗产，通过与旅游资源的重组与利用，又焕发出了新的活力，从而逐渐被人们认同、接受甚至喜爱。通过非遗旅游活化，这些非遗传承人获得了实实在在的经济效益和社会认同，同时，也为非遗传承培育了包括年轻人在内的更多的群众基础，有望破解非遗后继乏人的传承之困。比如肥城安临站镇望鲁山皮影，始创于清代末期，由王氏祖人所创，后经七代传承人持之以恒的传承弘扬，延续至20世纪60年代。望鲁山皮影常年活跃于安临站镇及周边地区，深受广大群众的欢迎和喜爱，辉煌时皮影艺术团参与者达20余人。但20世纪70年代后，随着电影、电视以及网络的出现，皮影戏渐渐淡出人们的视野。由于演出条件差、收入微薄，年轻人不愿学习，望鲁山皮影后继乏人，面临失传困境。2012年，传承人王志振抓住乡村旅游发展机遇，再次组建望鲁山王氏皮影艺术团。目前，艺术团成

员发展到 16 名，除了在圣井峪旅游度假村和周边村开展惠民演出，还开发了皮影精制礼品等皮影衍生品，延长其文化创意产业链，推动了皮影艺术的活态传承与发展。

**五、非物质文化遗产旅游活化可以开辟群众增收致富新途径，夯实产业支撑，为乡村振兴提供强大精神支柱**

肥城非物质文化遗产和我国其他区域一样，绝大部分集中在传统村落。传统村落蕴藏着丰富的物质形态和非物质形态的文化遗产资源，具有较高的历史、文化、科学、艺术、社会和经济价值，被誉为中华民族的 DNA。肥城传统村落丰富的非遗资源作为重要旅游资源，有着巨大的开发潜能，活化利用后融入乡村旅游，可以大幅度促进村集体和农村群众增收，带动乡村振兴，助力打造共同富裕样本。如安驾庄镇马埠村，边院镇小王村，老城街道李庄村，仪阳街道刘台村、三环村，湖屯镇吕仙村、栖幽寺村，汶阳镇西徐村，桃园镇黑牛山村，孙伯镇岈山村，汶阳镇三娘庙村等 11 个村充分利用本村优势，大力发展乡村旅游，被山东省文化和旅游厅命名为山东省景区化村庄。特别是孙伯镇五埠村，依托良好的自然条件和建设基础，坚持传统与现代、文化与旅游融合发展，打造五埠岭伙大门景区"非遗工坊"，实现文化传承与旅游开发双向发力，成为省内乡村文化振兴和非遗旅游的新标杆。目前，景区年接待游客 50 余万人次，村集体年收入突破 70 万元，有力地推动了乡村振兴。五埠村先后荣获中国传统村落、全国乡村旅游重点村、中国美丽休闲乡村、山东省文化生态名村、山东省旅游特色村等 30 多项省级及以上荣誉称号。

# 第二节  肥城市非物质文化遗产旅游活化的价值

肥城市非物质文化遗产是在悠久的历史发展过程中，历经岁月沧桑，保存、流传下来的原发性民间文化艺术，是反映肥城历史文化传统和文化变迁的一种文化形式，活态性是基本特点，这也就构成了非物质文化遗产潜在的旅游价值。具体来说，肥城市非物质文化遗产作为一种旅游资源，它的旅游活化价值主要体现在以下六个方面。

## 一、审美价值

肥城市非物质文化遗产特色鲜明，且保存较好，是进行非遗旅游开发的物质形态基础。其中的传统美术、传统舞蹈、传统戏剧、传统技艺等，是经过历史沉淀的不同时代肥城人民劳动和智慧的结晶，展示着肥城人民的生活风貌、艺术创造力和审美情趣，具有极高的艺术审美价值，为我们进行艺术审美研究提供了重要载体。像桃木雕刻、金凤剪纸、王氏泥塑、汶阳烙画、望鲁山皮影等，这些艺术无一不是非物质文化遗产的瑰宝，本身就具有多种艺术表现形式和丰富的表现力，能够给人们带来直抵心灵深处的独特感受。通过展示这些艺术作品，可以了解和掌握当时人们的生活习俗、思想与感情、艺术创作方式、艺术特点和艺术成就。比如，列入第七批泰安市级非物质文化遗产代表性项目名录的王氏泥塑，采用当地泥土，经过取泥、配泥、练泥、捏泥、晾晒、烧制等多道工序制作而成。题材大都取自乡里农家，以夸张的肢体形态和人物表情，表现民风民俗，具有浓郁的乡土气息。作品造型的形象吉祥喜庆、生动活泼、形态各异，妙趣横生，呈现出别具特色的大拙与大美。纳入第四批山东省级非物质文化遗产代表性项目名录的尚氏锔艺，是众多锔艺中传承体系最为健全、锔钉布局最为精密、锔功运用最为巧妙的一种，讲究既能修好器具，又能装饰器具，以细、巧、精、微见称，严遵磴、抛、拉、砸、挫、刮、钻、锔八道流程，将千年工艺聚焦在毫厘之间，巧妙运用冲线残缺，确保锔子与器物融为一体，最大程度呈现出分寸之美。经过锔补的器具不仅耐用，而且美观，受到锔器爱好者欢迎。

## 二、历史价值

肥城丰富多彩的非物质文化遗产承载着悠久的历史，积淀深厚，是历经千百年传承下来的最稳定、最优秀的文化基因和民众共同的文化记忆，具有不容忽视的历史文化价值。通过肥城非物质文化遗产，我们可以了解肥城过去一定历史时期的社会发展水平、生活方式、道德习俗等，对于认识研究肥城社会发展变迁的历史轨迹具有重要的参考价值。尤其重要的是，通过民间的、口传的、野史的、活态的形式传承下来的传说、故事、神话等，可以弥补官方历史等正史典籍的不足、遗漏或讳饰，可以让人们更真实、更全面、更接近本原地去认识已经远逝的历史和文化。比如，肥城的传统戏剧、民俗等项目，无论是在内容上还是在形式上，大多是老百姓生活的真实写照。通过这些非物质文化遗产，我们可以了解当时的社会面貌以及人们的生活情况、价值取向等。被列入泰安市级非物质文化遗产代表性项目名录的坡西调，由"山东梆子""莱芜梆子"和本地方言融汇贯通而来，最大的特色就是先说后唱、节奏较慢且乡音浓厚，内容以历史人物、善恶故事为主，其戏词生活气息强烈，地方特色浓郁。入选山东省级第一批非遗代表性项目名录的桃木雕刻民俗，蕴含的辟邪、祈福、吉祥文化被中国广大地区认同并远传海外，从远古到现代从未间断，从一个侧面反映了中华文明的历史延续性和生命力。肥城传统工艺项目是对肥城历史文化的活态传承，其起源、演变常常跟随时代的变化而变化，与不同历史时期生产力发展水平和人们的生活方式、交往方式紧密相连。演马牛肉制作技艺起源于清乾隆年间，与肥城商业文明相伴而生，是通过吸收外来饮食文化营养，根据当地商贾饮食习惯不断加以改造、发展和创新形成的独树一帜、蜚声海内外的传统名吃。肥城的民间文学，大都是老百姓通过口头叙述流传下来的真实故事，在一定程度上反映与透露着一些真实的历史信息，折射着丰富的生活习俗和生动的生活场景。像"羊南角"和"三娘庙"的传说故事，源于历史上大汶河的治水经历；汶阳田传说，体现了汶阳田底蕴丰厚的农耕文化、传承不息的绵长文脉、尊老爱幼的孝悌风尚、重义轻利的社会风俗。

## 三、文化价值

肥城非物质文化遗产是肥城人民创造力的结晶和升华，是经过漫长的历史积淀，在不同文化的碰撞、渗透、交叉、融合中最终形成的，它所代表的是鲜活的文化，具有原生态的文化基因，体现着肥城独具特色的、深厚的历史文化，具有重要的文化价值。深入挖掘研究这些非遗资源的文化内涵并活化融入景区建设，可以使游客最大程度地领略肥城文化的精华，扩大视野，增加知识，充分体验文化之美和非遗魅力。如，山东省级非物质文化遗产项目桃木雕刻民俗，在肥城民间根深蒂固，正史中的记载可上溯至《左传》。桃木辟邪文化推动了肥城桃木工艺的发展。唐代以后，肥桃种植面积不断扩大，肥城各种精美的桃木雕刻工艺品走进人民群众的日常生活，并随着人际交往和商贸流通传播到天南海北，深受各地人民的喜爱，成为人们精神生活不可或缺的组成部分。到了明清时期，肥城桃木雕刻更加盛行，各种佩饰应运而生，并随着移民、朝岱的香客以及官吏、商人，传播到全国各地，甚至流传到海外。清末民初，随着民间雕刻技艺的创新和发展，各种大型桃木挂件、摆件开始在肥城民间流行，其刀功、刀法、雕刻技艺更加娴熟、精湛。这时的桃木工艺内容不再局限于辟邪驱妖保平安，更是化境为美轮美奂的艺术品，被赋予了吉祥、喜庆、祈福、祝寿等全新内涵，表现形式更加多样，文化蕴意更加丰富，极具观赏、把玩和收藏价值，因而也得到了更广泛的传播和发展。桃木剑悬挂于门后，寄寓的是平安愿望，象征的是吉祥意义。桃木如意制品意味着吉祥富贵、平安如意，用于贺岁、婚嫁等喜庆活动，平添了许多祥和气氛。桃木福寿制品将富贵康泰、德厚流光等吉祥含义寓于其中，用作祝寿礼品，表达晚辈祝愿长辈福寿的由衷之情。桃木台屏"一品清廉"，寓意公正廉洁，乃旧时百姓对清官的向往表达，官吏摆放案头能起到自警自律的座右铭作用，并预示着仕途畅顺、宦海吉祥。琳琅满目的桃木工艺品走进寻常百姓家，或挂于墙壁，或摆放桌面，或佩带身上，或把玩掌中，天长日久，形成了浓厚的吉祥文化，在潜移默化中引导人心趋善，民意思安。同样列入省级非物质文化遗产代表性项目名录的肥桃的传说，内容非常丰富，将桃与传统文化中的忠孝、仁义、驱邪、惩恶、向善、长寿、姻缘、吉祥、喜庆等内容融为一体加以神格化创作，主要包含桃木辟邪驱鬼的传说、桃的传说、肥桃栽培技艺的传说、惩恶扬善的传说以及与桃有关的爱情故事等，语言朴实，情节感人，反映了劳动人民认识和改造自然、奋发向上、勇于开拓的进取精神和追求自由平等、生活幸福的美好愿望，弘扬了劳动人民尊老爱幼、勤俭节约、诚实守信的优秀品质和传统美德，展现了劳动人民的聪明才智和非凡的创造力，对世人产生了积极的警示和教育作用。

## 四、科考价值

肥城非物质文化遗产是在特定历史条件下形成的，因此，带有特定时代的历史特点。这些非物质文化遗产对于研究肥城特定历史时期的生产发展水平、社会组织结构和生活方式、人与人之间的相互关系、道德习俗及思想禁忌等具有重要价值。比如，肥城四大件宴席，来源于孔子举行的"乡饮酒礼"，后经传承发展日趋完善，形成独具地方特色的饮食文化，形式高雅，席面丰盛，接待有礼，上菜有序，是肥城民间招待贵宾、喜庆大典待客的最高礼仪。"四大件"宴席是肥城地近鲁国，深受古老的乡饮酒礼文化遗风熏染的现实摹本。列入省级第二批非物质文化遗产代表性项目名录的"范蠡与陶山的故事"，内容丰富，文化内涵深厚，来源于民间，传承于百姓。其中有弘扬范蠡艰苦创业精神的，有歌颂范蠡大智大勇的，也有关于西施山洞取暖避暑的逸闻趣事，更多的则是范蠡与西施的爱情故事，听来令人遐思迩想。传说故事打着历史的烙印，记录着原始的信息，从一个侧面证明了范蠡在陶山隐居经商，以布衣之身成就陶朱事业的史实。他"富好行其德"的行为和高尚的情操为后人树立了美好的榜样，成为百姓心中尊崇的偶像，他的言行及思想为肥城留下了一份宝贵的文化遗产。肥城的这些经过千百年沉淀传承又相对完整保留着的非物质文化遗产，为有关专家学者提供了考察研究的范本。这些来自不同专业领域的专家学者在为肥城非遗旅游活化贡献智慧的同时，本身也成为肥城市非遗旅游客源市场中的重要组成部分。同时，由于这些专家学者本身自带流量，通过他们学术研究和艺术创作成果的宣传推介，进一步扩大了肥城的影响力和知名度，使肥城逐渐被更多的游客接受而成为具有吸引力的旅游目的地。可以说，肥城非物质文化遗产的科考价值对当地旅游高质量发展和深层次开发具有重要的推动作用。

## 五、教育价值

当今，人们旅游不仅仅是为了观赏美景、放松身心，更是为了扩大视野、增长阅历。肥城非物质文化遗产蕴含着丰富的历史文化、科学知识和艺术精品，是极具价值的教育资源。尤其其中的许多武术、竞技、表演类项目，是动态的、鲜活的，富于情趣和知识性，将这些非遗通过活化开发出旅游产品，游客可以参与其中，从亲身体验中获取前人的知识和经验，满足自己的求知需求，获得精神愉悦，让生命充满动感，让生活更加赏心悦目。当下，研学旅游作为体验式教育与旅游跨界融合的新业态，成为旅游界的新蓝海。肥城很多非物质文化遗产项目非常符合研学旅游的需求，不仅有悠久的历史文化，还有独一无二的工艺。如肥城君子茶制作技艺、桃木雕刻技艺、剪纸、泥塑等，让游客可以参与整个制作过程，深度体验学习，不仅满足了游客的好奇心，还丰富了游客的历史文化知识。游客通过旅游，了解肥城君子文化、商圣文化等独具特色的非物质文化遗产，可以深刻感受到肥城人开放包容的平和心态和热情待客的处世之道。列入泰安市级非物质文化遗产名录的左丘明传说故事，通过被孔子尊奉为君子的左丘明的一个个逸闻典故，生动地反映出一代大儒左丘明的"君子"风范。厚重的君子文化为肥城赢得了"君子之邑"的美誉，历代仁人志士、贤达学人尽显谦谦君子的儒雅风范和道德光辉，民间则和谐相处，风尚淳朴，性情敦厚，温良俭恭让，多有扶危济困之义举、救苦救难之德行。这一点充分反映在肥城社会治安的满意度方面。多年来，在每年开展的群众满意度测评中，肥城群众对社会治安的满意度达98%以上。这一现象与肥城市非物质文化遗产中蕴含的浓郁的君子风尚、厚重的礼和文化、天人合一的价值取向、兼收并蓄的开放品格、伦理道德的本位分列等优秀传统的有效传承和滋养是分不开的。同样列入泰安市级非物质文化遗产名录的范蠡与陶山的故事，内容丰富，富含人生、处世的哲理。范蠡虽官至卿相，他却弃而不做，隐居经商，以布衣之身与平民百姓和睦相处，他将"三致千金"的家资散于"知友乡党"，"再分散与贫友疏昆弟"，慷慨资助社会、资助他人。这种"富好行其德"的仁信精神，彰显了"财聚而裕民"的社会责任。同时，作为一代儒商，范蠡为后世商人树立了榜样，儒家"经世致用"的哲学思想被成功运用在经济领域，救世济民、兼济天下，形成了源远流长的儒商文化。这些璀璨的儒商文化包含着一代又一代儒商的勤劳和智慧，不仅是社会的财富，更是人类的财富。肥城这些非物质文化遗产蕴含的丰富的传统伦理道德资源，对规范人们的思想观念、行为方式、价值取向，强化认同感和凝聚力，促进和谐社会建设发挥着极为重要的作用。

## 六、经济价值

肥城非物质文化遗产因其原生态的文化特征和独特的吸引力而具有巨大的经济价值。许多项目通过旅游活化转化为文化生产力，取得了巨大的经济效益，拉动了经济增长。例如列入省级非物质文化遗产名录的肥城聂氏铜器铸造工艺，是一种运用铜合金原料铸造各种生活器具、礼器、乐器和人物的传统技艺。传承人聂致远 2006 年创立铜器铸造研发公司，2015 年在原公司基础上成立泰安市龙藏深泉商贸有限公司，开办了龙藏大学，开展传承人培训、文化研究等工作，建设了龙藏铜器博物馆，切实有效地促进了肥城聂氏铜器铸造工艺活态传承和生产性保护。作品参加各类文创大赛，屡创佳绩，"英雄所见略铜"获全国桃木旅游商品设计大赛金奖，"音乐香薰系列"获中国旅游商品大赛铜奖，"龙凤呈祥""心愿炉""大圣戏蟠桃""喜上眉梢"获山东工艺美术精品金奖，"文房四宝"获第二届山东文化旅游商品创新设计大赛铜奖；"铜金蟾"黄铜工艺品入选山东第一批"好品山东"品牌名单；先后参加中国国际进口博览会、中国品牌商品中东欧展、中国非物质文化遗产博览会、山东省文化旅游博览会、山东品牌中华行等各类国内外展会 300 多次。在第三届中国国际进口博览会上，每日意向订单均破 800 万元。近年来，肥城聂氏铜器铸造技艺免费为下岗职工、在校大学生及铜工艺爱好者提供传统铜工艺文化及创业指导，吸纳了 1000 多名劳动力就业，经济和社会效益不断提升，带动了周边产业发展，有力推动了乡村振兴。

# 第四章　肥城市非物质文化遗产旅游活化现状

## 第一节　肥城市非物质文化遗产旅游活化措施与成效

　　近年来，肥城市以"打造省会济南休闲旅游目的地和泰安全域旅游重要节点"为目标，按照"培育市场主体、逐个景区打造"的旅游发展思路，立足实际，科学谋划，致力于构建"三横两纵"的旅游发展格局。横向：深入推进北部历史文化旅游带、中部桃文化体验带、南部汶水休闲带三大乡村旅游集群片区开发。北部片区全面挖掘君子文化、商圣文化，以李庄、垛子石、条水涧、关王殿、吕仙等村庄开发串联北部山区发展；中部片区突出桃文化核心，以文化创意为引领，以田园综合体为路径，深度融合桃文化，推动刘台、鱼山、栲山片区一体化发展；南部片区深度融入汶阳田农耕文化，以马家埠、五埠岭、三娘庙等村庄为重点，打造大汶河民俗文化和生态旅游高地。纵向：在潮汶路、孙牛路两侧，重点发展和建设精品乡村旅游示范点。在此目标下，肥城坚持以市场为导向，注重资源整合，强化龙头培育，引进社会资本，做强存量壮实力，做大增量强活力，全市非物质文化遗产旅游活化伴随着旅游业发展取得了明显成效。

### 一、统筹指导配置非物质文化遗产资源，强化提升景区品质

　　肥城市委、市政府高度重视非物质文化遗产保护工作，在全市范围内全面开展了非物质文化遗产资源普查，对全市 14 镇街区 605 个村居的非物质文化遗产的种类、数量、分布状况以及传承人进行全方位普查，通过收集、认定、登记和汇总，建立了非物质文化遗产代表性项目名录体系。为了有效展示肥城丰富的非物质文化遗产项目，积极整合资源，引导推动非遗与旅游融合发展，通过在各景区建设以非物质文化遗产项目为核心吸引物的非遗博物馆、非遗工坊、非遗文创馆、非遗园区等，探索搭建多种形式的非物质文化遗产与企业、非物质文化遗产与景区、非物质文化遗产与活动合作平台，切实发挥文旅深度融合

"1+1>2"的叠加效应，着力丰富旅游产品供给，延长文化旅游产业链。目前，已建成中国桃文化博物馆、肥城非物质文化遗产展厅、马家埠民俗博物馆、肥城市乡村民俗博物馆、龙藏铜器博物馆、五埠岭乡村记忆馆、吕仙村民俗馆等多个非物质文化遗产展示场馆。其中，中国桃文化博物馆位于4A级景区春秋古镇，是由政府投资与企业联合建设的中国首家以桃文化和桃木旅游商品展览展示为主题的博物馆，建筑面积1500平方米，馆藏桃木工艺精品3000余件，是目前肥城运行最好、参观人数最多的博物馆，属于非遗与旅游融合发展较好的典型案例。扶持五埠岭伙大门景区，对景区内10余套传统民居进行保护性修缮及特色化装修，规划建成集非遗保护、文化旅游、消费体验、研学教育为一体的"非遗工坊"，在当地特有的"青石干茬缝砌墙技艺""五埠伙大门居住民俗"两项泰安市级非物质文化遗产代表性项目基础上，引进桃木雕刻、岱宗传拓、许氏面塑、吴氏陶塑、王氏泥塑、泰山艾灸等10余项省市级非物质文化遗产项目，形成了以"伙大门建筑"为品牌依托，以入驻项目为研学阵地，多项目、深体验的"非遗 + 研学 + 产品"的旅游开发模式，实现了"非遗 + 旅游"的高度融合发展，项目入选2022年"全国非遗与旅游融合发展优选项目名录"。建成肥城市正港木业工艺品厂、肥城市中大桃木工艺制品厂、泰安市龙藏深泉商贸有限公司、泰安市五埠岭旅游开发有限公司、山东安味轩食品有限公司、泰安市东兴农业有限公司、山东泰之源食品有限公司、肥城康工酒业有限公司、泰安市汶阳人家鞋业有限公司、肥城市竹清香餐饮管理有限公司等非遗工坊10家。

## 二、深入挖掘地域特色文化，打造特色城市品牌

肥城是中国佛桃之乡、中国桃文化之乡、中国桃木雕刻之乡。肥城佛桃有1700年的栽培历史，现有60多个品种，肥城10万亩桃花园被列为大世界吉尼斯之最。近年来，肥城市委、市政府高度重视桃文化旅游产业，立足境内特有的10万亩肥桃资源，依托桃花节、金秋品桃节和桃木商品设计大赛"两节一赛"，大力开发融赏花、品桃、购物、休闲、度假等为一体的桃文化旅游产业，初步形成集特色生产基地、赏花品桃、加工销售、桃木工艺品开发、桃文化展示和桃源风情游于一体的产业化开发格局。每年举办的桃花节和金秋品桃节，以传承千年的肥城桃文化贯穿始终，用活了肥桃、桃花、桃木三大产业载体，壮大了桃文化产业，

有力促进了地方经济发展。肥城桃花节跻身中国四大桃花节和十大节庆品牌之列，每年桃花节期间，桃花竞相盛开，中外游客云集桃乡，刘台桃花源景区、中央桃行景区等呈现"花似海、人如潮"的迷人赏花景观。立足肥城桃文化旅游最大特色，打造了以刘台、鱼山为主的桃文化乡村旅游集群片区。同时，依托深厚的桃文化底蕴和丰富的桃木资源，大力开发独具肥城特色的桃木旅游商品，通过建设桃木旅游商品城、桃文化博物馆、桃木旅游商品一条街，举办全国桃木旅游商品创新设计大赛暨桃文化旅游商品展评活动，搭建桃文化旅游商品产业发展平台，推动桃木旅游商品产业迅猛发展。目前，肥城桃木旅游商品发展到30多个系列，4000多个品种，年销售收入20多亿元，占全国桃木商品市场份额的80%以上，肥城已成为名副其实的"全国桃木旅游商品研发、生产、销售集散中心"。

### 三、积极探索活化利用路径，建设非物质文化遗产研学基地

发挥非物质文化遗产优势，积极探索"非遗+研学"，建立了"政府主导、市场导向、专业机构支撑、社会组织广泛参与"的多元化研学服务机制，创新设计非遗研学课程体系，打造特色化的非遗研学基地。泰山蜜蜂园蜂文化体验馆总投资280余万元，除了生产车间、科普长廊，还规划建设了互动VR影视墙和体验式蜂场。其中，科普展区由科普知识区、互动体验区、蜜蜂课堂区和产品展示区四个区域组成，面积达到520平方米，是泰安市最大的蜜蜂主题科普长廊。馆内充分运用沉浸式展陈手段，将数字艺术科技与蜜蜂知识普及相结合。体验馆还通过实物、文字、动画、标本模型、互动投影、互动体验等手段，结合声、光、电等特效展示蜜蜂科普文化知识，让游客在轻松愉快的环境中学习蜜蜂的精神、蜜蜂知识。泰安市东兴农业有限公司与泰安君子教育科技发展有限公司共同开发的泰安肥子茶园研学基地，总规划面积1000亩，通过深度挖掘传统茶文化和制茶传统技艺，大力研发综合实践和亲子拓展活动，建设有素质拓展区、采茶实践区、果蔬采摘区、制茶体验区等多个部分，涵盖研学实践教育、劳动实践教育、红色教育、亲子户外拓展等20多项实践模块，100多个活动项目，被山东省教育厅、山东省发展和改革委员会、山东省文化和旅游厅命名为山东省级中小学生研学基地。

## 四、广泛组织展览展示活动，助力非遗文化推广

每年结合春节、元宵节、桃花节、金秋品桃节、文化和自然遗产日等重大节庆活动，政治及各部门在旅游景区都会组织举办精彩纷呈的非物质文化遗产展览展示活动，宣传丰富的非物质文化遗产资源和非物质文化遗产保护成果，让群众和游客直观感受非物质文化遗产魅力，普及非物质文化遗产保护知识；在旅游旺季，组织非物质文化遗产进景区活动，促进文旅深度融合。定期举办非物质文化遗产大讲堂，邀请非遗传承人代表及非遗相关工作人员现场讲述非遗传承人的工匠精神和创业历程、非遗故事，展现非遗传承保护在促进扶贫脱贫、推动乡村振兴、社会服务、振兴传统工艺等方面起到的重要作用；积极组织非遗项目和传承人走出去，参加世博会、进博会、中国非遗博览会、深圳文博会、山东省文旅博览会等展会和进故宫过大年、非遗购物节、非遗进景区等展示展演活动，大幅度提升了肥城非物质文化遗产的知名度和美誉度；鼓励企业参加中国旅游商品大赛、中国特色旅游商品大赛、山东省非物质文化遗产＋旅游文创大赛、山东省文化和旅游商品创新设计大赛等，先后获得中国旅游商品大赛金奖、中国特色旅游商品大赛金奖等奖项 200 多个，对推动肥城市非物质文化遗产更好地融入现代设计、融入现代生活，促进非遗保护传承与旅游文创产业协调发展起到积极的推动作用。肥城认定的非物质文化遗产代表性传承人，不但个个具有精湛的传统技艺技能，更重要的是他们认真履行传承弘扬传统技艺的责任使命，积极开展传承活动，培养后继人才。尤其是像石横武术、望鲁山皮影、桃木雕刻技艺等项目，具有极强的观赏性，经常通过传统武术表演大会、展览交流活动、传统节庆活动、群众文化演出等方式进行展示，在传播非遗文化的同时，也可以提高旅游吸引力。

## 五、开发设计特色旅游产品，推出非物质文化遗产体验线路

非物质文化遗产是旅游的优质资源，旅游是非物质文化遗产传播的重要载体，而非物质文化遗产主题旅游线路是非物质文化遗产与旅游融合发展的重要抓手。一直以来，肥城高度重视非遗与旅游的深度融合，坚持"宜融则融、能融尽融"理念，围绕重点打造的鱼山、圣井峪、五埠岭、吕仙等古村落，选取

体验度高、故事性强的非遗项目以综合开发模式融入景区，为游客提供集沉浸式体验、实物观赏、功能服务等非遗主题体验游和研学游为一体，打造出有主题、有特色、有内涵的文旅产品，从而实现非遗旅游的可持续发展。仪阳街道鱼山村是一座拥有六百余年历史的小山村，获得首批"山东省传统古村落"称号，处在通往刘台桃源世界景区的"黄金"线上。近年来，通过大力培育休闲农业与乡村旅游，加快产业融合发展，开发建设了精品民宿、智慧桃园、肥陶艺术中心、程木匠手工坊、创客之家等项目，打造鱼山桃花海景区，构建起集赏花品桃、民俗体验、观光采摘于一体的乡村旅游格局，进一步提升了景区知名度和影响力；湖屯镇吕仙村三面环山呈瓢状，故称"团瓢"。光绪十七年（1891年）《肥城县志》载："吕祖团瓢在陶山东麓，明天启年间有羽士曲全善，东光人，来此感梦，募化鸠工创建团瓢，供奉吕祖，工未竟仙去。其徒高真立、赵冲继其志，工成。塑吕祖像于其上。"民国十六年（1927 年），按历史文献中"供奉吕祖"的记载，更名为"吕仙村"。村内现存纯阳宝殿、千年古唐槐，山上散布着北魏南北朝时期的石窟造像、碑刻及唐宋朝碑文、天王万岁寺、幽东寺遗址、黄巾军屯兵遗址，村南有清代陕西布政使唐仲冕小时读书的岱南书院；村东山崖上有抗战医院、抗战小学、黄花洞战斗遗址等。近年来，吕仙村依托优质的生态环境，利用历史人文资源，发展特色乡村旅游，按照"园在村中、村在园中"的规划，将石街、石巷、石屋有机组合，建成绿地公园、村史馆、非物质文化遗产文创馆、游客接待中心，逐步建成生态宜居、古风犹存、山水相映的幸福家园，打造特色"百年古村落"，2022 年被评定为国家 AAA 级景区。安站镇圣井峪始建于明朝，距今已有 800 多年的历史，为省级传统村落，是鲁西地区面积最大、保存较为完好的古村落建筑群，历史底蕴厚重、自然风光秀美。近年来，经过精心打造，将 34 套石头房屋改造成精品民宿，对水月寺、水月庵、七星泉等历史古迹进行修复，完善了游客接待中心、办公场所及民俗博物馆、农家乐、水系建设、巷道石板路铺设等配套项目，引入了做豆腐、摊煎饼、磨香油、打铁、花艺、唱戏、演皮影、桃木工艺品制作、活字印刷等旅游体验项目和研学课程。"原生文化、原真生活、原貌村落、原味体验"的原生态乡村体验旅游产品，吸引了大量游客参与体验，研学旅游活动精彩纷呈。圣井峪也成为国家 AAA 级景区、山东省景区化村庄、省内知名的研学和艺术写生基地。为了方便游客找寻散布在肥城全域的旅游景点、文博场馆和古镇、古村落中的非遗体验项目，设计推出了"一日游、两日游"各4条非遗体验黄金旅游线路。该线路像一条璀璨的项链巧妙串联起肥城的文化元素，将肥城非遗项目生动立体地展现在体验者面前，让游客在畅游肥城景点、文博场馆、古村落中感受到非物质文化遗产带来的魅力。

# 第二节　肥城市非物质文化遗产旅游活化市场调查分析

研究非遗旅游活化的最终目标是探讨如何将非遗保护传承与旅游活化利用有机结合，在使非遗获得系统性保护的基础上，促进旅游业高质量发展，更好地满足人民群众日益增长的精神文化需求。评价非遗旅游活化的效果如何，必须着眼于游客这个旅游主体，并通过游客的认知进行实证研究分析。

## 一、调查研究方式

调查过程中，设计了肥城市非物质文化遗产旅游认知偏好调查问卷，采用应答者直接填写问卷的方式，通过对所收集的数据资料进行整理、统计和分析，了解不同游客对肥城市非遗旅游活化的认知和偏好。2023年4月1日到4月7日，选择非物质文化遗产旅游活化较好、景区游客量较多的春秋古镇景区和五埠岭伙大门景区这两个国家AAAA级景区作为调研问卷发放地，共发放调查问卷200份，最终回收有效问卷198份，回收率99%。

## 二、调查问卷内容

调查问卷共六个部分，设置20个问题，采用开放式问卷。第一部分是受访游客社会人口学信息；第二部分是受访游客行为选择偏好调查，包括采用出游方式、选择出游时间、预计停留天数、获取信息渠道、乘坐交通工具和预期花费总额；第三部分是受访游客对肥城市非物质文化遗产旅游产品和呈现形式的偏好调查；第四部分是受访游客对肥城市非物质文化遗产总体认知情况的调查；第五部分是受访游客对肥城市非物质文化遗产项目的认知情况调查；第六部分是受访游客对肥城市非物质文化遗产的旅游意见和建议调查。

### 三、调查数据分析

#### （一）问卷调查获取样本概况

问卷第一部分，主要是对受访游客社会人口学特征的调查。根据统计结果分析（表4-1），在接受调查的 198 份有效调查问卷中，在性别分布上，共有男性 91 位，占总人数的 45.96%，女性 107 位，占总人数的 54.04%；在年龄分布上，18 岁以下人数最多，有 54 位，占到 27.27%，19~25 岁 25 位，占 12.63%，25~45 岁 34 人，占 17.17%，45~60 岁之间 39 人占 19.70%，60 岁以上 46 人，占 23.23%；在职业分布上，机关事业单位人员 32 人，占 16.16%，国有企业人员 7 人，占 3.54%，民营企业人员 35 人，占 17.68%，多为外地来肥城出差人员，学生 63 人，占 31.82%，占比最大，离退休 31 人，占 15.65%，农民 21 人，占 10.61%，其他 9 人，占 4.55%，主要为自由职业人士或尚未就业的年轻人。受访游客中学生群体占比较大，主要原因是来自肥城及周边地区的研学游群体在肥城游客群体中所占的比重较大，这种现象也导致了在年龄分布上年轻人群体占比较高；在受教育程度分布上，总体上看，高中及以下的人数占到 37.88%，这与来肥城研学游客大多为中小学生有直接关系。

问卷设计了对受访游客居住地的调查，并且要求标明居住地具体名称以供准确判断。把游客按照居住地由近及远分为肥城市内、泰安市其他县、本省其他市、外省等四个类别进行分类统计，其中泰安市内游客 135 人，占 68.18%，省内其他地市游客 46 人，占 23.23%，主要以济南、聊城、济宁等肥城周边地市为主。省外游客仅有 17 人，占 8.59%。

表 4-1　调查样本社会人口学数据统计

| 项目 | 类别 | 样本数 | 比例 |
|---|---|---|---|
| 性别 | 男性 | 91 | 45.96% |
| | 女性 | 107 | 54.04% |
| 年龄 | 18 岁以下 | 54 | 27.27% |
| | 19~25 岁 | 25 | 12.63% |
| | 25~45 岁 | 34 | 17.17% |
| | 45~60 岁 | 39 | 19.70% |

| 项目 | 类别 | 样本数 | 比例 |
|---|---|---|---|
| 年龄 | 60 岁以上 | 46 | 23.23% |
| 职业 | 机关事业单位人员 | 32 | 16.16% |
| | 国有企业职工 | 7 | 3.54% |
| | 民营企业职工 | 35 | 17.68% |
| | 农民 | 21 | 10.61% |
| | 离退休人员 | 31 | 15.65% |
| | 学生 | 63 | 31.82% |
| | 其他 | 9 | 4.55% |
| 文化程度 | 高中及以下 | 75 | 37.88% |
| | 大专 | 63 | 31.82% |
| | 本科 | 45 | 22.73% |
| | 研究生 | 15 | 7.57% |
| 居住地 | 肥城市内 | 59 | 29.80% |
| | 泰安市其他县 | 76 | 38.38% |
| | 本省其他市 | 46 | 23.23% |
| | 外省 | 17 | 8.59% |

## （二）游客出游行为选择偏好分析

问卷第二部分，主要是对游客出游行为选择偏好的调查。统计结果显示，107 位受访游客选择与亲友结伴出游，所占人数比例最高，达到54.04%；64 人选择个人出行，人数居第二位，占总人数的 32.32%；9 人选择跟随旅行社组团出游，占 4.55%；18 人是跟随单位出行，人数最少，仅占 9.09%。在预计停留天数一项调查中，选择停留半天和一天的有 174 人，人数最多，占 87.88%。受访游客在出游时间选择上，74.3% 选择在周末及传统节假日，141 人选择了在旅游淡季及随时都可以出行，达到了总人数的 71.21%。受访游客在获取肥城市非物质文化遗产信息渠道上（图 4-1），通过网络渠道获取信息的人数占比位居第一，达到 39.90%；选择通过亲友推荐的占第二位，有 29.80%；特别注意的是，没有人通过广告渠道获取信息，说明肥城市非物质文化遗产主要依靠政府或官方媒体宣传，且多为新闻性报道，较少进行有针对性的广告推广宣传，或广告投放效果不理想。在出游方式上，受访游客多选择自驾模式，占 82.32%，因此，在下一步肥城景区建设中，要把自驾游人群作为主要目标人群进行考虑。在花费预期上，总体上讲各种消费预期都有，200 元以上的人数占比较多，其中，100 元以下的占 8%，100~200 元之间的占 16%，200~300 元之间的占 35%，300 元~500 元之间的占 28%，500 元以上的占 13%。

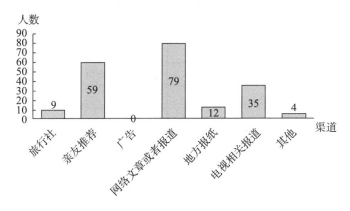

图 4-1　受访游客获取肥城市非遗信息渠道偏好图

　　从综合问卷调查者的社会人口学统计，可以看出，被调查者的几个主要典型的特征即：肥城市非物质文化遗产游客主要为泰安市内及肥城周边区域受过大专以上教育的年轻人群体及时间、财务相对宽松的中老年退休群体。

### （三）受访游客对肥城市非物质文化遗产呈现方式及产品偏好分析

　　问卷第三部分主要调查受访游客对非物质文化遗产呈现方式及产品的偏好。调查统计结果显示（表 4-2），有 85.35% 的受访游客选择了美食品尝，66.67% 的选择了特色文化饮食，说明"舌尖效应"是文化渗透和参与体验的最好环节及体现。因此，下一步特色饮食类非遗项目可以作为旅游活化重点之一。57.07% 的受访游客选择了传统技艺体验，65.66% 的选择了传统手工艺产品，显示出体验经济时代，游客更喜欢参与性、互动性和个性化强的旅游产品，从而也说明与体验式旅游相结合，是传统手工艺活态传承的有效途径。有近一半的受访游客选择了动态表演和民俗节庆类的活动，选择平面陈列和展览馆 / 博物馆等传统静态展示模式的游客人数相对较少，说明游客较为喜欢通过互动形式体验原汁原味的地方文化特色，获得最佳旅游体验，体现了游客对文化本真性的追求。

表 4-2　受访游客对肥城市非物质文化遗产呈现方式及产品偏好调查情况

| 呈现方式 | 人数 | 比例 | 产品类型 | 人数 | 比例 |
|---|---|---|---|---|---|
| 平面陈列 | 47 | 23.74% | 民俗 / 庙会 / 节庆活动 | 93 | 46.97% |
| 动态表演 | 78 | 49.39% | 传统手工艺产品 | 130 | 65.66% |
| 高科技展示 | 127 | 64.14% | 历史人物故事解读 | 76 | 38.39% |
| 传统技艺体验 | 113 | 57.07% | 主题街区 / 公园 | 61 | 30.81% |
| 美食品尝 | 169 | 85.35% | 舞台剧目 | 83 | 41.92% |
| 实用性商品 | 75 | 37.88% | 当地特色文化饮食 | 132 | 66.67% |
| 装饰性商品 | 57 | 28.79% | 展览馆 / 博物馆 | 79 | 31.90% |
| 故事 | 65 | 32.83% | | | |
| 节庆 / 民俗活动 | 83 | 41.92% | | | |

### （四）受访游客对肥城市非物质文化遗产整体认知度分析

问卷第四部分主要调查受访游客对肥城市非物质文化遗产的认知度，主要从对肥城市非物质文化遗产是否"了解、喜欢、关注、感兴趣"四个方面进行认知度整体评价。根据调查结果统计，如图 4-2 所示，受访游客中有 65 人选择"了解"和"非常了解"，占 32.83%；147 人选择了"喜欢"和"非常喜欢"，占74.24%；40 人选择了"经常关注"和"始终关注"，占 20.20%；145 人选择"感兴趣"和"非常感兴趣"，占 73.23%。从统计数据可以看出，选择"喜欢""感兴趣"的人占比很高，可以体现出有较大比例的受访游客对非物质文化遗产有着很高的期待和需求；而选择"了解"和"关注"的受访游客占比较低，由此需要我们在非遗文化传播方面更加贴近生活，以便引起社会的支持与关注。

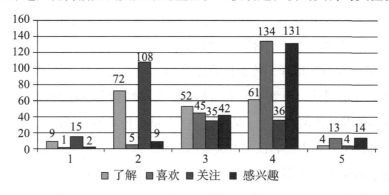

图 4-2　受访游客对肥城市非物质文化遗产总体认知评价

### （五）受访游客对肥城市非物质文化遗产项目认知度分析

问卷第五部分主要调查受访游客对肥城市非物质文化遗产项目的认知度。采用李克特五分量表法分别从"非常不了解""不了解""不确定""了解""非常了解"五个层次调查受访游客对肥城市非物质文化遗产项目的认知情况，然后根据调查结果从"1~5"分对应每一项目分别进行打分。从各项目均值统计表4-3中可以看到，受访游客对肥城市非物质文化遗产项目认知程度整体偏低，平均分值2.5分以上的非物质文化遗产项目仅有65项，占47.45%，说明肥城市仍有许多非物质文化遗产资源挖掘保护利用不太充分，还处于"养在深闺人未识"的状态，需要积极探索活化利用路径，让它们能够"飞入寻常百姓家"。

表4-3　受访游客对肥城市非物质文化遗产项目认知评价

| 序号 | 类别 | 项目名称 | 分值 |
|---|---|---|---|
| 1 | 民间文学 | 泥马渡康王 | 2.76 |
| 2 | 民间文学 | 穆柯寨的传说 | 2.33 |
| 3 | 民间文学 | 肥桃的来历 | 3.79 |
| 4 | 民间文学 | 范蠡与陶山的故事 | 4.10 |
| 5 | 民间文学 | 李邦珍与胡氏之墓 | 1.83 |
| 6 | 民间文学 | 栾家林与老县城 | 2.09 |
| 7 | 民间文学 | 卧虎城传说 | 2.39 |
| 8 | 民间文学 | 望鲁泉的传说 | 1.03 |
| 9 | 民间文学 | 孙膑·孙伯·云蒙山 | 2.18 |
| 10 | 民间文学 | 孙家小庄的传说 | 1.26 |
| 11 | 民间文学 | 虞舜仁孝感后母 | 1.31 |
| 12 | 民间文学 | 肥桃的传说（汶阳镇） | 3.95 |
| 13 | 民间文学 | 大汶河的传说（汶阳镇） | 2.81 |
| 14 | 民间文学 | 大明衮台侯与左丘明的故事 | 2.36 |
| 15 | 民间文学 | 翦云山的传说 | 2.18 |
| 16 | 民间文学 | 大汶河传说（孙伯镇） | 2.97 |
| 17 | 民间文学 | 汶阳哩言杂字 | 1.25 |
| 18 | 民间文学 | 左丘明传说故事 | 3.69 |
| 19 | 民间文学 | 牛山的传说 | 2.86 |

| 序号 | 类别 | 项目名称 | 分值 |
|---|---|---|---|
| 20 | 民间文学 | 肥城汶阳田传说 | 2.92 |
| 21 | 民间文学 | 肥城云蒙山（莲花峪）传说 | 1.83 |
| 22 | 民间文学 | 肥城张志纯传说 | 2.11 |
| 23 | 民间文学 | 晒书城传说 | 2.59 |
| 24 | 传统音乐 | 肥城砖舍李氏唢呐 | 2.67 |
| 25 | 传统音乐 | 肥城安站梁氏唢呐 | 2.83 |
| 26 | 传统音乐 | 安站陈氏唢呐 | 1.76 |
| 27 | 传统舞蹈 | 高跷牌坊 | 2.87 |
| 28 | 传统舞蹈 | 抬芯子 | 2.48 |
| 29 | 传统舞蹈 | 东坞花棍舞 | 2.37 |
| 30 | 传统戏剧 | 望鲁山皮影 | 2.69 |
| 31 | 传统戏剧 | 横笛梆 | 2.15 |
| 32 | 传统戏剧 | 肥城拉大画影子戏 | 1.99 |
| 33 | 传统戏剧 | 坡西调 | 2.08 |
| 34 | 传统体育、游艺、杂技 | 石横武术 | 3.07 |
| 35 | 传统体育、游艺、杂技 | 石横出山拳 | 1.88 |
| 36 | 传统体育、游艺、杂技 | 石横大枪 | 3.62 |
| 37 | 传统体育、游艺、杂技 | 石横佛汉拳 | 1.20 |
| 38 | 传统体育、游艺、杂技 | 石横秘宗拳 | 1.87 |
| 39 | 传统体育、游艺、杂技 | 肥城迷祖拳 | 1.56 |
| 40 | 传统体育、游艺、杂技 | 石横梅家拳 | 1.92 |
| 41 | 传统体育、游艺、杂技 | 五花八叉梅花拳 | 1.03 |
| 42 | 传统体育、游艺、杂技 | 肥城徐家拳 | 1.79 |
| 43 | 传统体育、游艺、杂技 | 金刚罗汉拳 | 1.92 |
| 44 | 传统体育、游艺、杂技 | 石横徐家枪 | 2.74 |
| 45 | 传统美术 | 夏氏石刻 | 1.01 |
| 46 | 传统美术 | 葛氏捧瓷 | 2.17 |
| 47 | 传统美术 | 肥城王氏泥塑 | 3.39 |
| 48 | 传统美术 | 张氏陶泥彩塑 | 3.16 |
| 49 | 传统美术 | 金凤剪纸 | 3.71 |
| 50 | 传统美术 | 汶阳烙画 | 2.54 |

续表

| 序号 | 类别 | 项目名称 | 分值 |
|---|---|---|---|
| 51 | 传统美术 | 李氏火笔画 | 2.30 |
| 52 | 传统美术 | 肥城李君剪纸 | 2.93 |
| 53 | 传统美术 | 肥城桃木雕刻技艺 | 4.57 |
| 54 | 传统美术 | 肥城李氏刻瓷 | 2.46 |
| 55 | 传统美术 | 王氏桃木雕刻技艺 | 4.25 |
| 56 | 传统美术 | 肥城青石干茬缝砌墙技艺 | 1.89 |
| 57 | 传统美术 | 杨氏剪纸艺术 | 2.87 |
| 58 | 传统美术 | 幸福面塑 | 2.61 |
| 59 | 传统美术 | 赵家面塑 | 2.73 |
| 60 | 传统美术 | 倪氏面塑 | 1.36 |
| 61 | 传统技艺 | 白窑土陶烧制 | 2.12 |
| 62 | 传统技艺 | 扎龙灯 | 2.49 |
| 63 | 传统技艺 | 徐氏锡具制作技艺 | 2.30 |
| 64 | 传统技艺 | 肥城桃栽培技艺 | 3.65 |
| 65 | 传统技艺 | 下庄"泰山极顶"生姜 | 2.43 |
| 66 | 传统技艺 | 东虎门柿子 | 2.17 |
| 67 | 传统技艺 | 河岔口鸭蛋 | 3.63 |
| 68 | 传统技艺 | 弭氏锡艺 | 1.88 |
| 69 | 传统技艺 | 袁寨武赵氏扎制技艺 | 1.92 |
| 70 | 传统技艺 | 尚氏镅艺 | 3.18 |
| 71 | 传统技艺 | 鼓腔烧饼制作技艺 | 2.76 |
| 72 | 传统技艺 | 演马金光牛肉制作技艺 | 3.85 |
| 73 | 传统技艺 | 柳沟茶栽培与制作技艺 | 2.38 |
| 74 | 传统技艺 | 百尺龙灯扎制 | 2.21 |
| 75 | 传统技艺 | 宝聚鼎烧鸡制作技艺 | 2.29 |
| 76 | 传统技艺 | 肥城东孔绿豆粉皮制作技艺 | 4.27 |
| 77 | 传统技艺 | 肥城韩庄头豆腐皮制作技艺 | 2.46 |
| 78 | 传统技艺 | 肥城大辛庄犬肉制作技艺 | 4.03 |
| 79 | 传统技艺 | 李氏装裱技艺 | 1.87 |
| 80 | 传统技艺 | 肥城刘氏锡艺 | 1.30 |
| 81 | 传统技艺 | 武家烧鸡制作技艺 | 2.65 |

| 序号 | 类别 | 项目名称 | 分值 |
|---|---|---|---|
| 82 | 传统技艺 | 肥城甲氏瓯鸡制作技艺 | 3.86 |
| 83 | 传统技艺 | 南栾犬肉制作技艺 | 2.79 |
| 84 | 传统技艺 | 刘家小磨香油 | 2.15 |
| 85 | 传统技艺 | 大辛庄"担山狗肉王"加工技艺 | 2.10 |
| 86 | 传统技艺 | 湖屯豆腐皮制作技艺 | 3.92 |
| 87 | 传统技艺 | 肥城肥子茶传统制茶技艺 | 2.65 |
| 88 | 传统技艺 | 康王河酒老五甑酿造工艺 | 3.79 |
| 89 | 传统技艺 | 肥城王晋甜瓜栽培技艺 | 2.16 |
| 90 | 传统技艺 | 汶阳人家手工布鞋制作技艺 | 2.90 |
| 91 | 传统技艺 | 孙伯岈山豆腐丝制作技艺 | 2.37 |
| 92 | 传统技艺 | 孙伯西程金丝绞瓜栽培技艺 | 2.54 |
| 93 | 传统技艺 | 罗窑土陶制作技艺 | 2.91 |
| 94 | 传统技艺 | 肥城聂氏铜器铸造工艺 | 3.78 |
| 95 | 传统技艺 | 尹家吊炉烧饼制作技艺 | 2.65 |
| 96 | 传统技艺 | 肥城"八字古卤"法技艺 | 2.41 |
| 97 | 传统技艺 | 肥桃酒酿造技艺 | 2.20 |
| 98 | 传统技艺 | 肥城花粉糕点传统制作技艺 | 2.43 |
| 99 | 传统技艺 | 肥城袁氏陶艺 | 2.48 |
| 100 | 传统技艺 | 肥城桃核微雕技艺 | 2.07 |
| 101 | 传统技艺 | 肥城张氏印章手工镌刻技艺 | 2.41 |
| 102 | 传统技艺 | "刘大姐"叉子火烧 | 2.86 |
| 103 | 传统技艺 | 古早味大鹏糖艺 | 2.03 |
| 104 | 传统技艺 | 肥城王氏糖画制作技艺 | 2.36 |
| 105 | 传统技艺 | 肥城梁氏草编 | 1.98 |
| 106 | 传统技艺 | 肥城刘氏手工石臼艾绒艾条制作技艺 | 1.55 |
| 107 | 传统技艺 | 汶阳薛寨小磨香油传统制作技艺 | 2.39 |
| 108 | 传统技艺 | 泰安古字画装裱修复技艺 | 1.56 |
| 109 | 传统技艺 | 竹清香鲜汁汤包制作技艺 | 2.94 |
| 110 | 传统技艺 | 王西水塔豆制品制作技艺 | 2.71 |
| 111 | 传统医药 | 安驾庄梁氏正骨疗法 | 4.57 |
| 112 | 传统医药 | 范氏治疗咽炎 | 1.89 |

续表

| 序号 | 类别 | 项目名称 | 分值 |
|---|---|---|---|
| 113 | 传统医药 | 河岔口"杨氏膏药" | 2.15 |
| 114 | 传统医药 | 苏氏治疗面部神经麻痹 | 2.36 |
| 115 | 传统医药 | 洪德堂于氏皮肤病疗法 | 3.29 |
| 116 | 传统医药 | 泰和堂刘氏膏药秘方 | 2.14 |
| 117 | 传统医药 | 翟氏疮疡疗法 | 2.66 |
| 118 | 传统医药 | 湖屯孟氏推拿按摩术 | 2.83 |
| 119 | 传统医药 | 瑞泽堂王氏膏方 | 3.61 |
| 120 | 传统医药 | 中和堂口腔溃疡、咽炎疗法 | 2.30 |
| 121 | 传统医药 | 王氏中医推拿按摩 | 2.43 |
| 122 | 传统医药 | 肥城致中和中医药 | 2.39 |
| 123 | 传统医药 | 鸿仁堂王氏膏方 | 2.44 |
| 124 | 传统医药 | 肥城李氏面瘫疗法 | 2.17 |
| 125 | 传统医药 | 天丰堂整脊正骨疗法 | 2.45 |
| 126 | 民俗 | 开口笑水饺 | 3.16 |
| 127 | 民俗 | 桃木雕刻民俗 | 4.62 |
| 128 | 民俗 | 岱阳观庙会 | 2.75 |
| 129 | 民俗 | 石横四月八庙会 | 2.97 |
| 130 | 民俗 | 宝金山庙会 | 2.01 |
| 131 | 民俗 | 小泰山庙会 | 2.63 |
| 132 | 民俗 | 四大件宴席习俗 | 3.26 |
| 133 | 民俗 | 安站青龙山庙会 | 2.37 |
| 134 | 民俗 | 书画印艺术传承中华孝道文化 | 1.73 |
| 135 | 民俗 | 肥城桃木桃符制作民俗 | 3.89 |
| 136 | 民俗 | 五埠伙大门居住民俗 | 4.03 |
| 137 | 民俗 | 张氏四大件 | 2.67 |

### （六）受访游客对肥城市非物质文化的遗产旅游活化的意见和建议分析

　　问卷第六部分主要是调查受访游客对肥城市非物质文化遗产旅游活化的意见和建议。设置了一个开放性问题"请写出你对肥城市非物质文化遗产旅游的建设性意见或建议"，由于没有要求受访游客必须作答，也没有字数限制，据统计，除去回答为"无""挺好""满意"等没有建设性的评价外，给出有效答案的问卷共计 102 份，按照高频词排序居前 100 位的如表 4-4。

表 4-4　调查问卷开放性问题答案高频词汇总

| 词汇 | 频数 | 词汇 | 频数 | 词汇 | 频数 | 词汇 | 频数 |
|---|---|---|---|---|---|---|---|
| 特色 | 84 | 便利 | 25 | 技艺 | 11 | 网络 | 7 |
| 文化 | 71 | 路线 | 24 | 胡同 | 10 | 一条街 | 7 |
| 古建筑 | 64 | 民俗 | 23 | 整洁 | 10 | 落后 | 7 |
| 旅游 | 63 | 有待 | 22 | 积极参与 | 10 | 电影 | 7 |
| 活动 | 61 | 美食 | 22 | 破旧 | 9 | 农家菜 | 7 |
| 宣传 | 59 | 基础设施 | 21 | 风土人情 | 9 | 规模 | 7 |
| 传统 | 59 | 建筑 | 21 | 加大力度 | 9 | 弘扬 | 7 |
| 政府 | 56 | 导游 | 21 | 视频 | 9 | 手段 | 7 |
| 传播 | 52 | 道路 | 19 | 旅行社 | 9 | 优势 | 7 |
| 体验 | 48 | 体验式 | 19 | 学生 | 9 | 农耕 | 7 |
| 文化遗产 | 45 | 建设 | 18 | 爱护 | 9 | 骗人 | 7 |
| 非遗 | 39 | 商业化 | 18 | 游玩 | 8 | 满意 | 7 |
| 力度 | 37 | 卫生 | 17 | 手工艺 | 8 | 乡村 | 6 |
| 环境 | 36 | 利用 | 17 | 动态 | 8 | 多加 | 6 |
| 交通 | 35 | 文物保护 | 16 | 发展 | 8 | 吸引力 | 6 |
| 知名度 | 35 | 精品 | 16 | 外地人 | 8 | 普及 | 6 |
| 商品 | 35 | 产业 | 16 | 公益活动 | 8 | 系统 | 6 |
| 投资 | 32 | 车辆 | 17 | 市政府 | 8 | 绿色 | 6 |
| 历史 | 32 | 古镇 | 15 | 诚信 | 8 | 生态 | 6 |
| 生活气息 | 31 | 产品 | 15 | 工艺 | 8 | 形式 | 5 |
| 规划 | 31 | 设施 | 13 | 传承 | 8 | 平台 | 5 |
| 肥城 | 30 | 游客 | 13 | 山东 | 8 | 民宿 | 5 |
| 干净 | 29 | 过度 | 13 | 五埠岭 | 8 | 融合 | 5 |
| 解说服务 | 28 | 产业链 | 11 | 电视剧 | 8 | 价值 | 5 |
| 扶持 | 26 | 交通不便 | 11 | 娱乐 | 8 | 网红 | 5 |

　　从高频词排序来看，首先是"文化""民俗""文化遗产""非遗"等词共计出现 178 次，"特色"一词出现 84 次，说明有大多数受访游客认为，旅游的潜

力很大程度上取决于文化的魅力和吸引力，肥城市非遗旅游活化开发要突出独特的文化品格和文化魅力，满足游客个性化、多样化的旅游体验。并且，他们希望能多增加一些具有肥城当地特色的美食制作、手工技艺、传统民俗等体验项目，为游客提供"可观、可学、可游、可玩"的非物质文化遗产体验新玩法。第二是"宣传"出现了59次、"传播"出现了52次，体现出56%的受访游客认为，宣传力度不够是他们不了解肥城市非物质文化遗产的主要原因，并希望进一步畅通传播途径，加大宣传力度，提升宣传效果，以便于游客能够通过各种途径获得相关信息。第三，"交通""交通不便""道路"等词加起来共出现65次，表明1/3的受访游客认为肥城景区道路可达性有待完善和提高，沿线交通有待于加强疏通；第四，"政府""市政府"被提到64次，体现出很多受访游客在评价肥城市非物质文化遗产时首先想到的就是政府的决定性作用，对政府在非物质文化遗产传承保护、活化利用过程中发挥的作用十分看重。

## 四、总体情况分析

### （一）文旅资源丰富，发展前景广阔，非遗旅游活化潜力巨大

　　肥城市非遗旅游资源丰富，地域特色明显，有着活化利用的独特优势。随着肥城市文旅融合的深化推进，在激发非物质文化遗产传承实践活力的同时，也赋予文旅产业更为蓬勃的生命力。据肥城市统计局发布的数据显示，近年来，肥城市每年旅游接待人次持续增长，即使在三年疫情期间也相对平稳，没有出现较大的起伏。良好的旅游市场的发展走势，提振了各级发展乡村旅游的信心，全市先后建成产品业态丰富、服务设施完善、管理运营规范的国家A级景区22个，为在更广范围、更深层次、更高水平上推动非物质文化遗产旅游活化融合奠定了坚实基础，具有巨大的开发潜力和广阔的发展前景。

### （二）创新意识不强，活化模式单一，非遗旅游需求弹性较小

　　肥城旅游景区虽然数量较多，但大都小而散，且习惯于孤立经营。对于横向和纵向的景区组合，缺乏系统的研究和规划，旅游项目单调，业态内容单一，缺乏吸引力，因此，大多都是免费向游客开放。景区收入主要靠销售工艺品、土特产或农家乐，收入微薄。客源基本上来自肥城本地或周边地区，以短途游、周末游为主，属于较为稳定的旅游需求，旅游需求弹性较小。当前，以非物质

文化遗产为主题的景区，非遗旅游活化利用模式过于传统，产品种类和创新性不足，游客能够参与的体验性旅游项目少，难以调动游客深入体验的兴趣。特别是疫情期间，出游人群以家庭为单位，举家出游、亲子游、结伴出游者居多，近程旅游和本地休闲成为旅游的空间特征，使肥城旅游需求弹性小的现象表现得更为突出。

### （三）宣传力度不够，营销渠道狭窄，难以彰显非遗旅游特色

肥城对非遗旅游宣传重视程度不够，宣传渠道主要是组织非遗项目参加比赛和展览，以及电视、报纸、网站等传统媒体，利用新媒体宣传少，在大型媒体上宣传得少，有针对性的广告投入基本没有。对外宣传主题形象定位不鲜明，形象塑造不够亮眼，难以打动游客让其产生深入探究的想法。在旅游营销方面，没有深入调查旅游市场，对游客的旅游产品需求和消费行为了解不足，营销渠道传统，这些因素导致非遗的传播范围不广泛。

### （四）缺乏规划整合，缺少投入支撑，周边竞争压力增大

肥城市非遗旅游目前还没有长期的发展规划，景区之间、景区与非遗项目之间协作意识不强，大多数景区和非遗项目都处于粗放经营的状态，各自埋头苦干，所提供的产品或服务品质不优，旅游替代程度高，直接影响了其在旅游市场中的竞争力，自然得不到充沛的资金支持，造成资源综合利用率低、产业规模小、产业链短、不适应新时代旅游业发展需要的局面。除此之外，肥城周边各个县市区文化遗产也十分丰富，而且整体文化氛围、文化传统基本相近，相互之间具有较强的"负近邻效应"关系，导致旅游产品的同质化竞争。近年来，来自泰安市泰山区、东平县、岱岳区，济南长清区、平阴县，济宁汶上县等周边旅游业态的竞争压力持续增加。同样以非遗为主题的泰山区泰安老县衙、泰山方特欢乐世界、花样年华景区、泰山乡村文化博物馆、力明艺术宫，岱岳区泰山茶溪谷"田园综合体"、九女峰旅游片区、太阳部落、天颐湖景区，东平县大宋不夜城、水浒大寨、东平古城、戴村坝、史楼村，济南市长清区马套将军山景区、泉城茶博园、龙凤庄园、大峰山齐长城旅游区，平阴县圣母山、"花养花"玫瑰特色小镇、福牌阿胶文化旅游景区、玫瑰湖湿地公园，济宁市汶上县宝相寺、南旺枢纽遗址考古公园、莲花湖湿地景区、郭楼古郕田园等占据了大量的市场份额，直接影响了肥城的客源增长，使肥城旅游在激烈的市场竞争中备受压力，

面临严峻挑战。

# 第三节 肥城市非物质文化遗产旅游活化困境

肥城丰富而多元的非物质文化遗产是旅游业发展的核心资源。近年来，肥城市积极推进非遗旅游活化利用，打造特色文化旅游品牌，取得诸多成效。桃花节、品桃节、桃木雕刻、聂氏铜器、演马牛肉、孔庄粉皮等在全省乃至全国范围内具有较高的品牌知名度和美誉度。但与先进地区相比，肥城非遗旅游活化仍处于摸索和初步建设阶段，在实践中还存在许许多多障碍和困难，大部分非遗旅游产品尚未形成良好的品牌效应，散、小、乱等现象普遍存在，未形成优势突出、层次丰富、特色鲜明的非遗旅游品牌体系，非遗文化的软实力远未得到彰显，需要下一步在优化发展模式和完善保障体制方面进行更深层次的探索和思考。

## 一、宣传营销力度不够，客源市场狭窄

肥城市非物质文化遗产内容丰富、形式多样、底蕴厚重，深刻影响着当地人们的生产生活。每逢春节、元宵节等重要节日，肥城各地都会组织相应的民俗活动，其中会融合花棍舞、抬芯子、高桥牌坊、唢呐、皮影、戏曲等精彩的非遗项目，规模宏大，场面壮观，热闹非凡。然而，当我们与群众交流时，会发现：参观演出的大多数村民们并不知道什么是非物质文化遗产，更别说保护传承与活化利用了。究其原因，主要是对非物质文化遗产的宣传力度还有所欠缺，如政府部门的宣传主要集中在城区或部分景区，通过组织展示展览的方式进行静态介绍，宣传不够深入；传承人总体年龄偏大，以开展表演活动为主，不擅长运用现代传播手段扩大影响范围和传播频次，比如录制高质量的活动视频，通过微信等自媒体推广等；教育机构开展非物质文化遗产教育活动主要集中在部分学校，重点是面向广大青少年，缩小了传播的受众群体；当地民众认识不清，更无法进行有效宣传；区域间整合水平参差不齐，大都采取各自为政的营销传播模式，宣传口径不一，效果大打折扣。非物质文化遗产在"吃住行游购娱"

要素中整合融入不够。比如，肥城目前还没有融入非遗主题元素、体现非遗主题特色的民宿、酒店，在肥城的酒店、餐馆等很少见到演马牛肉、大辛庄犬肉、叉子火烧、河岔口鸭蛋等非遗美食。肥城非遗旅游消费群体基本上局限于肥城及周边地区，品牌传播途径依靠人们口口相传，以非遗所在地为中心，慢慢向周边地区辐射，地理距离越远，品牌名声越小，形成薄弱的"涟漪效应"。宣传力度不足，致使外界对肥城非遗的认识不清，难以形成旅游吸引力，发挥旅游价值，这在一定程度上限制了游客数量，致使客源市场比较狭窄。

## 二、品牌内涵挖掘不足，活化方式单一

肥城市非遗资源内容丰富，种类众多，历史底蕴深厚。但是在旅游活化方面，多数非遗旅游产品只注重对非遗物质化的展示，没有深入挖掘其深厚的文化内涵，难以建立差异化、独特化的品牌认知。首先，非遗旅游活化手段单一。目前，非遗旅游活化以博物馆展示、非遗展演、旅游商品开发等为主，同质化现象严重，尤其缺乏非遗与信息科技、数字技术、创意设计融合的特色产品，游客参与性、互动性和体验性不足，没有发挥出非遗的最大效益。其次，非遗与旅游融合度不高。非遗旅游活化融合层次不够深入，以表层融合为主，对非遗内涵挖掘不够彻底，大多过于注重"形"而忽视了"意"。大多数以非遗为主题的博物馆、民俗馆等展览内容片段化，不能全面展示非遗起源、发展过程及其深邃的文化内涵；而且展示主要采用展板＋实物堆砌等静态方式，形式比较单一，缺乏展示情境。体验项目简单化、雷同化，难以引起游客共鸣，弱化了展览宣传、展示和教育的功能。例如，马家埠民俗博物馆对民俗文化的展示侧重农耕时代的物质载体保存和外在形态展示。而对于当时的生产生活方式、社会风俗及其与农耕文化的共生互动关系等缺乏生动呈现，游客通过参观只能粗略了解农耕民俗，无从知晓其深厚的文化内涵和历史价值，很难留下深刻印象。第三，非遗资源转化为文化产品的有效模式和可持续机制尚未形成。非遗旅游活化程度和层次较低，缺乏对其内在价值的深度挖掘，没有提炼出肥城市非遗最具核心价值与地域独特性的典型文化符号。在推进非遗及相关文化资源组合配置和整合利用方面不够有力，与演艺娱乐、动漫游戏、出版传媒、创意设计等相关产业互动融合不足，非遗资源转化率和利用效率偏低。

### 三、资金投入严重不足，品牌意识淡漠

目前，肥城非遗旅游活化中，存在的最主要难点还是资金不足问题。作为一个拥有 2200 多年历史的城市，肥城市有着得天独厚的旅游发展优势、魅力无穷的自然风光、精深厚重的人文底蕴、丰富多样的物产资源，吸引力极强，旅游开发价值大、条件好。然而，由于资金投入有限，加上旅游开发单位组织性程度不高等各种原因，导致旅游配套设施普遍不健全，体验项目少、服务条件差，难以为游客提供系统优质的服务，更为严重的是，个别景区安全保障不到位，严重影响肥城旅游的深度开发和创收能力。对非物质文化遗产而言，保护、传承、旅游开发等一系列工作都离不开资金支持，资金充足与否直接关系到工作开展的进度。目前，肥城市政府投入非遗传承保护和活化利用的资金有限，民间资本投资不足，致使非遗旅游活化的有关工作推进缓慢，很多优秀的非物质文化遗产无法为人所熟知，甚至当地居民都知之甚少，不利于通过旅游活化扩大文化知名度。同时，资金不足导致品牌建设和运营的主观能动性未被激发，影响了非遗旅游活化利用的深度和广度，无法培育出多样化的旅游产品品牌。此外，由于缺乏资金，政府扶持力度有限，非遗传承人经济收入微薄，社会地位不高，致使传承人无心传承，一些非遗项目后继无人，深陷传承窘境，难以提供与非遗旅游相匹配的服务体验。

### 四、缺少系统规划指导，资源整合困难

非物质文化遗产旅游开发需依托系统、合理的旅游发展规划，需要政府相关部门综合考虑全市发展格局、资源概况等因素，从大势、全局出发，把文化资源开发融合到旅游发展规划中。目前，该方面的工作还有待于进一步提升，肥城缺少宏观层面的科学规划，导致非物质文化遗产旅游活化缺乏全局性、前瞻性及持续性，无法连贯开展，多处于无序状态，活化利用十分零散。现阶段开展的商业合作活动多以手工技艺类非物质文化遗产为主，对于口头传说、戏曲舞蹈类非物质文化遗产项目的支持力度不够，以民间团体（如横笛梆剧社、坡西调剧团）等自发进行为主，导致很多非物质文化遗产项目至今未能找到与旅游项目的契合点，很多优秀的文学、舞蹈、戏剧等项目散落在民间，只活在

纸媒上。即使同为手工技艺类非物质文化遗产，经济效益大、价值易开发的项目品类往往优先发展，而受到市场忽视的项目难以为继，导致非物质文化遗产的传承和产业发展差距拉大，很多价值大但短期效益不明显的非物质文化遗产项目常被忽视。在旅游业整体规划中，目前也主要是围绕桃文化、古村落等领域展开，基本没有对非物质文化遗产旅游市场需求进行分析论证；旅游产品设计相对单一，产品链较短，降低了资源的利用价值，影响了旅游吸引力和知名度。在已经建成的融入非物质文化遗产项目的相关景区中，硬件设施投入资金较多，参与互动项目几乎没有。通过调查可以发现，旅游者对肥城美食及参与类的旅游产品的兴趣度及积极性较高，肥城非物质文化遗产中，美食类项目比较丰富，但目前全市还没有形成一个有影响力的美食街区、美食综合体，无法满足旅游者的美食需求。

## 五、当地居民参与度低，传承意愿弱化

肥城非遗旅游活化，当地居民必然是重要的推动主体。从目前情况看，大多数居民参与非遗旅游活化的意愿不强烈，主要原因是他们作为利益相关者没有参与项目决策和开发规划过程，项目规划和实施也没有顾及他们的利益，自然也就得不到他们的全面支持，这一点在很大程度上使非遗旅游活化可持续性得不到保证。比如五埠岭伙大门景区，居民参与非遗旅游活化的主要形式是作为景区、餐馆或民宿工作人员为游客提供服务，参与人员多为不能外出打工的中年妇女，明显表现出居民参与意愿不强、参与形式单一和参与程度不深的问题，不仅无法为旅游活化提供充足人力，同时也给非遗有效传承造成阻碍。即使是景区非遗工坊引进的非遗项目，也只有桃木雕刻、王氏泥塑等少数来自肥城本地的项目。学习这些技艺费时费力，付出与收入不成正比，难以维系生活，因而鲜有本地居民愿意跟随学习，参与产品制作。非遗旅游活化，更重要的是文化价值，是让非遗项目在旅游活化过程中融入生活，增强活力，绽放生机。特别是当地有很多非遗，是不同历史时期人们的日常生活方式，也曾在没有刻意保护的情况下自然存在于人们生活中，当地居民对这些非遗具有强烈的归属感和自豪感。要将这些优秀传统文化弘扬光大，仅仅通过经营性参与的方式，肯定不能起到传承发展的作用，也无法达成旅游活化的目的。以玉米皮编织技艺

为例，玉米皮编织是以玉米皮为原料，将其加工处理后，编织成手工制品，曾是当地妇女信手拈来的家务活儿。但是到了现代，物美价廉的塑料制品代替了广泛应用于人们生活的玉米皮编织品，这项技艺濒临失传。如今，不少地方在传统玉米皮编织工艺基础上进行创新，采用"公司＋实训基地＋工坊＋农村劳动力"模式，将其旅游活化，打造成为特色文化致富产业，产品有手提包、储物筐、杯垫、颈椎枕、草席、花瓶、汽车坐垫等几十个品类，有着很高的实用性和审美性特征，深受消费者青睐。对于类似这些非遗旅游活化的经验，需要认真学习借鉴。

# 第五章　肥城市非物质文化遗产旅游活化案例研究

## 第一节　五埠岭伙大门景区非遗旅游活化效果评价研究

孙伯镇五埠岭是国家级传统村落，历史积淀深厚，地域特色鲜明，被誉为"山东第一石头村，全国独特伙大门"。2019年以来，探索推进的集非遗保护、文化旅游、消费体验、研学教育等于一体的"非遗工坊"项目，创新了非遗保护和旅游发展融合新模式，入选2021年度山东省非物质文化遗产保护十大亮点工作和2022年"全国非遗与旅游融合发展优选项目名录"。研究游客对五埠岭伙大门景区的体验感知，探讨非遗旅游活化中遇到的问题和解决对策，可以为同类景区非遗旅游活化提供实践参考。

### 一、五埠岭伙大门景区非遗旅游活化概况

孙伯镇五埠村，面积1.5平方千米。南与宁阳、汶上县接壤，西与东平县为邻。交通便利，位置优越，省道泰东路横贯东西，市道孙牛路连接肥城与宁阳，东行40千米通达104国道和京沪高速公路、京沪铁路。西去20千米与105国道济荷高速公路相连，四通八达。《泰安县志》记载，五埠村始建于明洪武十四年（公元1381年），据传说，由于五埠村位于三县交界地区，匪患严重，明朝大将赵豪曾在此剿匪，战死后安葬于此，其后人守墓遂居住下来。村庄三面环山，依山而建，村内建筑全部为石质结构，保留完整的明、清、民国时期的院落200多套，"门中套门、院中套院、巷中有巷"的伙大门建筑格局全国罕见，被誉为泰西地区乡村发展的"活化石"。村内古迹众多，有古井十八眼、古姓氏谱碑、古戏台、地堡等历史文化遗存，此外还有陆房战役115师后方医院遗址、战时手术台、藏兵洞、"文革"时期的毛主席台等红色遗迹。深巷、大院、高屋、地堡的古朴建筑风格，极具北方传统的家族群居特色，传递出不可多得的历史气息，演绎出久远质朴的乡村记忆。

2015年8月，五埠村与泰山四方集团采取"公司＋集体＋农户"股份合作的

模式，共建五埠岭伙大门景区。2017 年，聘请天津众耕旅游项目策划有限公司为五埠岭伙大门景区编制旅游规划。根据全市发展乡村旅游的总体要求，结合五埠岭自身实际，确立了"一点、两镇、三区、四基地"的规划和布局，在保留原古居古貌的基础上，本着"保护为主，修旧如旧，完善设施，强化服务"的原则，项目总投资 1.2 亿元，分三期建设。目前，已投入 3000 余万元，依照规划修缮石头建筑群、石头牌坊、抗战遗址、观景台等景观，改建了乡村记忆馆、游客服务中心、民宿、会议室、餐厅，建设景区大门、十亩荷塘、百果园、百花园、停车场等项目，硬化胡同、巷道 30 余千米。景区利用"数字乡村"搭建数字服务化平台，实现了掌上游景区数字功能，通过打造线上推广入口，打通到村引流、住宿餐饮、观光消费全流程产业链，以金融科技力量优化游客场景消费体验和景区口碑提升。目前，五埠岭伙大门景区已打造为集民俗体验、研学教育、养生度假、文化创意、探险旅游、农业科技等于一体的综合性旅游休闲度假目的地，成为肥城乡村旅游产业发展的"主力军"。五埠村先后被评为中国传统村落、国家森林乡村、全国乡村旅游重点村、中国美丽休闲乡村、山东省生态文化名村。五埠岭伙大门景区先后获得国家 AAAA 级旅游景区、山东省乡村旅游后备箱工程示范基地、山东省旅游服务名牌、山东省精品旅游先进单位、山东省乡村振兴"十千百"工程创建单位、省级非物质文化遗产传承教育实践基地等 30 多项荣誉称号。

2019 年以来，投资 240 万元对两条"伙大门"胡同进行修复，规划建设集非遗保护、文化旅游、消费体验、研学教育为一体的"非遗工坊"项目，探索非遗活态化传承和创新化发展模式，在当地特有的"青石干茬缝砌墙技艺""五埠伙大门居住民俗"两项泰安市级非遗项目基础上，建成非遗手工作坊、非遗大讲堂、文创商店等，引进桃木雕刻、岱宗传拓、许氏面塑、吴氏陶塑、王氏泥塑、泰山艾灸等 10 余项省市级项目，形成了以"伙大门建筑"为品牌依托，以入驻项目为研学阵地的"非遗＋研学＋产品"的旅游开发模式，实现了"非遗＋旅游"的高度融合发展。2020 年 6 月 13 日，在景区举办了泰安市 2020 年"文化和自然遗产日"活动暨五埠岭乡村记忆馆、非遗工坊示范基地揭牌仪式。活动以"非遗传承·健康生活"为主题，组织了"山村皮影之夜"专场演出，泰山皮影、肥城唢呐、新泰梆子、泰山糖画等 50 多个非遗项目汇聚一堂，让游客和村民大开眼界，酣畅淋漓地体验了一把非遗文化大餐。

景区充分发挥当地丰富的非遗资源和农产品优势，发展特色旅游商品，建成了占地面积 3000 多平方米的旅游商品展销中心，共设旅游商品展销厅、百货超市厅、手工豆腐坊、手工桃艺坊、手工面食坊、手工艺体验坊以及办公区七个区域。其中旅游商品展销中心主要展示土特产系列、粮油系列、手工艺品系列、书画系列等富有五埠特色的旅游商品。尤其是开发的花样面食、农家小米、香椿酱等五埠岭牌系列产品，荣获山东省旅游商品大赛金奖。同时，利用非遗、民宿和山村景观资源，开发研学教育、党建团建、农耕体验、摄影写生等产品新业态，吸引大量的中小学生、艺术院校、企事业单位到景区进行研学、写生、团建等活动，入选"行走齐鲁，山东省中小学生研学基地"名单。目前已累计接待各类研学团队 600 余个，成为济南省会城市圈最受欢迎的研学旅游基地之一。

对"乡村旅游 + 非物质文化遗产工坊"融合发展的探索，有力地推动了优秀传统文化融入现代生活，同时也让景区的文化底蕴更加深厚、产品业态更加丰富、文化品牌更加响亮，成为省内文旅融合发展的新标杆。目前，景区年接待游客 50 多万人次，带动周边各类农副产品实现 3000 余万元销售收入，间接带动 2000 余村民就业创业，村集体年收入突破 70 多万元，户均增收 1.2 万元。五埠村由贫穷落后的"空心村"，变成了产业基础夯实、增收路径清晰的文化旅游特色村，实现了经济效益和社会效益的双赢。2021 年 1 月 3 日，央视《新闻联播》播放了《元旦假期精彩活动欢乐多》，介绍五埠岭非物质文化遗产过大年。2022 年 9 月，五埠岭伙大门景区入选 2022 年"全国非遗与旅游融合发展优选项目名录"。

## 二、五埠岭伙大门景区非遗旅游活化效果评价

### （一）评价总体思路

本研究主要从游客感知的视角来评价五埠岭伙大门景区非遗旅游活化效果。在借鉴体验学习有关理论的基础上，归纳总结已有的与本研究相近的文献研究成果，建立评价指标体系，重点从认知、体验学习和心理三个层面进行评价。

### （二）评价指标体系

#### 1. 确定指标要素

在参考借鉴秦海文化旅游开发评价游客感知模型、张希月非遗旅游资源开发

价值评价体系的基础上，认真分析了五埠岭伙大门景区实况和游客需求，初步选取了 28 个五埠岭伙大门景区非遗旅游活化效果评价指标要素 $C_1$（表 5-1）。

表 5-1　五埠岭伙大门景区非遗旅游活化效果指标要素 ($C_1$)

| 序号 | 要素 | 序号 | 要素 |
| --- | --- | --- | --- |
| 1 | 非遗知名度 | 15 | 非遗保护与传承意识的提升 |
| 2 | 非遗可物化程度 | 16 | 非遗保护与传承氛围感染力 |
| 3 | 非遗原真性 | 17 | 非遗讲解服务 |
| 4 | 非遗文化底蕴 | 18 | 非遗文化知识的增长程度 |
| 5 | 非遗展现方式多样 | 19 | 非遗完整性 |
| 6 | 非遗传承人与传承活动 | 20 | 游客对非遗的了解程度 |
| 7 | 非遗活化创新性 | 21 | 当地居民对非遗旅游的支持 |
| 8 | 非遗独特性 | 22 | 非遗活动的可参与性 |
| 9 | 非遗旅游环境承载力 | 23 | 非遗文化传播影响力 |
| 10 | 非遗现存状况 | 24 | 非遗旅游产品的主题性 |
| 11 | 非遗展示内容丰富 | 25 | 非遗在日常生产生活的融入 |
| 12 | 非遗传统仪式感 | 26 | 景区对非遗的宣传力度 |
| 13 | 非遗旅游纪念品 | 27 | 游客满意度 |
| 14 | 非遗体验过程中的趣味性 | 28 | 游客认可度 |

为确保指标体系科学合理，邀请了 12 位非遗、旅游方面的专家对表 5-1 中的 28 项指标要素进行认真筛选，梳理得到 14 个指标要素 $C_2$（表 5-2）。

表 5-2　五埠岭伙大门景区非遗旅游活化效果指标要素 ($C_2$)

| 序号 | 要素 | 序号 | 要素 |
| --- | --- | --- | --- |
| 1 | 景区对非遗宣传力度 | 8 | 非遗体验过程中的趣味性 |
| 2 | 非遗的原真性 | 9 | 非遗活化创新性 |
| 3 | 非遗讲解服务 | 10 | 非遗知识的增长程度 |
| 4 | 非遗传承人与传承活动 | 11 | 非遗在日常生产生活的融入 |
| 5 | 当地居民对非遗旅游的支持 | 12 | 非遗保护与传承意识的提升 |
| 6 | 非遗展现方式多样 | 13 | 景区非遗保护与传承氛围感染力 |
| 7 | 非遗活动的可参与性 | 14 | 游客满意度 |

根据体验学习理论，将确定的 14 个指标要素从认知、体验学习、心理等

三个层面进行归类。认知层面包括景区对非遗的宣传力度、非遗的原真性、非遗讲解服务、非遗传承人与传承活动、当地居民对非遗旅游的支持等五个指标；体验学习层面由非遗展现方式多样、非遗活动的可参与性、非遗体验过程中的趣味性、非遗活化创新性、非遗知识的增长程度等五个指标构成。心理层面则包括非遗在日常生产生活的融入、非遗保护与传承意识的提升、景区非遗保护与传承氛围感染力和游客满意度等四个指标。

### 2. 确定指标权重

在确定评价指标后，12名非遗和旅游方面的专家按照指标重要程度，运用层次法确立了各指标权重，经过一致性检验后得到指标体系中各指标权重（表5-3）。

表5-3　五埠岭伙大门景区非遗旅游活化效果评价指标体系权重

| 一级指标 A | 二级指标 B（权重） | 三级指标 C（权重） |
|---|---|---|
| 游客感知视角下肥城市非遗旅游活化效果评价 A | 认知 $B_1$(0.2150) | 景区对非遗的宣传力度 $C_1$(0.0322) |
| | | 非遗的原真性 $C_2$(0.0810) |
| | | 非遗讲解服务 $C_3$(0.0208) |
| | | 非遗传承人与传承活动 $C_4$(0.0169) |
| | | 当地居民对非遗旅游的支持 $C_5$(0.0641) |
| | 体验学习 $B_2$(0.4302) | 非遗展现方式多样 $C_6$(0.0673) |
| | | 非遗活动的可参与性 $C_7$(0.0728) |
| | | 非遗活动体验过程中的趣味性 $C_8$(0.1325) |
| | | 非遗活化创新性 $C_9$(0.1247) |
| | | 非遗知识的增长程度 $C_{10}$(0.0329) |
| | 心理 $B_3$(0.4148) | 非遗在日常生产生活的融入 $C_{11}$(0.1864) |
| | | 非遗保护与传承氛围感染力 $C_{12}$(0.0413) |
| | | 非遗保护与传承意识的提升 $C_{13}$(0.0365) |
| | | 满意度 $C_{14}$(0.1506) |

### 3. 确定评价结果

在对游客按照确定的指标要素进行调查问卷的基础上，汇总统计获取数据，用以下公式计算得出总体评价结果。

$$M = \sum_{i=0}^{n} H_i \cdot P$$

公式中，*M*代表非遗旅游活化效果评价体系感知要素总得分，*H*代表受访游客给与指标要素的平均赋分，*P*代表各指标要素的权重系数。

参考相关文献，按照表5–4中等级评分标准，确定五埠岭伙大门景区非物质文化遗产旅游活化效果。

表5–4　非遗旅游活化效果等级评分表

| 活化效果 | 分值范围 |
| --- | --- |
| 非常差 | 30 ≤ 总分 < 44 |
| 较差 | 45 < 总分 < 59 |
| 一般 | 60 < 总分 < 74 |
| 较好 | 75 < 总分 < 89 |
| 非常好 | 90 ≤ 总分 < 100 |

### （三）组织问卷调查

按照确定的指标体系，以14个指标要素为基础，设计《五埠岭伙大门景区非物质文化遗产旅游活化效果调查问卷》。采用应答者直接填写问卷方式，通过对所收集的数据资料进行整理、统计和分析，了解不同游客对五埠岭伙大门景区非遗旅游活化的感知。调查问卷分为两个部分，设置23个问题，采用开放式问卷形式。第一部分是受访游客社会人口学信息；第二部分是受访游客对五埠岭伙大门景区非遗旅游活化效果的感知调查。2023年4月1日~7日期间，在五埠岭伙大门景区实地组织向游客发放调查问卷200份，最终收回有效问卷186份，有效率为93%。

### （四）问卷统计分析

#### 1.受访游客社会人口学信息特征分析

通过统计受访游客社会人口学信息（表5–5）可以看出，在接受调查的186份有效问卷中，在性别分布上，共有男性79位，占总人数的42.47%，女性稍多，共107位，占总人数的57.53%。在年龄分布上，游客年龄在18岁以下的有41位，占22.04%，18~30岁的最多，48位，占到25.81%。体现出五埠岭伙大门景区游客以30岁以下的年轻人为主的特点，主要是因为这个年龄段的群体闲暇时间充足，身体状况良好，旅游消费需求旺盛。不容忽视的是60岁以上人数

30位，占16.13%，说明老年群体拥有相对自由的时间，出游意愿强烈，呈现需求旺盛、不断攀升的趋势。在职业分布上，学生91人，占48.92%，占比最大，是主要研学游群体。机关事业单位和企业职工45人，占24.20%，印证了繁重的工作之余寻求放松休闲也是激发旅游行为的核心动力因素。在受教育程度分布上，大专以上学历者共计81人，占43.55%，体现了教育水平影响着人们的旅游需求，较高学历的人一般具有较强的求知欲，乐于选择文化内涵比较丰富的旅游目的地。在经济收入分布上，月收入2000元以下的107人，占57.53%，这与学生游客占比较多相互印证。在居住地分布上，统计结果显示绝大部分游客来自泰安市内，占总数的67.20%，说明近七成的游客选择周边游、近郊游，自驾游、亲子游成为旅游出行主流。

表5-5　游客人口统计学特征分析汇总表

| 基本情况 | 类别 | 样本数量 | 所占比例 |
|---|---|---|---|
| 性别 | 男 | 79 | 42.47% |
| | 女 | 107 | 57.53% |
| 年龄 | 18岁以下 | 41 | 22.04% |
| | 18~30 | 48 | 25.81% |
| | 30~40 | 24 | 12.90% |
| | 40~50 | 28 | 15.05% |
| | 50~60 | 15 | 8.06% |
| | 60岁以上 | 30 | 16.13% |
| 文化程度 | 初中及初中以下 | 73 | 39.25% |
| | 中专/高中 | 32 | 17.20% |
| | 大专/本科 | 59 | 31.72% |
| | 硕士及以上 | 22 | 11.83% |
| 职业 | 机关事业单位职工 | 19 | 10.22% |
| | 企业职工 | 26 | 13.98% |
| | 学生 | 91 | 48.92% |
| | 个体工商户 | 8 | 4.30% |
| | 农民 | 12 | 6.45% |

| 基本情况 | 类别 | 样本数量 | 所占比例 |
|---|---|---|---|
| 职业 | 退休人员 | 28 | 15.05% |
| | 其他 | 2 | 1.08% |
| 月收入 | 2000 元以下 | 107 | 57.53% |
| | 2000~4000 元 | 18 | 9.68% |
| | 4000~6000 元 | 27 | 14.52% |
| | 6000~8000 元 | 25 | 13.44% |
| | 8000 元以上 | 9 | 4.84% |
| 客源地 | 肥城市内 | 72 | 38.71% |
| | 泰安市 | 53 | 28.49% |
| | 山东省其他地市 | 49 | 26.34% |
| | 山东省以外 | 12 | 6.45% |

**2. 游客感知要素指标评价分析**

汇总调查问卷中游客对五埠岭伙大门景区非遗旅游活化感知评价数据，经过分析计算得到 14 个指标要素评价得分（表 5-6）。

表 5-6　游客对五埠岭伙大门景区非遗旅游活化感知要素指标评价得分

| 三级指标 | 权重 | 样本数（人） | | | | | 平均得分 | 指标得分 |
|---|---|---|---|---|---|---|---|---|
| | | 1 分 | 2 分 | 3 分 | 4 分 | 5 分 | | |
| $C_1$ | 0.0322 | 9 | 6 | 105 | 59 | 7 | 3.2634 | 0.1051 |
| $C_2$ | 0.0810 | 4 | 23 | 94 | 56 | 9 | 3.2312 | 0.2617 |
| $C_3$ | 0.0208 | 53 | 69 | 29 | 23 | 12 | 2.3118 | 0.0481 |
| $C_4$ | 0.0169 | 5 | 17 | 34 | 68 | 62 | 3.8871 | 0.0657 |
| $C_5$ | 0.0641 | 13 | 23 | 33 | 60 | 59 | 3.7258 | 0.2388 |
| $C_6$ | 0.0673 | 8 | 16 | 31 | 75 | 56 | 3.8333 | 0.2580 |
| $C_7$ | 0.0725 | 6 | 10 | 50 | 86 | 34 | 3.7097 | 0.2690 |
| $C_8$ | 0.1325 | 8 | 32 | 58 | 66 | 22 | 3.3333 | 0.4417 |
| $C_9$ | 0.1247 | 29 | 47 | 59 | 34 | 17 | 2.8011 | 0.3493 |
| $C_{10}$ | 0.0329 | 17 | 33 | 32 | 78 | 26 | 3.3387 | 0.1098 |
| $C_{11}$ | 0.1864 | 13 | 28 | 79 | 43 | 23 | 3.1882 | 0.5943 |
| $C_{12}$ | 0.0413 | 16 | 29 | 51 | 66 | 24 | 3.2849 | 0.1357 |

| 三级指标 | 权重 | 样本数（人） | | | | | 平均得分 | 指标得分 |
|---|---|---|---|---|---|---|---|---|
| | | 1分 | 2分 | 3分 | 4分 | 5分 | | |
| $C_{13}$ | 0.0365 | 5 | 12 | 37 | 93 | 39 | 3.8011 | 0.1387 |
| $C_{14}$ | 0.1506 | 1 | 5 | 88 | 79 | 13 | 3.5269 | 0.5316 |

认知层面 $B_1$ 包含 5 个感知要素指标，游客主要评价情况为："景区对非遗文化的宣传力度" $C_1$ 平均 3.2634 分，有 120 名游客认为景区对非遗的宣传力度不够有力，占受访游客的 64.52%，说明景区对非物质文化遗产宣传工作不够重视，应该创新并丰富宣传手段，拓展传播渠道，提高游客对非遗的知晓度；"非遗的原真性" $C_2$ 平均 3.2312 分，159 名游客对景区非遗的原真性给与正面评价，占受访游客的 85.48%，大部分游客认为景区对非遗保护和活化利用比较重视；"非遗讲解服务" $C_3$ 平均 2.3118 分，122 名游客觉得景区非遗解说服务不理想，占受访游客 65.59%，说明景区解说服务薄弱，应进一步完善景区解说硬件建设，加强解说人员培训，提高服务技能；"非遗传承人与传承活动" $C_4$ 平均 3.8871 分，130 名游客认为非遗传承人传承活动效果较好，占受访游客的 69.89%，说明非遗传承人注重提高互动体验方式，在增加活动吸引力和亲和力，提高游客兴趣方面做得比较到位；"当地居民对非遗旅游的支持" $C_5$ 平均 3.7258 分，有 119 名游客认为当地居民对非遗旅游的支持力度比较大，占受访游客的 63.98%，说明当地居民对非遗旅游活化开发持支持态度，认同度较高。认知层面 5 个感知要素中，必须针对"景区对非遗文化的宣传力度"和"非遗讲解服务"进行改善，提高游客对非遗旅游的知晓度和讲解服务的满意度。

体验学习层面 $B_2$ 包括 5 个感知要素指标，游客主要评价情况为："非遗展现方式多样" $C_6$ 平均 3.8333 分，有 131 名游客认为非遗展现方式丰富，占受访游客的 70.43%，体现了景区非遗展示和旅游体验结合得比较好；"非遗活动的可参与性" $C_7$ 平均 3.7097 分，有 120 名游客认为非遗活动可参与程度较高，占受访游客的 64.52%，说明景区在开展非遗活动时，注重让游客在体验、互动和参与的过程中感受非遗魅力；"非遗活动体验过程中的趣味性" $C_8$ 平均 3.3333 分，有 88 名游客认为在非遗活动体验过程中比较有趣味性，占受访游客的 47.31%，说明景区推出的非遗旅游产品体现了趣味性原则，但还有较大的提升空间；"非遗活化创新性" $C_9$ 平均 2.8011 分，有 76 名游客认为非遗活化创新性较低，占受访游客的 40.86%，体现了景区在非遗活化创新方面的不足，与生产生活脱节等问题较为突出；"非遗文化知识增长程度" $C_{10}$，有 104 名游客觉得在游览体验完非遗旅游后，自我非遗文化知识增长较高，占受访游客的 55.91%，这表明游客在景区体验非遗后学到了相关非遗知识。体验和学习层面 5 个感知要素中，"非遗活化创新性"的平均得分相对整体数据而言比较低，必须有针对性地进行改善，提高游客的体验感。

心理层面 $B_2$ 包含 4 个感知要素指标，游客主要评价情况为："非遗在日常生产生活的融入" $C_{11}$ 平均 3.1882 分，有 79 名游客认为非遗在现实生产生活中融入程度一般，占受访游客的 42.47%，另有 41 名、22.04% 的受访游客认为融入程度较浅，需要努力挖掘非遗多方面的内涵和价值，使之融入现实生活，增强游客对非遗的参与感、获得感和认同感；"非遗保护与传承氛围感染力" $C_{12}$ 平均 3.2849 分，有 96 名游客认为景区营造的非遗保护传承氛围不够，占受访游客的 51.61%，景区需要拓展宣传渠道，丰富宣传形式，推动形成重视非遗传承与保护的良好氛围；"非遗保护与传承意识的提升" $C_{13}$ 平均 3.8011 分，有 132 名游客认为在体验非遗文化后非遗保护与传承意识有较大的提升，占受访游客的 70.97%，体现了非遗旅游活化对于普及推广非遗知识、提高民众非遗保护意识具有积极作用；"满意度" $C_{14}$ 平均 3.5269 分，有 88 名游客对景区非遗旅游满意度为一般，占受访游客的 47.31%，因此，还需要以多种形式的非遗活化增强景区文化体验度，提升游客的满意度。

经过汇总计算游客对感知要素的评价指标得分，得到三个评价维度指标要素得分（表 5-7）。

表 5-7　评价维度指标要素得分

| 评价维度<br>（二级指标） | 权重 | 感知要素<br>（三级指标） | 感知要素<br>得分 | 评价维度<br>得分 |
|---|---|---|---|---|
| 认知 $B_1$ | 0.2150 | 景区对非遗的宣传力度 $C_1$ | 0.1051 | 0.7194 |
| | | 非遗的原真性 $C_2$ | 0.2617 | |
| | | 非遗讲解服务 $C_3$ | 0.0481 | |

| 评价维度（二级指标） | 权重 | 感知要素（三级指标） | 感知要素得分 | 评价维度得分 |
|---|---|---|---|---|
| 认知 $B_1$ | 0.2150 | 非遗传承与传承活动 $C_4$ | 0.0657 | 0.7194 |
| | | 当地居民对非遗旅游的支持 $C_5$ | 0.2388 | |
| 体验学习 $B_2$ | 0.4302 | 非遗展现方式多样 $C_6$ | 0.2580 | 1.4278 |
| | | 非遗活动的可参与性 $C_7$ | 0.2690 | |
| | | 非选活动体验过程中的趣味性 $C_8$ | 0.4417 | |
| | | 非遗活化创新性 $C_9$ | 0.3493 | |
| | | 非遗知识的增长程度 $C_{10}$ | 0.1098 | |
| 心理 $B_3$ | 0.4148 | 非遗在日常生产生活的融入 $C_{11}$ | 0.5943 | 1.4003 |
| | | 非遗保护与传承氛围感染力 $C_{12}$ | 0.1357 | |
| | | 非遗保护与传承意识的提升 $C_{13}$ | 0.1387 | |
| | | 满意度 $C_{14}$ | 0.5316 | |

根据三个评价维度指标要素得分（表 5-7），运用计算公式得出受访游客对五埠岭伙大门景区旅游非遗活化感知评价总得分为 70.95 分。

计算过程：M=100 × [(0.7194+1.4278+1.4003) ÷ 5]=70.95

对照非遗旅游活化效果等级评分标准（表 5-4)），60 ≤ 70.95 < 74，结果表明活化效果为"一般"。得分与"较好"级别仅差 4.05 分，但与"非常好"级别差距较大，说明五埠岭伙大门景区非遗旅游活化仍存在较大的提升空间。

### 三、五埠岭伙大门景区非遗旅游活化存在的问题

（一）非遗旅游活化产品吸引力不足。在景区调查过程中，通过与游客交流了解到，大部分游客都希望景区多提供一些"沉浸式"的非遗体验项目，通过参与艺术表演、器乐演奏、文创制作、民俗活动等，在富有情趣的互动中了解非遗项目丰富的历史内涵，深度学习非遗文化知识。而目前，景区对非遗项目缺乏必要的文化内涵挖掘和活化展示设计，非遗旅游产品以博物馆静态展示和传承人演示展销为主，静态呈现的多、生动鲜活的少、沉浸体验的少、参与互动的少，趣味性不足，缺少吸引力，旅游参与的深度与广度有限。一些深受游客喜欢的演艺类、民俗类非遗项目，一般与乡村旅游的季节性同步变动，旺季

火爆、淡季冷清。地方戏曲、民间音乐、传统舞蹈仅在传统节日或大型活动时才能看到。

（二）非遗旅游活化方式创新性不够。调查显示，景区游客中 18~40 岁人群占 38.71%，在游客中占很大比重。这一群体大都具有较高的学历、知识及素质，较强的好奇心与旅游动机，是旅游消费的中坚力量。他们普遍喜欢探索、追求新鲜感和自由感，注重品质与玩法体验，更愿意为高品质的体验型产品买单。但长期以来，景区创新推动非遗与旅游活化融合方面不够深入，与发达地区景区相比，还有较大差距。旅游产品还处于展示展览、旅游观光、研学游阶段，产品种类单一，文化创意不足，缺乏本地特色，尤其是没有重视信息技术和人工智能旅游应用为游客带来的个性化旅游服务和虚拟旅游体验，缺乏内涵丰富的体验项目和独具匠心的文创产品来吸引年轻人。

（三）非遗文化宣传营销传播力不强。近几年，通过肥城市政府部门的集中推介宣传，五埠岭伙大门景区在肥城市周边有了一定的知名度，游客量曾一度大幅增长。但调查发现，很多游客对景区内的一些非遗项目并不是很了解。分析原因主要有三点，一是五埠村有些非遗项目在当地小有名气，但是由于宣传力度不足、展示次数有限、远离人们生活，游客对其知之甚少，即使是很多当地群众也仅是耳闻未曾亲见，导致很多优秀的非遗因为无人关注而失传。二是讲解服务不到位。景区没有导游和专业的讲解人员，也没有讲解服务设施，游客了解景区的非遗项目主要通过标识解说牌，不可能全方位了解其深厚的文化内涵。三是营销渠道传统。景区对新媒体宣传和网络营销价值认识不足，宣传手段传统，推介能力薄弱，营销渠道单一，对游客需求了解不足，导致传播范围不广泛。

（四）非遗传承人才影响力不大。当前，五埠岭伙大门景区靠"非遗工坊"引入的项目，非遗传承人并不长期工作或居住在景区内，只在旅游旺季或政府组织非遗宣传展示展演活动的时候才进行现场演示，非遗传承活动开展不经常，宣传效果不理想，很难产生较大影响力。特别是有一部分项目与现代生活契合度不高，导致其"市场"不旺，经济收益不高，非遗传承人仅仅依靠从事非遗收入难以有效提升生活质量，不能吸引年青人接续传承。而老一辈非遗传承人整体趋于老龄化，不适合长时间专注于非遗活动，非遗项目日渐式微，面临"人走艺失"的困境。

## 四、五埠岭伙大门景区非遗旅游活化效果提升建议

（一）要找准非遗旅游产品与游客需求契合点，推进体验式非遗旅游活化利用。作为国家传统古村落，五埠村丰富的非遗文化承载着悠久历史，众多的文物古迹讲述着精彩故事。要找到这些非遗项目与现代消费的供需契合点，在合理保护和有效传承的基础上，利用现代技术对这些传统文化元素进行适当创意设计，开发一批深度沉浸式体验旅游产品和活动，让游客通过"眼观、耳听、手学"，身临其境地感受非遗的别样魅力，使其在被重新认识和赋予新功用过程中焕发新活力。尤其是在调查中发现受访游客对非遗活动体验过程中的趣味性赋分较低，需要景区设立多元化的非遗旅游体验主题，设计新奇好玩、寓教于乐的参与互动体验项目，注重物质遗产与非物质遗产的结合，静态的与动态的搭配，增添观赏性和趣味性，让游客觉得可看、可品、可玩，使非遗入眼、入脑、入心，实现身游、心游、神游。

（二）要锚定非遗资源内涵与现代生活结合点，致力立体化呈现非遗核心元素。景区丰富多彩的非遗来源于生活，旅游活化的任务就是运用一定方式与手段，让这些非遗融入日常生产生活，让公众乐于欣赏或鉴赏，成为现代人"喜闻乐见"的"消费对象"。要深度挖掘非遗资源内涵，锚定游客需求提供精准专业的旅游产品和服务，通过巧妙的创意将非遗文化与年轻化、时尚化场景融合，立体化呈现非遗核心元素，创造年轻人"买单"的新需求。这一点，景区有过成功的做法。2020年12月10日由宋森执导的纪录片《五埠岭过大年》在中央电视台播出，向全国推介了五埠岭原生态的年俗文化。掸尘、祭灶、赶大集、吃团圆饭、拜年、候新客等产生于农耕时代的系列风俗，让人们感受到中国传统年的味道。视频在景区循环播放，让游客体验到不一样的五埠岭韵味。因此，非遗旅游活化必须顺应市场需求趋势，提升数字化建设水平，注重非遗资源要素的有效整合，重视产品设计和服务革新，打造高质量的非遗旅游主题产品，在彰显非遗浓厚特色的同时提高景区的知名度和美誉度。

（三）要紧盯非遗文化传播与现代技术融合点，开拓多样化非遗推广营销体系。游客对景区非遗宣传评价平均分为3.4026分，说明景区在非遗宣传方面还

有较大的提升空间，需要以活动、展会、媒体等为载体，全方位、多角度宣传推介，拓宽宣传营销渠道，增加传播推广力度。一是利用多种媒体扩大线上宣传范围。当前，新媒体对传播文化旅游目的地形象的作用日益凸显。要通过微信、微博、抖音、快手等新媒体平台广泛开展线上宣传营销活动，加强与知名文旅平台合作，创新利用直播、短视频等新途径，招募本地网红、摄影达人为景区文旅推介官，定期推出旅游攻略、景点打卡、美食推荐、特色商品、历史文化、旅游动态等内容，提升景区影响力，拓宽旅游客源市场。二是广泛开展推广活动提升景区知名度。针对特色资源，策划推出各类主题活动，吸引眼球，带动旅游人次的增长。积极组织景区非遗项目参加中国旅游商品大赛、中国特色旅游商品大赛、中国桃木旅游商品创新设计大赛暨桃文化展评、山东省旅游发展大会、山东省研学旅行创新线路设计大赛、山东省文化和旅游商品创新设计大赛等宣传营销活动，进行非遗与文创产品展示展销，提升景区知名度和美誉度。三是完善解说系统提高服务质量。游客非遗解说服务评价方面给与的平均分为 2.3118，反映了景区在解说服务方面存在短板。五埠岭伙大门景区不是一个普通的景点，它的核心吸引物是非物质文化遗产，其承载和凝聚的厚重历史和文化知识必须通过专业解说才能让游客了解、读懂、接受，进而产生思想、情感和认识的升华。否则就容易一头雾水，甚至看不明白是怎么回事儿，旅游的意义也就很有限了。目前，景区现场解说牌存在解说主题不突出、内容过于简单化等问题，译文错误现象多有发生。要在进一步优化讲解牌的基础上，用数字技术提升讲解服务，开发自助语音导游系统，让游客有身临历史场景之中的体验感。除了现场解说牌，导游讲解也是游客旅游体验中获取信息的重要方式，这需要导游有丰富的知识阅历。要培养一批村民导游，通过他们向游客展示和讲解本村非遗历史和现状，在友好互动中提供具有地方特色和景区风格的解说服务。

（四）要把握非遗传承保护与人才培养着力点，打造全方位协调配合联动机制。游客对非遗传承人与传承活动评价平均分为 3.8871 分，30.10% 的游客评价为一般，这说明近 1/3 的游客在景区内对传承人开展传承活动感知较少。目前，景区内非遗传承人都不在景区居住，不可能经常在景区开展传承活动，要通过荣誉褒奖、资助扶持等手段，激发传承人在景区授徒传艺的积极性，引导村民在家门口学技艺，探索非遗技艺传承与产业发展有机结合的路径，通过生产性保护，实现项目传承和村民增收齐头并进，为景区打造一支"带不走"的非遗传承队伍。同时，非遗旅游活化是系统工程，需要政府发挥主导作用，建立完善的保护传承体系和活化利用机制，做到有组织、有目标、有规则，推动非遗旅游活化系统性、创新性、整体性发展。

# 第二节　肥城市非物质文化遗产旅游商品开发研究

非遗旅游商品开发是众多非遗旅游活化模式中与旅游结合最直接、最有延展性、最富有生命力的模式之一。非遗通过旅游活化对旅游业价值链渗透、辐射和延伸，在促使旅游产业价值链增值的同时，满足人们对品位、意味、风尚、情趣等精神层面的需求。本研究通过系统梳理肥城市非遗旅游商品开发现状及问题，分析肥城市非遗旅游商品发展路径，旨在为肥城非遗旅游活化提供理论支撑和决策依据，并为县级城市发展非遗旅游商品产业提供经验借鉴。

## 一、肥城市非遗旅游商品开发调查情况

为深入了解肥城非遗旅游商品情况，2022年3月至6月，通过文献研究、实地调研、座谈走访、问卷调查等方式进行全面调研，获取了有关肥城非遗旅游商品的第一手材料。

（一）**文献研究。**通过查阅肥城非遗旅游商品有关书籍、文件、论文、开展活动记录等资料，搜集互联网上关于肥城非遗旅游商品的新闻报道、宣传介绍等信息，对肥城非遗旅游商品发展情况进行了全面的分析研究。

（二）**实地调研。**深入山东鸿熹桃木文化用品有限公司、泰安龙藏深泉商贸有限公司、泰安市东兴农业有限公司、肥城市正港木业工艺品厂等9家非遗旅游商品加工企业和春秋古镇、五埠岭伙大门景区、吕仙景区等3家涉及旅游商品开发的旅游景区进行实地调研，了解项目基本信息、运营状况和非遗旅游商品开发情况。

（三）**座谈走访。**走访了桃木雕刻、金凤剪纸、王氏泥塑、望鲁山皮影、河岔口鸭蛋等16位非遗传承人，了解项目历史渊源、艺术特色、发展规划和传承

发展情况。

（四）**问卷调查。**2022 年 5 月 1 日至 10 日，在春秋古镇、五埠岭伙大门景区、中国桃文化博物馆、桃木旅游商品城等景区、非遗旅游商品聚集区组织问卷调查，发放问卷 500 份，回收有效问卷 486 份，有效率 97.2%。

表 5-8 受访游客基本信息统计

| 项目 | 分类 | 人数 | 占比 |
|---|---|---|---|
| 性别 | 男 | 235 | 48.35% |
| | 女 | 251 | 51.65% |
| 年龄 | 18 岁以下 | 132 | 27.16% |
| | 18~25 岁 | 64 | 13.17% |
| | 25~40 岁 | 82 | 16.87% |
| | 40~60 岁 | 98 | 20.16% |
| | 60 岁以上 | 110 | 22.63% |
| 职业 | 学生 | 149 | 30.66% |
| | 企业员工 | 56 | 11.52% |
| | 机关事业单位员工 | 91 | 18.72% |
| | 私营业主 | 87 | 17.90% |
| | 其他 | 103 | 21.19% |
| 受教育程度 | 初中及以下 | 78 | 16.06% |
| | 高中（中技） | 82 | 16.87% |
| | 大专 | 147 | 30.25% |
| | 本科（含在读） | 116 | 23.87% |
| | 研究生（含在读） | 63 | 12.96% |
| 月收入 | 2000 元以下 | 58 | 11.93% |
| | 2000~4000 元 | 101 | 20.78% |
| | 4000~6000 元 | 113 | 23.25% |
| | 6000~8000 元 | 107 | 22.02% |
| | 8000~10000 元 | 81 | 16.67% |
| | 10000 元以上 | 26 | 5.34% |

| 项目 | 分类 | 人数 | 占比 |
|---|---|---|---|
| 在肥城的旅游或生活情况 | 旅游过 1~2 次 | 176 | 36.21% |
| | 旅游过 3 次以上 | 33 | 6.79% |
| | 生活过 3 年以上 | 73 | 15.02% |
| | 生活过 1~3 年 | 98 | 20.16% |
| | 肥城本地人 | 106 | 21.81% |

从调查情况看，受访者中，肥城本地人有 106 人，在肥城生活过的人 171 人，占比分别为 21.81%、35.18%；从性别看，女性占 51.65%，男性占 48.35%；从年龄看，18 岁以下占比最大，为 27.16%，18~25 岁年龄段占比例最小，为 13.17%；从职业构成看，学生占 30.66%，比例最大；从收入看，2000~8000 元之间的人群较多，占总人数的 60% 以上。从总体上看，调查情况和肥城客源情况基本相吻合，可以保证调查结论的可信度。

## 二、肥城市非遗旅游商品开发实践和成果

多年来，肥城市高度重视非遗的创造性转化、创新性发展，形成了一批符合市场需求，具有鲜明地域特色、文化个性的非遗旅游商品，成为助推文旅产业高质量发展的新动力，展示城市形象的重要窗口。荣膺中国桃木旅游商品之都、中国桃木雕刻之乡、山东省非遗生产性保护示范基地、山东省旅游商品研发基地等称号。"肥城桃木雕刻""孔庄粉皮""河岔口鸭蛋""韩庄头豆腐皮"等非遗旅游商品被国家知识产权局核准注册为地理标志证明商标。肥城正港木业工艺品厂入选"山东手造·优选 100"，山东鸿熹桃木文化用品有限公司、泰安市龙藏深泉商贸有限公司入选提名单位名单。桃木旅游商品先后获得中国旅游商品大赛金奖、中国特色旅游商品大赛金奖、海峡两岸旅游文创商品大赛金奖等 200 多个奖项，荣获全国最受欢迎旅游纪念品、中国十强旅游商品、中华品牌商标博览会金奖等荣誉。

### （一）深入挖掘非遗资源，为旅游商品开发提供丰富的文化素材和创意源泉

旅游产业和非遗之间有着密切的联系，将适合的非遗资源开发成旅游商品，是传统技艺与商业开发的双向奔赴，彼此价值的相互挖掘。多年来，肥城在挖

掘非遗资源方面做了大量工作，为旅游商品开发积累了丰富素材。

**一是深入开展资源调查。**搜集整理非遗线索1000余条，基本上涵盖了民间文学、传统音乐、传统舞蹈、传统戏剧、传统技艺、传统美术、传统体育、游艺与竞技、传统医药、民俗等非遗十大门类。建立健全了非遗资源普查档案，全面系统地开展分类、记录、整理，储备了一大批适合开发为旅游商品的非遗项目。

**二是扎实开展项目申报。**2007年以来，先后公布137项县级非遗代表性项目，其中，成功申报范蠡与陶山的故事、肥桃的传说、桃木雕刻民俗等8项省级非遗，高跷牌坊、望鲁山皮影、石横武术等86项泰安市级非遗。通过大力挖掘价值突出的非遗项目，极大地提高了非遗项目的可见度、影响力，为下一步转化利用奠定了坚实的基础。

**三是精心提炼文化价值。**建立相关保护机构和专业保护队伍，广泛开展非遗理论研究、知识普及宣传活动，先后编撰《肥城市非遗汇编》《文化肥城·非遗卷》《肥城市文化揽胜》《肥城区域文化通览》等书籍，全面介绍肥城市非遗保护工作的发展历程和现状，并对其生存的历史环境、涵盖的人文内涵、独特技艺、人文精神、审美特征等进行阐释，为利用非遗创意价值提升肥城旅游商品产业创新水平、增强市场竞争力提供了理论支持。

### （二）创新发展非遗项目，形成富有地域文化特色的非遗旅游商品体系

肥城是齐鲁文化、泰山文化、黄河文化多元交融之地，独特的历史人文环境孕育了形式多样、气质多元及层次多面的非遗。肥城充分利用这些丰富的非遗资源进行创造性转化、创新性发展、多元化开发，形成了富有地域文化特色的非遗旅游商品体系。

**一是积极打造非遗旅游名品。**依托非遗资源优势，大力开发桃木雕刻、铜器铸造等特色旅游名品，培育桃木雕刻、聂氏铜器、手工布鞋等非遗旅游商品20多种，这些商品主题鲜明，兼具实用性、工艺性、收藏性，深受消费者喜爱。尤其是桃木旅游商品，已发展到30多个系列，4000多个品种，占国内80%的市场份额，畅销海内外20多个国家和地区，年销售收入突破20亿元。入选"好客山东·山东有礼"精品文化和旅游商品名单，成为首批发布的"好品山东"品牌。

**二是创新开发非遗旅游食品。**坚持传播肥城非遗文化和讲好桃都美食故事

同频共振, 开发的君子茶、君祥蜂蜜、演马牛肉、孔庄绿豆粉皮、大辛庄犬肉、庄头豆腐皮等 40 多类特色鲜明、内涵丰富的非遗美食, 让游客在游览过程中体验传统的制作工艺、鲜明的传统特色, 成为广大游客以及本地市民热衷的旅游商品, 极大地提升了肥城非遗文化的影响力和知名度。

**三是多措并举鼓励产品开发。** 为鼓励企业开发具有地方特色、符合市场需求的优秀非遗旅游商品, 对获得驰名商标、地理标志商标或参加各类由主管部门或行业协会(组织)主办的文化旅游商品大赛获奖企业由市财政给予资金奖励。2022 年, 根据山东省、泰安市关于"山东手造"推进工程要求, 成立了以市委常委、宣传部部长为组长的工作专班, 编制完成《肥城市旅游商品产业发展策划》, 制定出台《关于做大做强做优肥城手造产业的若干意见》, 在打造"山东手造·肥城有礼"产品体系上提供了科学指导, 在更广阔的层面上激发更广大群体对手造的认知, 从而热爱手造、推广手造、从事手造。

**(三)广泛搭建载体平台, 探索非遗旅游商品发展"肥城模式"**

肥城市委、市政府将桃木旅游商品产业作为全市重点培植的八大产业集群之一, 高起点规划, 高标准打造, 构建了"一城一赛一馆一街一会一品牌"的产业发展平台(图 5-1), 形成了"以政府为主导、以大赛促创新、以商品研发促进旅游购物"的旅游商品开发"肥城模式"。

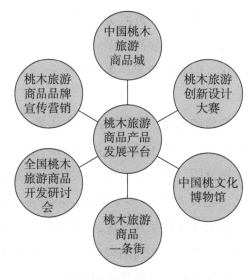

图 5-1　肥城桃木旅游商品"六个一"发展平台示意图

**一是搭建展示交易平台。**建设了中国桃木旅游商品城、中国桃文化博物馆、桃木商品购物一条街,推动旅游商品集聚发展。建设颐高·鲁中电子商务产业园,在淘宝网特色中国山东馆设立"肥城桃木雕刻"销售窗口,为非遗旅游商品企业及个人搭建了"线上销售、线下体验"的平台,引导依托淘宝、京东等网站开展线上销售。目前,全市旅游商品销售网店达到600多家,全市超过40%的旅游商品销售通过电商平台完成。据邮政部门统计,2021年,肥城市桃木旅游商品日均发货达到3.3万单,年寄递总量1013万件。

**二是搭建创新发展平台。**连续十六年举办全国桃木旅游商品创新设计大赛暨全国桃文化旅游商品评展活动,并邀请国内知名民俗文化、雕刻技艺、创意设计等领域的专家举办全国桃文化暨桃木旅游商品发展研讨会,对桃木雕刻工艺、产品个性定制、品牌营销等课题进行研讨,搭建桃木雕刻专家与桃木加工企业的交流平台。

**三是搭建宣传营销平台。**积极组织开展非遗展示展演和对外交流活动,鼓励支持非遗旅游商品企业参加世博会、中国非遗博览会、故宫过大年等各类展会活动和旅游商品大赛。充分发挥主流媒体、自媒体、传统媒体宣传平台优势,整合各大媒体资源,依托网站、微信、抖音、手机报、客户端等五位一体宣传矩阵,推出非遗主题系列短视频,对非遗旅游商品进行深度报道,让更多人了解肥城市非遗旅游商品的文创魅力。同时,借助高端媒体开展品牌营销,央视CCTV-7、CCTV-4《致富经》《每日农经》《远方的家》等栏目做了专题宣传,新华社、中国文化报等媒体多次进行报道,提升了肥城市非遗旅游商品的品牌形象。

### (四)大力培育专业人才,为非遗旅游商品开发提供人才保障

非遗旅游商品是非遗和文化创意产业结合发展过程中产生的新兴文化态势,只有在传承非遗的同时,满足消费者需求,才能为大众所喜爱。在新时代背景下,只有以人才促产品创新,大力推进非遗旅游商品的研发,才能不断提升产业竞争力,同时也赋予非遗新的活力。

**一是培育非遗代表性传承人才。**定期组织开展大师鉴定评选和技能竞赛,在市高级技工学校开设专业课程,加大对高层次非遗人才的培养力度,全市共计认定非遗代表性传承人65名。15人获批"山东省民间手工艺制作大师"称号,

培养各类非遗旅游商品人才 1200 多人。

**二是探索建立产学研合作机制。**引导企业与泰山学院、山东工艺美院等高校签订了产学研合作协议，建立了教学实践基地，联合举办旅游文创产品设计研修班，致力于肥城系列旅游商品的研发和品牌的推广，打造高品质、个性化、高附加值的旅游文创精品。

**三是深入实施非遗传承研修培训。**遴选一批具有文创设计开发能力的非遗企业建立非遗工坊（表 5-9），开展非遗传承研培活动，助推非遗人才队伍创意研发、经营管理、营销推广等能力建设。推动非遗龙头企业做大做强，采取"公司＋农户""公司＋基地"的模式，吸引更多社会力量参与旅游商品开发经营，提升市场整体活力。目前，全市非遗旅游商品加工农户已发展到 2 万多户、6 万多人。

表 5-9　2022 年度肥城市"非遗工坊"名单

| 序号 | 单位 |
|------|------|
| 1 | 肥城市正港木业工艺品厂 |
| 2 | 肥城市中大桃木工艺制品厂 |
| 3 | 泰安市龙藏深泉商贸有限公司 |
| 4 | 泰安市五埠岭旅游开发有限公司 |
| 5 | 山东安味轩食品有限公司 |
| 6 | 泰安市东兴农业有限公司 |
| 7 | 山东泰之源食品有限公司 |
| 8 | 肥城康王酒业有限公司 |
| 9 | 泰安市汶阳人家鞋业有限公司 |
| 10 | 肥城市竹清香餐饮管理有限公司 |

### 三、肥城市非遗旅游商品开发存在困难及问题

肥城非遗资源优势在旅游商品开发中正逐渐发力，但是非遗文化与旅游资源只是粗放整合，还没有深度融合，还有大批丰富的非遗资源尚未有形化、产品化。根据调查显示，同质化严重、缺乏地方特色、设计缺乏创意、品牌影响力弱、营销模式单一等是肥城市非遗旅游商品存在的突出问题（图 5-2）。

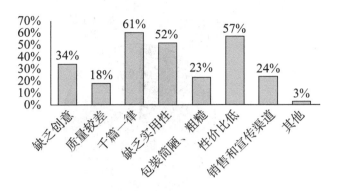

图 5-2　肥城市非遗旅游商品存在问题调查

## （一）非遗旅游资源挖掘不够，设计运用流于表面

目前，肥城大多数非遗旅游商品设计对非遗元素的运用流于表面，缺乏现代设计语言和对文化内涵的提炼创作，表现手法相对陈旧，不能有效彰显非遗的精神内核。有些具有较高价值的民间文学、传统舞蹈、传统戏剧等非遗元素鲜有涉及。原因主要体现在：一是思想认识不到位。部分企业对非遗商业价值的关注度高于对非遗元素的深入研究，认为"考虑文化内涵的意义不大，没有文化内涵产品照样卖"。在经济利益的驱使下，对非遗元素及其精神内涵进行短平快、不合理的设计运用，甚至破坏、扭曲，导致人们对非遗文化产生误解；二是对非遗保护与传承的宣传力度不够，缺乏相关系统性教育与知识普及。致使非遗旅游商品经营者缺乏对非遗的深入了解，也没有"文化创新"这概念，在一定程度上影响了产品文化的内涵注入与融合，导致产品设计只是单纯地叠加非遗元素或流于表面而丧失了精神文化，进而影响了产品开发设计的档次与水平；三是非遗理论研究与开发实践脱节。目前肥城非遗文化研究大多是对历史文化资源的挖掘整理，基本上没有从产业开发角度研究如何把肥城非遗文化转化为特色旅游商品方面的成果。因此，如何在有效保护非遗的基础上，对非遗文化内涵进行深度挖掘、创新设计一批突出非遗核心价值的文创产品，成为亟待解决的问题。

笔者就肥城非遗宣传工作进行了调查，如图 5-3，根据调查分析有 19% 的受访者表示对肥城非遗一点也不了解，比较了解和非常了解的人占 15%，而大部分人对肥城非遗文化只了解一点。

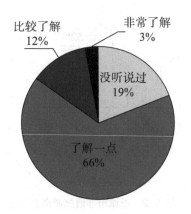

图 5-3　肥城非物质文化遗产普及度调查

## （二）非遗旅游商品缺乏个性，创意设计与市场脱轨

当前，肥城非遗旅游商品"快餐消费"现象严重，产品设计缺乏地区特色和创新，从现有物化的多数旅游商品上，找不到肥城的影子，与当地独特的非遗文化内涵的内在联络不强。产品结构单一、杂而不精，产品包装设计、外观造型同质化严重，缺乏自我定位与个性符号，导致大众产生审美疲劳，降低购买欲望。形成这种现状的原因有三个：一是企业自身创新意识不强、创新能力不足。尤其在新领域应用和实用价值两方面，企业创新尝试较少；二是企业创新成本较高，作为小微企业的非遗旅游商品生产企业难以负担相对较高的创新成本。一些在创意设计大赛中获奖的作品，由于企业对市场销售预期情况不确定而不愿投入，使大多数好的创意没有转化为产品；三是企业产品知识产权很难得到保护，产品相似、创意抄袭情况泛滥。一旦新产品投放市场有一定的影响力，就很快被复制、模仿。由于工艺品的专利申请是以外观造型为主，在这种情况下，剽窃企业只需对产品造型稍加改动，就很难再对其进行法律制裁，严重挫伤了企业创新开发的积极性。

巅峰旅投总经理李彬从运营过的景区分析游客心理认为，文创产品要从文化的认同、价格的认同、实用性认同、价值的认同、参与的认同五个方面来满足游客对商品的需求。笔者针对游客喜欢购买的非遗旅游商品风格进行调查，如图 5-4，相较批量化生产、价格低廉的产品，大部分的受访者倾向于设计方向比较简约、手工制作价格偏高、具有传统风格的产品。

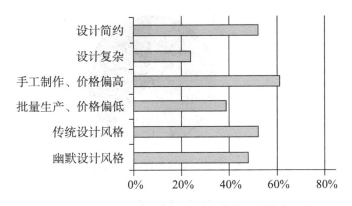

图 5-4 游客购买肥城非遗旅游商品兴趣调查

### （三）区域旅游品牌影响力薄弱，营销模式单一

区域旅游品牌影响力与单体非遗旅游商品形象既能相互促进，也能相互制约。在肥城非遗旅游商品产业发展中，既没有形成像东阳木雕、景德镇陶瓷一样具有较大市场影响力和竞争力的区域品牌，也没有形成像"谭木匠"一样知名度较高的企业品牌，因此很难对非遗旅游商品形成强有力的品牌引导。除了正港、桃木王、铜金蟾等非遗旅游商品以外，品牌在整个产业当中，几乎为零。大部分企业缺乏应有的品牌意识，基本就是为生产而生产，没有把品牌作为企业产品提档升级、增加附加值的有效途径加以重视，市场影响力不够。大多数企业在非遗旅游商品品牌建设和营销方面意识较为薄弱，以传统营销方式居多，跟风模仿现象严重，缺乏一套系统的、行之有效的、创新性的营销方案，利用互联网平台、新媒体手段宣传推广没有形成聚合效应，导致非遗旅游商品宣传力度不够，非遗文化传播效应及商业价值也都达不到理想效果。非遗旅游商品是一个完整的产业链条。从品牌—IP—产品设计—产品打样—产品大货—线下线上店面—营销推广，所有环节都要做到位，最后才能呈现既叫好又叫座的非遗旅游商品。

调查显示，见图 5-5，39% 的受访者表示喜欢肥城非遗旅游商品；另有17% 表示不喜欢；21% 认为一般；23% 表示没见过。可见，肥城非遗旅游商品品牌影响力还需要进一步提升。

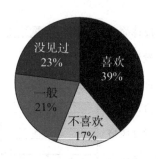

图 5-5　游客对肥城非遗旅游商品喜爱程度调查

## 四、肥城市非遗旅游商品开发路径

### （一）以文化引领为背景，彰显非遗文化精神内涵

非遗旅游商品的价值在于将文化、创意与生活相结合，从人们日常生活需求的实用性和功能性出发，运用文创思维满足人们的生活需求、文化需求和精神需求，表达时代新意。要站在保护、传承、弘扬优秀传统文化和坚定文化自信的高度，挖掘肥城市非遗蕴含的精神内涵和时代价值，促进文化旅游产业高质量发展。非遗千百年来的口口相传，早已融于载体当中。非遗实现商业变现的关键是对文化 IP 的提取和与现代载体设计的融合。但眼下很多非遗传承人很难将其中的文化内涵提取出来，并进行现代化的表达和创新性转化，这就需要专业文化从业者的帮助。因此，在挖掘非遗旅游资源、提取非遗元素时，应设立"政府—非遗传承人—旅游商品设计师"实施主体结构，共同协作。政府部门统筹管理、主导实施、政策保障，非遗传承人负责非遗文化内涵的挖掘与诠释，设计师则将非遗文化物质化、形象化。主体三方协同寻找、把控非遗文化内涵与旅游商品设计师之间的平衡点，努力将非遗精神文化内核传递给世人。

### （二）以市场需求为导向，促使产品设计提质升级

非遗源于生活，也必然要服务于生活。肥城很多非遗旅游商品都存在创意设计未能与市场需求很好对接的问题，产品升级速度跟不上整体行业发展步伐，这就导致很多设计虽然很有创意、产品文化气息浓郁，但曲高和寡，难以引发大众共鸣，也难以满足大众动态化的市场需求，导致购买吸引力缺乏。因此，设计非遗旅游商品时需要注意三点：一是开发非遗旅游商品的出发点一定是市

场，是目标客户的需求。要通过市场调查了解游客的实际需求与消费习惯，将实用性与艺术性巧妙地结合起来，进而设计出能够充分彰显优秀传统文化生活气息、具备强烈个人风格、有温度的旅游商品，从而提高游客的认同感。二是关注肥城非遗项目的时代性特征，从工艺细节、展示方式等方面与时俱进地匹配当下人们的生活方式、满足现代人的审美需求，才是民族个性、审美理念的"活"的显现。三是注重创意与主题定位，着力打造传统文化新 IP。将传统文化与新技术、新元素、新场景相结合，与游戏、动漫、网络产品等相结合，持续打造具有影响力的原创品牌 IP，增强传统文化的观赏性、趣味性、体验性和可传播性。以创意驱动、美学引领、艺术点亮、科技赋能为导向，以沉浸式艺术手法、场景构建等新手段，让游客在虚幻与现实、古代与现代之间穿越，唤醒集体记忆，激发情感与民族认同感。

通过对目标人群关于非遗旅游商品设计相关感受的问卷调查分析（图 5-6），作为产品设计思路的重要参考之一。受访者表示具有实用性和文化内涵的文创产品更有吸引力，其余的依次为价格、创意、造型、纪念意义。总之，非遗旅游商品不是非遗元素的简单复制，也不是设计师的主观臆想，而是文化与创意的结合、历史与现实的结合、供给与需求的结合、实用与观赏的结合，它强调的是创意和创新。通过创意唤醒文化资源，变成文化产品，走向大众，起到以文化人的作用。这才是非遗旅游商品开发的方向。

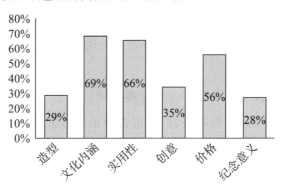

图 5-6　游客注重非遗旅游商品设计方向调查

### （三）以科学技术为依托，开展新媒体体验营销

随着移动互联技术的快速发展，5G、AR、VR 等科技的相继出现，人们借

助技术手段找到了与古老非遗对话的方式，微博、微信、抖音、展览、直播、短视频等多种非遗传播形式层出不穷。互联网提高了人们获取信息的效率，同时也拓宽了非遗旅游商品的营销渠道，线上数字化营销信息与线下互动体验的完美结合，不仅丰富了游客的消费体验，让古老的非遗变得有趣味性和交互性，也促进了非遗文化从展示传播到商业盈利的发展。抖音发布的《2022 非遗数据报告》显示，2021 年，抖音上国家级非遗项目相关视频播放总数达 3726 亿，获赞总数为 94 亿，抖音视频覆盖的国家级非遗项目达 99.74%。80 后、90 后年轻人成为非遗传承主力军，在抖音非遗创作者的年龄占比中较高，80 后占 35%，90 后占 26%。与此同时，受制于制作水平有限，存在运营经验不足、内容同质化严重、质量不高、文化底蕴较为缺乏、缺少入脑入心的非遗视频精品等问题，非遗新媒体传播之路还有待于进一步探索。

据中国文化传媒集团研究院研究数据综合分析后发现，受新冠疫情影响，2021 年以来，非遗传播重点转移至线上平台。超六成活动中各级各地非遗主管部门除举办线下活动外，还同步利用线上平台传播非遗，实现传统与现代交汇，虚拟与现实融合，线上与线下联动，让民众透过屏幕充分领略到传统文化的魅力。2022 年在非遗领域，数字影音、虚拟现实、增强现实、3D 扫描与重建、动作捕捉等数字技术手段，得到进一步充分运用，以数字科技与古老技艺相互碰撞的方式，赋予传统文化以新的时代元素和更时尚、更年轻的表达形式，满足人们对传统文化的现代需要，吸引更多人群尤其是年轻人群体进一步关注非遗、了解非遗、热爱非遗，将最传统的非遗融入最现代的生活，使其进一步焕发新的时代生机。

2022 年 9 月 26 日，中国社会科学院舆情实验室、中国旅游报联合阿里巴巴发布了《2021 非遗电商发展报告》。报告显示，过去一年，14 个非遗产业带在淘宝天猫年成交过亿，近一半位于县域及以下地区（图 5-7）。

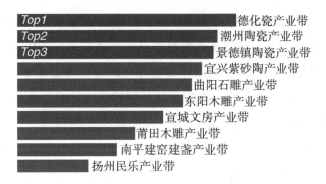

数据来源：《2021非遗电商发展报告》

**图 5-7　2021 年 14 个在淘宝天猫年成交过亿非遗产业带**

　　《报告》显示，如图 5-8，淘宝上非遗类活跃手工艺店铺数量已超过 2.5 万家，还有近 5000 家非遗相关店铺加入了原创保护计划。淘宝天猫平台上非遗消费者数量、人均消费支出连续三年增长。72% 的受访手艺人表示，淘宝是他们主要的销售渠道。和两年前相比，开通淘宝直播的非遗店铺数量增长了 115%。过去一年里，淘宝非遗直播场次达 380 万场，80% 的成交来自商家自播。

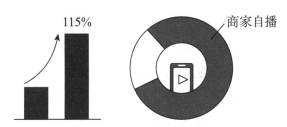

和两年前相比，开通淘宝直播的非遗店铺数量增长115%
过去一年，淘宝非遗直播8成成交来自商家自播

数据来源：《2021非遗电商发展报告》

**图 5-8　2021 年在淘宝天猫开通直播的非遗店铺增长对比**

　　济南林小洁的"景韵阁掐丝珐琅画"自 2019 年 7 月上线以来，该店铺在淘宝"同行业全网销量第一"的成绩蝉联至今。同时，她在抖音、快手、小红书、B 站等短视频网站同样具有高人气，截至目前，其视频播放总量过亿，影响力稳居国内同行业第一。因此，对于非遗传承人而言，淘宝等不仅是一个交易平台，也是一个展示的窗口、传播的渠道。

　　非遗保护是一个对抗遗忘、对抗遗失的过程，每一种非遗都应被看见。随着直播电商、社交电商、兴趣电商、跨境电商的持续发展，借助短视频和直播，越来越多的传统手工艺被更多人看见并获得了新发展。2019年抖音推出的"非遗合伙人"计划，从平台、流量、商业等方面助力非遗直播，激发年轻一代对非遗的好奇心，加强现代人对非遗文化的理解，同时挖掘非遗文化的市场价值，从现代人的生活方式出发，更好地实现非遗文化的传承。根据官方披露，在2021年的618期间，抖音电商非遗商品的订单量环比增幅高达173%。2021年，抖音电商平台上的非遗传承人带货总成交额增长了15倍，通过平台获得收入的手艺人数量同比增长61%。

肥城旅游目前的主要客源地集中在山东省内，占80%以上，而且主要集中在肥城的周边地区，以济南、泰安、聊城、济宁等为主，非遗旅游商品线下销售有很大局限性，必须借助直播等新媒体和自媒体力量，科技赋能，实现数字媒体的实时互动，才能有效推动非遗旅游商品的市场消费，增强游客的体验感，进而更好地"活化"非遗文化的传承。

**（四）以研发体系为保障，打造区域非遗旅游商品品牌**

非遗旅游商品几乎不存在护城河，用户的忠诚度很低，只有不断创新、紧贴潮流，才能保有生命力。而非遗旅游商品的设计和制作是一个系统的研发过程，要保证肥城非遗旅游商品能够长久地保持强大的市场竞争力，必须结合实际建立起一套完善的产品创意、研发、创新体系，解决企业由于创新所带来的成本压力，使企业敢于创新、乐于创新，从创新中得到丰厚的经济回报。一是成立研发机构，壮大研发队伍。由政府或行业协会牵头组建非遗旅游商品研发设计院，专门从事旅游商品的研发、设计，解决企业人才匮乏、产品创新难的问题，减轻企业由于创新而带来的人力、资金成本的压力。二是设立产学研合作项目资金，搭建集文化IP研发、创新设计、营销推广、知识产权保护等于一体的"保姆式服务平台"，形成从创意设计到产品转化的产业链。聘请专家教授、设计人员定期对企业进行一对一的创意设计指导，以风格打造为用力点，研究挖掘肥城非遗文化的特点和特色，加快推进非遗与生产生活、创意设计、市场需求相衔接，以非遗赋能旅游商品文化创意。三是积极引进、培养一批专业的非遗旅游商品文创团队和营销团队，实现研发、设计、生产、营销一体化发展，避免非遗过度物化包装的态势，突破物质形态的藩篱和局限，保持非遗的非物质特征，有效保障肥城非遗旅游商品规范化、市场化、产业化。

### （五）以平台建设为支撑，加大产业培育力度

非遗旅游商品的开发需要在充分尊重市场运行规则的前提下构建科学的支撑体系，充分发挥政府对产业的推动作用，指导各个层级从创意设计、内容生产、渠道建设到商业化落地密切协作。一是组建非遗旅游商品开发协调领导机构，科学编制非遗旅游商品产业发展规划，解决非遗旅游商品转型升级、提质增效、持续发展等现实问题。二是政府和企业要齐心用力，树立和强化品牌发展观念，搭建基于肥城非遗及非遗旅游商品推广营销的网络矩阵，打造肥城非遗旅游商品的整体品牌。积极申报省和国家级著名商标、驰名商标，争取培养出几个具有市场影响力的非遗旅游商品品牌企业。三是积极引导企业采取连锁加盟的经营方式拓展市场空间，支持企业利用现有商业街区、AAA 级以上景区、城市综合体等，集中建设集聚发展区，或在高速公路服务区、机场候机楼、高铁候车大厅、连锁商场超市、省（市）级步行街区、AAA 级以上景区等开设专区专店，邀请传承人现场演示，让消费者沉浸式参与制作体验，以特定的消费场景让游客熟悉产品背后的文化内涵，产生购买欲望。推动肥城非遗旅游商品进机场、进高铁、进高速公路服务区、进旅游集散地、进景区、进酒店、进乡村旅游点、进线上销售平台，打造集中展示肥城非遗旅游商品的新名片。四是加强市场监管，开展联合执法，加大市场整顿力度，规范市场秩序，打造文明诚信的旅游市场环境。充分发挥协会的作用，制定行业自律公约，积极开展行业自律，解决企业间价格恶性竞争、知识产权保护等问题，共同维护和营造良好的市场发展环境。

## 第三节　肥城桃文化旅游活化利用研究

肥城因盛产肥桃闻名中外，被命名为"中国佛桃之乡"。肥城桃，又称肥桃、佛桃，以其个大、味美、营养丰富，被誉为"群桃之冠"，从明朝起即为皇室贡品。1100 多年的肥桃栽培历史，孕育了特色浓郁的桃源盛景，积淀了底蕴深厚

的文化传承。近年来，肥城依托丰富资源，把弘扬桃文化、发展桃产业作为方向，使这一古老的特色文化绽放出新的异彩，形成了融赏花品桃、工艺品加工、桃文化展示、桃源风情游于一体的产业链条。因此，对肥城桃文化悠久的历史、厚重的文化、独特的价值进行深入研究探讨，为非遗保护传承和活化利用提供典型研究案例，对推动非遗保护传承、打造特色农产品品牌和促进旅游发展具有重要的现实意义。

## 一、肥城桃发展历程和文化演进

肥城桃是在原产毛桃的基础上，通过实生、自然杂交和选优嫁接，依靠得天独厚的自然地理条件，经桃农千百年不断探索实践，采用独特的栽培管理模式，形成了许多不同优质品系类型，"以其形大、色美、味甘、汁多等种种优点"被誉为"群桃之冠"。山东农业大学罗新书等认为，这个品种群应当称之为"没有完全解体的孟德尔群体"，即从果肉与表面颜色、从果形、从味道、从品质、从个头等来看，确实形成了不同类型的单株，并各有其特点。

### （一）肥城桃发展历程

肥城桃种植历史悠久。据《春秋》《汉书》《左传》等有关记载推断，早在6000多年前的大汶口文化时期，肥城一带就有大面积野生桃林。春秋时期，已有大量种植的桃树。

两汉、魏晋时期，肥城桃开创了品系、质量和栽培技术的发展与繁荣局面。"肥城桃盖因其品质超群、果大无朋且原始较早，在我国汉时已有之，是以享盛名亦独久也。然肥城桃一总名耳，其种类则夥甚"。

隋唐宋金元时期，是肥城桃黄金发展期。不论是桃的品种还是栽培技术都有了大的发展，种植规模和桃的品质已经名声在外。唐代《酉阳杂俎》中的仙桃林即以肥城牛山桃林为原型。

明清时期，肥城桃形成品牌，在志书中有了明确记载。1583年（明万历十一年）《肥城县志》载"果亦多品，唯桃最著名"；1622年（明天启二年）被定为皇室贡品。1726年（清雍正四年）《山东通志》记载："桃产肥城者佳，临清次之，分销各处。"1815年（清嘉庆二十年）《肥城县新志》记载："桃，味美，他境莫能及，唯吕店、凤山、固留诸社出者尤佳。"清末，随着铁路修建，交通更加便利，肥城桃迈出国门，走向世界各地，备受追捧。1908年（清光绪三十四年）《肥城乡土志》记载："唯桃最著名，近来东西洋诸国亦莫不知有肥桃者。"《山东之农业概况》载："铁路（津浦）筑成之后，运往北京、南京、上海各处者，亦益见其多矣。"1922年《山东劝业报》载："肥城蜜桃历年在外埠之销售量，济市及天津约占30%；青岛销15%；在沪销20%；在京销5%。"1933年《中国实业志》载："十七、十八两年中，以鲁省官商各界是时多尚奢侈，赠礼风盛，以互相争购，其价较高。"

近代，受时局影响，肥城桃产业发展起伏不定，栽植面积、产量与品系均无大的发展。但是，政府对肥城桃栽培技术与销售等诸方面的调查、实验与推广以及科研人员的介入，为以后肥城桃发展奠定了基础。清末，肥城桃得到了地方官吏的大力提倡和保护。宣统元年，山东劝业道（一种官方组织）萧应椿为保护肥城桃生产，曾于肥城南关火神庙旁立"保持佳种碑"。民国时期，农林学家吴耕民《肥城桃调查报告》、张恺《山东肥桃之调查》、于敏序《肥城蜜桃产销调查报告》、王中学《华北园艺：肥城桃》、雨公《山东肥桃之调查》、徐警吾《肥城桃调查报告》等的发表和出版，以及《中央日报》《申报》《益世报》《新闻报》《时事新报》等媒体的宣传报道，对推广肥城桃栽培种植具有重要作用。

中华人民共和国成立后，肥城历届党委、政府都高度重视肥城桃资源的利用，先后经历平稳发展（1949–1977年）、快速扩张（1978–1992年）、结构调整（1993–2006年）、转型升级（2007–2017年）和高质量发展（2018年至今）五个阶段，现种植面积达到10万亩以上，获大世界吉尼斯之最——"世界最大桃园"称号。

肥城桃不仅传名于嘉果之林，同时也飘香于文学世界。诸多近现代文学大家名家，竞相濡墨寄怀，抒写对肥城桃的无比挚爱，同时也记叙了有关肥桃栽培育植、运输销售以及肥仙崇拜、桃事弊政等相关情况，是研究肥城桃史与桃文化的重要史料。在作品中明确写到肥城桃者，有康有为、樊增祥、刘鹗、胡先骕、端木蕻良、赵丹、季羡林、黄苗子、梁实秋、老舍、任远等多位文坛巨擘，各出椽笔，钧擅胜场。肥城桃如此"密集"地出现在名家名作中，足见其芳名之广播，香韵之悠远。

## （二）肥城桃文化演进

在肥城人民长期培育肥城桃的过程中，肥城桃文化逐渐从单纯以食用为主的生活文化发展为集食用、观赏、艺术表现为一体的多元文化，并与当地其他特色文化相碰撞融合，形成更为丰富的民风民俗，渗透到社会生活的各个方面，内涵深厚、影响深远、传播广泛且具有典型意义。肥城桃文化伴随着肥城桃的历史而生，是中华桃文化的重要发源地和传播地，在中国桃文化传播中居于核心地位，是中国桃文化的代表与缩影。

肥城桃是名副其实的"人文瓜果"。无论是作为"桃"之实体构成的桃树、桃枝、桃叶、桃子、桃核（仁）、桃花，还是与桃有关的劳作如种桃、剪枝、嫁接、移栽、摘桃、送桃、卖桃、食桃、赏桃、仿桃制作，以及由此引申出来的桃木制品等，都积淀着厚重的文化意识，是肥城民间思维模式的泛化与载体。肥城桃的花、果、木作为不同的民俗载体，象征着青春爱情，传递着福寿吉祥，承载着避邪养生，寄托着理想感情，传承着厚重的历史文化，蔚为大观、世代相传。肥城桃文化在演进过程中主要呈现以下特点：

**一是由情感寄托升华为桃仙崇拜。**肥城桃文化中的桃仙崇拜，源自中国文学对桃文化的情感寄托。从《诗经》"灼灼其华"的桃花诗词到陶渊明"世外桃源"的美妙幻境，在肥城衍生出许多美丽动人的民间故事，最终演变为肥桃崇拜，将肥桃推上了神坛，实现了桃神的人格化，形成了膜拜桃仙的特有风俗。民国年间青岛画家苏竹影在《谈肥城桃》中写到了仙桃崇拜，言"园中皆供桃仙，香火供奉，不敢有忤……"升华后的肥城桃文化不再仅仅是文人笔下的情感寄托，桃也不再是纯粹的美味佳品，而是赋予了全新的人文精神。现代社会随着科学知识普及，虽然肥城桃仙崇拜风俗已经退出历史舞台，但那些栩栩如生、感人肺腑的民间故事代代相传，释放出道德光辉，照亮了人们的灵魂，铺就了文明的心理路程。

**二是由祝寿习俗演变为孝道文化。**作为孝道文化理想载体的肥城桃文化，来自民间以桃祝寿的风俗。肥城民间在肥桃收获季节以桃馈老约定成俗，作为长寿之果的肥桃，已经成为弘扬传统孝道文化的有效载体。肥城桃承载的孝道文化传播，在和睦家庭、稳定社会、友善人际关系诸方面起着春风化雨的滋润作用。

**三是由桃木辟邪化境为吉祥文化。**桃木承载的吉祥文化来自桃木辟邪民俗。肥城自古就有春节门前挂桃符、桃枝，儿童佩戴桃篮、桃木人，家中悬挂桃木剑、桃木斧等用以镇宅纳福、消灾辟邪的风俗，"居不可无桃"的生活习俗在民间广泛流传。唐代以后，随着肥城桃栽培技术的日臻成熟，种植面积不断扩大，肥城出现了桃木制作行当，各种精美的桃木配饰挂件和大型雕品应运而生，桃木工艺品及其承载的文化民俗逐渐走进千家万户，渗透于人民的日常生活，并伴随人际交往和商贸流通传播到天南海北，成为人们精神生活不可或缺的组成部分。明清时代，桃木工艺得到迅速发展，种类繁多，雕艺精巧，题材广泛。内容不再局限于辟邪驱妖保平安，而演化为美轮美奂的艺术品，赋予其全新的吉祥文化内涵，表现形式多种多样，文化蕴意更加丰富，极具观赏、把玩和收藏价值，因而得到了更广泛的传播和发展。肥城桃木工艺品承载的吉祥文化，在潜移默化中引导人心趋善、民意思安，为构建和谐社会创造了浓厚的文化氛围。

## 二、肥城桃文化活化利用的措施和成效

近年来，肥城从桃文化保护传承、营销推广的角度和高度上，深刻挖掘桃文化内涵，整合桃文化资源，延伸产业链，做强桃产业，致力于打造"中国桃都"品牌，提高肥城桃文化知名度和影响力。肥城先后被命名为中国佛桃之乡、中国桃文化之乡、中国桃木雕刻之乡。

### （一）全面梳理，全方位加强非遗保护

多年来，肥城始终高度重视保护传承肥城桃文化资源，组建了肥城桃产业发展中心（副县级），设立肥城桃专项基金，先后搜集、保存了147个桃品种和单系，建成集品种保护、引进试验、品种选育、品种展示、品种推广、技术示范和文化宣传于一体的中华名桃博览园。编印肥城桃种质资源图谱，建成肥城桃种质资源数据库，加快推进现代生物育种技术在肥城桃上的应用。与北京林业大学、省农科院合作，确立教学示范基地、试验研究基地，全方位、多角度开展肥城桃培优技术攻关，落实标准化生产技术，试验示范新技术、新措施。与山东大学、山东农业大学、山东省果树研究所等高等院校、科研院所合作，成

立了肥桃技术研究院，实施了 59 个科研公关项目（其中国家级 2 项、省级 23 项），在专业报刊发表学术论文 100 多篇，肥城桃整体研究达到国内领先水平。在国家桃产业技术体系的指导下，山东肥城、河北深州、江苏阳山、浙江奉化成立了中国传统名桃产业共同体，每年举办产业发展研讨会，致力于传承名桃文化、提升名桃品质、推动名桃发展。2001 年成功注册国家地理标志证明商标，2016 年被认证为国家农产品地理标志登记产品，2020 年被确定为第三批中国特色农产品优势区。注重挖掘弘扬肥城桃文化价值，全面开展肥城桃文化研究，目前，肥城共有九个桃文化非遗项目列入各级保护名录。其中，山东省级三项、泰安市级七项、肥城市级八项，涉及民间文学、传统美术、传统技艺、民俗四个类别（表 5-10），带动肥城桃文化系统性保护和活态传承。2010 年，与中国民俗学会、山东省民间文艺家协会联合举办中国肥城桃文化研讨会，全面分析肥城桃文化内涵，交流桃文化研究成果。成立了肥城桃文化研究会，出版数十部桃文化专著（表 5-11）。注重在城市发展中融入桃文化元素，打造了"心动桃都""春之门"等一批桃文化城市标志、主题雕塑、景观小品，建设了桃文化博物馆，成为展现肥城桃文化魅力的示范性文化符号。红里佛桃、白里佛桃等 17 个品种资源入选国家种质资源库。肥城桃栽培系统纳入山东省首批农业非物质文化遗产。

表 5-10　肥城桃文化非物质文化遗产项目

| 项目类型 | 项目名称 | 肥城市级名录批次 | 泰安市级名录批次 | 山东省级名录批次 | 代表性传承人 |
|---|---|---|---|---|---|
| 民间文学 | 肥桃的来历 | 第一批（2007） | | | |
| 民间文学 | 肥桃的传说 | 第二批（2010） | 第三批（2015） | 第四批（2016） | |
| 传统美术 | 桃木雕刻技艺 | 第五批（2017） | 第七批（2018） | 第五批（2021） | 程银贵（泰安市级） |
| 传统美术 | 桃木雕刻掐丝彩砂技艺 | 第五批（2017） | | | |
| 传统技艺 | 肥城桃栽培技艺 | 第一批（2007） | 第二批（2008） | | 袁荣祥（肥城市级） |

续表

| 项目类型 | 项目名称 | 肥城市级名录批次 | 泰安市级名录批次 | 山东省级名录批次 | 代表性传承人 |
|---|---|---|---|---|---|
| 传统技艺 | 肥桃酿酒技艺 | | 第八批（2019） | | |
| 传统技艺 | 肥城桃核微雕技艺 | 第六批（2018） | 第八批（2019） | | 李正勇（泰安市级） |
| 民俗 | 桃木雕刻民俗 | 第一批（2007） | 第一批（2006） | 第一批（2006） | 王来新（省级） |
| 民俗 | 桃木桃符制作民俗 | 第七批（2019） | 第九批（2020） | | 顾宗伟（肥城市级） |

表5-11　有关肥城桃文化部分书籍

| 序号 | 书名 | 作者（主编） | 出版时间 | 备注 |
|---|---|---|---|---|
| 1 | 肥城桃 | 山东省果树科学研究所 | 1961年 | 山东人民出版社 |
| 2 | 肥桃志 | 肥城县林业局 | 1983年 | |
| 3 | 肥桃栽培 | 李淑英、仲崇福、季英宗 | 1987年 | 山东出版总社泰安分社 |
| 4 | 首届中国肥城桃节 | 肥城县委 | 1991年 | |
| 5 | 肥城桃栽培新技术 | 李淑英、仲崇福 | 1992年 | 泰安市新闻出版局 |
| 6 | 肥桃史话 | 傅志亭 | 1991年 | 《肥城文史资料》（第六辑） |
| 7 | 肥城桃种植区农业地质背景调查及宜种性研究 | 山东省地质矿产局遥感技术应用中心 | 1991年 | |
| 8 | 肥桃的故事 | 程兆奎 | 1996年 | 《肥城文史资料》（第九辑） |
| 9 | 肥桃与中国桃文化 | 郑敏 | 2000年 | 中国文联出版社 |
| 10 | 文化肥城·肥桃与桃文化卷 | 王霞主编，傅志亭、聂建民编著 | 2011年 | 山东人民出版社 |
| 11 | 历代咏桃诗词选 | 李福杰 | 2015年 | 新华出版社 |
| 12 | 肥城人咏肥桃诗词选 | 陈衍斌 | 2016年 | 团结出版社 |
| 13 | 灼灼其华——桃文化的前世与今生 | 刘任力 | 2018年 | 山东画报出版社 |
| 14 | 肥城桃产业技术规范 | 宋红日 | 2020年 | 中国农业科学技术出版社 |

| 序号 | 书名 | 作者（主编） | 出版时间 | 备注 |
|---|---|---|---|---|
| 15 | 肥城桃发展史 | 李武刚 | 2023 年 | 山东大学出版社 |

### （二）科学培优，多措施培育产业品牌

肥城始终秉承"保护传承培优"的工作思路，强化政策支持，优化要素保障，吸引科技人才，合力推动肥城桃品牌和产业高质量发展。坚持品质造就竞争力，加大培优力度，研究制定了得到国家农业部认定批准的《肥城桃国家农业行业标准》和《肥城桃保护开发条例》，修订完善肥城桃苗木标准化繁育技术、提质增效技术和采后处理技术等 13 项技术规程，制定了国家行业标准 1 项和山东省地方标准 8 项，形成了较为完善的肥城桃标准化生产技术体系。坚持工业化推进、品牌化运作、全链条打造，推进肥城桃规模化、标准化、产业化、品牌化、数字化发展，肥城桃品质进一步提升，品牌影响力进一步彰显（表5-12）。制定出台了《肥城桃地理标志证明商标及专用标志使用许可审查制度》《管理人员责任追究制度》《标识管理发放制度》《使用人违约处罚制度》等一整套严细周密的商标使用管理规章制度，对肥城桃地标区域公用品牌坚持依法管理、规范使用、严格维权，对达不到质量标准的肥城桃，禁止使用地理标志公用品牌，加快推动肥城桃由资源优势向商品优势转化。强化肥城桃品牌保护和市场监管，创新采用二维码产品追溯技术，建成肥城桃质量安全监管平台，实现精确的全过程追溯，有力地维护了肥城桃品牌形象和声誉。高度重视产业区域公用品牌打造，以"中国桃文化发祥地"为定位，通过创造有吸引力的个性化内容，设计本地特色的桃文化符号，塑造出独属于"肥城桃"农产品区域品牌的性格与特质，让消费者在体验产品、了解品牌的同时，建立起美好的情感链接，增加了品牌美誉度，形成品牌的高度认同。同时，通过梳理品牌架构，进一步规范品牌 LOGO 的使用，让肥城鲜桃、肥城桃木雕刻及肥城桃胶等产品形成品牌合力，进一步增强"肥城桃"产业区域公用品牌的品牌势能。目前，肥城栽培桃品种达 180 个，形成佛桃、水蜜桃、油桃、蟠桃、黄桃、雪桃六大系列品种，实现了四季有桃。2022 中国品牌价值评价信息"肥城桃"品牌价值达到 40.21 亿元。

表 5–12　"肥城桃"品牌荣誉

| 序号 | 时间 | 荣誉名称 | 授予单位 |
|---|---|---|---|
| 1 | 1986 年 | 名优农产品（肥城桃）基地 | 国家计委、农牧渔业部 |
| 2 | 1995 年 | 中国佛桃之乡 | 农业部 |
| 3 | 1999 年 | 大奖 | 昆明世界园艺博览会 |
| 4 | 1999 年 | 国家名牌产品 | 中国国际农业博览会 |
| 5 | 2001 年 | 国家名牌产品 | 中国国际农业博览会 |
| 6 | 2001 年 | 国家地理标志证明商标 | 国家工商总局商标局 |
| 7 | 2004 年 | 中国肥城桃之乡 | 国家林业局 |
| 8 | 2009 年 | 山东省著名商标 | 山东省工商行政管理局 |
| 9 | 2013 年 | 山东省十大地理标志商标 | 山东省工商行政管理局 |
| 10 | 2013 年 | 2013 年度全国名特优新农产品目录 | 农业部优质农产品开发服务中心 |
| 11 | 2014 年 | 中国驰名商标 | 国家工商总局 |
| 12 | 2015 年 | 2015 年度全国名优特新农产品目录 | 农业部优质农产品开发服务中心 |
| 13 | 2016 年 | 国家农产品地理标志登记 | 农业部 |
| 14 | 2016 年 | 全国名优果品区域公用品牌 | 农业部 |
| 15 | 2017 年 | 山东省知名农产品区域公用品牌 | 山东省农业农村厅 |
| 16 | 2019 年 | 中国农业品牌农产品区域公用品牌 | 中国农产品市场协会等 |
| 17 | 2020 年 | 中国特色农产品优势区 | 农业农村部等 |
| 18 | 2021 年 | 全国果品百强品牌 | iFresh 亚洲果蔬产业博览会 |
| 19 | 2021 年 | 全国果品区域公用品牌 50 强 | iFresh 亚洲果蔬产业博览会 |
| 20 | 2021 年 | 2021 年度受市场欢迎果品区域公用品牌 100 强 | iFresh 亚洲果蔬产业博览会 |
| 21 | 2022 年 | "好品山东"区域公用品牌 | 山东省质量强省及品牌战略推进工作领导小组办公室 |
| 22 | 2022 年 | 国家农业品牌精品培育计划 | 农业农村部等 |

## （三）突出特色，差异化发展文化旅游

肥城在致力于建设省会济南休闲旅游目的地和泰安全域旅游的重要节点，依托"大泰山"，链接大旅游，以"传播吉祥文化、打造中国桃都"为主题，挖掘桃文化丰富内涵，编制了全市旅游规划，倾力打造"以北部环山历史文化名人旅游带、中部桃文化农业休闲旅游带、南部汶水古村落休闲旅游带，沿孙牛路、

济兖路、潮汶路三条南北主干道纵向打造精品旅游示范点为框架""三纵三横、全域一体"乡村旅游发展格局。其中，中部桃文化农业休闲旅游带突出桃文化核心，以文化创意为引领，以田园综合体为路径，深度融合桃文化，推动刘台、鱼山、栲山片区一体化发展。目前，已建成刘台桃花源景区、鱼山桃花海景区、中央桃行景区等景区。刘台桃花源景区位于仪阳街道刘台村，是肥城十万亩桃园的精品观赏区，国家AAA级旅游景区、全国首批农业旅游示范点、山东省自驾游示范点，有"世外桃源，人间仙境"美誉。鱼山桃花海景区位于肥城万亩桃花海入口处仪阳街道鱼山村。鱼山村是山东省传统古村落、山东省特色旅游村、"乡村记忆"工程文化遗产单位。景区依托传统古村落，开发建设了精品民宿、智慧桃园等项目，成为集住宿餐饮、生态观光、文化创意、民俗体验、休闲度假于一体的国家AA级旅游景区。中央桃行景区位于新城街道西尚里村，原为肥城规模最大的桃园，是肥城桃主要发源地，以肥桃种植面积大、品质佳驰名，是山东省自驾旅游示范点。此地群众曾先后三次进京给党中央、毛主席送肥桃，并留有"11颗肥桃献亚运"的佳话故事。

### （四）以花为媒，创新性塑造节庆文化

肥城市始终坚持"以花为媒、文旅搭台、产业唱戏"的文旅融合理念，坚持"政府引导、市场运作、全民参与"的办节模式，主要打造以桃文化为核心的"两节一赛"节庆品牌，即桃花节、金秋品桃节和全国桃木旅游商品创新设计大赛。活动内容由最初的赏花品桃、文艺演出，到"女儿节"、经贸洽谈及系列民俗体验活动，从卖桃子，到扬品牌，转变到卖旅游，再到卖休闲，年年有创新，规模越来越大，内容越来越丰富，更加注重挖掘地方文化，注重游客互动参与，增加了节庆活动的吸引力，借助中央电视台等主流媒体和中国文联等的名人效应，提升了知名度、竞争力。目前，已经成功举办了22届桃花节、16届金秋品桃节和全国桃木旅游商品创新设计大赛（表5-13）。肥城桃花节已成为节企互动、经济旅游互动的双重平台，成为全省知名旅游节庆活动，山东省四大"花之旅"之一，跻身全国知名四大桃花节行列，先后荣膺"2011中国十大品牌节庆""2012节庆中国榜·最佳自然原生态旅游节庆""中国节事卓越品牌"二星奖。围绕着桃花、肥桃，众多词曲名家欣然命笔，由乔羽作词、孟庆云作曲的《肥城看桃花》，

廖勇作词作曲的《桃花彩》等歌曲,广为传颂,成为经典;著名作曲家吴可畏连续为肥城创作了《追梦桃园》《肥子之歌》《肥桃熟了》等一大批歌曲,借由李丹阳、甘萍、郁钧剑、杨洪基、刘和刚等知名歌唱家的演唱,肥城桃大放异彩。桃木旅游商品创新设计大赛开创了县级承办全国旅游商品大赛先河。以花为媒,以节会友,春天赏桃花,秋天品肥桃,"两节一赛"架起了与外界经济合作和文化交流的桥梁,吸引大批游人客商到肥城观光旅游、投资兴业,为经济发展注入了新的生机和活力。

表5-13　肥城桃文化节庆活动

| 名称 | 时间 | 活动效果 |
|---|---|---|
| 第一届中国肥城桃节 | 1991年9月1日—2日 | 达成经济意向30余项,成交额2200万元;销售肥桃3500万斤,收入5000万元。 |
| 第二届中国肥城桃节 | 1992年9月7日—8日 | 引进项目37项,总投资51721万元;销售肥桃226万斤。 |
| 第三届中国肥城桃节 | 1993年9月3日—4日 | 1.4万人参加经贸洽谈和节庆活动,240多家企业参加工业品展销。 |
| 第一届桃花旅游节 | 2002年4月1日—20日,2日开幕式 | 接待客商200余人,引进外资7000多万元;接待游客20万人次,旅游综合收入400多万元。 |
| 第二届桃花旅游节 | 2003年4月7日开幕式 | 接待游客超过25万人次,旅游综合收入1000多万元。 |
| 第三届桃花旅游节 | 2004年4月6日开幕式 | 开展民俗风情表演、特色旅游商品展销、高空杂技表演等活动18项。 |
| 第四届桃花旅游节 | 2005年4月1日—20日,4日开幕式 | 接待游客52万人次,旅游综合收入2200多万元。 |
| 第五届桃花旅游节 | 2006年4月8日开幕式 | 接待游客62万人次,旅游综合收入2600多万元。中国文联组织艺术家走进肥城举办慰问演出和采风活动。 |
| 第六届桃花旅游节 | 2007年3月20日—4月20日,6日开幕式 | 接待游客80万人次,旅游综合收入3000多万元。央视《激情广场》栏目组组织文艺演出。 |
| 第七届桃花旅游节 | 2008年4月1日—20日,8日开幕式 | 接待游客105万人次,旅游综合收入1.5亿元。央视举办《乡村大世界》文艺演出。 |
| 第八届桃花旅游节 | 2009年4月10日开幕式 | 举办突出地域文化特色的"女儿节·桃花缘祈福迎春盛典"户外大型情景剧。 |

| 名称 | 时间 | 活动效果 |
|---|---|---|
| 第九届桃花旅游节 | 2010 年 4 月 8 日开幕式 | 接待游客 124.26 万人次，旅游综合收入 3.6 亿元。 |
| 第十届桃花旅游节 | 2011 年 4 月 12 日开幕式 | 肥城桃花节荣膺"全国十大节庆品牌"。 |
| 第十一届桃花节 | 2012 年 4 月 1 日—20 日，4 月 13 日开幕式 | 推出原创性的"桃花源里桃花缘"集体婚礼活动。 |
| 第十二届桃花节 | 2013 年 4 月 9 日开幕式 | 签署项目 40 个，投资总额 226.1 亿元。 |
| 第十三届桃花节 | 2014 年 4 月 3 日开幕式 | 签署项目 42 个，投资总额 215.63 亿元。 |
| 第十四届桃花节 | 2015 年 4 月 2 日开幕式 | 签署项目 40 个，投资总额 131.65 亿元。开展"中国梦·桃乡情"全国歌曲征集活动，征集歌曲 1495 首。 |
| 第十五届桃花节 | 2016 年 3 月 25 日—4 月 20 日，4 月 6 日开幕式 | 签约 40 个招商引资项目和 12 个人才科技项目。 |
| 第十六届桃花节 | 2017 年 3 月 25 日—4 月 20 日，3 月 31 日开幕式 | 组织经济合作洽谈会、桃文化研讨会、书画交流活动等主题活动 13 项，取得显著经济效益和社会效益。 |
| 第十七届桃花节 | 2018 年 4 月 4 日开幕式 | 签约 40 个招商引资项目和 11 个人才科技项目。接待游客 20.5 万人次。 |
| 第十八届桃花节 | 2019 年 4 月 3 日开幕式 | 接待游客 26 万人次。 |
| 2020 "云"赏桃花慢直播 | 2020 年 3 月 30 日—4 月 5 日 | 累计 120 万人次参与，点赞、留言 10 万余人次。 |
| 2021 中国肥城"云赏桃花"直播 | 2021 年 3 月 27 日—4 月 3 日 | 组织百家电视台肥城行采风活动，开展"云"直播赏花，通过全省县级财经媒体中心直播联盟进行 100 家电视台直播。 |
| 中国桃都·美好肥城 2022 "云"赏桃花慢直播 | 2022 年 4 月 4 日—8 日 | 170 万人次在线观赏，点赞、留言 10 万多条次。 |
| 第二十二届桃花节 | 2023 年 3 月 25 日—4 月 20 日 | 签约 1 个校地合作项目、37 个产业链项目，总投资 231.2 亿元。 |

续表

| 名称 | 时间 | 活动效果 |
|---|---|---|
| 2008 年中国肥城金秋品桃节 | 2008 年 8 月下旬—9 月中旬 | 以"传播吉祥文化、打造中国桃都"为主题，接待旅游团队 160 多个，品桃游客 1.5 万人，自驾车 600 多辆，旅游综合收入 2000 多万元。 |
| 2009 年中国肥城金秋品桃节 | 2009 年 8 月 20 日—9 月 20 日 | 以"采摘佛桃、品味健康、感受吉祥"为主题，接待旅游团队 200 多个，品桃游客 1.8 万人，自驾车 800 多辆，旅游综合收入 3500 多万元。 |
| 2010 年中国肥城金秋品桃节 | 2010 年 8 月 20 日—9 月 20 日 | 以"吉祥桃都、魅力肥城"为主题，举办桃文化研讨会，在济南、泰安组织桃文化展示会。 |
| 2011 年中国肥城金秋品桃节 | 2011 年 9 月 4 日开幕式 | 以"采摘肥城佛桃、体味吉祥桃都"为主题，推出肥桃十佳系列评选活动 |
| 2012 年中国肥城金秋品桃节 | 2012 年 9 月 1 日开幕式 | 山东省旅游行业协会汽车旅游分会自驾游客参加快乐大采摘启动仪式 |
| 中国肥城第六届金秋品桃节 | 2013 年 8 月 20 日—9 月 20 日 | 以"美丽桃都、快乐采摘"为主题，打造 30 多处精品采摘园。 |
| 中国肥城第七届金秋品桃节 | 2014 年 8 月下旬—10 月上旬 | 以"品肥城佛桃、游世上桃源"为主题，围绕"采摘、品桃、休闲"，设计金品旅游线路。 |
| 中国肥城第八届金秋品桃节 | 2015 年 8 月 19 日开幕 | 以"游世上桃园、享福寿安康"为主题，组织精品一日游线路推介、桃文化美食烹饪大赛等活动。 |
| 中国肥城第九届金秋品桃节 | 2016 年 8 月中旬—9 月下旬 | 以"佛桃之乡、桃醉天下"为主题，组织金秋桃林音乐节、露营帐篷节等活动。签约 28 个重点招商项目和 6 个人才科技项目。 |
| 中国肥城第十届金秋品桃节 | 2017 年 8 月中旬—10 月下旬 | 以"世上桃源、桃醉天下"为主题,组织"名导""大V"带你品肥桃直播活动，观看量达 1000 万人次。 |
| 中国肥城第十一届金秋品桃节 | 2017 年 8 月中旬—9 月下旬 | 以"君子之邑、佛桃飘香"为主题，借助抖音直播平台举办"吸着吃的肥桃"直播大赛，将传统肥桃可以"吸着吃"的特点广泛传播。 |
| 中国肥城第十二届金秋品桃节 | 2019 年 8 月 16 日—9 月 26 日 | 以"君子肥城、佛桃飘香"为主题，突出"丰收与收获"，举办庆祝"中国农民丰收节"文艺演出等活动。 |

| 名称 | 时间 | 活动效果 |
|---|---|---|
| 中国肥城第十三届金秋品桃节 | 2020年8月15日—9月30日 | 以"春华秋实 相约桃乡"为主题，组织特色旅游商品直播带货大汇等活动。 |
| 中国肥城第十四届金秋品桃节 | 2021年8月27日 | 组织庆丰收·感党恩·2021中国肥城农民丰收节佛桃采摘仪式。 |
| 中国肥城第十五届金秋品桃节 | 2022年8月25日—9月25日 | 以"游世上桃园、品肥城佛桃、享福寿安康"为主题，推出"山东手造·肥城有礼"手造精品展等系列活动。 |
| 2023年中国肥城金秋品桃节 | 2023年8月25日—9月25日 | 以"情动千年 桃你欢心"为主题，举办"桃冠千年·首届全国（肥城）桃文化传承发展交流大会"等活动。 |

### （五）文化引领，多领域放大资源效应

多年来，肥城持续深挖"桃文化"、做大"桃文章"，发展"桃经济"，以传统文化加持"肥城桃"品牌价值，以"肥城桃"弘扬乡土文化内涵，培育更多消费业态、打造更多休闲产品，供给更多引领潮流、带动消费的创新载体。设立1亿元桃产业发展助力基金，发展桃胶、桃酒、桃汁、桃脯、桃花茶、桃木雕等产品加工以及休闲旅游、电子商务，实现"肥城桃产业+N"新业态发展。积极推动优秀传统文化创造性转化和创新性发展，致力于桃文化挖掘培育与文旅产业的深度融合，着力打造"六个一"桃木旅游商品产业发展平台，构建"创意设计、生产制造、运营推广、交易销售"的全产业链，形成了以政府主导、企业运作、大赛引领、研发促进的桃木旅游商品开发"肥城模式"，培育桃木旅游商品企业160多家，特色商品发展到30大系列4000多个品种，畅销海内外20多个国家和地区，年销售收入突破20亿元，成为全国最大的桃木旅游商品研发、生产、销售集散中心，占国内80%以上的市场份额，被命名为"山东省桃木工艺品产业基地""山东省购物旅游示范城市""中国桃木雕刻之乡""中国桃木旅游商品之都"。桃木旅游商品先后获得全国旅游商品大赛等全国性赛事金奖200多项（表5-14），桃木旅游商品城被确定为全省旅游商品研发基地和十佳大型旅游购物场所之一。"肥城桃木雕刻"被批准为国家地理标志证明商标，《桃

木制品通用技术条件》被确定为山东省地方标准。

表 5-14　肥城桃木雕刻获得国家级荣誉

| 荣誉称号 | 命名单位 |
|---|---|
| 中国民间文化艺术（桃木雕刻）之乡 | 文化部 |
| 中国桃木雕刻之都 | 中国旅游协会 |
| 国家地理标志证明商标 | 国家工商总局商标局 |
| 中华品牌博览会金奖 | 中华商标协会 |
| 中国旅游商品大赛金奖 | 中国旅游协会 |
| 中国特色旅游商品大赛金奖 | 中国旅游协会 |
| 最佳必购商品奖 | 中国国际旅游商品博览会组委会 |
| 最有特色旅游纪念品 | 中国国内旅游交易会组委会 |
| 最受欢迎的旅游纪念品 | 中国国内旅游交易会组委会 |
| 中国十强旅游商品 | 国家旅游局 |
| 中国品牌旅游商品 | 中国旅游协会 |
| 全国桃木旅游商品创新设计大赛特别大奖 | 全国桃木旅游商品创新设计大赛组委会 |
| 全国桃木旅游商品创新设计大赛金奖 | 全国桃木旅游商品创新设计大赛组委会 |
| 中国林产品交易会金奖 | 中国林产品交易会组委会 |

## 三、肥城桃文化活化利用的困难和问题

肥城围绕桃文化资源发展了高效农业、文化旅游、商品经济等产业，取得了阶段性成果。但目前肥城桃文化活化利用还处于起步阶段，还存在种质资源退化、传统栽培技术受到冲击、社会认知度较低、保护体制不健全、利用方式不合理等一系列问题，迫切需要在观念与路径选择上加以改进。

## （一）肥城桃栽培既有方面存在的问题

肥城桃栽培技艺是肥城桃产业可持续发展的基础，其中的肥城桃品种资源、栽培技术和管理是重要的非物质文化遗产，但近几年这两个方面出现了一些问题，需要引起重视。在肥城桃品种资源方面，传统核心品种在盲目引种现状下生存空间被挤占，未得到有效保护；在肥城桃栽培与管理方面，由于过度使用化肥、盲目应用现代技术而摈弃传统栽培技术等原因，出现了土壤肥力下降、病虫害问题严重等问题。

**一是传统优势品种受到挤压。**肥城桃经过长期栽培和品种调整，形成了较为稳定的品种结构，其中红里、白里、晚桃、柳叶、大尖、香桃等品种是肥城桃当地种植的主要核心品种，这些品种是在历史良种基础上培育出来的，品质优良，口感极佳。但自20世纪以来，肥城很多桃农盲目引进外地品种，片面追求果形大、颜色艳等外在形象，忽略了甜度和口感等关键要素，挤占了当地优质桃品种生存空间，导致当地优质品种如吊白枝、六月白等品种逐渐退出市场，出现了与外地桃品种和品质同质化等问题，也使肥城区域内各类桃品种过多，口感质量差别较大，影响了消费体验。同时，由于引进的大量外地品种与肥城桃混栽，造成授粉时出现串粉现象，影响了肥城桃品种的纯度，使肥城桃品质下降、肉质偏硬。加上近年来，肥城周边蒙阴（60万亩）、沂水（24万亩）、青州（7.8万亩）等地桃子种植发展势头迅猛，这些地区与肥城桃同属北方桃品种，自然资源相近，市场重叠较大，使肥城桃与周边地区的竞争加剧。很多其他地方桃冒充肥城桃，使肥城桃品牌口碑和信誉受到严重影响。从2022年中国桃产业数据分析简报产地竞争力排名来看（图5-9），肥城桃已不在前列。

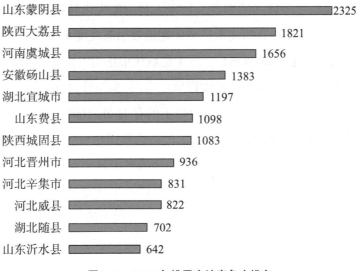

**图 5-9 2022 年桃子产地竞争力排名**

**二是传统栽培技术受到冲击。**肥城桃栽培技术和管理方法是保证肥城桃产业可持续发展的必要条件。1100 多年来，肥城桃农在桃的栽培技术方面积累了丰富经验。传统肥桃在果树生长期、产果期不施化肥，不打农药，采用豆饼、发酵黄豆及生物肥做肥料，起垄栽培、套袋管理、生物防虫，减少药物对产品及水土的污染。但近年来，桃农在肥桃栽培过程中觉得传统栽培技术效率低，人力成本和时间成本高，盲目应用新技术，摈弃传统技术，大量使用化肥和农药，使肥城桃逐渐失去口感、风味及耐储性等优良品质，严重影响了肥城桃的效益和声誉。在调研中，肥城市肥城桃产业发展中心高级农艺师陈文玉介绍，肥城桃因个头大、汁水多、味香甜而畅销，20 世纪九十年代，甚至出现了供不应求的局面。为满足市场需求，不少种植户就开始大量施用氮肥，促个头、增产量。这样做的后果是，产量有了，但桃品质下降，市场声誉受到极大影响，桃农收益直线下降。过量使用农药也使桃树病虫害问题加重，防治难度提升。传统肥桃防治病虫害主要依赖物理和生物方法，对结果时期的桃子使用套袋方法，在桃林里养殖鸡、鸭等害虫天敌，有效地减少病虫害发生。但如今很多桃园密植栽培，影响了通风透光，造成病虫害大量滋生；桃树对化肥和农药依赖性增强，固定种类的农药使用使害虫抗药性增加，影响了肥桃产量和品质。加之肥城众多掌握传统栽培技术的桃农逐渐老龄化，有的已不再从事种桃事业，有的改行从事其他更轻松或挣钱多的事业，技术人员的流失也伴随着传统栽培技术的流失，所以肥桃传统核心栽培技术传承问题需要引起高度重视。

**三是新型培育技术难以推广。**由于肥城桃市场组织化程度不高，一些产业化、自动化、数字化、智能化新型技术难以推广应用。据统计，目前肥城10万亩桃园中，50亩以上基地只有71处，其中100亩以上的有41处、1000亩以上的有2处。同时，"企业＋基地＋肥桃种植农户"模式的经济合作组织较少，大多为以家庭为单位的小规模种植，桃农在从生产到最终销售的各个环节各自经营，组织化、规模化程度较低，中间成本较高，降低了肥城桃的市场竞争力。近年来，大量农村青壮年外出打工，大都是妇女和老人在家从事桃子种植，他们文化知识水平低，接受先进实用技术和新事物的能力较弱，不适应数字农业发展形势，制约了培优措施的推广普及，影响了肥城桃品质提升。

### （二）肥城桃文化活化利用中存在的问题

肥城围绕肥城厚重的桃文化，在文化旅游、商品开发等方面做出了有益尝试，无论在价值挖掘、品牌打造，还是在经济效益、社会影响等方面，都取得了显著成效。但对桃文化的内涵理解和挖掘还不够深入，未完全将资源优势转化为发展优势。

**一是产业链条亟待延伸。**当前肥城桃多为鲜果销售，初精深加工严重不足，是肥城桃产业化链条中最薄弱的环节。当前，肥城桃进行深加工的大型优质企业数量较少，原有的汇源果汁、坤庆果脯、佛桃源白酒等企业，已经停产。泰安首康食品、桃花情酒业等企业生产规模较小，技术力量较弱，主要生产桃汁、桃胶、罐头、果酒等产品，市场竞争力不高。即使是简单的果脯、果干等初加工产品也较为缺乏，护肤品、药品、功能补品等精深加工产品更是没有涉足。

**二是产业融合动力不足。**农旅文旅产业融合发展的层级较低，对桃文化的开发较多停留在物质层面，精神层面挖掘不够深入，缺少前瞻性，没有根据市场需求和旅游者心理变化推出参与体验型、求知探险型、文化熏陶型旅游产品，极具价值的肥城桃文化没有完全转化为优质旅游产品。一方面节庆活动文化内涵挖掘不够。节庆活动具有文化传承和文化"营造"功能，其生命力取决于对本地特色文化的挖掘和推广。肥城桃花节、金秋品桃节等节庆活动是在政府策划和主导下发展起来的，在市场化运作过程中，政府行政干预较多，筹集渠道比较单一。缺乏长期统一的办节思路、发展规划和细化目标，对活动成效尚未建立科学有效的衡量评估机制，经济效益不高。主题活动策划未能深度融合本地特色文化，注重"大而全"，与其他地区存在严重的雷同化趋势。一些原本有深厚传统文化沉淀的民俗活动被遗弃，没有发挥出其文化价值和功能。如2011年第八届桃花节期间，曾尝试打造"北方女儿节"品牌，策划推出的"女儿节"，既是对传统文化的继承与发展，又是扩大肥城"桃花节"内涵的重要活动，但由于种种原因没有延续下来。另一方面，景区建设进展缓慢。依托桃文化建设的刘台桃花源景区、鱼山桃花海景区和中央桃行景区，长远规划是打造桃文化集群片区，但由于缺乏投入，建设进程缓慢，景区旅游基础设施比较滞后，特别是景区之间、景区与县城间的公共交通问题亟待解决，旅游旺季交通拥堵和停车困难等问题也亟待改善。景区内餐饮、住宿、娱乐等旅游硬件配套设施比较落后，旅游接待能力较低。景区旅游产品内容单调，与观光农业结合不够，没有形成满足并创造乡村休闲旅游需求的合力，还停留在"看桃花""摘桃子"的表面阶段，游客参与性不强，体验感不足，没有将富有亮点的资源转化为卖点产品，缺乏文化特色和核心竞争力。由于旅游产品单一及产业链延伸较短，导致游客旅游周期较短。因季节变化明显，景区接待主要集中在每年4月"桃花节"和9月"品桃节"，平时客流量很少，游客"来也匆匆、去也匆匆"，回头率不高，总体经济效益不佳。

　　**三是桃木雕刻遭遇瓶颈**。根据调研数据，肥城桃木旅游商品产业在经过一个阶段快速增长后，从2018年开始市场销售额一直维持在20亿元，遭遇发展"瓶颈"，行业创新乏力，发展速度变慢，市场出现萎缩迹象（图5-10）。肥城桃木旅游商品加工企业普遍"小弱散"，80%以上是作坊式机器加工型企业，产品"小而全"，往往是一件作品热卖后立即被大量复制模仿，造成产品高度同质化，没有太高的艺术、审美、收藏价值，难以形成规模效应，影响了市场竞争力。产品创新和自主研发能力较弱，创意设计人才极度缺乏，产品开发注重实际应用、短期利益，缺少理论研究、全面创新，远未形成研发设计体系。忽视对产品文化风格的涵养和精神气质的塑造，致使多年来缺乏精品，缺乏传世扛鼎之作。肥城桃木旅游商品产业配套体系不完善，产业链层次比较低，与桃木旅游商品产业相关的研发设计、品牌推广、包装策划、配饰加工企业较少，上下游配套产业缺乏，制约了桃木旅游商品产业的快速发展。

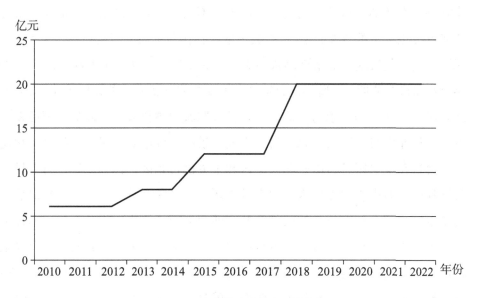

图 5-10　肥城桃木旅游商品销售额

数据来源：肥城年鉴

### （三）肥城桃文化遗产保护中存在的问题

肥城桃文化保护传承和活化利用具有得天独厚的条件，挖掘诠释、保护传承和活化利用工作也已经取得了积极成效，但通过调研分析，肥城桃文化保护传承和活化利用还处于探索阶段，仍然面临着加强宣传推介力度、增强保护传承意识、提高保护管理水平等一系列问题，迫切需要加强整体性的统筹规划与强有力的协调配合，提高活化利用和传承创新的整体化程度，实现创造性转化、创新性发展，把文化优势、资源优势转化为发展优势、经济优势。

**一是社会认知度较低**。民众对肥城桃文化认识不足，限制了其对遗产的保护意识和行动。虽然肥城桃栽培技艺、肥桃的传说、肥城桃木雕刻技艺等项目先后列入山东省和泰安市非物质文化遗产保护名录，但在调研中发现，当地民众很少有人了解这一消息，即使对此有一些了解的人，也认为与自己的利益关系不大，保护意识十分淡薄，保护参与程度低。一些涉及肥城桃产业的电商、物流、旅游等企业，主要以营利为目的，对桃文化内涵并不了解和重视。比起对非遗的保护更加看重收入的增加，当二者存在矛盾的时候，往往会选择后者。从事肥城桃文化相关理论研究的单位，虽真正了解肥城桃的文化价值，但企业与他们的合作往往是产品研发、新品种培育等，旨在提高经济效益，对传统技艺保护和传承往往有所忽视。

**二是居民参与度低。**肥城桃农和居民是活态传承肥城桃文化的重要行为人。但随着经济社会快速发展，农村很多年轻人已经去城里读书、就业，对肥城桃栽培和相关文化缺乏认同，对相关非遗的保护意识薄弱，留守在家从事桃子种植的的老人和妇女，不能承担起保护传承桃文化的重任。另外，肥城以桃资源为基础发展旅游业的主要收益多被政府和企业获取，大部分居民并不能直接从桃产业链或旅游业中获益或获益极少，甚至有些居民还要承担发展旅游带来的环境恶化等后果，参与桃文化保护的积极性较低。因此，要调动桃文化遗产地居民保护积极性，需要注意利益分配问题。

**三是保护机制不健全。**肥城桃文化保护传承尚未形成政府、民众、社会组织等保护主体间合理有效的协同体制。政府层面未制定肥城桃文化地方保护法规，无法对破坏桃文化的行为起到规范和约束作用，比如对企业或个人为追求暂时经济利益而过度使用化肥、农药的行为难以有效地进行监督和管理。肥城桃文化保护相关机构与人员不足，目前，主要是肥城市文化和旅游局、肥城桃产业发展中心，其中直接涉及桃文化保护工作的不足 10 人。此外，一些高校学者大多研究肥城桃产业经济价值和旅游发展，很少从文化遗产保护角度对其研究。在肥城桃文化保护传承和活化利用方面的研究深度和广度还不够，理论基础还不完善，对肥城桃文化内涵和构成还未形成权威的界定，对其保护传承的方法论还在探索过程中。在此背景下，一味地以经济利益为目的的开发很容易造成对文化遗产的破坏。

## 四、肥城桃文化活化利用的路径和对策

肥城桃文化底蕴深厚，要在坚持保护的前提下，深入挖掘和提炼其蕴含的精神内核与时代价值，全力做好非遗创新活化这篇大文章，实现非遗从文化资源向文化产品的有效转化。针对肥城桃文化活化利用中面临的一系列问题，经过认真调研分析，提出如下建议：

## （一）注重肥城桃栽培技艺保护传承

肥城桃要在全国各地桃产业陆续做大做强的大环境下，始终保持领先地位，必须维持其品种优势，不断提升品质、优化品种、打响品牌，加强肥城桃公共服务平台建设，全面推进肥城桃产业提升。

**一是加强核心种质资源保护**。针对盲目引种，导致肥城桃品质下降的问题，按照市委、市政府"保护传承培优"的发展思路，大力保护核心品种资源，建设一批种质资源库、资源圃和繁殖基地，深入推进品种选育工程，加快推进种苗育繁推一体化发展。积极利用组培技术对"红里佛大桃""白里大桃"等传统种质资源进行提纯复壮，大力推广肥桃苗木标准化繁育技术、提质增效技术等肥桃标准化生产技术体系，切实解决种性退化问题。不断完善肥桃优质园评选体系，引导桃农摒弃片面追求果形大、颜色艳的观念误区，建立甜度高、口感好才是优质桃的舆论氛围，引导消费导向，带动广大桃农重品牌、提品质。

**二是加强核心栽培技术传承**。肥城桃栽培历史悠久，在长期栽培过程中，形成了从选种嫁接、整枝修剪到病虫害防治、土水肥管理等完善的栽培技术体系。要引导桃农重视套袋技术、人工授粉、增施有机肥等传统栽培技术和管理方法的传承，大力推广起垄覆盖、行间除草、高光效整形修剪和绿色防控病虫害等培优关键技术，推动肥城桃品质整体提升。要加强田间管理和栽培技术人才培养，对于掌握传统栽培技术的桃农，要及时组织专人向他们学习或者将他们掌握的栽培技术和管理方法记录下来，进行推广。要加强桃农培训、指导和管理，请省农科院等专家授课，重点培训品种选育、桃树栽培、病虫害防治等技术，确保桃农严格按照肥城桃生产技术标准进行生产，使他们从"生计型"桃农转化为"职业型"桃农，甚至是"事业型"桃农。

**三是加强肥城桃品牌建设**。要坚持创新引领，突出品质提升，深化产业融合，做强区域品牌，切实将资源优势转变为产业优势。要建立健全肥城桃标准化生产技术体系、产业化加工技术体系、质量安全监测技术体系，推进无公害、绿色、有机等各类质量体系认证，推行食用农产品合格证制度，实现肥城桃从产到销全过程可追溯管理。以标准化生产基地为纽带，实行规模化种植，构建"市场牵龙头，龙头带基地，基地连农户"产业化新格局。要成立佛桃标准化生产联盟，建立肥城桃种植"十统一"标准化生产模式，即统一培训、统一品牌、统一修剪、统一施肥、统一防治、统一采摘、统一规格、统一定价、统一包装、统一物流，提高肥桃品质，增强市场竞争力。要成立肥城桃品牌管理办公室，制定品牌建设、管理和产品的标准，对肥城桃区域公用品牌统一经营、协调和监督管理。要加强市场监管、农业执法等相关部门联合执法监督，根据不同环节开展专项整治行动，严厉查处桃园违法违规使用禁限用农药、除草剂行为，重点打击虚假宣传、以次充好、以假乱真等市场违法行为，规范市场秩序，实现从桃园到果盘巡查监管全覆盖；要创新宣传方式，运用各种媒体和展销会、博览会、推介会等形式加强宣传推介，维护宣传推介好肥城桃品牌和声誉。要广泛拓宽销售渠道，综合运用线下体验和线上销售结合的方式，大力发展电商、微商，支持在"淘宝""天猫""京东""抖音""拼多多"等网络平台开设直销店，构建肥城桃现代网络市场营销体系。规范引导和运用"网红经济"，借助社交媒体开展商业推广，实现线上线下营销互动、省内省外市场互补的多元化产销一体新格局。

### （二）加强肥城桃文化活化利用

对肥城桃文化活化利用应该依据可持续发展的理念，正确处理好保护、继承、开发、利用和创新的关系，不能一味地追求经济效益而忽略文化效益，应该遵循合理利用原则、可持续利用原则、适应性原则等适度发展，形成多产业良性互动发展格局。

**一是做实大精深加工**。推进肥城桃产业化经营，必须以发展精深加工作为主攻方向。要围绕主导产业不同环节，建园区、引龙头，锻强加工链，用一条产业链拉长一项产业，一项产业富裕一方百姓。要加强与食品加工、日化等企业联合攻关，对肥城桃资源进行多元开发，研制果汁、果酱、果冻、罐头、桃叶茶等初级加工产品；促进肥城桃与医药+大健康产业的融合发展，加快养生、保健、医药、化妆品等精深加工技术研发，及时推动科技成果转化推广，促进肥城桃产业经济效益和文化效益的最大化，提升肥城桃产业整体发展水平。第一，政府部门应该根据桃制品市场的需求，鼓励桃农发展适于精深加工的肥城桃品种，加强鲜桃产后处理技术推广，加快农产品冷链物流体系建设，支持肥城桃优势产区产地批发市场建设，推进肥城桃市场流通体系与储运加工布局有机衔接。加大对肥城桃产地初加工项目的建设支持力度，鼓励更多社会资本进入肥城桃精深加工领域，打造一批优质、高效的加工龙头企业，推动桃脯、桃膳、桃木、桃胶、桃核、桃酒、桃叶等系列衍生产品开发。第二，要充分利用桃根、桃叶、桃花、桃果、桃仁、桃胶等的药用功效和养生保健价值，与药品研发机构和药品生产企业进行合作，研发生产功能性健康产品、美容养颜产品、生物工程类产品，提高肥城桃在医疗健康方面的应用。第三，要鼓励民众以桃及其副产品为原材料，开发独具肥城桃特色的菜系，既可以丰富肥城桃文化的内涵，又能物尽其用，吸引游客前去品尝，增加客流量。

**二是做优休闲农旅**。推进农旅文融合发展是延长肥城桃产业链、提升价值链、形成增值链的有效手段，也是农业遗产利用的重要发展方向。要紧紧抓住黄河文化体验廊道建设机遇，立足丰富的桃文化资源，统筹推进绿色采摘、休闲观光、民俗体验、亲子研学、特色美食等生态旅游产品打造，促进乡村旅游从同质化向个性化、从单一化向融合化发展，助力乡村旅游提质增效。第一，要用好"中国佛桃之乡""中国桃文化之乡"金字招牌，拓展桃花节和金秋品桃节的内涵，形成节庆、演艺、娱乐、会展等产业链。桃花节、金秋品桃节要以"桃花""桃"为中心，以桃文化的丰富内涵为切入点，结合每年的旅游热点，设置不同的主题，开发融入当地特色文化内涵、融入文化时尚元素的新项目，引导游客从不同角度深入了解并感受桃文化魅力。可以设计一套有桃文化内涵和辨识度的节庆活动标识、吉祥物、会歌等，增强肥城桃花节、金秋品桃节在游客心中的认同感，扩大影响力和知名度。要将政府主导办节逐渐向"政府引导＋企业主导＋市场运作"的政企合作模式转变，通过项目承包、广告营收、场地经营权拍卖、企业赞助等形式多渠道筹资，通过各种媒体对节庆活动和旅游产品进行宣传推介，扩大肥城桃文化节庆辐射范围，提高竞争力和影响力。第二，要改善桃文化风景区的基础设施和服务，提升景区档次水平。对刘台桃花源景区、鱼山桃花海景区、中央桃行景区，从提供方便、快捷、安全的吃、住、行、娱、购、游六大要素入手，加大基础设施建设的投入，丰富桃文化观赏景区的景观设计，提高服务水平，提升经济效益。要推动产业创新、文化创新、品牌创新，挖掘桃文化独特内涵，在保护原有乡村生态环境的基础上，开发多元化旅游产品，在桃文化景点建设、景观小品及配套服务设施方面都应突出桃文化主题，提高桃文化辨识度,打造与周边地区不同风格的旅游产品,走差异化发展道路,塑造肥城桃文化特色旅游品牌,打造"桃文化圣地"。

**三是做强特色品牌**。要以桃木旅游商品为主干,大力开发桃文化文创产品系列,形成桃文化工艺品创意、生产、营销产业链,打造中国规模最大的桃文化之都。第一,采取措施加大扶持引导桃木旅游商品生产企业创品牌拓市场力度,政企联动做好产品宣传和推广工作,帮助企业做大做强,提高影响力、知名度及市场竞争力,形成以点带面、以大带小的发展体系。第二,加大桃木旅游商品城数字化设计平台、知识产权保护等产业服务平台建设,使商城空间的拓展和产业服务内涵建设相互促进。解决束缚肥城桃木旅游商品开发产业中"缺少数字化等现代设计手段,新产品开发效率比较低""缺少知识产权保护系统,企业缺乏研发新产品积极性"的两大瓶颈问题。第三,鼓励桃木旅游商品加工企业主动适应消费者年轻化趋势,深入挖掘肥城桃文化内涵,将传统文化与时尚元素深度融合,传统技艺与现代工艺有机链接,创新开发桃木旅游商品,实现传统桃文化的创造性转化和创新性发展。第四,进一步延伸桃木旅游商品产业链,构建合理的产业结构和发展框架。重点发展处于产业链短板的研发设计、宣传推广、包装策划和配饰加工等配套企业,建设桃木旅游商品服务贸易平台,鼓励企业通过开发原创产品、品牌产品,并通过参加国内外重要文化产业博览会和交易会,加大品牌推介力度,提升肥城桃木雕刻品牌知名度。

**（三）健全肥城桃文化管理机制**

研究和实践均表明,肥城桃文化是活态的、复合性遗产,保护传承是一项涉及众多领域、部门的区域可持续发展工作,需要建立政府推动、科技驱动、企业带动、社区主动、社会联动"五位一体"的多方参与机制和利益共享机制。

**一是强化顶层设计,建立协调推进机制**。充分发挥政府主导作用,建立以市委、市政府主要领导牵头的领导协调机构,以市文化和旅游局、市农业农村局和肥城桃产业发展中心为主,联合发改、财政、生态环境、自然资源等相关部门,和新城、仪阳、桃园等镇街及相关企业,将肥城桃文化保护传承纳入地方发展总体规划、融入相关部门发展规划中,制定相关激励政策,形成政府主导、社会力量广泛参与的良性格局。加强肥城桃产业发展的顶层设计和规划引领，根据产业发展形势和市场总体需求，科学研判市场容量和产业规模，对全市产业政策、品种结构、资源配置等进行整体规划设计，为生产主体经营决策和调整结构提供参考，引领产业有序发展。设立肥城桃文化保护专项基金，组织专门力量开展桃文化挖掘研究，将肥城桃栽培技术、生产经验、劳动工具、精神信仰和种质资源，以及相关风俗习惯、道德价值观念等活态文化，通过文字、图片、视频等形式记录保存下来，建立数据库，积极争取纳入国家保护名录。坚持"见人见物见生活"的理念，推进肥城桃文化生态保护区创建工作，进一步加强文化生态整体性保护，凸显区域文化特征，培育特色产业集群，提升发展活力。支持、鼓励从事相关研究单位、高校院所以及民间组织，深入开展肥城桃文化保护传承和活化利用的理论研究，挖掘肥城桃文化的独特内涵和精神价值，努力形成有价值的研究成果并应用于工作实践。

**二是注重全面统筹，激发社会参与活力。**桃文化是肥城人民的公共财富。要构建肥城桃文化与桃农、社会组织的利益相关性，调动社会组织保护肥城桃文化的积极性，突出民众传承肥城桃文化的主体地位，构成社会保护共同体，形成全社会关心关注肥城桃文化保护传承的良好氛围。要激发社会资本和社会组织的能动性，引进具有文化理念、公益情怀和市场能力的机构从事肥城桃文化保护、资源开发等领域的服务，引导行业协会发挥资源链接优势，在产业对接、行业智库、资源协调等方面积极搭建服务平台，建立和完善行业自律体制和相关管理制度并保证有效实施。鼓励民间艺术团体开展弘扬肥城桃文化民俗的表演活动。积极与科研单位合作，开展多学科、跨领域的学术研究，邀请来自经济、生态、农业、历史等领域的专家广泛参与，为肥城桃文化保护传承的政策制定提供科技支撑和专家咨询。要在政府、企业、社区和村民等主体之间，建立科学、有效的沟通机制，保障各主体充分表达诉求，进行顺畅的沟通交流。同时，政府要加强对各主体的监管力度，引导社会资本合理投资，避免破坏整体利益的行为。

**三是广泛宣传教育，增强社会认同程度。**做好肥城桃文化的保护传承，离不开全社会的持续关注和高度认同。第一，政府部门要站在"文化自信""弘扬中华传统文化"的高度，推动肥城桃文化上课本、上媒体、上网络、进学校、进乡村、进社区。积极借助博物馆、展览馆、文化馆、图书馆以及村史馆、民俗馆等公共文化服务机构，运用现代展示手段，加大培训和宣传力度。创新宣传教育方式，通过组织文化论坛、科普讲座、学术研讨会、报告会等活动，使社会公众更多地了解肥城桃文化精神内涵和重要价值，形成全民知晓、全民支持、全民参与的良好社会氛围。第二，综合利用传统媒体和新媒体，充分运用创意设计、动漫游戏、数字艺术、网络视频等产业形态，规划开发线下沉浸式体验项目，展现肥城桃种植、田园景观、传统技艺、文化民俗等遗产资源，推动肥城桃文化宣传推广、文创产品开发和品牌形象塑造，带动传播、展示和消费。第三，要重视对孩子进行肥城桃文化的启蒙教育，通过开发特色本土教材，将肥城桃发展历史、栽培技术、文化民俗等列入教学内容，加深学生对肥城桃文化的认知。可以利用研学活动，开展肥城桃采摘、套袋、"点花"授粉等相关技能实践活动，既丰富了学习生活，又能培养兴趣，还能在一定程度上掌握相关技能，使中小学生成为肥城桃文化的传习者，使学校成为肥城桃文化的传承地。

## 第四节　肥城饮食类非物质文化遗产旅游活化研究

俗话说，"民以食为天"，作为旅游六要素之一，饮食既是旅游活动的基本需要，也是重要内容，不仅可以丰富目的地特色旅游产品，使游客快速融入当地文化，满足猎奇求新心理，还可以推动旅游与饮食文化的融合发展，促进饮食文化的保护传承，形成为吃而游、因游而吃的良好文旅生态循环。肥城作为"千年古县"，在悠久的人文历史、独特的文化传统和优越的地理环境等诸多因素影响下，形成了丰富多样的风味美食，积淀了独具特色的饮食习俗，创造出丰富多彩的饮食文化。先后有一批又一批特色鲜明的传统饮食类项目不断加入到各级非物质文化遗产代表性名录，成为文旅融合背景下弘扬开发肥城地域特色文化、非物质文化遗产旅游产品的重要基石。

### 一、肥城饮食类非物质文化遗产旅游活化利用调查情况

为深入了解肥城饮食非物质文化遗产保护传承和旅游活化利用情况，2023年5月至10月份，通过文献研究、实地调研、座谈走访、问卷调查等方式进行

全面调研，获取了肥城饮食类非物质文化遗产的第一手材料。

（一）**文献研究**。汇总分析肥城饮食类非物质文化遗产有关文件、申报材料、开展活动记录等资料，收集研究饮食类非物质文化遗产的有关书籍、论文、宣传材料、新闻报道等。

（二）**实地调研**。深入山东安味轩食品有限公司、泰安市东兴农业有限公司、肥城康王酒业有限公司、肥城市竹清香餐饮管理有限公司等 6 家饮食类非物质文化遗产企业和上城国际、景域大城、春秋古镇、五埠岭伙大门景区、牛山景区等 6 家涉及饮食类非物质文化遗产旅游活化利用的美食街区、旅游景区进行实地调研，了解项目基本信息、运营状况和非物质文化遗产活化情况。

（三）**座谈走访**。走访了武家烧鸡、大辛庄犬肉、演马牛肉、河岔口鸭蛋、孔庄绿豆粉皮、"八字古卤"法技艺等 12 位饮食类非物质文化遗产传承人，了解项目历史渊源、基本内容和传承发展情况。

（四）**问卷调查**。2023 年 10 月 1 日至 7 日，在春秋古城、蓝色港湾、五埠岭伙大门景区、牛山景区等 5 个美食街区、旅游景区组织问卷调查，收集受访者对肥城饮食类非物质文化遗产资源的认知情况。问卷包括受访者个人信息（表5-15）、旅游偏好和对肥城饮食类非物质文化遗产知晓度等三部分。共发放问卷500 份，回收有效问卷498 份，有效问卷率达99.6%。

表 5-15　受访游客基本信息

| 调查项目 | 分类 | 人数 | 占比 |
|---|---|---|---|
| 性别 | 男 | 211 | 42.37% |
| | 女 | 287 | 57.63% |
| 年龄 | 18 岁以下 | 155 | 31.12% |
| | 18~25 岁 | 68 | 13.65% |
| | 25~45 岁 | 83 | 16.67% |
| | 45~65 岁 | 114 | 22.89% |
| | 65 岁以上 | 78 | 15.66% |
| 职业 | 学生 | 175 | 35.14% |
| | 企业员工 | 89 | 17.87% |

续表

| 调查项目 | 分类 | 人数 | 占比 |
|---|---|---|---|
| 职业 | 机关事业单位员工 | 112 | 22.49% |
| | 私营业主 | 57 | 11.45% |
| | 其他 | 65 | 13.05% |
| 学历 | 初中及以下 | 52 | 10.44% |
| | 高中（中专） | 94 | 18.88% |
| | 专科 | 153 | 30.72% |
| | 大学本科 | 135 | 27.11% |
| | 研究生及以上 | 64 | 12.85% |
| 月收入 | 3000元以下 | 80 | 16.06% |
| | 3000~5000元 | 162 | 32.53% |
| | 5000~10000元 | 184 | 36.95% |
| | 10000元以上 | 72 | 14.46% |
| 客源地 | 肥城市内 | 286 | 57.4% |
| | 泰安市内 | 118 | 23.7% |
| | 山东省内其他地区 | 74 | 14.8% |
| | 山东省外 | 20 | 4% |

从调查情况看，受访者中，有286人来自本地，有118人来自泰安市内，74人来自山东省内其他地区，有20人来自省外，占比分别为57.4%、23.7%、14.8%和4%；从性别看，女性占57.63%，男性占42.37%；从年龄看，18岁以下人员占比最大，为31.12%，18~25岁年龄段占比最小，为13.65%；从职业看，学生占35.14%，比例最大；从学历看，专科所占比例最大，为30.72%；从收入看，3000~5000元和5000~10000元占比合计接近70%。总体上看，问卷调查情况与肥城客源基本吻合，可以保证调查结论的可信度。

## 二、肥城饮食类非物质文化遗产资源及特点

### （一）肥城饮食类非物质文化遗产资源概况

肥城饮食文化源远流长，饮食类非物质文化遗产经过历史沉淀尤为丰富多彩。近年来，肥城市按照"保护为主，抢救第一，合理利用，传承发展"的方针，

全面推进饮食类非物质文化遗产普查、认定、建档、申遗工作，使一大批项目获得有效保护和传承。据统计，截至 2022 年底，肥城共有饮食类非物质文化遗产项目 37 项，其中入选山东省级非物质文化遗产代表性项目名录 1 项，泰安市级 21 项；认定肥城市级非物质文化遗产代表性传承人 15 名，其中泰安市级 4 名（表 5–16）。

表 5–16　肥城饮食类非物质文化遗产项目

| 序号 | 类别 | 项目名称 | 层次 | 传承人 | 层级 |
|---|---|---|---|---|---|
| 1 | 民间文学 | 肥桃的来历 | 肥城市级 | | |
| 2 | 民间文学 | 肥桃的传说 | 山东省级 | | |
| 3 | 传统技艺 | 肥城桃栽培技艺 | 泰安市级 | 袁荣祥 | 肥城市级 |
| 4 | 传统技艺 | 下庄"泰山极顶"生姜 | 肥城市级 | 苏殿余 | 肥城市级 |
| 5 | 传统技艺 | 东虎门柿子 | 肥城市级 | 伊兆伟 | 肥城市级 |
| 6 | 传统技艺 | 河岔口鸭蛋 | 肥城市级 | 杨兆根 | 肥城市级 |
| 7 | 传统技艺 | 鼓腔烧饼制作技艺 | 肥城市级 | | |
| 8 | 传统技艺 | 演马金光牛肉制作技艺 | 泰安市级 | 陈淑清 | 泰安市级 |
| 9 | 传统技艺 | 柳沟茶栽培与制作技艺 | 肥城市级 | | |
| 10 | 传统技艺 | 宝聚鼎烧鸡制作技艺 | 肥城市级 | | |
| 11 | 传统技艺 | 肥城东孔绿豆粉皮制作技艺 | 泰安市级 | 孔德平 | 肥城市级 |
| 12 | 传统技艺 | 肥城韩庄头豆腐皮制作技艺 | 泰安市级 | | |
| 13 | 传统技艺 | 肥城大辛庄犬肉制作技艺 | 泰安市级 | 辛培金 | 肥城市级 |
| 14 | 传统技艺 | 武家烧鸡制作技艺 | 肥城市级 | | |
| 15 | 传统技艺 | 肥城甲氏瓯鸡制作技艺 | 泰安市级 | 古甲强 | 泰安市级 |
| 16 | 传统技艺 | 南栾犬肉制作技艺 | 肥城市级 | | |
| 17 | 传统技艺 | 刘家小磨香油 | 肥城市级 | | |
| 18 | 传统技艺 | 大辛庄"担山狗肉王"加工技艺 | 肥城市级 | | |
| 19 | 传统技艺 | 湖屯豆腐皮制作技艺 | 泰安市级 | | |
| 20 | 传统技艺 | 肥城肥子茶传统制茶技艺 | 泰安市级 | 张其栋 | 泰安市级 |
| 21 | 传统技艺 | 康王河酒老五甑酿造工艺 | 泰安市级 | | |
| 22 | 传统技艺 | 肥城王晋甜瓜栽培技艺 | 泰安市级 | 赵丽英 | 肥城市级 |
| 23 | 传统技艺 | 孙伯岈山豆腐丝制作技艺 | 泰安市级 | | |
| 24 | 传统技艺 | 孙伯西程金丝绞瓜栽培技艺 | 肥城市级 | | |

| 序号 | 类别 | 项目名称 | 层次 | 传承人 | 层级 |
|------|------|----------|------|--------|------|
| 25 | 传统技艺 | 尹家吊炉烧饼制作技艺 | 泰安市级 | 尹代承 | 泰安市级 |
| 26 | 传统技艺 | 肥城"八字古卤"法技艺 | 泰安市级 | | |
| 27 | 传统技艺 | 肥桃酒酿造技艺 | 泰安市级 | | |
| 28 | 传统技艺 | 肥城花粉糕点传统制作技艺 | 泰安市级 | | |
| 29 | 传统技艺 | "刘大姐"叉子火烧 | 泰安市级 | 刘玉梅 | 肥城市级 |
| 30 | 传统技艺 | 古早味大鹏糖艺 | 肥城市级 | 王鹏 | 肥城市级 |
| 31 | 传统技艺 | 肥城王氏糖画制作技艺 | 泰安市级 | 王香 | 肥城市级 |
| 32 | 传统技艺 | 汶阳薛寨小磨香油传统制作技艺 | 泰安市级 | | |
| 33 | 传统技艺 | 竹清香鲜汁汤包制作技艺 | 泰安市级 | | |
| 34 | 传统技艺 | 王西水塔豆制品制作技艺 | 泰安市级 | | |
| 35 | 传统技艺 | 开口笑水饺 | 泰安市级 | 尹涛 | 肥城市级 |
| 36 | 民俗 | 四大件宴席习俗 | 肥城市级 | | |
| 37 | 民俗 | 张氏四大件 | 肥城市级 | | |

### （二）肥城饮食类非物质文化遗产主要特点

肥城历史悠久,人文荟粹。西周时部分肥族人散居此地,东周晋灭肥子国（现山西晋阳县境内）后,向东南流散迁徙的肥族人与散居于此的同族人汇合,在齐国扶持下,复建"肥子国",肥城因此而得名。春秋战国时期,肥城居于齐鲁交界。齐文化与鲁文化在这里融汇,齐风鲁韵交相辉映,造就了肥城包容大气、气象万千的地域文化特色,积淀了丰富多彩、特色鲜明的饮食类非物质文化遗产。

**一是历史悠久,内涵丰富。**历经数千年传承的肥城饮食文化,养育着一代又一代的肥城人,谱写了众多流传千古的传奇传说,留下了无数脍炙人口的动人故事,赋予了肥城饮食类非物质文化遗产更多的文化内涵和想象空间。据记载,汶阳镇河岔口村杨氏腌制的鸭蛋早在明永乐二年（1404年）就在皇宫注册立户:"岁贡鸭蛋200枚,赏金钱一串。"贡例一直延续到清光绪三十四年（1908年）,时间长达500多年;肥城"四大件"来源于孔子举行的"乡饮酒礼",即"四八宴席"。肥城因地近鲁国,深受礼仪文化熏染,古老的乡饮酒礼遗风至今犹存,"四大件"宴席就是这种遗风的现实摹本。后经历代传承,发展日趋完善,形成独具地方特色的饮食文化,形式高雅,席面丰盛,接待有礼,上菜有序,是肥城民间招待贵宾、喜庆大典待客的宴席，代代传承，历久弥新，别具一格。肥城桃是在原产毛桃的基础上，经过千年精心培育而成的特有品牌产品。春秋时期，肥城境内已有桃树种植，此后经过不断演化，终成一方独特美味。肥城桃在发展过程中，形成了"肥桃的传说""'养姑洞'与肥桃""仙桃的故事""佛桃""肥桃的来历"等众多传说故事，新城街道尚里村群众曾先后三次进京给党中央、毛主席送肥桃，并留有"11颗肥桃献亚运"的佳话故事。诸多近现代文学大家名家，竞相濡墨寄怀，记叙有关肥桃栽培育植、运输销售以及肥仙崇拜、桃事弊政等相关情况，呈现了肥桃多姿多彩的发展历程和深厚的文化底蕴。甲氏药膳瓯鸡起源于宋朝，据甲氏族谱记载，大宋年间，甲素曾在平阴为官，清廉好友，主政有方，深受爱戴。在治理黄河水患时，积劳成疾，卧床不起，几经调治无果。有云游老道感甲素治水救灾之功，教授祖传药膳鸥鸡秘方，甲素服用后起死回生。甲素深感其恩，命其三子在石横镇开办了"甲氏药膳瓯鸡"店铺，每年八月初一搭建粥棚，让百姓免费品尝药膳瓯鸡。大辛庄犬肉始创于清朝嘉庆年间，有200多年的历史。据说，清末林则徐从此路过，曾指名要大辛庄的犬肉，品尝后赞叹不已。杭州同知辛东山、武举辛午年都曾将大辛庄犬肉进贡给皇帝。安临站镇下庄生姜已有500多年的栽培历史。明朝1468年间，苏、陈两姓祖先从外地引进姜种，经后人多年栽培种植，延续至今。据说，清朝乾隆年间刘庸在朝任宰相时，有一年向皇帝进贡，曾派人来下庄购买过生姜。

**二是用料考究，技艺精湛。**肥城饮食特产采用当地生产的主要原材料，经过特殊工艺流程和制作技术加工而成，是经过数代甚至是数十代后人不断改进、完善发展而成的独门绝技，具有历史悠久、家族式传承的特点。王庄镇演马牛肉采用陈氏祖传药料配方，选1~2岁鲁西黄牛精肉做原料，巧用历时数百年老汤及传统工艺制作，具有干、香、透、宜存放、低脂肪、高营养、"清净无染、真乃独一"等特征，体现了伊斯兰文化的内涵和清真的特征。演马牛肉所使用的老汤，已经传承了260多年。经反复炖煮过牛肉的汤汁，除了香辛料的风味得以充分释放，牛肉在炖煮过程中发生的脂肪氧化、蛋白质降解等反应，也使牛肉中的风味物质充分析出并在汤中积聚，最终形成了有别于其他酱卤牛肉的浓醇香味。2011年，演马牛肉荣获全国农产品品牌博览会农产品品牌大会优质农产品金奖。2013年，荣获肥城市名特优农产品展示会擂台赛畜牧水产类金奖。

汶阳镇河岔口村地处汶河、浊河、漕河三河汇流处，三面环河，常年流水不竭，沿河芦苇满滩，水草丛生，是鱼、蛙聚栖产卵的好场所。入夏，鱼、蛙产卵，无数幼鱼、蝌蚪、草虫浮游水面，蛤、螺遍布河底，是大自然赐给鸭类的优质食料。鸭群白天觅食于河滩，傍晚回家再进食用豆饼、麦麸、玉米渣等配置的饲料，一般午夜后产蛋。所产之蛋"卵黄层层，紫赤相间"，剖之如金丝缠绕。将河岔口鸭蛋腌渍近月，可见蛋清蛋黄相交处，有蛋黄油圈隔，煮熟刀切时，黄油顺刃流出，似屡屡金丝。蛋白质地细腻、脆硬，有光泽，蛋黄沙瓤，蛋油香而不腻，肉质沙不噎喉，入口有奇香，其味佳美。河岔口鸭蛋第二十代传人杨学刊 (1895 年生 ) 发明的透骨草腌制鸭蛋方法，18 天即可食用，而且熟后成色好，蛋清洁白纯正，蛋黄橘红鲜亮，味香四溢，口感更爽。2007 年 10 月，河岔口鸭蛋被国家批准为专利产品。柬埔寨的西哈努克亲王及墨西哥、阿尔巴尼亚、美国等外国友人，陈永贵、李先念、田纪云等国家领导人都曾品尝过河岔口鸭蛋，并给予高度评价。孔庄绿豆粉皮以优质绿豆为原料，不掺杂其他任何淀粉，采用传统秘方配料，以传统工艺手工精制。经过精选绿豆、配比温水、浸泡去杂、石磨磨粉、老浆水沉淀（两遍）、起粉发酵、红铜旋旋制、竹帘晾晒、粉皮压实、打捆或装箱包装等工序，天然晾干，薄如蝉翼，质地细腻，食之劲道，柔润爽滑，口感极佳，以"纯、色、感"俱佳成为地方传统名吃。1994 年，荣获山东省样本样品展销会特等奖，并被推荐为"建国 45 周年进京产品"。2010 年，孔庄绿豆粉皮被认证为有机产品、绿色食品，并被山东省消协评为"消费者信得过产品"，荣获国家"名牌产品"称号和"金鸡奖"。

　　**三是食养并重，口味独特**。肥城多样的自然环境，产生出多样的物产，多样的物产丰富了日常饮食的内容，加之中医理论和儒家文化悠久深入的传播浸润，使肥城民间日常的食风中自然而然地形成了特有的饮食习俗和食疗养生传统。安味轩猪头肉采用古法卤制工艺，结合君臣佐使的配伍原则配各种天然香辛料，选用经预冷、排酸的优质冷鲜猪头，经选料、修整、真空腌制、预煮、脱脂、去腥、卤制、去骨、入味、冷却、包装等"八字古卤"法工序精制而成。色泽红润、肥瘦相间、肉香味正、肥而不腻。性平，味甘咸。具有补虚、滋阴、养血、润燥等功效。通过"八字古卤"法制成的猪头肉，还原真正的猪头肉肉香，能够彻底脱油、脱脂、脱酸，具有"高蛋白、高能量、高营养"三高、"低糖、低胆固醇、低脂肪"三低的特点，真正做到了美味与健康完美结合，更加符合现代营养标准。"竹清香"鲜汁汤包馅料使用历经徐氏家族四代人改进的科学配比的汤包药膳秘料，在还原原生态美味的同时又让食补药补功效发挥出来。馅料中添加的何首乌能够温补肝、敛精气、养血固精补肾，润肠通便、补益精血；黄精可以补肺、健脾、补肾、提高免疫力、降糖；当归可以补血养血、活血祛瘀、润肠通便、温经；特别是具有肥城特色的"佛桃仁粉"具有美容养颜、润肠、止咳平喘等功效。秘制中药高汤含有大量的胶原蛋白可提高免疫力、活化细胞机能、防止皮肤老化。演马牛肉富含铁、锌等十几种对人体有益的微量元素且高蛋白、低脂肪，对增长肌肉、增强力量特别有效。经鉴定，每100克演马牛肉含蛋白19.8克、碳水化合物4克、热量270千卡、钙5毫克、磷400毫克及多种微量元素，有"安中益气、健脾养胃、强骨壮筋"的功效，是极好的保健食品。孔庄绿豆粉皮具有绿豆的天然性，性味甘凉、清热解毒，抗肿瘤、降血脂、降压利尿，是防暑佳品。同时含有豆类蛋白质25.5%、脂肪2.4%、碳水化合物53.6%，纤维素及钙、磷、铁质等8.26%，还含有大量的维生素A、维生素$B_1$、$B_2$，经常食用可增强食欲、延年益寿。绿豆粉皮中所含蛋白质、磷脂有兴奋神经、增进食欲的功能，为机体许多重要脏器增加营养所必需。其中含有一种球蛋白和多糖，能促进体内胆固醇在肝脏中分解成胆酸，加速胆汁中胆盐分泌并降低小肠对胆固醇的吸收。含丰富胰蛋白酶抑制剂，可以保护肝脏，减少蛋白分解，从而保护肾脏，对动脉硬化、糖尿病、肾炎有较好的辅助治疗作用，对葡萄球菌以及某些病毒有抑制作用。

**四是特色鲜明，声名远播**。肥城独特的地理位置和自然环境，造就了独特的饮食类非物质文化遗产特色，肥城桃、王晋甜瓜、肥城绞瓜、孔庄绿豆、河岔口鸭蛋等注册为国家地理标志证明商标。肥城桃具有极强的地域性，只能在肥城中部低山丘陵区或河道故地、沟谷梯田，背风向阳、光照充足、土壤通透性好、昼夜温差大、排水良好等特点的特有地形、水土、气候环境条件下种植，才能获得优质高效，难以异地推广。独特的地理环境造就了肥桃果实肥大、外形美观、肉质细嫩、味美甘甜、营养丰富的独特品质，被誉为"群桃之冠"。先后荣获昆明世博会金奖、山东省著名商标、中国驰名商标、全国互联网地标产品（果品）50强、全国名优果品区域公用品牌、山东省知名农产品区域公用品牌、中国农业品牌农产品区域公用品牌、"好品山东"品牌等荣誉。老城街道君子茶园地处北纬 36 度，是北方纬度最高的茶园，茶园光照时间长，昼夜温差大，茶叶生长缓慢，有利于茶叶内营养物质的积蓄。所产茶叶具有咖啡因含量高、叶子厚、茶色浓、耐冲泡等优良品质。2015 年"泰山君子"茶取得绿色食品认证，2017 年被评为"泰山茶优秀品牌"，被选定为第三十一届泰山国际登山节指定用茶。"泰山君子"品牌 2015 年、2017 年入选国家名优特产品名录；2019 年，泰山君子茶品牌被认定为第五批山东老字号。仪阳街道王晋村位于平原沙壤地和山区丘陵的向阳地带，流域分布着红色沙土，地质好，吸光性强，水分易蒸发，昼夜温差大，易于糖分的积累。良好的土壤条件培育的王晋甜瓜呈椭圆形，瓜皮金黄色，瓜肉雪白，瓜子为铜色。果形饱满，皮色光亮，外形美观，皱纹少而细浅，果皮薄而坚韧，用手握时富有弹性，不易裂果。肉质细腻，含糖量高，甜脆可口，口味郁香。最独特之处是，采摘的成熟果实瞬时会在瓜蒂断处渗出鲜红的液汁。瓜肉中含总酸 0.2%~1%，可溶性固形物 6%~10%，锌 0.05~0.15 毫克 / 千克，铁 0.8~1.5 毫克 / 千克，钙 15~25 毫克 / 千克，还有人体所需的多种维生素、氨基酸，常吃可以健脾胃，增食欲，增强免疫力。《肥城地理志》记载"王晋瓜"以其瓜肉脆而甜，瓜味清香，营养丰富而被誉为"瓜中之王"。光绪三十四年（1908 年）《肥城县乡土志》载："王晋甜瓜品种最优。"

### 三、肥城饮食类非物质文化遗产旅游活化利用现状

近年来，肥城持续推动肥城饮食类非物质文化遗产的传承与创新工作，统筹规划布局，丰富文化内涵，强化规范管理，优化行业结构，促进产业融合，不断提升肥城非物质文化遗产美食知名度、美誉度和市场竞争力。

#### （一）精心梳理资源，深挖文化内涵

肥城始终注重饮食类非物质文化遗产在弘扬传统文化、提高城市文化品位、彰显城市特色魅力、推动经济社会发展中的积极作用，成立了肥城市饮食文化发展领导小组，对肥城饮食类非物质文化遗产资源进行系统性整合，编撰了《肥城美食名录》《肥城美食文化》等系列理论成果，系统介绍了肥城特色美食，深入挖掘蕴藏在肥城饮食类非物质文化遗产深处的深厚内涵和遗传密码，为推进

肥城非物质文化遗产美食旅游活化利用奠定了基础。始终坚持保护与发展并重、传承与创新并举的工作理念，深挖饮食类非物质文化遗产资源优势，建成了山东安味轩食品有限公司、泰安市东兴农业有限公司、山东泰之源食品有限公司、肥城康王酒业有限公司、肥城市竹清香餐饮管理有限公司等一批传习基地、非遗工坊，促进了"非遗+旅游"的深度融合，推动非遗生产性保护。肥城康王酒业有限公司，隶属于山东傲饰集团，是肥城市最大的白酒酿造企业。公司酿酒历史最早起源于清末时期的"恒益成"老酒坊，被认定为"山东省老字号"企业、中国鲁酒产区（十大）标志企业。公司依托传承百年的康王河酒老五甑酿造工艺生产的浓香型白酒"康王陈酿"，曾获"中国酒王"称号，"康王御液王"荣获"山东知名"品牌，"康王河"被评为"山东省著名商标"。安味轩食品有限公司位于肥城市高新开发区，是一家以肉制品生产加工为主的民营企业，依托肥城"八字古卤"法技艺生产的安味轩脱脂猪头肉，深受消费者喜爱。公司被评为"泰安市消费者满意单位""泰安市农业化重点龙头企业""先进民营单位""十佳私营企业"。

### （二）政府强力推动，助力集聚发展

肥城市委、市政府始终高度重视饮食类非物质文化遗产旅游的活化利用，将其作为现代食品产业链的重要工作内容，加强园区、科技、数字、服务平台建设，积极对上争取贷款贴息、投资奖励、税收返还等政策支持，加强统筹协调，细化工作举措，精心组织实施，凝聚工作合力，促进优势产业集聚，提升产品附加值和市场竞争力。边院镇韩庄头村利用"韩庄头豆腐皮制作技艺"，由支部领办合作社，投资1000多万规划建设了占地20亩的豆腐皮文化产业园。产业园主要包括三个部分，其中，豆腐皮集中加工区，配套建设了污水回收处理设备，可容纳全村42户散户加工户。豆制品手工技艺传承区，恢复了豆腐、豆腐皮、豆腐脑等豆制品手工加工技艺。豆腐皮文化主题公园，展示了豆腐皮传统文化。产业园统一为各散户提供采购、销售、配货等服务，降低了成本，提升了质量，扩大了生产规模；肥城市现代食品产业园计划总投资25亿元，重点建设特色食品加工区、小微企业孵化区、生态肉制品一体化加工区、有机果蔬制品加工区、食品业旅游集中展示中心、物流储运商贸中心、公共服务平台等八大核心分区。

已完成投资5亿多元,落地各类食品加工企业28家,其中17家企业已经正常生产,11家企业进入试生产阶段。王庄特色农产品加工产业园总投资26亿元,主要以演马牛肉、孔庄绿豆等富有地方特色的农产品深加工为主,规划建设了非物质文化遗产特色农产品加工中心、优质农产品加工中心、冷链物流中心、科技研发中心等四大中心。项目达产后,可吸引8家演马牛肉加工企业入驻,年产量约1600吨,营业额1.6亿元以上;吸引60家孔庄绿豆经营业户入驻,年产量约4000吨,营业额2亿元以上;吸引16家特色农产品加工企业入驻。

### (三)广泛宣传推介,打造特色品牌

采取政府主导、市场运作相结合的方式,全面加强宣传引导,持续擦亮地域特色,进一步放大品牌效应,提高肥城非物质文化遗产美食的知名度和美誉度。通过每年一度的桃花节、金秋品桃节,以赛为媒,以桃会友,借桃发展,通过桃王角逐、榨桃汁、吸肥桃等活动,打造互动趣味游戏,提升肥桃知名度、影响力。通过"肥桃宴"烹饪大赛、肥桃大厨挑战赛等活动,以肥桃、桃花、桃仁、桃胶等为原料,制作创意菜品,开发出一批具有浓郁地方特色的非物质文化遗产美食。肥桃宴曾代表肥城在央视"魅力中国城·城市味道"栏目推出,淋漓尽致地表现了肥城非物质文化遗产美食;肥城高度重视餐饮文化与新兴产业融合发展,科学规划业态布局,着力构建了以春秋古镇美食街、景域大城夜市小吃街为主导,以蓝色港湾、台湾城、上城国际等城市综合体特色美食街区为依托的餐饮业态布局,定期组织美食节、美食巡展,推动肥城非物质文化遗产美食传承发展;引导开发建设了肥城优质农产品商城、肥城原产汇等农产品电商平台,支持山东富世康工贸集团与京东合作建立的京东泰安特产馆,开展包括演马牛肉、孔庄绿豆等非遗产品在内的300多种农副产品上线销售。非物质文化遗产传承人也积极拓展线上销售渠道,利用淘宝、快手、抖音等平台以直播带货方式提高销售量和市场份额。甲氏瓯鸡投资20多万元建设成甲氏瓯鸡工艺馆,陈列展示传统瓯鸡工艺及其历史传承;肥城融媒体中心创新业态模式,以互联网等新媒介为平台,将美食与文化、美食与情景演艺、美食与直播深度融合,加大宣传推介力度,熬好肥城文化"老汤",弘扬肥城非物质文化遗产美食;通过举办和参与重大活动,展示肥城非物质文化遗产美食独特魅力。先后组织

有关项目参加中国（深圳）国际文化产业博览交易会、中国进出口商品交易会、中国国际进口博览会、中国非物质文化遗产博览会、中国国际文化旅游博览会、泰山国际登山节等展会，促进肥城饮食类非物质文化遗产交流合作和宣传推广、展示展销。定期组织文化和自然遗产日展示展演、非遗过大年暨精品年货节等活动，汇聚美食、文化、旅游、推介、展销、表演等项目，通过展示展卖等方式与群众零距离互动，全面、立体、生动地展现非物质文化遗产美食的丰富内涵和精湛技艺，使其成为展现肥城非物质文化遗产美食独特魅力的重要平台。

### （四）传承传统技艺，培育地域特色

肥城饮食类非物质文化遗产传承人坚持在传统技艺基础上守正创新，致力于将文化优势转化为发展优势、竞争优势，全面推进肥城非物质文化遗产美食品牌化、创新化、产业化发展。安临站镇大辛庄犬肉加工在传承人探索中发展传承，形成了集屠宰、加工、销售、餐饮于一体的综合服务企业。先后荣获了2000年度泰安市消费者协会推荐产品、泰安市旅游产品生产单位、2004年第三届名优特产银奖；石横镇甲氏瓯鸡传承人甲承强根据祖传技艺和个人数十年烹饪经验，结合当代养生理念，研制了营养合理的药膳瓯鸡配方，获得国家专利，使传统瓯鸡技艺得以发展提升。甲氏瓯鸡先后推出核桃鸡、乌鸡、金龟鸡、灵芝鸡、人参鸡、鸽子鸡等系列产品，不仅能将鸡汤营养最大化，又保留了鸡汤的鲜美、鸡肉的嫩滑，被命名为齐鲁名吃，2022年山东电视台《至味山东》节目进行了专题报道。目前，甲氏瓯鸡已发展成为餐饮集团公司，下设三个直营店，在平阴、东平、泰安、济南等地设有十几家加盟店。王庄镇成立了牛肉协会，建立了牛肉加工厂，引进真空包装生产线，延长熟牛肉的贮藏期，使演马牛肉加工从庭院小作坊模式逐步发展为统一选料、统一加工、统一销售的集团式发展模式，年加工牛肉100万千克，成为王庄牛肉加工的"龙头"企业。目前，演马牛肉加工专业户已发展到15户，每年熟牛肉加工量在600吨左右，产值达到5400万元。在肥城、泰安、济南、北京、云南等地都设有专柜或分店，远销日本、美国、东南亚等国家。肥城佛桃源果酒有限公司是一个采用纯肥城桃为原料酿造果酒的高科技民营企业，总投资2500万元，占地39600平方米，拥有固定资产1600万元，设计年生产肥城桃果酒6000吨,年加工消化肥城桃30000吨。

公司采用精湛的肥桃酒酿造技艺,结合传统酿酒秘方,采用目前国际精良的培菌、控温技术以及独特的发酵、蒸馏和提醇工艺,经多年潜心研制生产的"金桃源"干型酒、"佛桃源"系列果酒,保存了肥城桃独有的 17 种氨基酸、维生素等对人体健康有益的营养成分,而且具有洋酒的品质和风味,美味独特,回味悠长,是一种新型营养果酒,长期饮用可美容、养颜、增智益寿。

### (五)产业融合创新,助力乡村振兴

精心策划饮食类非物质文化遗产项目宣传推广方式,拓展文旅融合广度,在文旅融合与乡村振兴的双向互动中,着力打造"有活力的项目、有故事的产品、有文化的品牌",推动饮食类非物质文化遗产创造性转化、创新性发展。老城街道肥子茶园依托"肥子茶园"和"野茶谷"两处种植基地,深度挖掘茶文化和制茶传统技艺,大力研发综合实践和亲子拓展活动,建设有素质拓展区、采茶实践区、果蔬采摘区、制茶体验区、轻奢户外露营地等多个部分,课程涵盖研学实践教育、劳动实践教育、红色教育、生存体验、素质拓展、科学探究等领域,涉及 20 多项实践模块,100 多个活动项目,可容纳 800 余人同时开展研学实践活动,打造了集农业有机种植、生态旅游观光、休闲养生、民俗文化体验等于一体的综合型茶叶产业链,实现了肥子茶传统制茶技艺的生产性保护和活态传承,先后被授予国家 AAA 级旅游景区、山东省省级研学基地、山东省旅游示范点、乡村振兴实践教育基地、泰安市非物质文化遗产传承教育实践基地。高新区王西村依托水塔豆制品制作技艺,围绕培育特色农产品品牌,探索村企合作发展模式,投资 1700 万元,规划建设 5841 平方米标准化豆制品加工车间,引进高端设备,进行产品深加工,研发生产豆腐皮、豆腐丝、豆腐干、内酯豆腐、豆浆等新产品,在做精做优王西水塔豆腐皮特色产业上下功夫,走品牌路线,向品牌要效益,形成了产业振兴的"王西模式",每年为村集体增收 80 万元,带动村劳动力就业 70 余人。王庄镇东孔村利用绿豆粉皮加工技艺成立了肥城市孔家粉皮食品有限公司,带动本村及周边村近 300 户从事粉皮产业,年加工纯绿豆粉皮近千吨,销售收入 9000 多万元。产品销往北京、上海、天津、青岛、深圳等十几个大中城市和欧洲及东南亚各国。与山东科技大学签订共建科研与社会实践基地协议,把"互联网 +"与绿豆粉皮特色农业相结合,校村共建"孔庄

绿豆网上商城",山科大为村里培养电子商务专业人才,为网上商城提供页面设计、后台维护、技术支持等服务。目前孔庄绿豆网上商城月访问量突破5000人次,月销售粉皮8000斤,户均增收8万元。东孔村被评为山东省首批重点建设电商示范村。

## 四、肥城饮食类非物质文化遗产旅游活化存在问题

通过调查和梳理可以看出,经过十几年的发展,肥城饮食类非物质文化遗产旅游活化已经具备较好基础,但要形成文化旅游产业良好互动,还面临诸多困难和问题,需要进一步加以解决。

### (一)重视程度不够,缺乏整体统筹规划

兼具齐风鲁韵的肥城饮食类非物质文化遗产既能使游客满足口腹之欲,提升愉悦度获得感,也可以让游客通过品尝风味食物更好地了解肥城文化,凸显差异化旅游特色,提升市场竞争力,促进经济增长。但是,目前政府部门对饮食类非物质文化遗产的旅游活化利用尚未给予足够重视。

**一是协调推进不够有力。**非物质文化遗产美食产业管理职能分散在商务、文化旅游、市场监管、农业农村等多个部门,统筹协调机制作用发挥不足,对项目发展缺乏发展规划和引导,资源比较分散,没有形成开发合力。镇街村居对非物质文化遗产美食保护重要性认识不足,在落实资金,开展资源挖掘、项目保护、品牌培育等方面措施不力。肥城饮食类非物质文化遗产资源数量多、种类齐,获得国家地理标志证明商标认证的项目较多,但是这些资源多分散于镇街乡村,产业集聚度不高,没有形成品牌优势。"刘大姐"叉子火烧、尹家吊炉烧饼、鼓腔烧饼、峪山豆腐丝、南栾犬肉等项目都是作坊式生产,家族式经营,生产规模小、产量少,品牌化发展缓慢,市场竞争力不足,市场占有率低。

**二是产业链条不够完善。**对肥城饮食类非物质文化遗产与旅游融合发展缺乏前瞻性、全局性规划和整体性、专业性的设计,对产业的现实状况、存在问题和发展思路没有进行系统总结和深入研究。对产品研发、生产经营比较重视,投入较多,而对于文化研究、技艺传承、营销推广、品牌打造等方面关注不多,投入较少,对上下游产业发展缺乏系统引导和融合,并没有形成较为完善的产

业链。

**三是保护资金投入不足。**饮食类非物质文化遗产的保护工作是一项复杂的系统工程，需要投入大量的人力、物力和资金。除了山东省级和泰安市级非物质文化遗产项目和传承人可获得部分拨款外，相关部门没有足够的非物质文化遗产保护经费，难以对濒危、珍贵的饮食类非物质文化遗产进行抢救保护。同时，对社会投入资金引导不足，缺乏社会协同渠道，资金保障碎片化，影响了饮食类非物质文化遗产保护传承、旅游活化的整体推进。

### （二）挖掘弘扬不力，保护传承有待深化

饮食类非物质文化遗产在旅游活化推进过程中，对项目保护传承的重要性、紧迫性认识不足、保护意识不强，工作不平衡，致使列入非物质文化遗产代表性项目名录的层级不高，代表性传承人认定数量较少。

**一是非物质文化遗产代表性名录申报层级不高。**目前，共有 37 个饮食类非物质文化遗产项目列入肥城市非物质文化遗产代表性项目名录，其中，山东省级项目仅有 1 项、泰安市级 21 项。入选非物质文化遗产代表性名录的数量较少，层级也不高。河岔口鸭蛋、鼓腔烧饼、武家烧鸡等一批传承历史悠久、文化内涵深厚、具有较高价值的项目当前仅纳入肥城市级非物质文化遗产代表性名录，需要进一步梳理历史渊源，挖掘价值特色，加大申报力度。

**二是非物质文化遗产代表性传承人认定数量较少。**目前，共有 37 个饮食类非物质文化遗产项目列入肥城市级以上代表性项目名录，其中仅有 15 个项目确定了代表性传承人，只有 4 人被确定为泰安市级代表性传承人。一批如湖屯豆腐皮、武家烧鸡等地域特色突出、具有广泛影响力的项目，目前还没有认定代表性传承人，对项目保护传承造成一定的阻碍。

**三是部分饮食类非物质文化遗产项目面临濒危。**目前，部分饮食类非物质文化遗产项目如古早味大鹏糖艺，经济效益、社会效益不高，传承人传承积极性、主动性不足，传承人培养断层严重。一些项目属独门绝技、口传心授，只在家族内传承，年轻一代对其不了解、不热爱、不熟悉，后继乏人，濒临失传。有些项目如四大件宴席习俗，传承人年龄偏大，在内容和表现形式上依然固守传统手艺，在新形势下缺乏生产、生活基础，难以传承。有些项目比如宝聚鼎烧

鸡制作技艺，因企业经营不善、产品停产、传承断层等因素，导致传统制作技艺濒危。

### （三）文旅融合不深，非物质文化遗产文化赋能较弱

饮食类非物质文化遗产是带动区域文旅发展的重要因素之一，也是激发游客消费需求的重要动力。底蕴深厚的肥城饮食类非物质文化遗产是文旅融合发展的重要资源，既可以增强旅游产品的多样性和体验性，丰富优质旅游供给，还可以释放旅游消费潜力，促进旅游消费全面持续增长。在选择旅游目的地时，受访者最关注的是优美的自然风光、众多的文物古迹和丰富的美食民俗这三个方面，其中关注美食民俗的比例达到了63.65%（图5-11），可见美食对旅游活动具有重要影响。目前，肥城在文旅融合发展中，对推动传统美食、地方特色小吃与旅游的有机融合方面还没有完全破题，对利用肥城饮食类非物质文化遗产创新开发适于游客参与互动体验的文旅项目缺乏系统的思考和深入的实践。

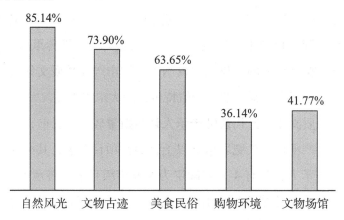

图5-11　受访游观者出游关注要素统计

**一是文化内涵挖掘不深，对游客吸引力有限。**肥城非物质文化遗产美食大都以自然地理与食材相匹配而得名，具有鲜明的地域特征，肥城桃、王晋甜瓜、河岔口鸭蛋、演马牛肉都是国家地理标志保护产品，在当地及周边地区拥有其他美食无可比拟的知名度和美誉度，然而，由于对饮食类非物质文化遗产深厚的历史文化内涵挖掘不够，没有形成具有较大文化影响力的特色品牌，也没有形成巨大的旅游吸引力，对肥城旅游发展发挥的促进作用有限。

**二是非物质文化遗产美食旅游产品少，资源利用率低**。调查显示，有 53.82% 的受访游客，在肥城逗留时间在 1 天以内，有 35.94% 的游客逗留 1~2 天（图 5-12）。这些数据在一定程度上从侧面说明，肥城饮食类非物质文化遗产旅游产品整合度不高，目前还没有通过非物质文化遗产美食将系列景点串珠成链、连线成片，未形成旅游产品路线，没有带来明显的游客滞留效应。在旅游动机的多项选题中，受访者选择美美食民俗的比例排在第三位，低于自然风光和文物古迹，也从一个侧面说明，肥城饮食类非物质文化遗产资源利用率较低，还没有对旅游动机形成良好的影响。

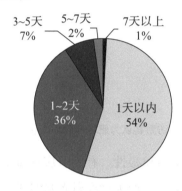

图 5-12　受访游客在肥城旅游逗留时间统计

**三是旅游产品参与性不强，文旅融合度不高**。肥城得天独厚的饮食类非物质文化遗产尚未融入景区建设，在旅游产业发展中"美食"和"旅游"各自为战，缺乏融合，没有设计开发游客参与体验的非物质文化遗产美食旅游产品。大部分景区和较大宾馆酒店，没有提供肥城非物质文化遗产美食菜品。春秋古镇、蓝色港湾、景域大城等美食街区，美食产品供应大同小异，缺乏本土非物质文化遗产美食，地方饮食文化特点不突出，走入了同质化竞争误区。

**（四）宣传力度不足，产业品牌影响较小**

政府、旅游企业及经营者对非物质文化遗产美食在推动肥城旅游业整体发展、提高城市知名度、增强城市吸引力方面所起的作用认知度较低，对饮食类非物质文化遗产宣传推介力度不够，营销力度较弱，致使外来游客对肥城饮食类非物质文化遗产知之甚少。调查数据显示，74.70% 的受访游客认为肥城非物质文化遗产美食"特色不明显，与其他地方差别不大"，65.70% 的受访游客认为"宣传力度不大"（图 5-13）。

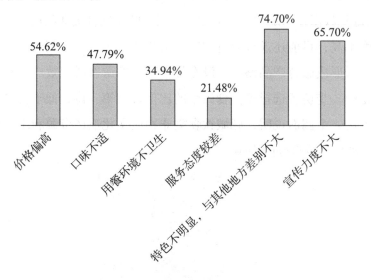

图 5-13　受访游客认为肥城非物质文化遗产美食存在问题统计

**一是经营主体缺乏参与积极性。**有关节庆赛事活动，都是政府组织相关企业或人员参与，非物质文化遗产美食经营者自身参与的积极性不高，政企合作开展的营销活动不够频繁。大多数非物质文化遗产美食经营者在主动设计包装产品、开拓客源市场、提升个性化服务等方面积极性不高，特别是在利用新媒体扩大非物质文化遗产美食影响及利用电商平台销售产品等方面做得更是不够。非物质文化遗产美食经营者之间合作不够，习惯于各自为战、单打独斗，缺乏资源整合和抱团发展的意识。

**二是宣传营销手段比较传统。**对外宣传推介营销活动仍然停留在举办节庆、利用传统媒体阶段，虽有一定成效，但随着 90 后、00 后逐步成为美食消费主体，传统宣传营销模式难以吸引年轻群体的眼球。虽然有非物质文化遗产美食企业利用微信、抖音等现代社交媒体进行营销和引流，但基本上还是处于单打独斗阶段，影响面不大。应积极创新营销方式，将非物质文化遗产美食真正打造成肥城旅游精品。如利用美食节事营销创造旅游吸引点，投放数字内容打造网红美食目的地，借助电视平台打造美食频道或美食节目，借助微信、微博、抖音、快手等新媒体建立营销平台，借助影视传播赋能美食消费升级，全方位提升肥城非物质文化遗产美食旅游的市场影响力。

**三是对饮食类非物质文化遗产内涵挖掘不够。**肥城饮食类非物质文化遗产在旅游活化利用过程中，往往把重心放在美食制作和功能方面，而对非物质文化遗产美食本身所包含的深厚文化内涵挖掘不够，对相关历史渊源、风土人情、民俗活动研究较少。经营者在加工生产过程中，往往强调其产品属性，而忽略了其文化特性，致使产品缺乏文化内核。民众对本地非物质文化遗产美食文化内涵了解得也不多，更不可能去向游客介绍。这就会导致出现两个方面的问题：一方面，游客对于非物质文化遗产美食的概念仅停留在"食"上，没有将非物质文化遗产美食特性与其背后的文化价值很好地结合和发挥出来。游客只是满足了口食之欲，但对其所蕴含的制作技艺、民风民俗、历史典故等缺乏认识，深厚的文化底蕴没有形成独特的旅游吸引力。另一方面，经营者注重的是客流量，而不是通过售卖非物质文化遗产美食传播历史文化。他们只在意经济利益，只管售卖有形的菜品，不去学习和传播无形的非物质文化遗产美食文化，导致出现文化认同度低的现象。

## 五、肥城饮食类非物质文化遗产旅游活化利用的对策建议

优异的自然资源禀赋和鲜明的区域特色，为肥城饮食类非物质文化遗产旅游活化利用奠定了深厚的文化基础。要发挥肥城非物质文化遗产美食与旅游融合的协调效应，需要坚持创造性转化和创新性发展，从多方面、多角度下功夫，探索创新非遗传承传播新形式、新做法，有效扩大非遗影响力和辐射面，丰富旅游产品的文化内涵，为饮食类非物质文化遗产保护保护传承注入新动能，助推文旅产业深度融合发展。

### （一）提高思想认识，加强规划引导

推动饮食类非物质文化遗产旅游活化，政府层面必须高度重视，结合肥城饮食类非物质文化遗产资源和旅游行业具体情况，坚持规划引领，加强统筹推进，形成强大合力。

**一是强化组织领导、政策推动。**政府部门要充分认识推动饮食类非物质文化遗产旅游活化利用的重要意义，发挥主导作用，学习借鉴先进地区的经

验和做法，强化政策引导、宣传推广、基础建设方面的重要作用，形成"政府主导、企业主体、社会参与、市场运作"的高质量发展路径。要成立工作专班，建立沟通协调机制，制定全市非物质文化遗产美食产业发展规划，出台产业发展政策，全面挖掘文化内涵，积极推进保护传承、活化利用、培育品牌等各项工作。

**二是强化规划引领、政策激励**。合理确定肥城饮食类非物质文化遗产产业发展目标，结合城市发展规划、商业网点发展规划、旅游发展规划，对非物质文化遗产美食生产加工经营、配套基础设施建设等进行系统规划。在规划引领下，根据现有基础，科学设置美食集聚区，支持社会资本投资非物质文化遗产美食行业、美食综合体、美食一条街、美食创意园区等项目，并使之成为旅游目的地和网红打卡地。要增强规划执行的刚性约束，减少重复投资，促进肥城非物质文化遗产美食产业健康有序发展。

**三是强化人才建设、创新发展**。整合文化旅游主管部门、非物质文化遗产保护中心、非物质文化遗产保护协会、酒店餐饮协会、泰山技师学院等资源和优势，把生产经营者、非物质文化遗产传承人、专家学者联合起来，宣传推动肥城饮食类非物质文化遗产高质量发展的合力，产生规模效应，形成竞争优势。要以大辛庄犬肉、演马牛肉等具有养生保健作用的非物质文化遗产美食为研究对象，利用科技手段认真挖掘其营养与保健价值，使具有养生保健功能的非物质文化遗产美食成为肥城鲜明的特色旅游吸引物。依托肥城良好的生态环境及民宿资源，将具有养生保健功能的非物质文化遗产美食纳入旅游线路中，让游客感受肥城非物质文化遗产美食的风味特色和文化内涵，达到滋养身体、丰富知识的目的。

### （二）推进传承创新，树立品牌形象

在饮食类非物质文化遗产旅游活化利用中，要遵循保护非物质文化遗产并在一定程度上予以创新的原则，一方面发挥肥城非物质文化遗产美食的口味和文化特色，另一方面要顺应旅游市场需求，充分考虑游客的多样化需求，对非物质文化遗产美食资源和旅游资源进行有效把控和整合。

**一是加强肥城非物质文化遗产美食保护传承**。进一步加大饮食类非物质文

化遗产及相关饮食习俗的挖掘力度，在全市范围内开展特色饮食文化资料的收集、梳理和研究，做好非物质文化遗产代表性名录和代表性传承人申报工作，积极支持传承人开展培训研修、展示展演、收徒传艺、传习交流等活动，加强对饮食类非物质文化遗产的生产性保护，提高其社会影响力和美誉度。

**二是培育肥城非物质文化遗产美食产业优势**。要引导饮食类非物质文化遗产项目抱团发展，尽快改变"小、散、乱"的生产经营现状。要积极扶持一批如演马牛肉、孔庄绿豆、大辛庄犬肉、甲氏鸥鸡、安味轩猪头肉、武家烧鸡等发展潜力大、创新能力强、市场口碑好的非物质文化遗产美食项目，打造集生产、加工、销售、研学、旅游体验于一体的示范性非物质文化遗产美食品牌，形成规模效应和品牌优势，实现创造性转化和创新性发展。

**三是打造肥城非物质文化遗产美食公共品牌**。要借鉴肥城特色农产品打造公共品牌整体形象的做法，构建肥城非物质文化遗产美食品牌体系，采用定向征集与公开征集相结合的方式，经过"网络评选＋专家评选"，确定统一的品牌名称、形象标识和推广口号，集中对外发布，广泛宣传推介，讲好非物质文化遗产美食蕴含的地理特性、风俗习惯和传统文化，提高社会影响力和市场知晓度，提升市场份额。要进一步完善守信激励和失信惩戒机制，实现质量安全追溯闭环管理，构建非物质文化遗产美食公共品牌安全监管体系。

**（三）深化文旅融合，延伸产业链条**

饮食类非物质文化遗产承载着丰富的文化传承，具有独特的口味特色，可以提供丰富的体验互动，其独特的魅力为旅游活动增添了别样的乐趣和情愫。可以说，非物质文化遗产美食已然成为以文化促进质量提升、以旅游丰富活化传承的重要切入点。通过调查分析可以看出，在旅游活动中，受访者更愿意参与到美食制作活动中，同时，对品尝美食、参观美食文化展示、听美食传说故事也很期待（图5-14）。

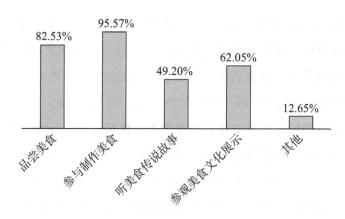

**图 5-14　受访者愿意参与美食活动形式统计**

**一是开发体验式非物质文化遗产美食旅游产品。**要完善景区饮食配套，通过建设特色餐厅、风味饭店、特色小吃街等方式，保证肥城非物质文化遗产美食得到最佳的呈现和享用体验。要努力为游客营造沉浸式氛围，在将饮食类非物质文化遗产资源转化为旅游产品时，适当增加互动体验环节，在非物质文化遗产美食制作过程中可以邀请游客参与，使游客成为主题活动的一部分，游客通过参与体验非物质文化遗产美食原料选择、加工、组配、手工操作过程，熟知非物质文化遗产美食传统技艺精细复杂的特性，在享用原汁原味的美食过程中，提高对肥城非物质文化遗产美食的文化认同。

**二是积极推动非物质文化遗产美食集聚发展。**调查发现，受访者品尝肥城非物质文化遗产美食的地点主要集中在美食街、有当地特色的小吃店和有一定档次的饭店（图 5-15）。因此，要将肥城非物质文化遗产美食、非物质文化遗产美食传承人引入春秋古镇、蓝色港湾、台湾城、景域大城等美食街区，打造特色鲜明的美食集聚区，方便市民和外地游客品尝、购买，发挥品牌效应，拉动肥城旅游夜经济。要加强与各大旅行社合作，将非物质文化遗产美食纳入旅游路线项目设计中。支持非物质文化遗产美食走进景区、酒店，引导景区、酒店推出本地非物质文化遗产美食，加大对非物质文化遗产美食历史渊源、文化意蕴、菜品特点等文化内涵的推介宣传，强化制作、品尝互动体验，让游客不仅品其味还能解其意。积极举办以饮食类非物质文化遗产为主题的美食节庆活动，以"会、展、赛"联动模式，通过论坛会议、技能竞赛、展览展销、演绎演示、制作体验、美食品鉴等丰富多彩的活动，展示肥城饮食类非物质文化遗产的独特魅力，以美食为牵引带动旅游发展，打造"舌尖新经济"。

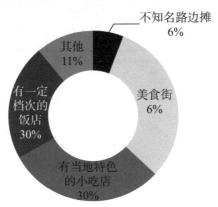

**图 5-15　受访游客品尝肥城美食地点统计**

　　**三是构建饮食类非物质文化遗产旅游商品营销体系**。充分利用肥城饮食类非物质文化遗产资源优势，以肥城桃、王晋甜瓜、虎门柿子及泰山君子茶、演马牛肉、河岔口鸭蛋、大辛庄犬肉、孔庄绿豆粉皮、武家烧鸡等非物质文化遗产美食为主题开发"肥城好礼"系列旅游商品，设计一套具有标志性、艺术性和宣传性的对外宣传品牌标识，提升产品吸引力和竞争力，在旅游景区、星级酒店设立"肥城好礼"销售点，店面装潢要融入肥城元素，使游客充分感受到肥城风情。运用"互联网＋"思维大力发展电子商务，依托"农村淘宝合伙人"和"京东泰安特产馆"等平台，建立"肥城好礼"网上商城，拓展销售渠道。

　　**（四）加强交流合作，创新营销策略**

　　俗话说"酒香也怕巷子深"，再好的旅游产品，如果不进行营销推广就很难得到游客赏识。要重视旅游营销推广工作，创新营销推广方式，把肥城非物质文化遗产美食产品推向市场。调查中，对于如何树立肥城非物质文化遗产美食形象，基本上所有受访者都选择了加强多种方式的宣传推介途径（图5-16）。

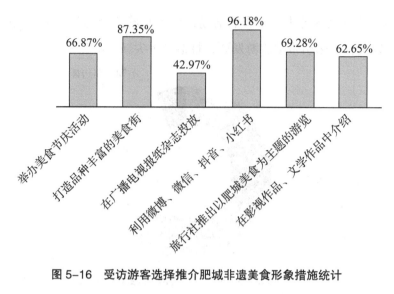

图 5-16 受访游客选择推介肥城非遗美食形象措施统计

**一是创新宣传推介方式。**调查显示，69.68% 的受访者通过微信、微博、抖音等新媒体了解美食信息，因此，在营销推广过程中要尤其注重发挥新媒体的作用（图 5-19）。充分利用肥城政务网，加大对非物质文化遗产美食的宣传推介，清晰呈现肥城非物质文化遗产美食意象和特色。利用肥城融媒、肥城文旅等微信平台，不断策划发布肥城非物质文化遗产美食信息。以发挥肥城饮食类非物质文化遗产优势为目标导向，打造"肥城非遗美食"微信公众号、视频号、抖音号，并在快手、哔哩哔哩、今日头条、腾讯视频、喜马拉雅、网易云音乐等其他平台同步推广，实现图文、音视频等内容的全网平台覆盖，使肥城非物质文化遗产美食不仅在特定人群中传播，更要引起城市居民的文化共鸣。针对当前文旅融合过程中存在的对于肥城饮食类非物质文化遗产历史传承、独特技艺、鲜明特性展示缺失，难以让游客感受到非物质文化遗产美食背后积淀的思想精神、价值观念和审美元素等问题，可在适当的旅游景区规划建设一个标志性的集展览展示、文化研究、消费体验于一体的肥城非物质文化遗产美食文化体验中心，通过 5G、人工智能、VR 等数字技术，让饮食类非物质文化遗产的生活情境和制作技艺以数字化呈现，构筑沉浸式综合体验平台，以图文、实物、辅助展品和多媒体方式，为游客打造视听触感等更加真实、沉浸的参观体验，全面了解肥城饮食类非物质文化遗产的历史渊源、传承脉络、制作技艺、名人逸事、习俗礼仪以及蕴含的思想观念、价值取向。

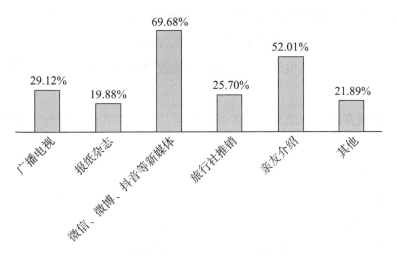

图 5-17 受访游客了解美食游信息途径统计

　　**二是加强营销推广合作。**要找准饮食类非物质文化遗产与文化旅游的结合点，利用桃花节、金秋品桃节等节庆活动，把开展活动与推介肥城非物质文化遗产美食结合起来，通过多种手段，采取线下、线上相结合的方式，加强宣传推介，拓展销售渠道。积极与美团、大众点评等电子商务平台和飞猪、同程、携程、途牛、去哪儿、马蜂窝、驴妈妈等头部 OTA 平台合作，利用"肥城非物质文化遗产美食"热门话题，大力进行营销推广活动，持续增加肥城饮食类非物质文化遗产曝光和关注度，有效提升品牌形象和认知度。同时，联合旅行社、旅游景区、旅游饭店、旅游度假区、民宿以及社区、公共文化场所等相关机构，构建"线上＋线下"全媒体宣传矩阵，多层次开展品牌营销、形象宣传、产品推广等活动，全方位、多角度宣传推广肥城饮食类非物质文化遗产资源，推动"美食＋旅游"的深度融合。鼓励非物质文化遗产美食企业运用现代信息技术，实现餐饮服务线上线下融合创新发展，通过抖音、微信、直播等新型营销方式，不断拓展新的消费增长渠道。支持非物质文化遗产美食企业通过参加各种展会、举办美食文化论坛、美食擂台赛等活动，扩大肥城非物质文化遗产美食辐射面和影响力。鼓励和筹划出版更多的优秀非物质文化遗产美食书籍，进入酒店、民宿和图书市场，提高肥城非物质文化遗产美食知名度，扩大对外来游客的吸引力。加强与周边市县的合作，共同开发短期旅游线路，重点推广主要景区和非物质文化遗产美食相结合的旅游产品，实现资源共享、客源互送。充分借助泰山这个热门旅游目的地的影响力，加强同泰安旅行社的合作，利用其线上线下展销平台，策划包装营销肥城非物质文化遗产美食旅游产品和旅游线路。在泰安各大酒店、交通枢纽、购物中心等地投放肥城旅游广告，提升肥城旅游的知名度。

**三是提高游客满意度。**游客满意度直接影响游客的消费行为和对旅游产品的口碑。本地化美食体验与游客的旅游满意度之间存在密切的关系。旅游满意度不仅仅取决于食物味道，还与用餐环境、服务质量和情感体验等因素有关。据调查，受访游客在旅游活动中对于美食的安全卫生最为关注，其次是味道、文化底蕴和营养（图5-18）。要提升游客满意度，必须聚焦景区餐饮食品安全，突出"地道"的本地特色与风味、挖掘美食文化内涵、增强体验感，全力营造安全、放心、舒心的消费环境，用美食抓住消费者的胃，留住人、留下心。

**图5-18　受访游客旅游中关注的美食项目**

根据目前肥城饮食类非物质文化遗产旅游活化利用现状，在前期设计开发旅游线路时，要以游客需求为导向，建构多层次非物质文化遗产美食生态，满足不同层次消费需求。积极探索建立意见反馈机制，及时了解游客旅游体验感受，包括以非物质文化遗产美食为主的餐饮、住宿、交通和服务等各个环节，发现问题，及时调整解决，全方位提高游客满意度。本地居民也是游客的组成部分和非物质文化遗产美食重要的服务对象。要利用饮食类非物质文化遗产赋能旅游景区建设，不仅使游客在旅游活动和非物质文化遗产美食的双向互动中对旅游目的达到更高层次的精神联系和情感共鸣，更为游客和本地居民提供主客共享的文化交融空间。

# 第六章　肥城市非物质文化遗产旅游
# 活化价值评价

## 第一节　定性评价

北京师范大学的学者卢云亭提出了"三三六"评价法，通过对调查地区旅游资源的"三大价值"（历史文化、艺术观赏、科学考察）、"三大效益"（经济、社会、环境）以及"六大开发条件"（地理位置及交通、景象地域组合、旅游环境容量、旅游客源市场、旅游开发投资、施工难易等条件）的研究，全面衡量旅游开发价值。该评价体系评价内容全面，可行性高，在资源评价领域具有普遍认可度。因此，本研究将"三三六"评价体系引入肥城非遗资源旅游开发价值评价中，以期系统、全面地掌握肥城非遗资源旅游活化利用价值。

### 一、"三大价值"分析

肥城基于其特殊的地理环境和人文精神，融汇了多种特色文化，形成了丰富多彩的非遗资源，无论是其具体内涵还是外在表现形式，都体现出相当丰厚的历史文化、艺术观赏以及科学考察等价值。

（一）从历史文化的角度来看，肥城非物质文化遗产经过当地居民世世代代的口耳相传，是历史发展的重要见证，具有很高的历史文化价值。如肥城在长期培育肥桃过程中借鉴吸收中国桃文化的多种元素形成的内涵丰富、绚丽多彩的肥桃文化，蕴含着避邪祛凶、吉祥如意、青春美丽、情缘好运、福寿安康、忠义担当等美好寓意，是研究肥城地区民众生活习俗、信仰等的珍贵史证资料。这些非遗资源默默地见证着这座城市的历史变迁，记录了这座城市的发展变化，是先民留下的宝贵非物质文化遗产，对于认识早期肥城民众的生活状态和社会面貌，具有活化石般的价值。

（二）从艺术观赏角度来看，非遗作为一种传统文化，极具表现力，有的项目自身便是艺术的化身，可使观看者在体验的过程中感受艺术的魅力。比如边院镇高跷牌坊，将高跷、杂技、音乐和舞蹈等因素相结合，由20人组成，着戏曲服装表演，高跷高1米以上，分二层高跷扑蝶和三层叠罗汉。高跷扑蝶第一层由五人脚踩高跷，抬一条木制扁担。一男一女脚踩高跷，于扁担上表演高空扑蝶。女演员花旦扮装，右手舞一块彩色手帕，左手持一根3米长竹条，竹条顶端系一只扎制的彩蝶，在空中翩翩起舞。男演员丑角扮相，头裹彩巾，上穿武生衣，下着灯笼裤，手舞一把丝绸彩扇，持扇扑蝶，随蝶舞动，与女演员配合，一引一追、一逗一捉、一耍一戏、一扑一闪，你呼我应，有动有静，动而不乱，静而传神，时起时伏，动作娴熟，配合默契，惊心动魄。尤其是男演员，时而扑，时而跳，时而卧，动作大，功夫深。"单叉""双叉""倒立碑""鹞子翻身"等动作穿插其中，刚柔并济，灵活多变，伴随着唢呐、二胡、笛子和锣鼓等民乐演奏，欢快、热烈、火爆，充满幽默、风趣和诙谐，乡土气息浓郁，观者流连忘返。三层叠罗汉由八人分三层叠加而成，即在五人之上的二人再抬一条扁担，一名身怀绝技的演员踩在二人扁担上，进行表演，给观众以惊险难忘、赏心悦目的艺术享受。

（三）从科学的角度来看，肥城非遗是对不同时期民众生产生活方式的保留与反映，具有很强的综合知识属性，对其进行保护传承，可为后人提供丰富的科技资料，有效促进后人了解过去的生产科技，掌握真实的科技信息，有利于开展民族学、历史学、文学等多种学科的综合研究，具有不可多得的科学价值。列入泰安市级非遗代表性项目名录的康王河酒老五甑酿造工艺，蕴含了丰富的科学原理。其历史可追溯至清朝恒益成老酒坊，近百年的小泥窖，具有独特的结构特点，窖池四壁以竹片为骨架，全部用窖泥垛制而成，窖泥历经近百年的发酵、繁衍与培养，微生物种群极为丰富，因其窖体空间小，使得醅料与窖泥接触充分，发酵过程足而不过，匀而不失，使酒体呈现出醇厚原香之美。绵甜爽净的口感蕴含着深奥的微生物生态系统学原理。

## 二、"三大效益"分析

（一）**经济效益**。肥城市以打造产业兴旺的实力之城、充满活力的创新之城、时尚宜居的品质之城、崇德向善的文明之城、共同富裕的幸福之城为目标，聚焦工业强市、乡村振兴、城市提升、文化引领、共同富裕，加快构建发展提速、质态提档、结构提优的高质量发展新格局。经济发展势头较好，产业结构渐趋优化。2021年肥城统筹推进疫情防控与经济社会发展，努力克服疫情带来的不利影响，全市实现地区生产总值770.91亿元，按可比价格计算，比上年增长4.7%。其中旅游业所属的第三产业增加值为328.27亿元，增长8.0%，占总GDP的42.6%。同时，以打造省会济南休闲旅游目的地和泰安市全域旅游重要节点为目标，在受疫情影响的大形势下旅游业发展和旅游收入相对稳定（表6-1）。旅游业的快速发展为肥城带来了明显的经济效益，主要体现在三个方面：一是改善了投资环境，吸引了更多优质外部资金流入，增强了经济活力；二是增加了财政收入，促进了经济增长，推动了地方高质量发展；三是提供了就业机会，增加了居民收入，提高了生产生活水平。以仪阳街道鱼山村为例，2017年北京唐乡旅游开发公司先后投资600多万元打造鱼山桃花海景区。村集体通过房屋租赁、景区收入分红，年增收15万元；该村引导20余户群众到景区务工，人均年收入2.6万元。

表6-1　2019-2022年肥城市主要旅游指标情况

| 年份 | 景区数量 | 旅游人数 | 旅游收入 |
|---|---|---|---|
| 2019 | A级旅游景区22家，其中，春秋古镇顺利迎接4A级景区复核验收，3A级9家、2A级12家。 | 279万 | 31.2亿元 |
| 2020 | A级旅游景区22家，其中，4A级1家、3A级10家、2A级11家。 | 140万 | 14.1亿元 |
| 2021 | A级旅游景区22家，其中4A级2家、3A级12家、2A级8家。 | 217万 | 26.25亿元 |
| 2022 | A级旅游景区21家，其中4A级2家、3A级14家、2A级5家。 | 186万 | 26.2亿元 |

（二）社会效益。非遗旅游活化利用能够有效扩展资源地居民的就业机会，拓宽收入渠道，增加经济收入，提高生活质量和综合素质，具有良好的社会效益。加之，非遗旅游活化利用一方面能够提高资源知名度，吸引更多居民、游客认识非遗，提高保护意识，自觉落实保护行动；另一方面，也为政府部门进行相关旅游规划提供一定思路，尤其是在激活旅游活力、实现全市产业转型升级等领域，可加快各种资源的有效整合，促进多种文化融合与发展。

（三）环境效益。和谐有序的生态环境为人类社会健康延续提供了保障，任何发展都需要尊重并保护自然，只有坚持科学的发展理念，才能获得最大的综合效益。非遗旅游活化利用亦是如此，经济必须依靠美丽、健康的自然环境。因此，在肥城非遗旅游活化利用过程中，为了避免因开发不当、开发过度等造成的生态失衡现象，必须严格按照可持续发展的原则，从整体上进行科学合理规划，健全旅游开发与生态资源保护衔接机制，实现人与自然和谐相处。肥城河清岸绿、鸟语花香的自然环境，将非遗融入旅游之中，会使更多的游客驻足肥城，在欣赏自然美景、回归自然的同时，体验别具一格的特色文化。

### 三、"六大开发条件"分析

（一）**地理位置及交通条件**。肥城市在山东省中部、泰山西麓，位于联系济南、聊城、泰安、曲阜等历史文化名城的中心枢纽位置。肥城自古地理位置重要，早在春秋时即为齐鲁交通要冲。秦汉时期，形成了两纵两横的官道，东可畅通胶东半岛，西可远至古都西安，北可通达燕赵，南可直下吴越，交通较为便捷。明清时期，依托官道，形成了四通八达的交通网络，为肥城文化的交融兼收和繁荣发展发挥了至关重要的作用。中华人民共和国成立后，特别是改革开放后，肥城交通建设获得突飞猛进的发展。截至 2020 年底，肥城境内通车里程已达 2853.8 千米，公路密度百平方千米 223.5 千米，形成了以干线公路为依托，以县级公路为骨架，以乡村公路为脉络，村村相通、干支相连、纵横交汇、四通八达的公路网络。其中，高速公路（青兰）1 条，长 34.5 千米；省干线路 4 条，长 152.8 千米；县级公路 11 条，长 207.481 千米；乡级公路 85 条，长 629.628 千米；村级公路 1692 条，长 1829.411 千米。京沪铁路支线横贯东西，西接京九铁路。青兰高速、泰肥一级路直通京沪、京福高速公路，是疏通肥城对外的大通道，对发展区域经济，推动工业、农业、运输业、建筑业、旅游业、服务业等具有积极作用。尤其是京沪高铁的开通，使肥城交通区位优势得到大幅度提升，距北京两小时经济圈，距上海 3.5 小时经济圈，成为推动肥城经济增长的新动力。

（二）**景象地域组合条件**。肥城市自然资源和人文资源丰富。境内有较大的山头 96 座，山山相接，脉脉相连，沟壑纵横，不乏名胜古迹。北部牛山为境内第一名胜，位于城区北约 7.5 千米，总面积 19 平方千米，森林覆盖率 93% 以上，山清水秀、林茂境仙，远眺峰峦如聚、峭壁若屏，近观苍松叠翠柏、瘦藤攀古树，是集旅游、观光、度假、休闲为一体的综合性森林公园。1993 年 1 月被山东省政府批准为省级森林公园，2002 年底被批准为国家级森林公园。公园中有旧县志八景之中的"牛山叠翠"和"龙沼春霖"两景。主峰穆柯寨海拔 524 米，传为北宋名将穆桂英练兵习武的地方。另外还有牛山寺、同川书院、文昌阁、"圭山"石刻、资圣院、八角琉璃井等景点。陶山位于湖屯镇驻地北，海拔 502.2 米，为肥城市第二高峰，森林茂密，悬崖陡峭，四壁如削，怪石嶙峋。据《山东通志·疆域》载："相传山前后有 72 洞，陶洞（指陶阳洞）在山半，石磴陡绝，攀葛扪萝而上，中有三层，最深处极宽阔。四壁累累皆菩萨像。"清光绪十七年（1891年）《肥城县志》载："陶山在城西南三十里，旧说范蠡三徙而隐于此山，故名陶山，又名鸱夷山。山高五里有奇，方棱四削，负阴抱阳，有东西二崦，左右环列如屏障。正中山顶为翔鸾台，上有天池。"主要景点有范蠡墓、范蠡祠、幽栖寺、朝阳洞、小泰山、观音洞等。云蒙山位于孙伯镇东北部，植被覆盖率 95%以上，有着"北方植物王国"美誉，据传孙膑、庞涓曾在此斗智斗勇，存有孙伯陵、索鲁城、蝎子城等遗址。潮泉镇北部的翦云山集雄、奇、险、秀为一体，主峰海拔 607.7 米，是肥城市最高峰。翦云山自然景观丰富，历史底蕴深厚，有齐长城遗址、黄巢寨、擂鼓台、将军墓、跑马岭、风动石等四十余处景观。山上植被茂密，枝藤缠绕，古木参天，气候温暖湿润，空气清新怡人，负离子含量达 95% 以上，被誉为"天然氧吧"、十万亩桃花园是肥城旅游一道亮丽的风景线，被列为"大世界吉尼斯之最"。春天，花海连绵起伏，层林尽染，绯红如霞，惹人心醉；秋天，硕果飘香，沁人肺腑，令人流连往返，有"世外桃源，人间仙境"之美誉。南部大汶河和北部康汇河境内两大水系，汇集境内大小河流，冲击形成两大平原，为人类的早期活动提供了良好的生态环境，成为肥城文化的发祥地，不仅留下了众多的古城遗址和古村落，而且传承着二水济运的历史和沿河一带的地方文化和风俗民情。肥城文化遗产类型多、价值高，现有县级以上文物保护单位 121 处（表 6-2），其中，古遗址 29 处，古建筑 29 处，造像石刻 37 处，墓葬 15 处，列入国家重点文物保护单位 2 处，省级文物保护单位 20 处，泰安市级 26 处。孙伯镇五埠村、孙伯镇岈山村等 2 个村入选中国传统村落，仪阳街道鱼山村、空杏寺村和安临站镇井峪村等 3 个村入选省级传统村落。孙伯镇南栾村、大石桥村等 2 个村入选山东省级历史文化名村。孙伯镇五埠村、湖屯镇吕仙、安临站镇东陆房村、潮泉镇百福图村、仪阳街道空杏寺村、仪阳街道刘家台村等 6 个村入选山东省级红色文化特色村；肥城地热温泉资源丰富，涉及安驾庄镇、新城街道、孙伯镇、王庄镇、安临站镇等 5 个镇街。安驾庄温泉经鉴定，富含偏硅酸、偏硼酸、氟、锶、锂等 57 种人体所需的微量元素，水温最高达 66 摄氏度，是迄今为止所发现的水温最高、矿物质含量最丰富的温矿泉，被誉为"齐鲁第一温泉"。肥城旅游景观基本覆盖全市，整体资源分布较集中，多种类型资源布局相对协调，并具有一定的开发规模，景象地域组合条件较好。

表 6-2　肥城市县级以上文物保护单位（2023 年 12 月）

| 序号 | 名称 | 年代 | 地址 | 类别 |
|---|---|---|---|---|
| 国家重点文物保护单位（2 处） | | | | |
| 1 | 齐长城遗址 – 肥城段 | 春秋、战国 | | 古建筑 |
| 1-1 | （支线）连环山长城 | 春秋、战国 | 连环山 – 于家庄南山口 | |
| 1-2 | （支线）于家庄长城 | 春秋、战国 | 于家庄南山口 – 长城岭子路口 | |
| 1-3 | （支线）卢家沟长城 | 春秋、战国 | 长城岭子路口 – 杨家山山脚 | |
| 1-4 | （支线）张家山长城 | 春秋、战国 | 杨家山山脚 – 张家花峪山口 | |
| 1-5 | （支线）三岔山山口长城 | 春秋、战国 | 张家花峪山口 – 三岔山 | |
| 2 | 陶山朝阳洞石刻造像 | 宋至民国 | 湖屯镇西幽寺村 | 石窟寺及石刻 |
| 省级文物保护单位（20 处） | | | | |
| 1 | 泰山显灵宫 | 明 | 石横镇石横四村 | 古建筑 |
| 2 | 护鲁山泰山行宫 | 明清 | 孙伯镇大石桥村 | |
| 3 | 东向北阁 | 明清 | 边院镇东向北村 | |
| 4 | 小泰山古建筑群 | 明至民国 | 湖屯镇关王殿村北 | |
| 5 | 陶南山馆 | 清 | 王庄镇花园村 | |
| 6 | 新刘玉皇庙 | 明 | 汶阳镇新刘村 | |
| 7 | 南夏辉萧氏家祠 | 清 | 安驾庄镇南夏辉村 | |
| 8 | 长山街玉都观 | 1926–1936 年 | 新城街道长山街南首 | |
| 9 | 马家埠丁家庙 | 明 | 安驾庄镇马家埠村 | |
| 10 | 圭山石刻 | 明 | 王瓜店办印山子村 | 石窟寺及石刻 |
| 11 | 晒书城遗址 | 东周至元 | 肥城市桃园镇 | 古遗址 |
| 12 | 幽栖寺遗址 | 宋至清 | 湖屯镇栖幽寺村 | |
| 13 | 石坞洞山山寨遗址 | 明至请 | 仪阳街道沙沟峪村南 | |
| 14 | 左丘明墓 | 东周 | 石横镇东衡鱼村 | 古墓葬 |
| 15 | 泰西抗日起义旧址 | 1938 年 | 仪阳街道空杏寺村 | 抗战遗址、纪念设施 |

续表

| 序号 | 名称 | 年代 | 地址 | 类别 |
|---|---|---|---|---|
| 16 | 陆房战斗遗址 | 抗日战争时期 | 安临站镇东陆房村北 | 近现代重要史迹及代表性建筑 |
| 17 | 小中泉天主教堂 | 1910 年 | 湖屯镇小中泉社区中心街北 | |
| 18 | 新城群力放水洞 | 1960 年 | 新城街道东尚里村 | |
| 19 | 新胜耶稣帝王堂 | 1840 年 | 石横镇新胜社区 | |
| 20 | 肥城县抗日民主政府旧址 | 1939 年 | 王庄镇东焦村 | |
| 泰安市级文物保护单位（32 处） | | | | |
| 1 | 小王庄遗址 | 西周、汉 | 潮泉镇小王庄村南 | 古遗址 |
| 2 | 唐仲冕母墓 | 清 | 湖屯镇涧北村北 | |
| 3 | 东焦遗址 | 商至汉 | 肥城市王庄镇东焦村东侧 | |
| 6 | 小店遗址 | 汉、唐 | 湖屯镇小店村西北 | |
| 7 | 洞灵观遗址 | 隋 | 湖屯镇吕仙村东南 | |
| 8 | 清凉山山寨遗址 | 明 | 仪阳街道荣华村 | |
| 9 | 精礼寺遗址 | 唐 | 安驾庄镇北张侯村 | |
| 10 | 金山庙 | 清 | 边院镇兴隆村北 | 古建筑 |
| 11 | 武氏家庙 | 清 | 孙伯镇庄头村东 | |
| 12 | 冯庄岱南书院 | 清 | 湖屯镇冯庄村北 | |
| 13 | 宋庄清真寺 | 清 | 边院镇宋庄村西 | |
| 14 | 五埠村古民居 | 明至现代 | 孙伯镇五埠村 | |
| 15 | 孙楼八卦楼 | 明 | 潮泉镇孙楼村 | |
| 16 | 吕仙村吕祖团瓢 | 明 | 湖屯镇吕仙村 | |
| 17 | 伊家沟玄武庙石钟楼 | 明 | 新城街道伊家沟社区 | |
| 18 | 牛山八角琉璃井 | 明 | 王瓜店街道牛山森林公园 | |
| 19 | 桃园玉皇阁 | 明 | 桃园镇东里三村 | |
| 20 | 塔山玉皇庙 | 宋 | 潮泉镇百福图村南 | |
| 21 | 岔河店清真寺 | 清 | 边院镇岔河店村 | |
| 22 | 辛庄辛氏祠堂 | 清 | 安临站镇辛庄村 | |
| 23 | 魏家坊关帝庙 | 明 | 王庄镇魏家坊村东 | |
| 24 | 浊北张氏祠堂 | 清 | 汶阳镇浊北村委东南 | |
| 25 | 田东史田氏祠堂 | 清 | 汶阳镇田东史村小学院内 | |
| 26 | 张店天齐庙 | 明代 | 湖屯镇张店村旧村址内 | |
| 27 | 前黄清真寺 | 清 | 边院镇前黄村 | |
| 28 | 范蠡墓 | 春秋、清 | 湖屯镇栖幽寺村 | 古墓葬 |
| 29 | 小泰山玉皇洞石刻 | 唐至明 | 湖屯镇关王殿村北 | 石窟寺及石刻 |
| 30 | 肥城 1030 引黄灌渠 | 1968 | 石横、湖屯、王瓜店北部 | 近现代重要史迹及代表性建筑 |
| 31 | 肥城安孙灌渠 | 1960 | 安驾庄镇、孙伯镇 | |
| 32 | 群将湖扬水站 | 1978 | 王瓜店办姜庄村 | |

续表

| 序号 | 名称 | 年代 | 地址 | 类别 |
|---|---|---|---|---|
| 肥城市级文物保护单位（88处） | | | | |
| 1 | 旅店遗址 | 新石器时代、战国、唐、元 | 石横镇旅店村北 | 古遗址 |
| 2 | 阎屯遗址 | 汉、元 | 王庄镇阎屯村西 | |
| 3 | 幽栖寺墓塔林遗址 | 元至清 | 湖屯镇栖幽寺村 | |
| 4 | 谷山九女寨遗址 | 清 | 仪阳办山前村 | |
| 5 | 北坛遗址 | 大汶口文化 | 老城办北坛村南 | |
| 6 | 贾北遗址 | 龙山文化 | 汶阳镇贾北村 | |
| 7 | 董城宫遗址 | 东周至汉 | 汶阳镇董城宫村 | |
| 8 | 边院小王庄遗址 | 东周 | 边院镇小王村 | |
| 9 | 三娘庙遗址 | 东周、汉、宋、元 | 汶阳镇三娘庙村东北 | |
| 10 | 孙孝门遗址 | 战国、汉、唐 | 汶阳镇孙孝门村南 | |
| 11 | 蝎子城遗址 | 战国 | 孙伯镇北关村南 | |
| 12 | 王南阳遗址 | 汉 | 仪阳办王南阳村 | |
| 13 | 庄坡地遗址 | 汉、唐至元 | 仪阳办拷山村东南 | |
| 14 | 李家小庄遗址 | 新石器、西周至汉 | 桃园镇李家小庄村北 | |
| 15 | 穆柯寨遗址 | 唐 | 王瓜店街道牛山主峰 | |
| 16 | 竹林寺遗址 | 宋 | 湖屯镇栖幽寺村东北 | |
| 17 | 大云寺遗址 | 金 | 安驾庄镇小龙岗石村北 | |
| 18 | 云阳庵遗址 | 明 | 安临站镇站北村东 | |
| 19 | 琶山白衣庵遗址 | 不详 | 孙伯镇东坞村 | |
| 20 | 福山寺遗址 | 清 | 石横镇石横二街西北 | |
| 21 | 望鲁山观音堂遗址 | 清 | 安驾庄镇西界首村 | |
| 22 | 元堰城坝遗址 | 元代 | 汶阳镇张楼村南大汶河河堤内 | |
| 23 | 陶山寨堡遗址 | 清代 | 湖屯镇吕仙村西侧陶山山顶 | |
| 24 | 小泰山寨堡遗址 | 清代 | 湖屯镇关王殿村北小泰山山顶 | |
| 25 | 任庄汉墓群 | 汉 | 王庄镇任庄村西南 | 古墓葬 |
| 26 | 龙公墓 | 元 | 安驾庄镇张家安村内西北 | |
| 27 | 周王墓 | 不详 | 仪阳办周王墓村西南 | |
| 28 | 道口舜王冢 | 不详 | 石横镇道口村北 | |
| 29 | 陈举墓 | 明代 | 安临站镇陈家楼村东 | |
| 30 | 南栾碉楼 | 清 | 孙伯镇南栾村西 | |
| 31 | 张家井 | 清 | 石横镇石横一村内 | |
| 32 | 四合关帝庙 | 清 | 石横镇四合村南 | |
| 33 | 河岔口赵家祠堂 | 清 | 汶阳镇河岔口村 | |

续表

| 序号 | 名称 | 年代 | 地址 | 类别 |
|------|------|------|------|------|
| 34 | 汪城宫汪家古楼 | 清 | 汶阳镇汪城宫村内 | |
| 35 | 东陆房刘家库楼 | 清 | 安临站镇东陆房村东南 | |
| 36 | 张孝门泰山行宫 | 清 | 汶阳镇张孝门村委院内 | |
| 37 | 李家炉李家祠堂 | 清 | 安驾庄镇李家炉村委院内 | |
| 38 | 山套村醴泉井 | 民国 | 安临站镇山套村南 | |
| 39 | 田东史田继云旧居 | 民国 | 汶阳镇田东史村西 | |
| 40 | 刘庄石钟楼 | 不详 | 安站镇刘庄村委院内 | |
| 41 | 张家安颠仙祠 | 元 | 安庄镇张家安村 | |
| 42 | 吕仙村吕祖庙 | 明 | 湖屯镇吕仙村村委院内 | |
| 43 | 四眼井 | 明 | 石横镇石横二村村委会南 | |
| 44 | 石西天齐庙 | 明 | 仪阳街道石东村内 | |
| 45 | 石佛寺 | 明 | 边院镇雨山村 | |
| 46 | 八仙洞 | 清 | 湖屯镇关王殿村北 | 古墓葬 |
| 47 | 砖舍兴善寺 | 清 | 汶阳镇砖东村中心街北侧 | |
| 48 | 大董庄万便桥 | 清 | 安站镇大董庄村西南 | |
| 49 | 西付村李传煦旧宅 | 清 | 新城街道西付村粮所内 | |
| 50 | 孙庄孙氏祠堂 | 清 | 新城街道孙庄村西 | |
| 51 | 姜庄三皇庙 | 清 | 王瓜店街道姜庄村内 | |
| 52 | 牛山寺 | 清 | 王瓜店街道牛山森林公园内 | |
| 53 | 肖家店钟楼 | 明 | 安庄镇肖家店村东南 | |
| 54 | 空杏寺 | 金 | 仪阳街道空杏寺村内 | |
| 55 | 吕仙村古民居 | 清代、民国 | 湖屯镇吕仙村内 | |
| 56 | 邓李付文昌阁 | 明代 | 王瓜店街道邓李付村北 | |
| 57 | 尹氏老宅 | 清代 | 石横镇石横三村内 | |
| 58 | 李家大院 | 清代 | 新城街道东尚里村内 | |
| 59 | 项氏老宅 | 清代 | 王庄镇项屯村内 | |
| 60 | 刘氏老宅 | 清代 | 王庄镇项屯村内 | |
| 61 | 小泰山摩崖碑 | 明 | 湖屯镇关王殿村北小泰山北麓 | |
| 62 | 三尖洞造像与石刻 | 明 | 湖屯镇吕仙村北陶山北崖 | |
| 63 | 棒槌洞石佛造像 | 不详 | 湖屯镇陶山西侧崖壁上 | |
| 64 | 洞灵观石刻 | 隋、明、民国 | 湖屯镇吕仙村东北 | |
| 65 | 玉皇洞造像与石刻 | 唐、元、明 | 湖屯镇关王殿村北 | 石窟寺及石刻 |
| 66 | 隆庄风雨竹石刻 | 明 | 石横镇隆庄村内 | |
| 67 | 观音洞造像与石刻 | 明、清 | 湖屯镇陶山西侧崖壁上 | |
| 68 | 石坞李氏族谱碑 | 清 | 仪阳镇石坞村北 | |
| 69 | 西徐古槐形石刻 | 清 | 汶阳镇西徐村北 | |
| 70 | 重修三里庄土地庙碑 | 清 | 安站镇黄土岭村内 | |

| 序号 | 名称 | 年代 | 地址 | 类别 |
|---|---|---|---|---|
| 71 | 三官庙石碑 | 清 | 边院镇北湖村的东北 | 石窟寺及石刻 |
| 72 | 曹庄李氏家谱碑 | 清 | 老城街道曹庄村南 | |
| 73 | 阳谷洞石刻 | 清 | 王庄镇阳谷洞村东 | |
| 74 | 金槐风雨竹石刻 | 清 | 王瓜店街道金槐村内 | |
| 75 | 大栲山石雕影壁 | 清 | 仪阳街道镇大栲山村内 | |
| 76 | 石屋洞石刻 | 清 | 仪阳街道石屋山北麓半山腰处 | |
| 77 | 肥猪山仙人洞石刻 | 不详 | 安临站镇西陆房村肥猪山东壁半山腰处 | |
| 78 | 庄头扬水站 | 现代 | 孙伯镇庄头村东北 | 近现代重要史迹及代表性建筑 |
| 79 | 五埠主席台 | 现代 | 孙伯镇五埠村内 | |
| 80 | 赵子英烈士墓 | 民国 | 汶阳镇西浊村西南角 | |
| 81 | 黄华洞 | 民国 | 湖屯镇陶山东侧悬崖上 | |
| 82 | 张德明烈士墓 | 民国 | 安站镇东张村西南布金山北麓 | |
| 83 | 涧北烈士墓 | 现代 | 湖屯镇涧北村北 | |
| 84 | 乔庄烈士陵园 | 现代 | 老城街道办事处乔庄村西 | |
| 85 | 么山八一水渠 | 1969年 | 安临站镇么山村南 | 抗战遗址、纪念设施 |
| 86 | 孙家小庄劳工蒙难地旧址 | 1946年 | 新城街道孙家小庄村东山坡 | |
| 87 | 吕仙村战地医院 | 抗日战争 | 湖屯镇吕仙村东北 | |
| 88 | 孝堂峪日军碉堡遗址 | 抗日战争 | 王庄镇孝堂峪村东双龙山山顶 | |

（三）旅游环境容量条件。无论是什么类型的旅游景点，都有其特定的环境承载力。肥城旅游总资源丰富，环境容量大，可容纳数量庞大的游客，然而由于景区基础设施相对薄弱，景区的游览人数远低于景点实际环境容量。据泰安市文化和旅游局官网数据显示，截止2023年底，肥城有国家A级旅游景区22个（表6-3）。其中AAAA级2个、AAA级17个、AA级3个。共有星级酒店3所，其中一滕开元名都酒店为五星级、宝盛大酒店为四星级、泰西宾馆为三星级；另有圣井峪旅游度假民宿、五埠岭伙大门民宿2家四星级民宿。泰山新合作国际酒店等高端商务酒店，格林豪泰、锦江之星等快捷酒店，桃花海唐乡等文化主题民宿，可接纳各种层次游客群体。"十四五"期间，肥城景区相关配套设施将逐步完善，旅游环境容量将进一步扩大，这将为发展旅游业创造更大的发展空间，也是进行非遗旅游活化利用的重要基础。

表6-3 肥城市国家A级旅游景区名单（截至2023年12月）

| 等级 | 景区名称 |
|---|---|
| AAAA级（2个） | 春秋古镇景区、五埠岭伙大门景区 |
| AAA级（17个） | 刘台桃花源景区、云蒙山景区、翦云山景区、牛山景区、陶山景区、恒昌农业金泰庄园景区、圣井峪旅游度假村、布金山景区、左传文化园、泰山植物园、泰西桃花源景区、肥子茶园景区、黑牛山庄旅游度假区、吕仙景区、石横特钢景区、陆房景区、马家埠景区 |
| AA级（3个） | 泰山牡丹文化产业园、鱼山桃花海景区、兴润生态园 |

（四）旅游客源市场条件。肥城市旅游定位为"打造省会济南休闲旅游目的地和泰安全域旅游重要节点"，客源80%以上来自山东省内，以济南、泰安、聊城、济宁等肥城周边地区为主。客源较为稳定，并呈现逐年上升趋势；省外主要分布在北京、天津、安徽、江苏、浙江、上海等地，数量小，其中大多为商贸游客，目前尚形不成规模，且年增长幅度不大，需进一步开发该类客源市场。总的说来，肥城市旅游业正面临着前所未有的发展机遇期，随着肥城知名度的提升以及基础设施的完善，非遗旅游客源市场将会十分广阔。

（五）旅游开发投资条件。资金是否充裕切实关系到旅游资源开发的广度和深度。一方面肥城非遗旅游活化利用离不开各方财力的支持，另一方面将优质的非遗资源融入旅游发展中，将大幅提升肥城旅游的质量和品位，从而吸引更多投资。在国家乡村振兴和黄河流域生态旅游高质量发展的大环境下，肥城也作出了全局规划，扩展对外开放的广度和深度，优化经济结构，加快产业转型升级，各项政策日趋完善，市内投资环境十分良好，投资前景广阔。目前，肥城旅游发展的主要短板还是基础设施不完善，服务人员素质不高，随着资金的引入，短板问题日益得到重视并解决，将会给肥城非遗旅游活化利用提供有利契机。

（六）施工难易条件。肥城境内地貌类型多样，地质构造优良，结构比较稳定，具有良好的地形地质条件；肥城属温带季风气候，四季分明，光照充足，年日照时数为2607小时，气候温暖，年平均气温12.9摄氏度，无霜期200天左右，平均降雨量659毫米。气候宜人，自然环境好，施工条件十分优越。肥城是全国知名的"建安之乡"，建安业是当地的优势传统产业，也是支柱性产业之一。2022年，完成建安业总产值893.2亿元，连续四年位居"山东省建筑业十强县"榜首。目前，肥城建筑安装企业发展到近200家（其中，3家企业位列全省综合实力 30 强）、从业人员达 13 万人，有经验丰富的建筑设计团队，具有良好的旅游开发建设资源储备。

从定性分析研究中可以发现，肥城非遗旅游价值较高，旅游活化利用条件较好，可对其予以开发利用。具体表现为，肥城非遗资源整体具有很高的艺术观赏、历史文化以及科学考察等价值，具备较高的的经济、社会以及环境效益。同时，肥城地理位置优越，景区的地域组合条件好，环境容量大，可容纳数量庞大的游客，并且肥城正处在经济上升期，旅游开发投资条件、客源市场等都会进一步得到拓宽，必将为非遗旅游活化利用创造更为便利的条件。就肥城非遗本身而言，资源影响力较好，在国内享有较高声誉，传承相对完整，分布比较集中，有较多传承人，传承前景比较理想，具有较好的旅游活化利用条件。尽管如此，肥城非遗旅游活化利用也存在一些限制性因素，如肥城目前旅游基础设施仍不完善，旅游服务水平偏低，客源市场还有待进一步扩宽。非遗文化与旅游资源还没有深度融合，丰富的非遗资源尚未有形化、产品化，旅游市场"留不住人"的现象仍然突出。因此，政府等有关部门必须要重视起来，充分发挥在非遗保护与旅游活化工作中的主导作用，在机遇面前奋力前行，争取在保护非遗的前提下充分发挥其最大旅游效益，带动地区经济增长的同时有效保护文化资源。

## 第二节　　定量评价

定量分析是利用一定的评价标准和体系，运用科学的方法，对旅游资源的各项评价因子数量化，通过量化标准来评估旅游资源的质量、开发潜力等，相对于定性评价，其结果更加客观。

### 一、指标体系构建

在相关原则的指导下，采用顾金孚构建的非遗旅游资源价值评价指标模型，选取非遗旅游开发价值、影响力、开发潜力、生态敏感度及旅游开发条件五项评价指标构建评价指标体系（表 6-4）。

表 6-4　非遗资源旅游活化利用价值评价体系

| | 旅游活化利用价值 | 历史文化价值 |
|---|---|---|
| | | 艺术欣赏价值 |
| | | 科学考察价值 |
| | 影响力 | 知名度 |
| | | 认可度 |
| | | 美誉度 |
| 评价指标 | 开发潜力 | 稀缺度 |
| | | 规模和分布集中度 |
| | | 完整度 |
| | 资源敏感度 | 普及状况 |
| | | 传承状况 |
| | | 稳定状况 |
| | 旅游活化利用条件 | 区位交通条件 |
| | | 地域组合条件 |
| | | 客源市场情况 |
| | | 旅游资源组合状况 |

鉴于各项指标之间标准不一，不能够互相比较，因此，采用一定的量化标准，进行数据无量纲化处理。每个评价因素实际值采用统一评价值，共分 A、B、C、D 四个层级，各个层级分别予以 4、3、2、1 的赋分，然后通过德尔菲法和成对比较法相互矫正确定各个评价指标的权重（表 6-5）。评价指标的权重值体现的是各个评价指标在整个评价体系中的比例情况，是通过德尔菲法和成对比较法相互矫正而实现的。具体确定方法为：

首先，请相关专家对各个评价指标按照重要性由小到大排出顺序；

其次，把评价指标两两对比，判断某项指标对于其上一个指标的重要性；

第三，将第一个评价指标的重要性设定为 1，与其他指标两两对比，每个指标都会产生一个相对于第一个指标的赋值，依次设定为 $v_1,v_2,v_3\cdots\cdots v_i$。

这样就得出一个 N 阶的对称矩阵 $R_n*n$，矩阵中各个元素 $R_{ij}$ 表示的就是第 i 个因素对于第 j 个因素的相对重要性，计算公式为：

$$R_{ij} = \begin{cases} v_i - v_j + 1, & (v_i \geq v_j) \\ 1/(v_j - v_i + 1), & (v_i \leq v_j) \end{cases}$$

根据以上公式，可计算出各个指标的权重值，即

$W_1 = M_1 / (M_1 + M_2 + \cdots + M_n)$。其中，$M_1 = (R_{11} R_{12} \cdots R_{1n}) / n$

运用以上方法，就可以计算出非遗资源旅游活化利用评价指标的权重（表6-5）。

表6-5　非遗资源旅游活化利用价值评价指标等级

| 评价指标 | 等级 | 权重 |
|---|---|---|
| 非遗旅游活化利用价值 | A. 活化利用价值很高，具有很高的历史文化、艺术欣赏和科学考察价值 | 0.24 |
| | B. 活化利用价值很高，具有较高的历史文化、艺术欣赏和科学考察价值 | |
| | C. 活化利用价值一般，具有一定的历史文化、艺术欣赏和科学考察价值 | |
| | D. 活化利用价值低，不具备一定的历史文化、艺术欣赏和科学考察价值 | |
| 非遗影响力 | A. 世界级非遗，在全世界有较高的认可度和美誉度 | 0.19 |
| | B. 国家级非遗，在全国有较高的认可度和美誉度 | |
| | C. 省级非遗，在全省有较高的认可度和美誉度 | |
| | D. 地市级非遗，在本地及周边有较高的认可度和美誉度 | |
| 非遗活化利用潜力 | A. 非遗异常奇特，规模大，分布集中，传承完整 | 0.22 |
| | B. 非遗比较奇特，规模中等，分布比较集中，传承比较完整 | |
| | C. 非遗奇特，规模一般，分布不太集中，传承中有一定破坏 | |
| | D. 非遗比较常见，规模一般，分布分散，传承破坏严重 | |
| 非遗生态敏感度 | A. 旅游目的地非遗非常普及，传承前景很好，有很多传承人，对外来事物冲击的承受能力很强 | 0.2 |
| | B. 旅游目的地非遗比较普及，传承前景较好，有较多传承人，对外来事物冲击的承受能力较强 | |
| | C. 旅游目的地非遗普及程度不高，传承前景一般，有一定传承人，对外来事物冲击的承受能力一般 | |
| | D. 旅游目的地非遗面临失传情况，几乎没有传承人，很容易受到外来事物冲击 | |
| 非遗旅游活化利用条件 | A. 区位交通和地域组合条件很好，旅游景观组合丰富，客源市场发达 | 0.15 |
| | B. 区位交通和地域组合条件良好，旅游景观组合多样，客源市场较发达 | |
| | C. 区位交通和地域组合条件一般，旅游景观组合一般，客源市场一般 | |
| | D. 区位交通和地域组合条件较差，旅游景观组合单调，客源市场较差 | |

## 二、肥城市非物质文化遗产资源旅游活化利用价值评价

按照上述评价体系和方法，结合肥城市非物质文化遗产资源情况，请12名非遗、旅游方面的专家对肥城市137项非遗项目进行旅游活化利用价值评价打分，然后取平均值（四舍五入取整数），经过计算得出评价结果（表6-6）。

表6-6 肥城市非遗资源旅游活化利用价值评价结果

| 序号 | 项目名称 | 旅游开发价值 | 影响力 | 开发潜力 | 生态敏感度 | 旅游开发条件 | CEI |
|---|---|---|---|---|---|---|---|
| 1 | 泥马渡康王 | 4 | 2 | 4 | 3 | 3 | 0.654 |
| 2 | 穆柯寨的传说 | 4 | 2 | 5 | 2 | 4 | 0.688 |
| 3 | 肥桃的来历 | 5 | 3 | 5 | 4 | 5 | 0.884 |
| 4 | 范蠡与陶山的故事 | 5 | 3 | 5 | 3 | 4 | 0.814 |
| 5 | 李邦珍与胡氏之墓 | 2 | 1 | 2 | 1 | 2 | 0.322 |
| 6 | 栾家林与老县城 | 2 | 1 | 1 | 1 | 1 | 0.248 |
| 7 | 卧虎城传说 | 2 | 1 | 2 | 2 | 1 | 0.332 |
| 8 | 望鲁泉的传说 | 2 | 1 | 3 | 1 | 2 | 0.366 |
| 9 | 孙膑·孙伯·云蒙山 | 3 | 2 | 4 | 3 | 4 | 0.636 |
| 10 | 孙家小庄的传说 | 1 | 1 | 1 | 1 | 1 | 0.2 |
| 11 | 虞舜仁孝感后母 | 3 | 1 | 3 | 4 | 3 | 0.564 |
| 12 | 肥桃的传说 | 5 | 3 | 5 | 5 | 5 | 0.924 |
| 13 | 大汶河的传说（汶阳镇） | 2 | 2 | 3 | 2 | 4 | 0.504 |
| 14 | 大明銮台侯与左丘明的故事 | 3 | 2 | 4 | 3 | 4 | 0.636 |
| 15 | 翦云山的传说 | 3 | 2 | 4 | 2 | 4 | 0.596 |
| 16 | 大汶河传说（孙伯镇） | 2 | 2 | 3 | 2 | 4 | 0.504 |
| 17 | 汶阳哩言杂字 | 3 | 1 | 3 | 3 | 2 | 0.494 |
| 18 | 左丘明传说故事 | 5 | 2 | 5 | 5 | 4 | 0.856 |
| 19 | 牛山的传说 | 5 | 2 | 5 | 3 | 5 | 0.806 |
| 20 | 肥城汶阳田传说 | 5 | 2 | 5 | 5 | 5 | 0.886 |
| 21 | 肥城云蒙山（莲花峪）传说 | 3 | 2 | 4 | 3 | 4 | 0.636 |
| 22 | 肥城张志纯传说 | 4 | 2 | 4 | 3 | 3 | 0.654 |
| 23 | 晒书城传说 | 4 | 2 | 5 | 4 | 4 | 0.768 |

| 序号 | 项目名称 | 旅游开发价值 | 影响力 | 开发潜力 | 生态敏感度 | 旅游开发条件 | CEI |
|---|---|---|---|---|---|---|---|
| 24 | 肥城砖舍李氏唢呐 | 3 | 2 | 4 | 3 | 3 | 0.606 |
| 25 | 肥城安站梁氏唢呐 | 3 | 2 | 4 | 3 | 3 | 0.606 |
| 26 | 安站陈氏唢呐 | 3 | 2 | 4 | 3 | 3 | 0.606 |
| 27 | 高跷牌坊 | 5 | 2 | 5 | 4 | 5 | 0.846 |
| 28 | 抬芯子 | 4 | 2 | 4 | 4 | 5 | 0.754 |
| 29 | 东坞花棍舞 | 4 | 2 | 4 | 4 | 5 | 0.754 |
| 30 | 望鲁山皮影 | 5 | 2 | 5 | 4 | 4 | 0.816 |
| 31 | 横笛梆 | 4 | 2 | 4 | 3 | 3 | 0.654 |
| 32 | 肥城拉大画影子戏 | 4 | 2 | 4 | 3 | 3 | 0.654 |
| 33 | 坡西调 | 4 | 2 | 4 | 3 | 4 | 0.654 |
| 34 | 石横武术 | 5 | 3 | 5 | 5 | 4 | 0.894 |
| 35 | 石横出山拳 | 4 | 2 | 3 | 4 | 4 | 0.68 |
| 36 | 石横大枪 | 4 | 2 | 3 | 4 | 4 | 0.68 |
| 37 | 石横佛汉拳 | 4 | 2 | 3 | 4 | 4 | 0.68 |
| 38 | 石横秘宗拳 | 4 | 2 | 3 | 4 | 4 | 0.68 |
| 39 | 肥城迷祖拳 | 4 | 2 | 3 | 4 | 4 | 0.68 |
| 40 | 石横梅家拳 | 4 | 2 | 3 | 4 | 4 | 0.68 |
| 41 | 五花八叉梅花拳 | 4 | 2 | 3 | 4 | 4 | 0.68 |
| 42 | 肥城徐家拳 | 4 | 2 | 3 | 4 | 4 | 0.68 |
| 43 | 金刚罗汉拳 | 4 | 2 | 3 | 4 | 4 | 0.68 |
| 44 | 石横徐家枪 | 4 | 2 | 3 | 4 | 4 | 0.68 |
| 45 | 夏氏石刻 | 3 | 1 | 2 | 3 | 4 | 0.51 |
| 46 | 葛氏捧瓷 | 4 | 2 | 3 | 4 | 4 | 0.68 |
| 47 | 肥城王氏泥塑 | 4 | 2 | 4 | 4 | 5 | 0.754 |
| 48 | 张氏陶泥彩塑 | 4 | 2 | 4 | 4 | 5 | 0.754 |
| 49 | 金凤剪纸 | 5 | 2 | 5 | 4 | 5 | 0.846 |
| 50 | 汶阳烙画 | 5 | 2 | 5 | 4 | 5 | 0.846 |
| 51 | 李氏火笔画 | 3 | 2 | 4 | 4 | 4 | 0.676 |
| 52 | 肥城李君剪纸 | 4 | 2 | 4 | 3 | 3 | 0.654 |
| 53 | 肥城桃木雕刻技艺 | 5 | 3 | 5 | 5 | 5 | 0.924 |

续表

| 序号 | 项目名称 | 旅游开发价值 | 影响力 | 开发潜力 | 生态敏感度 | 旅游开发条件 | CEI |
|---|---|---|---|---|---|---|---|
| 54 | 肥城李氏刻瓷 | 4 | 2 | 4 | 3 | 3 | 0.654 |
| 55 | 王氏桃木雕刻技艺 | 5 | 3 | 5 | 5 | 5 | 0.924 |
| 56 | 肥城青石干茬缝砌墙技艺 | 4 | 2 | 4 | 2 | 3 | 0.614 |
| 57 | 杨氏剪纸艺术 | 4 | 2 | 4 | 3 | 3 | 0.654 |
| 58 | 幸福面塑 | 4 | 2 | 4 | 3 | 2 | 0.654 |
| 59 | 赵家面塑 | 4 | 2 | 4 | 3 | 4 | 0.684 |
| 60 | 倪氏面塑 | 3 | 1 | 3 | 3 | 3 | 0.524 |
| 61 | 白窑土陶烧制 | 3 | 2 | 3 | 2 | 3 | 0.492 |
| 62 | 扎龙灯 | 4 | 1 | 4 | 2 | 3 | 0.576 |
| 63 | 徐氏锡具制作技艺 | 4 | 2 | 4 | 3 | 4 | 0.684 |
| 64 | 肥城桃栽培技艺 | 5 | 3 | 5 | 5 | 5 | 0.924 |
| 65 | 下庄"泰山极顶"生姜 | 4 | 2 | 5 | 4 | 5 | 0.798 |
| 66 | 东虎门柿子 | 4 | 2 | 5 | 3 | 5 | 0.758 |
| 67 | 河岔口鸭蛋 | 4 | 2 | 5 | 4 | 5 | 0.798 |
| 68 | 弭氏锡艺 | 4 | 2 | 4 | 3 | 3 | 0.654 |
| 69 | 袁寨武赵氏扎制技艺 | 3 | 2 | 4 | 3 | 3 | 0.606 |
| 70 | 尚氏锔艺 | 5 | 3 | 5 | 3 | 4 | 0.814 |
| 71 | 鼓腔烧饼制作技艺 | 4 | 22 | 5 | 3 | 4 | 0.728 |
| 72 | 演马金光牛肉制作技艺 | 4 | 2 | 5 | 4 | 5 | 0.798 |
| 73 | 柳沟茶栽培与制作技艺 | 4 | 2 | 5 | 3 | 4 | 0.728 |
| 74 | 百尺龙灯扎制 | 3 | 1 | 4 | 3 | 3 | 0.568 |
| 75 | 宝聚鼎烧鸡制作技艺 | 3 | 1 | 1 | 1 | 2 | 0.326 |
| 76 | 肥城东孔绿豆粉皮制作技艺 | 5 | 2 | 5 | 4 | 5 | 0.846 |
| 77 | 肥城韩庄头豆腐皮制作技艺 | 5 | 2 | 5 | 4 | 5 | 0.846 |
| 78 | 肥城大辛庄犬肉制作技艺 | 5 | 2 | 5 | 4 | 5 | 0.846 |
| 79 | 李氏装裱技艺 | 4 | 2 | 5 | 3 | 3 | 0.698 |
| 80 | 肥城刘氏锡艺 | 4 | 2 | 5 | 3 | 3 | 0.698 |
| 81 | 武家烧鸡制作技艺 | 4 | 2 | 5 | 5 | 5 | 0.838 |
| 82 | 肥城甲氏瓯鸡制作技艺 | 5 | 2 | 5 | 5 | 5 | 0.886 |
| 83 | 南栾犬肉制作技艺 | 4 | 1 | 5 | 3 | 3 | 0.66 |

续表

| 序号 | 项目名称 | 旅游开发价值 | 影响力 | 开发潜力 | 生态敏感度 | 旅游开发条件 | CEI |
|---|---|---|---|---|---|---|---|
| 84 | 刘家小磨香油 | 4 | 1 | 4 | 3 | 4 | 0.646 |
| 85 | 大辛庄"担山狗肉王"加工技艺 | 4 | 1 | 5 | 3 | 4 | 0.69 |
| 86 | 湖屯豆腐皮制作技艺 | 5 | 2 | 5 | 5 | 5 | 0.886 |
| 87 | 肥城肥子茶传统制茶技艺 | 5 | 2 | 5 | 4 | 5 | 0.846 |
| 88 | 康王河酒老五甑酿造工艺 | 5 | 2 | 5 | 5 | 5 | 0.886 |
| 89 | 肥城王晋甜瓜栽培技艺 | 4 | 2 | 5 | 4 | 5 | 0.798 |
| 90 | 汶阳人家手工布鞋制作技艺 | 5 | 2 | 5 | 4 | 5 | 0.846 |
| 91 | 孙伯岈山豆腐丝制作技艺 | 4 | 2 | 5 | 4 | 4 | 0.768 |
| 92 | 孙伯西程金丝绞瓜栽培技艺 | 4 | 2 | 5 | 4 | 4 | 0.768 |
| 93 | 罗窑土陶制作技艺 | 4 | 2 | 5 | 4 | 3 | 0.738 |
| 94 | 肥城聂氏铜器铸造工艺 | 5 | 3 | 5 | 4 | 5 | 0.884 |
| 95 | 尹家吊炉烧饼制作技艺 | 4 | 2 | 5 | 4 | 4 | 0.768 |
| 96 | 肥城"八字古卤"法技艺 | 4 | 2 | 4 | 3 | 5 | 0.714 |
| 97 | 肥桃酒酿造技艺 | 4 | 2 | 4 | 3 | 3 | 0.654 |
| 98 | 肥城花粉糕点传统制作技艺 | 4 | 2 | 4 | 4 | 4 | 0.724 |
| 99 | 肥城袁氏陶艺 | 4 | 2 | 3 | 4 | 3 | 0.65 |
| 100 | 肥城桃核微雕技艺 | 5 | 2 | 5 | 3 | 4 | 0.776 |
| 101 | 肥城张氏印章手工镌刻技艺 | 4 | 2 | 4 | 2 | 3 | 0.614 |
| 102 | "刘大姐"叉子火烧 | 4 | 2 | 5 | 4 | 3 | 0.738 |
| 103 | 古早味大鹏糖艺 | 3 | 1 | 4 | 3 | 3 | 0.568 |
| 104 | 肥城王氏糖画制作技艺 | 3 | 2 | 3 | 3 | 3 | 0.562 |
| 105 | 肥城梁氏草编 | 4 | 2 | 5 | 4 | 4 | 0.768 |
| 106 | 肥城刘氏手工石臼艾绒艾条制作技艺 | 2 | 2 | 4 | 2 | 2 | 0.518 |
| 107 | 汶阳薛寨小磨香油传统制作技艺 | 3 | 2 | 4 | 4 | 3 | 0.646 |
| 108 | 泰安古字画装裱修复技艺 | 4 | 2 | 3 | 4 | 3 | 0.65 |
| 109 | 竹清香鲜汁汤包制作技艺 | 4 | 2 | 5 | 5 | 5 | 0.838 |
| 110 | 王西水塔豆制品制作技艺 | 4 | 2 | 4 | 4 | 5 | 0.754 |

续表

| 序号 | 项目名称 | 旅游开发价值 | 影响力 | 开发潜力 | 生态敏感度 | 旅游开发条件 | CEI |
|---|---|---|---|---|---|---|---|
| 111 | 安驾庄梁氏正骨疗法 | 5 | 3 | 5 | 5 | 5 | 0.924 |
| 112 | 范氏治疗咽炎 | 3 | 1 | 4 | 3 | 3 | 0.568 |
| 113 | 河岔口"杨氏膏药" | 3 | 1 | 4 | 3 | 3 | 0.568 |
| 114 | 苏氏治疗面部神经麻痹 | 3 | 1 | 4 | 3 | 3 | 0.568 |
| 115 | 洪德堂于氏皮肤病疗法 | 4 | 2 | 5 | 4 | 4 | 0.768 |
| 116 | 泰和堂刘氏膏药秘方 | 4 | 2 | 5 | 3 | 3 | 0.698 |
| 117 | 翟氏疮疡疗法 | 4 | 2 | 5 | 4 | 4 | 0.768 |
| 118 | 湖屯孟氏推拿按摩术 | 4 | 2 | 4 | 3 | 4 | 0.684 |
| 119 | 瑞泽堂王氏膏方 | 4 | 3 | 5 | 5 | 5 | 0.876 |
| 120 | 中和堂口腔溃疡、咽炎疗法 | 3 | 2 | 4 | 3 | 4 | 0.636 |
| 121 | 王氏中医推拿按摩 | 3 | 2 | 4 | 4 | 3 | 0.646 |
| 122 | 肥城致中和中医药 | 3 | 2 | 4 | 4 | 4 | 0.676 |
| 123 | 鸿仁堂王氏膏方 | 3 | 2 | 5 | 3 | 4 | 0.68 |
| 124 | 肥城李氏面瘫疗法 | 3 | 1 | 4 | 2 | 3 | 0.528 |
| 125 | 天丰堂整脊正骨疗法 | 3 | 1 | 4 | 3 | 3 | 0.568 |
| 126 | 开口笑水饺 | 4 | 2 | 5 | 3 | 4 | 0.728 |
| 127 | 桃木雕刻民俗 | 5 | 3 | 5 | 5 | 5 | 0.924 |
| 128 | 岱阳观庙会 | 4 | 2 | 5 | 4 | 4 | 0.768 |
| 129 | 石横四月八庙会 | 3 | 1 | 4 | 3 | 3 | 0.568 |
| 130 | 宝宝金山庙会 | 3 | 1 | 5 | 3 | 3 | 0.624 |
| 131 | 小泰山庙会 | 4 | 1 | 5 | 3 | 3 | 0.716 |
| 132 | 四大件宴席习俗 | 4 | 1 | 5 | 3 | 3 | 0.7 |
| 133 | 安站青龙山庙会 | 3 | 1 | 4 | 3 | 3 | 0.568 |
| 134 | 书画印艺术传承中华孝道文化 | 3 | 1 | 3 | 2 | 2 | 0.454 |
| 135 | 肥城桃木桃符制作民俗 | 5 | 2 | 5 | 5 | 4 | 0.856 |
| 136 | 五埠伙大门居住民俗 | 5 | 2 | 5 | 5 | 5 | 0.886 |
| 137 | 张氏四大件 | 4 | 2 | 5 | 4 | 3 | 0.738 |

按照杨云良等学者确定的旅游资源综合评价指数划分标准，将非遗资源旅游活化利用价值综合评价指数分为四个等级（表6-7）。非遗资源的CEI位于

0.7 到 1 之间为四级，属于优异旅游资源，这类资源价值认可度高，在国内占有重要地位，具有很大的旅游活化利用价值，旅游活化利用的各项条件也十分成熟，对其进行恰当的旅游活化利用，不仅可以增加地区旅游特色，提升旅游综合效益，促进地区经济发展，还可以借助旅游开发扩大非遗的知名度和影响力，对于非遗保护工作非常有利；CEI 位于 0.5 到 0.7 之间的为三级，属于较好旅游资源，这类资源在省内影响力较强，特色比较鲜明，具有较大的旅游活化利用价值，活化利用条件也相对成熟，但对其进行旅游活化利用时需严格按照"保护第一"的原则，适度开发，避免不恰当的开发使该类资源品质降低；CEI 位于 0.3 到 0.5 之间的为二级，属于普通旅游资源，其在市内有较强的声誉度，受众面不大，旅游活化利用条件一般，可结合其他旅游资源系统规划后进行活化利用；CEI 低于 0.3 的为一级，属于较差旅游资源，这种资源的价值、吸引力及知名度都比较欠缺，旅游活化利用价值不大，活化利用条件也较薄弱，不太提倡对其进行旅游活化利用，可继续保护，待其具备条件后再考虑活化利用。

表 6-7　非遗资源旅游活化利用综合评价指数等级表

| 等级 | 综合评价指数（CEI） | 属性 |
|---|---|---|
| 四级 | [0.70~1] | 优异非遗旅游资源，在国内占有重要地位，旅游活化利用价值、条件好 |
| 三级 | [0.50~0.70] | 较好非遗旅游资源，在省内占有重要地位，旅游活化利用价值、条件较好 |
| 二级 | [0.30~0.50] | 一般非遗旅游资源，在市内占有一定地位，旅游活化利用价值、条件一般 |
| 一级 | [0~0.30] | 较差非遗旅游资源，旅游活化利用价值、条件不理想 |

　　从肥城非遗资源旅游活化利用价值评价结果来看，90% 以上非遗项目旅游活化利用价值处于中等偏上水平，综合评价指数均位于 0.5 以上，活化利用价值较大，活化利用条件较好。其中，肥桃的传说、肥城桃栽培技艺、桃木雕刻民俗、桃木雕刻技艺等 59 个项目旅游价值综合评价指数达到 0.7 以上，属于四级旅游资源，资源本身价值含量高，在国内有着普遍认可度，目前规模较大，分布比较集中，传承十分完整，非常适宜进行旅游活化利用；肥城袁氏陶艺、葛氏捧瓷等 69 个项目旅游活化利用价值综合评价指数位于 0.5 到 0.7 之间，属于

三级旅游资源，这类非遗资源价值含量较高，在省内影响力较强，传承相对完整，旅游活化利用条件也比较好，经合理规划，在充分保护的前提下适宜开展旅游活化利用；李邦珍与胡氏之墓、卧虎城传说、望鲁泉的传说、汶阳哩言杂字、白窑土陶烧制、宝聚鼎烧鸡制作技艺、书画印艺术传承中华孝道文化等7个项目旅游活化利用价值综合评价指数位于0.3到0.5之间，属于二级旅游资源，在市内占有一定地位，但是活化利用价值、条件一般，旅游活化利用的难度较大，需要经过充分论证，结合其他旅游资源系统规划后进行活化利用；孙家小庄的传说、栾家林与老县城等2个项目旅游活化利用价值综合评价指数位于0到0.3之间，属于一级旅游资源，活化利用价值、条件不理想，旅游活化利用的难度非常大，要继续做好保护工作，待其具备活化利用条件后再考虑开发。

# 第七章 肥城市非物质文化遗产保护
# 濒危度和旅游活化度评价

## 第一节　肥城市非物质文化遗产保护濒危度评价

### 一、确定研究方法

采用德尔菲法—层次分析法（D–AHP），构建肥城市非遗保护濒危度评价指标体系，建立层次结构体系模型，将各个指标进行两两比较，用相对标度将指标量化，逐层建立判断矩阵并求解矩阵权重，计算各个指标的综合权重并排序，在对肥城市 137 项非遗进行单项评分、综合汇总的基础上，最后得出评价对象的相对价值。主要按照确定评价对象、构建评价模型、专家评价打分、统计评价结果、分析评价结果等步骤进行。

### 二、设计指标体系

#### （一）选取指标评价

根据有关专家研究成果，从关芳芳、鲁平俊等构建的非遗评价指标体系中，按照指导性、可操作性、综合性、层次性原则选取重点指标进入海选范围。海选指标主要包括：关芳芳构建的非遗濒危评价指标体系中，选取了市场因素、传承因素、生命力、文化变迁、社会因素和知名度等 6 个综合层指标和 17 个项目层指标；鲁平俊、丁先琼构建的民族传统非遗濒危状态评价指标体系中选取了经济因素、制度设计因素、社会效益因素、创新因素、教育因素等 5 个综合层指标和 21 个项目层指标。在查阅文献和多次专家访谈的基础上，经过筛选，确定要素价值、品位等级、传承情况、文化变迁等 17 个指标为初选评价指标（表7–1 ）。

表 7-1 海选和初选指标汇总

| 序号 | 海选指标 | 初选指标 | 序号 | 海选指标 | 初选指标 |
|---|---|---|---|---|---|
| 1 | 传承方式与习俗 | √ | 19 | 自然环境 | √ |
| 2 | 传承人数量与年龄层次分布 | √ | 20 | 国外有关保护制度设计 | |
| 3 | 青少年喜爱程度 | √ | 21 | 法律制度的设计 | |
| 4 | 文化艺术价值 | √ | 22 | 正式体育比赛项目立项 | √ |
| 5 | 外界关注度 | | 23 | 传承人收入状况 | |
| 6 | 经济效益与实用价值 | | 24 | 当地经济发展情况 | |
| 7 | 受众与目标市场 | | 25 | 当地经济活力、人均消费状况 | |
| 8 | 学习热情 | | 26 | 当地教育环境 | |
| 9 | 区域经济、文化、教育环境 | | 27 | 体育中开展项目 | √ |
| 10 | 传承人地域分布状况 | √ | 28 | 传承人受教育情况 | √ |
| 11 | 文化空间萎缩与否 | √ | 29 | 青少年热爱/参与程度 | √ |
| 12 | 社会变革 | | 30 | 传承方式 | √ |
| 13 | 生存、创新能力 | | 31 | 文化冲击 | √ |
| 14 | 项目经济效益 | √ | 32 | 族群迁移 | √ |
| 15 | 目标市场选择、定位、开发 | √ | 33 | 群体性记忆部分失传 | |
| 16 | 知名度、美誉度 | √ | 34 | 参与/观赏/消费的经济投入 | |
| 17 | 项目本身创新变革能力 | | 35 | 品牌/知名度 | |
| 18 | 器械安全性 | | | | |

## （二）构建评价体系

将初选指标向 12 位非遗、旅游方面的专家进行意见征询，按照专家意见，在兼顾科学性、有效性和合理性的情况下，对评价指标进行细化优化、调整修订，形成了由 1 个一级指标，5 个二级指标和 19 个三级指标构成的非遗保护濒危度评价指标体系（表 7-2）。

表 7-2 肥城市非遗保护濒危度评价指标体系

| 目标层 | 要素层 | 因子层 |
|---|---|---|
| 肥城市非遗保护濒危度评价体系 A | 自然环境 $B_1$ | 气候影响 $C_1$ |
| | | 环境污染 $C_2$ |
| | | 自然灾害 $C_3$ |

| 目标层 | 要素层 | 因子层 |
|---|---|---|
| 肥城市非遗保护濒危度评价体系 A | 技术升级 $B_2$ | 制作技术取代 $C_4$ |
| | | 使用技术升级 $C_5$ |
| | 文化变迁 $B_3$ | 文化空间萎缩 $C_6$ |
| | | 新价值观冲击 $C_7$ |
| | | 族群迁移 $C_8$ |
| | | 群体记忆部分失传 $C_9$ |
| | 自身价值 $B_4$ | 保存完整与否 $C_{10}$ |
| | | 文化原真与否 $C_{11}$ |
| | | 文化独特与否 $C_{12}$ |
| | | 物质载体保存状况 $C_{13}$ |
| | | 空间载体保存状况 $C_{14}$ |
| | 传承情况 $B_5$ | 传承方式 $C_{15}$ |
| | | 传承人存续状况 $C_{16}$ |
| | | 遗产研究状况 $C_{17}$ |
| | | 遗产记录存储 $C_{18}$ |
| | | 公众喜爱程度 $C_{19}$ |

## 三、确定指标权重

### （一）确定方法

请 12 位非遗、旅游方面的专家按照评价指标重要程度打分，根据专家打分情况，对每一层次分值进行两两比较后，判断得出重要性程度，用数值加以量化，形成各个层次的判断矩阵（表 7-3），其数值标准根据层次分析法指标相对重要性标定为准。

表 7-3 判断矩阵

| 标度 | 含义 |
|---|---|
| 1 | 表示两个指标相比，具有同样重要性 |
| 3 | 表示两个指标相比，一个指标比另一个指标稍微重要 |
| 5 | 表示两个指标相比，一个指标比另一个指标明显重要 |

| 标度 | 含义 |
|---|---|
| 7 | 表示两个指标相比，一个指标比另一个指标强烈重要 |
| 9 | 表示两个指标相比，一个指标比另一个指标极其重要 |
| 2,4,6,8 | 表示上述指标两两相邻判断的中值 |
| 倒数 | 表示上述指标因子相对重要性程度的相反值 |

假设某层中的指标因子 A 与相邻一层的指标因子 $B_1$、$B_2$……$B_n$ 存在指标相关性，每次取两个指标因子 $B_i$ 和 $B_j$，以 $B_{ij}$ 表示 $B_i$ 和 $B_j$ 对 A 的影响大小之比，$B_{ij}$ 代表相对于 A 来说，同一层次的 $B_i$ 对 $B_j$ 的相对重要性的数值，全部比较结果采用成对比较判断矩阵表示，$A=(B_{ij})n*n$，如表 7-4 所示。

表 7-4　判断炬阵

| A | $B_1$ | $B_2$ | …… | $B_n$ |
|---|---|---|---|---|
| $B_1$ | $B_{11}$ | $B_{12}$ | …… | $B_{1n}$ |
| $B_2$ | $B_{21}$ | $B_{22}$ | …… | $B_{2n}$ |
| …… | …… | …… | …… | …… |
| $B_n$ | $B_{n1}$ | $B_{n2}$ | …… | $B_{nn}$ |

## （二）问卷发放

邀请 12 位非遗、旅游方面专家对因子指标相对重要性进行定性比较分析，并征询意见。共发放调查问卷 12 份，回收有效问卷 12 份。根据回收问卷结果，采用 AHP 软件对问卷进行一致性检验，指标 Ci 小于 0.1，说明样本数据内部一致性较好。

权重数据收集使用几何平均法，对因子的相对重要性给予判断。再将收回的平均意见作为评价因子权重值，统计结果。

$$Q_j = \frac{\left(\prod_{j=1}^{n} a_{ij}\right)^{\frac{1}{n}}}{\sum_{j=1}^{n}\left(\prod_{j=1}^{n} a_{ij}\right)^{\frac{1}{n}}}, i=1,\cdots,n$$

最后进行评分计算，计算方式为：假设对于一个总目标 $E$，各影响因子 $i$（$i=1,\cdots,n$）重要性分别为权重 $Q_i$（$Q>0$，$Q=10$ 或 1），则

$$E = \sum_{i=1}^{n} Q_i P_j$$

式中：$E$ 即肥城市非遗保护濒危度价值，$Q_i$ 为第 i 个评价因子的权重，$P_i$ 为第 i 个评价因子的评价值，$n$ 为评价因子数目。

### （三）权重解析

#### 1. 总体权重分析

从非遗保护濒危度评价权重（表 7-5）看，综合层中，传承情况所占的比重最大，为 0.2948，是非遗保护濒危度评价中最重要的因素。这表明，对于非遗保护濒危度，非遗传承情况起着关键性的作用；其次是自身价值所占比重为 0.2749，位居第二；其他依次为文化变迁所占比重为 0.2025，技术升级所占比重为 0.1288，自然环境所占比重为 0.0990。指标层 19 个评价因素权重排序结果与综合层的权重排序结果基本一致，排在前几位的是文化原真与否 0.0817，使用技术升级 0.0779，传承方式化 0.0744，群体记忆部分失传 0.0722，遗产记录储存 0.0654。

表 7-5　非遗保护濒危度评价权重

| 目标层 | 综合层 | 权重 | 排序 | 指标层 | 权重 | 排序 |
|---|---|---|---|---|---|---|
| 非遗保护濒危度评价 A | 自然环境 $B_1$ | 0.0990 | 5 | 气候影响 $C_1$ | 0.0214 | 19 |
| | | | | 环境污染 $C_2$ | 0.0379 | 18 |
| | | | | 自然灾害 $C_3$ | 0.03974 | 17 |
| | 技术升级 $B_2$ | 0.1288 | 4 | 制作技术取代 $C_4$ | 0.05095 | 9 |
| | | | | 使用技术升级 $C_5$ | 0.07796 | 2 |
| | 文化变迁 $B_3$ | 0.2025 | 3 | 文化空间萎缩 $C_6$ | 0.04177 | 15 |
| | | | | 新价值观冲击 $C_7$ | 0.04668 | 12 |
| | | | | 族群迁移 $C_8$ | 0.04199 | 14 |
| | | | | 群体记忆部分失传 $C_9$ | 0.072210 | 4 |
| | 自身价值 $B_4$ | 0.2749 | 2 | 保存完整与否 $C_{10}$ | 0.041611 | 16 |
| | | | | 文化原真与否 $C_{11}$ | 0.081712 | 1 |
| | | | | 文化独特与否 $C_{12}$ | 0.054313 | 7 |
| | | | | 物质载体保存状况 $C_{13}$ | 0.047114 | 11 |

| 目标层 | 综合层 | 权重 | 排序 | 指标层 | 权重 | 排序 |
|---|---|---|---|---|---|---|
| 非遗保护濒危度评价 A | 自身价值 $B_4$ | 0.2749 | 2 | 空间载体保存状况 $C_{14}$ | 0.050315 | 10 |
| | 传承情况 $B_5$ | 0.2948 | 1 | 传承方式 $C_{15}$ | 0.074416 | 3 |
| | | | | 传承人存续状况 $C_{16}$ | 0.060717 | 6 |
| | | | | 遗产研究状况 $C_{17}$ | 0.042218 | 13 |
| | | | | 遗产记录存储 $C_{18}$ | 0.065419 | 5 |
| | | | | 公众喜爱程度 $C_{19}$ | 0.0521 | 8 |

### 2. 指标内部各层次比较分析

传承情况 $B_5$ 在综合层各项指标中所占权重最大，表明传承因素在非遗保护和利用中发挥着关键作用，因此，在非遗保护和利用中，应当注重做好传承方面的有关工作。其中，传承方式 $C_{15}$ 在传承情况 $B_5$ 下面三级指标中所占比重最大，所占权重为 0.0744，表明非遗濒危与传承方式有极大的关系；遗产记录存储比重居第二位，所占权重为 0.0654，体现了良好的遗产记录储存大大降低了该项非遗的保护濒危度；传承人存续状况比重位居第三位，所占权重为 0.0607，反映非遗传承人对非遗保护濒危度有较大影响，需要进一步加大传承人培养力度。

自身价值 $B_4$ 所占权重为 0.2749，在综合层各项指标中居第二位，表明自身因素对于非遗保护濒危度有着重要影响。保存完整与否 $C_{10}$、文化原真与否 $C_{11}$、文化独特与否 $C_{12}$ 这三项指标都属于非遗的内涵因素，所占权重排名都较为靠前，尤其是文化原真与否 $C_{11}$ 和文化独特与否 $C_{12}$ 在整个评价体系指标层中所占权重分别列第一位、第七位，体现出非遗的文化原真性和文化独特性对于非遗保护濒危度的影响极大。因此，在非遗旅游活化利用中必须高度重视非遗原真性和独特性。

文化变迁 $B_3$ 所占权重为 0.2025，在综合层各项指标中居第三位。群体记忆部分失传 $C_9$ 所占比重为 0.072210，在文化变迁 $B_3$ 下面三级指标中居第一位，可见群体记忆部分失传是某项非遗濒危的最严重影响因素；新价值观冲击 $C_7$ 所占权重为 0.04668，居第二位，可见现代审美取代传统审美会导致某项非遗濒危；族群迁移 $C_8$ 和文化空间萎缩 $C_6$ 所占权重分别为 0.04199、0.04177，居第三位和第四位。

技术升级 $B_2$ 所占权重为 0.1288，在综合层各项指标中居第四位。使用技术升级 $C_5$ 所占权重为 0.07796，在指标层 19 项指标中居第二位，在整个评价体系中占有重要地位，体现了技术更替对非遗濒危具有极大的影响。制作技术取代 $C_4$ 所占权重为 0.05095，在技术升级 $B_2$ 下面三级指标中占次要地位，显示出制作技术升级对非遗保护濒危度具有较大影响。

自然环境 $B_1$ 所占权重为 0.0990，在综合层各项指标中居第五位。但作为重要的旅游构成要素，自然环境在非遗濒危影响中具有不可替代的作用。其中，自然灾害 $C_3$ 所占权重为 0.03974，排第一位，环境污染 $C_2$ 所占权重为 0.0379、气候影响 $C_1$ 所占权重为 0.0214，分别排第二位和第三位。

### 3. 权重简化结果分析

为了简化最后的计算结果，将得出的指标层 19 个指标对评估目标层的最终权重值乘以 100 得到 W，形成非遗保护濒危度评价参数表（表 7-6）。

表 7-6　非遗保护濒危度评价参数表

| 总目标层 | 总分 | 综合层 | 分值（W） | 指标层 | 分值（W） |
|---|---|---|---|---|---|
| 非遗保护濒危度评价 A | 100 分 | 自然环境 $B_1$ | 9.9 | 气候影响 $C_1$ | 2.14 |
| | | | | 环境污染 $C_2$ | 3.79 |
| | | | | 自然灾害 $C_3$ | 3.97 |
| | | 技术升级 $B_2$ | 12.88 | 制作技术取代 $C_4$ | 5.09 |
| | | | | 使用技术升级 $C_5$ | 7.79 |
| | | 文化变迁 $B_3$ | 20.25 | 文化空间萎缩 $C_6$ | 4.17 |
| | | | | 新价值观冲击 $C_7$ | 4.67 |
| | | | | 族群迁移 $C_8$ | 4.19 |
| | | | | 群体记忆部分失传 $C_9$ | 7.22 |
| | | 自身价值 $B_4$ | 27.49 | 保存完整与否 $C_{10}$ | 4.16 |
| | | | | 文化原真与否 $C_{11}$ | 8.17 |
| | | | | 文化独特与否 $C_{12}$ | 5.43 |
| | | | | 物质载体保存状况 $C_{13}$ | 4.71 |
| | | | | 空间载体保存状况 $C_{14}$ | 5.03 |
| | | 传承情况 $B_5$ | 29.48 | 传承方式 $C_{15}$ | 7.44 |
| | | | | 传承人存续状况 $C_{16}$ | 6.07 |

| 总目标层 | 总分 | 综合层 | 分值（W） | 指标层 | 分值（W） |
|---|---|---|---|---|---|
| | | | | 遗产的研究状况 $C_{17}$ | 4.22 |
| | | | | 遗产的记录存储 $C_{18}$ | 6.54 |
| | | | | 公众的喜爱程度 $C_{19}$ | 5.21 |

## 四、评价结果

### （一）评价过程

1.因为各个评价指标都是定性评价指标，利用模糊数学评分法，将每个评价指标分别赋予分值10、8、6、4、2。评分标准见表7-7。

表 7-7　非遗保护濒危度评定指标评价赋值表

| 评价指标 | 赋值依据 | 赋值 | | | | |
|---|---|---|---|---|---|---|
| 气候影响 $C_1$ | 气候变化对非遗的影响 | 10 | 8 | 6 | 4 | 2 |
| 环境污染 $C_2$ | 由于人为因素，使非遗受到环境污染有害影响 | 10 | 8 | 6 | 4 | 2 |
| 自然灾害 $C_3$ | 给非遗带来危害或损害的自然现象 | 10 | 8 | 6 | 4 | 2 |
| 制作技术取代 $C_4$ | 新制作技术对原始手工艺的取代 | 10 | 8 | 6 | 4 | 2 |
| 使用技术升级 $C_5$ | 新使用技术出现对原始的非遗使用技术的影响 | 10 | 8 | 6 | 4 | 2 |
| 文化空间萎缩 $C_6$ | 非遗赋存的文化空间受到影响 | 10 | 8 | 6 | 4 | 2 |
| 新价值观冲击 $C_7$ | 新价值观的出现对原有非遗价值影响 | 10 | 8 | 6 | 4 | 2 |
| 族群迁移 $C_8$ | 非遗传承族群进行群体迁移对非遗的影响 | 10 | 8 | 6 | 4 | 2 |
| 群体记忆部分失传 $C_9$ | 非遗传承群体对非遗传承技术记忆部分失忆 | 10 | 8 | 6 | 4 | 2 |
| 保存完整与否 $C_{10}$ | 非遗资源的存量、质量与保护现存的完整程度 | 10 | 8 | 6 | 4 | 2 |
| 文化原真与否 $C_{11}$ | 非遗资源文化内涵原真程度 | 10 | 8 | 6 | 4 | 2 |
| 文化独特与否 $C_{12}$ | 非遗资源稀缺程度和个性特征 | 10 | 8 | 6 | 4 | 2 |
| 物质载体保存状况 $C_{13}$ | 非遗物质载体保存情况 | 10 | 8 | 6 | 4 | 2 |
| 空间载体保存状况 $C_{14}$ | 非遗空间载体保存状况 | 10 | 8 | 6 | 4 | 2 |
| 传承方式 $C_{15}$ | 非遗的传承方式 | 10 | 8 | 6 | 4 | 2 |
| 传承人存续状况 $C_{16}$ | 非遗传承人数量、年龄结构 | 10 | 8 | 6 | 4 | 2 |
| 遗产的研究状况 $C_{17}$ | 非遗已有的研究水平和研究现状 | 10 | 8 | 6 | 4 | 2 |
| 遗产记录存储 $C_{18}$ | 非遗的记录和存储情况 | 10 | 8 | 6 | 4 | 2 |
| 公众喜爱程度 $C_{19}$ | 公众对非遗的喜爱程度 | 10 | 8 | 6 | 4 | 2 |

2. 由于指标评分目前没有一个通用的标准，因此，借鉴菲什宾多属性态度模型，为了简化最后的计算结果，将专家评分的标度简化成指标系数取值表（表7-8），如果专家评分是 10 分，则该项目该指标的系数记为专家评分 1.0 分，以此类推。

表 7-8　指标系数取值表

| 相应指标特征程度 | 良好 | 好 | 较好 | 一般 | 较差 |
|---|---|---|---|---|---|
| 系数 | 10~1.0 | 8~0.8 | 6~0.6 | 4~0.4 | 2~0.2 |

3. 邀请 12 位非遗、旅游方面专家进行问卷评分和意见征询，共发放调查问卷 12 份，回收 12 份，回收率 100%。汇总专家的评分问卷结果，将各位专家就相应指标的评分换算成系数，最后用各个指标的评分系数去乘对应的权重，得出相应指标的分值，再把各个分值相加，最后得到各项目的定量评估总分。计算公式为：

$$V_i = \sum_{j=1}^{n} w_j S_{ij}\,(i=1,2\cdots19;j=1,2\cdots62)$$

其中，$V$ 为第 $j$ 个项目的非遗保护濒危度得分；$W$ 为第 $j$ 个评估指标的权重；$S$ 为第 $i$ 个项目第 $j$ 个指标的专家评分系数；$i$ 为评估指标的数目。

（二）评价结果（表 7-9）

表7-9　肥城市非遗项目保护濒危度评价得分

| 项目 | 评估指标 | | | | | | | | | | | | | | | | | | | 得分 |
|---|---|---|---|---|---|---|---|---|---|---|---|---|---|---|---|---|---|---|---|---|
| | 气候影响 | 环境污染 | 自然灾害 | 制作技术 | 使用技术 | 文化空间 | 新价值观 | 族群迁移 | 群体记忆 | 保存完整 | 文化原真 | 文化独特 | 物质载体 | 空间载体 | 传承方式 | 传承人 | 遗产研究 | 遗产记录 | 公众喜爱 | |
| 参数分 | 2.14 | 3.79 | 3.97 | 5.09 | 7.79 | 4.17 | 4.67 | 4.19 | 7.22 | 4.16 | 8.17 | 5.43 | 4.71 | 5.03 | 7.44 | 6.07 | 4.22 | 6.54 | 5.21 | 100 |
| 1 | 0.4 | 0.4 | 0.4 | 0.4 | 0.4 | 0.4 | 0.4 | 0.4 | 0.8 | 0.6 | 0.4 | 0.4 | 0.8 | 0.8 | 0.6 | 0.8 | 0.8 | 1 | 0.6 | 58.4 |
| | 0.9 | 1.5 | 1.6 | 2.0 | 3.1 | 1.7 | 1.9 | 1.7 | 5.8 | 2.5 | 3.3 | 2.2 | 3.8 | 4.0 | 4.5 | 4.9 | 3.4 | 6.5 | 3.1 | |
| 2 | 0.4 | 0.4 | 0.4 | 0.4 | 0.4 | 0.6 | 0.4 | 0.4 | 1 | 0.6 | 0.8 | 0.4 | 0.6 | 0.6 | 0.6 | 0.8 | 0.6 | 0.6 | 0.6 | 58.3 |
| | 0.9 | 1.5 | 1.6 | 2.0 | 3.1 | 2.5 | 1.9 | 1.7 | 7.2 | 2.5 | 6.5 | 2.2 | 2.8 | 3.0 | 4.5 | 4.9 | 2.5 | 3.9 | 3.1 | |
| 3 | 0.4 | 0.4 | 0.4 | 0.4 | 0.4 | 0.4 | 0.4 | 0.4 | 0.6 | 0.8 | 0.6 | 0.4 | 0.4 | 0.6 | 0.6 | 0.8 | 0.6 | 0.4 | 0.4 | 49.6 |
| | 0.9 | 1.5 | 1.6 | 2.0 | 3.1 | 1.7 | 1.9 | 1.7 | 4.3 | 3.3 | 4.9 | 2.2 | 1.9 | 3.0 | 4.5 | 4.9 | 2.5 | 2.6 | 1.1 | |
| 4 | 0.4 | 0.4 | 0.4 | 0.4 | 0.4 | 0.6 | 0.8 | 0.6 | 1 | 0.8 | 0.8 | 0.8 | 0.8 | 0.8 | 0.6 | 1 | 0.4 | 0.4 | 0.4 | 62.9 |
| | 0.9 | 1.5 | 1.6 | 2.0 | 3.1 | 2.5 | 3.7 | 2.5 | 7.2 | 3.3 | 6.5 | 4.3 | 3.8 | 4.0 | 4.5 | 6.1 | 1.7 | 2.6 | 1.1 | |
| 5 | 0.4 | 0.4 | 0.4 | 0.4 | 0.4 | 1 | 0.4 | 0.8 | 0.6 | 0.6 | 0.4 | 0.4 | 0.6 | 1 | 0.6 | 0.8 | 0.8 | 1 | 0.8 | 62.2 |
| | 0.9 | 1.5 | 1.6 | 2.0 | 3.1 | 4.2 | 1.9 | 3.4 | 4.3 | 2.5 | 3.3 | 2.2 | 2.8 | 5.0 | 4.5 | 4.9 | 3.4 | 6.5 | 4.2 | |
| 6 | 0.4 | 0.4 | 0.4 | 0.4 | 0.4 | 1 | 0.4 | 0.8 | 0.6 | 0.8 | 0.4 | 0.4 | 1 | 1 | 0.6 | 0.8 | 0.6 | 1 | 0.8 | 64.9 |
| | 0.9 | 1.5 | 1.6 | 2.0 | 3.1 | 4.2 | 1.9 | 3.4 | 4.3 | 3.3 | 3.3 | 2.2 | 4.7 | 5.0 | 4.5 | 4.9 | 3.4 | 6.5 | 4.2 | |
| 7 | 0.4 | 0.4 | 0.4 | 0.4 | 0.4 | 0.4 | 0.4 | 0.8 | 1 | 1 | 0.8 | 0.6 | 1 | 1 | 0.6 | 0.8 | 0.8 | 1 | 0.6 | 71 |
| | 0.9 | 1.5 | 1.6 | 2.0 | 3.1 | 4.2 | 1.9 | 3.4 | 7.2 | 4.2 | 6.5 | 3.3 | 4.7 | 5.0 | 4.5 | 4.9 | 2.5 | 6.5 | 3.1 | |
| 8 | 0.4 | 0.4 | 0.4 | 0.4 | 0.4 | 0.4 | 0.4 | 0.4 | 0.6 | 0.6 | 0.4 | 0.4 | 0.4 | 0.6 | 0.6 | 0.8 | 0.8 | 0.6 | 0.8 | 52.5 |
| | 0.9 | 1.5 | 1.6 | 2.0 | 3.1 | 1.7 | 1.9 | 1.7 | 4.3 | 2.5 | 3.3 | 2.2 | 1.9 | 3.0 | 4.5 | 4.9 | 3.4 | 3.9 | 4.2 | |
| 9 | 0.4 | 0.4 | 0.4 | 0.4 | 0.4 | 0.6 | 0.4 | 0.4 | 0.6 | 0.6 | 0.4 | 0.4 | 0.8 | 0.6 | 0.6 | 0.8 | 0.6 | 0.6 | 0.4 | 51.2 |
| | 0.9 | 1.5 | 1.6 | 2.0 | 3.1 | 2.5 | 1.9 | 1.7 | 4.3 | 2.5 | 3.3 | 2.2 | 3.8 | 3.0 | 4.5 | 4.9 | 2.5 | 3.9 | 1.1 | |

续表

| 项目 | 气候影响 | 环境污染 | 自然灾害 | 制作技术 | 使用技术 | 文化空间 | 新价值观 | 族群迁移 | 群体记忆 | 保存完整 | 文化原真 | 文化独特 | 物质载体 | 空间载体 | 传承方式 | 传承人 | 遗产研究 | 遗产记录 | 公众喜爱 | 得分 |
|---|---|---|---|---|---|---|---|---|---|---|---|---|---|---|---|---|---|---|---|---|
| 10 | 0.4 | 0.4 | 0.4 | 0.4 | 0.4 | 0.8 | 0.4 | 0.8 | 0.6 | 0.6 | 0.4 | 0.4 | 1 | 1 | 0.6 | 0.8 | 0.6 | 0.6 | 0.8 | |
|  | 0.9 | 1.5 | 1.6 | 2.0 | 3.1 | 3.3 | 1.9 | 3.4 | 4.3 | 2.5 | 3.3 | 2.2 | 4.7 | 5.0 | 4.5 | 4.9 | 2.5 | 3.9 | 4.2 | 59.7 |
| 11 | 0.4 | 0.4 | 0.4 | 0.4 | 0.4 | 0.6 | 0.8 | 0.6 | 0.8 | 0.6 | 0.4 | 0.4 | 0.6 | 0.6 | 0.6 | 0.8 | 0.8 | 1 | 0.6 | |
|  | 0.9 | 1.5 | 1.6 | 2.0 | 3.1 | 2.5 | 3.7 | 2.5 | 5.8 | 2.5 | 3.3 | 2.2 | 2.8 | 3.0 | 4.5 | 4.9 | 3.4 | 6.5 | 3.1 | 59.8 |
| 12 | 0.4 | 0.4 | 0.4 | 0.4 | 0.4 | 0.6 | 0.8 | 0.4 | 1 | 0.8 | 0.8 | 0.8 | 0.4 | 0.8 | 0.6 | 1 | 0.4 | 0.4 | 0.4 | |
|  | 0.9 | 1.5 | 1.6 | 2.0 | 3.1 | 2.5 | 3.7 | 1.7 | 7.2 | 3.3 | 6.5 | 4.3 | 1.9 | 4.0 | 4.5 | 6.1 | 1.7 | 2.6 | 1.1 | 60.2 |
| 13 | 0.4 | 0.4 | 0.4 | 0.4 | 0.4 | 0.6 | 0.4 | 0.4 | 0.6 | 1 | 0.6 | 0.6 | 0.8 | 0.6 | 0.6 | 0.8 | 0.6 | 0.6 | 0.4 | |
|  | 0.9 | 1.5 | 1.6 | 2.0 | 3.1 | 2.5 | 1.9 | 1.7 | 4.3 | 4.2 | 4.9 | 3.3 | 3.8 | 3.0 | 4.5 | 4.9 | 2.5 | 3.9 | 1.1 | 55.6 |
| 14 | 0.4 | 0.4 | 0.4 | 0.4 | 0.4 | 0.6 | 0.4 | 0.4 | 0.6 | 0.6 | 0.6 | 0.6 | 1 | 0.6 | 0.6 | 0.8 | 0.6 | 0.6 | 0.6 | |
|  | 0.9 | 1.5 | 1.6 | 2.0 | 3.1 | 2.5 | 1.9 | 1.7 | 4.3 | 2.5 | 4.9 | 3.3 | 4.7 | 3.0 | 4.5 | 4.9 | 2.5 | 3.9 | 3.1 | 56.8 |
| 15 | 0.4 | 0.4 | 0.4 | 0.4 | 0.4 | 0.6 | 0.4 | 0.4 | 0.6 | 0.8 | 0.6 | 0.6 | 0.8 | 0.6 | 0.6 | 0.8 | 0.6 | 0.6 | 0.4 | |
|  | 0.9 | 1.5 | 1.6 | 2.0 | 3.1 | 2.5 | 1.9 | 1.7 | 4.3 | 3.3 | 4.9 | 3.3 | 3.8 | 3.0 | 4.5 | 4.9 | 2.5 | 3.9 | 1.1 | 54.7 |
| 16 | 0.4 | 0.4 | 0.4 | 0.4 | 0.4 | 0.6 | 0.4 | 0.4 | 0.6 | 1 | 0.6 | 0.6 | 0.8 | 0.8 | 0.6 | 0.8 | 0.6 | 0.6 | 0.4 | |
|  | 0.9 | 1.5 | 1.6 | 2.0 | 3.1 | 2.5 | 1.9 | 1.7 | 4.3 | 4.2 | 4.9 | 3.3 | 3.8 | 4.0 | 4.5 | 4.9 | 2.5 | 3.9 | 1.1 | 56.6 |
| 17 | 0.4 | 0.4 | 0.4 | 0.4 | 0.4 | 0.8 | 0.4 | 0.6 | 0.8 | 0.8 | 0.8 | 0.6 | 0.6 | 0.8 | 0.6 | 0.8 | 0.8 | 0.6 | 0.6 | |
|  | 0.9 | 1.5 | 1.6 | 2.0 | 3.1 | 3.3 | 1.9 | 2.5 | 5.8 | 3.3 | 6.5 | 3.3 | 2.8 | 4.0 | 4.5 | 4.9 | 3.4 | 3.9 | 3.1 | 62.3 |
| 18 | 0.4 | 0.4 | 0.4 | 0.4 | 0.4 | 0.6 | 0.8 | 0.6 | 1 | 0.4 | 0.6 | 0.6 | 0.4 | 0.8 | 0.8 | 1 | 0.4 | 0.4 | 0.4 | |
|  | 0.9 | 1.5 | 1.6 | 2.0 | 3.1 | 2.5 | 3.7 | 2.5 | 7.2 | 1.7 | 4.9 | 3.3 | 1.9 | 4.0 | 6.0 | 6.1 | 1.7 | 2.6 | 1.1 | 58.3 |
| 19 | 0.4 | 0.4 | 0.4 | 0.4 | 0.4 | 0.6 | 0.4 | 0.4 | 0.6 | 0.8 | 0.6 | 0.6 | 0.8 | 0.6 | 0.6 | 0.8 | 0.4 | 0.4 | 0.4 | |
|  | 0.9 | 1.5 | 1.6 | 2.0 | 3.1 | 2.5 | 1.9 | 1.7 | 4.3 | 3.3 | 4.9 | 3.3 | 3.8 | 3.0 | 4.5 | 4.9 | 1.7 | 2.6 | 1.1 | 52.6 |

评估指标

续表

| 项目 | 气候影响 | 环境污染 | 自然灾害 | 制作技术 | 使用技术 | 文化空间 | 新价值观 | 族群迁移 | 群体记忆 | 保存完整 | 文化原真 | 文化独特 | 物质载体 | 空间载体 | 传承方式 | 传承人 | 遗产研究 | 遗产记录 | 公众喜爱 | 得分 |
|---|---|---|---|---|---|---|---|---|---|---|---|---|---|---|---|---|---|---|---|---|
| 20 | 0.4 | 0.4 | 0.4 | 0.4 | 0.4 | 0.6 | 0.8 | 0.4 | 1 | 1 | 0.8 | 0.8 | 0.8 | 0.8 | 0.8 | 1 | 0.4 | 0.4 | 0.4 | |
| | 0.9 | 1.5 | 1.6 | 2.0 | 3.1 | 2.5 | 3.7 | 1.7 | 7.2 | 4.2 | 6.5 | 4.3 | 3.8 | 4.0 | 6.0 | 6.1 | 1.7 | 2.6 | 1.1 | 64.5 |
| 21 | 0.4 | 0.4 | 0.4 | 0.4 | 0.4 | 0.6 | 0.4 | 0.4 | 0.6 | 0.6 | 0.6 | 0.6 | 0.4 | 0.6 | 0.6 | 0.8 | 0.6 | 0.6 | 0.4 | |
| | 0.9 | 1.5 | 1.6 | 2.0 | 3.1 | 2.5 | 1.9 | 1.7 | 4.3 | 2.5 | 4.9 | 3.3 | 1.9 | 3.0 | 4.5 | 4.9 | 2.5 | 3.9 | 1.1 | 52 |
| 22 | 0.4 | 0.4 | 0.4 | 0.4 | 0.4 | 0.6 | 0.8 | 0.6 | 0.8 | 0.6 | 0.6 | 0.6 | 0.4 | 0.6 | 0.6 | 0.8 | 0.8 | 1 | 0.4 | |
| | 0.9 | 1.5 | 1.6 | 2.0 | 3.1 | 2.5 | 3.7 | 2.5 | 5.8 | 2.5 | 4.9 | 3.3 | 1.9 | 3.0 | 4.5 | 4.9 | 3.4 | 6.5 | 1.1 | 59.6 |
| 23 | 0.4 | 0.4 | 0.4 | 0.4 | 0.4 | 0.6 | 0.8 | 0.6 | 1 | 0.6 | 0.6 | 0.6 | 1 | 0.6 | 0.6 | 0.8 | 0.6 | 1 | 0.4 | |
| | 0.9 | 1.5 | 1.6 | 2.0 | 3.1 | 2.5 | 3.7 | 2.5 | 7.2 | 2.5 | 4.9 | 3.3 | 4.7 | 3.0 | 4.5 | 4.9 | 2.5 | 6.5 | 1.1 | 62.9 |
| 24 | 0.4 | 0.4 | 0.4 | 0.4 | 0.4 | 0.8 | 0.6 | 0.4 | 0.8 | 0.4 | 0.4 | 0.8 | 0.4 | 0.4 | 0.8 | 0.4 | 0.6 | 1 | 0.4 | |
| | 0.9 | 1.5 | 1.6 | 2.0 | 3.1 | 3.3 | 2.8 | 1.7 | 5.8 | 1.7 | 3.3 | 4.3 | 1.9 | 2.0 | 6.0 | 2.4 | 2.5 | 6.5 | 1.1 | 54.4 |
| 25 | 0.4 | 0.4 | 0.4 | 0.4 | 0.4 | 0.8 | 0.6 | 0.4 | 0.8 | 0.4 | 0.4 | 0.8 | 0.4 | 0.4 | 0.8 | 0.4 | 0.6 | 1 | 0.4 | |
| | 0.9 | 1.5 | 1.6 | 2.0 | 3.1 | 3.3 | 2.8 | 1.7 | 5.8 | 1.7 | 3.3 | 4.3 | 1.9 | 2.0 | 6.0 | 2.4 | 2.5 | 6.5 | 1.1 | 54.4 |
| 26 | 0.4 | 0.4 | 0.4 | 0.4 | 0.4 | 0.8 | 0.6 | 0.4 | 0.8 | 0.4 | 0.8 | 0.4 | 0.4 | 0.4 | 0.8 | 0.4 | 0.6 | 1 | 0.4 | |
| | 0.9 | 1.5 | 1.6 | 2.0 | 3.1 | 3.3 | 2.8 | 1.7 | 5.8 | 1.7 | 3.3 | 3.3 | 1.9 | 2.0 | 3.6 | 2.4 | 2.5 | 6.5 | 1.1 | 51 |
| 27 | 0.4 | 0.4 | 0.4 | 0.4 | 0.4 | 0.6 | 0.4 | 0.6 | 1 | 0.8 | 0.8 | 0.8 | 0.4 | 0.4 | 0.8 | 0.6 | 0.6 | 0.6 | 0.4 | |
| | 0.9 | 1.5 | 1.6 | 2.0 | 3.1 | 2.5 | 1.9 | 2.5 | 7.2 | 3.3 | 6.5 | 4.3 | 1.9 | 2.0 | 6.0 | 3.6 | 2.5 | 3.9 | 1.1 | 58.3 |
| 28 | 0.4 | 0.4 | 0.4 | 0.4 | 0.4 | 0.6 | 0.4 | 0.6 | 0.8 | 0.4 | 0.4 | 0.6 | 0.4 | 0.4 | 0.6 | 0.6 | 0.6 | 0.6 | 0.4 | |
| | 0.9 | 1.5 | 1.6 | 2.0 | 3.1 | 2.5 | 1.9 | 2.5 | 5.8 | 1.7 | 3.3 | 3.3 | 1.9 | 2.0 | 4.5 | 3.6 | 2.5 | 3.9 | 1.1 | 49.6 |
| 29 | 0.4 | 0.4 | 0.4 | 0.4 | 0.4 | 0.6 | 0.4 | 0.6 | 0.8 | 0.4 | 0.4 | 0.6 | 0.4 | 0.4 | 0.6 | 0.6 | 0.6 | 0.6 | 0.4 | |
| | 0.9 | 1.5 | 1.6 | 2.0 | 3.1 | 2.5 | 1.9 | 2.5 | 5.8 | 1.7 | 3.3 | 3.3 | 1.9 | 2.0 | 4.5 | 3.6 | 2.5 | 3.9 | 1.1 | 49.6 |

评估指标

续表

| 项目 | 气候影响 | 环境污染 | 自然灾害 | 制作技术 | 使用技术 | 文化空间 | 新价值观 | 族群迁移 | 群体记忆 | 保存完整 | 文化原真 | 文化独特 | 物质载体 | 空间载体 | 传承方式 | 传承人 | 遗产研究 | 遗产记录 | 公众喜爱 | 得分 |
|---|---|---|---|---|---|---|---|---|---|---|---|---|---|---|---|---|---|---|---|---|
| 30 | 0.4 | 0.4 | 0.4 | 0.6 | 0.6 | 0.6 | 0.4 | 0.6 | 1 | 1 | 0.8 | 0.6 | 0.4 | 0.4 | 0.8 | 0.4 | 0.6 | 0.6 | 0.4 | |
| | 0.9 | 1.5 | 1.6 | 3.1 | 4.7 | 2.5 | 1.9 | 2.5 | 7.2 | 4.2 | 6.5 | 3.3 | 1.9 | 2.0 | 6.0 | 2.4 | 2.5 | 3.9 | 1.1 | 59.7 |
| 31 | 0.4 | 0.4 | 0.4 | 0.4 | 0.4 | 1 | 0.6 | 0.6 | 1 | 1 | 0.8 | 0.8 | 0.4 | 0.4 | 0.8 | 0.8 | 0.8 | 1 | 0.4 | |
| | 0.9 | 1.5 | 1.6 | 2.0 | 3.1 | 4.2 | 2.8 | 2.5 | 7.2 | 4.2 | 6.5 | 4.3 | 1.9 | 2.0 | 6.0 | 4.9 | 3.4 | 6.5 | 1.1 | 66.6 |
| 32 | 0.4 | 0.4 | 0.4 | 0.6 | 0.6 | 0.6 | 0.4 | 0.6 | 0.8 | 1 | 0.8 | 0.6 | 0.4 | 0.4 | 0.8 | 0.6 | 0.6 | 0.6 | 0.4 | |
| | 0.9 | 1.5 | 1.6 | 3.1 | 4.7 | 2.5 | 1.9 | 2.5 | 5.8 | 4.2 | 6.5 | 3.3 | 1.9 | 2.0 | 6.0 | 3.6 | 2.5 | 3.9 | 1.1 | 59.5 |
| 33 | 0.4 | 0.4 | 0.4 | 0.4 | 0.4 | 1 | 0.6 | 0.6 | 1 | 1 | 0.8 | 0.8 | 0.4 | 0.4 | 0.8 | 0.8 | 0.8 | 1 | 0.4 | |
| | 0.9 | 1.5 | 1.6 | 2.0 | 3.1 | 4.2 | 2.8 | 2.5 | 7.2 | 4.2 | 6.5 | 4.3 | 1.9 | 2.0 | 6.0 | 4.9 | 3.4 | 6.5 | 1.1 | 66.6 |
| 34 | 0.4 | 0.4 | 0.4 | 0.4 | 0.4 | 0.6 | 0.4 | 0.6 | 1 | 1 | 0.6 | 0.8 | 0.4 | 0.4 | 0.6 | 0.6 | 0.6 | 0.6 | 0.4 | |
| | 0.9 | 1.5 | 1.6 | 2.0 | 3.1 | 2.5 | 1.9 | 2.5 | 7.2 | 4.2 | 4.9 | 4.3 | 1.9 | 2.0 | 4.5 | 3.6 | 2.5 | 3.9 | 1.1 | 56.1 |
| 35 | 0.4 | 0.4 | 0.4 | 0.4 | 0.4 | 0.6 | 0.4 | 0.6 | 0.6 | 0.4 | 0.4 | 0.6 | 0.4 | 0.4 | 0.6 | 0.6 | 0.6 | 0.6 | 0.4 | |
| | 0.9 | 1.5 | 1.6 | 2.0 | 3.1 | 2.5 | 1.9 | 2.5 | 4.3 | 1.7 | 3.3 | 3.3 | 1.9 | 2.0 | 4.5 | 3.6 | 2.5 | 3.9 | 1.1 | 48.1 |
| 36 | 0.4 | 0.4 | 0.4 | 0.4 | 0.4 | 0.6 | 0.4 | 0.6 | 1 | 1 | 0.4 | 0.6 | 0.4 | 0.4 | 0.6 | 0.6 | 0.6 | 0.6 | 0.4 | |
| | 0.9 | 1.5 | 1.6 | 2.0 | 3.1 | 2.5 | 1.9 | 2.5 | 7.2 | 4.2 | 3.3 | 3.3 | 1.9 | 2.0 | 4.5 | 3.6 | 2.5 | 3.9 | 1.1 | 53.5 |
| 37 | 0.4 | 0.4 | 0.4 | 0.4 | 0.4 | 0.6 | 0.4 | 0.6 | 0.6 | 0.4 | 0.4 | 0.6 | 0.4 | 0.4 | 0.6 | 0.6 | 0.6 | 0.6 | 0.4 | |
| | 0.9 | 1.5 | 1.6 | 2.0 | 3.1 | 2.5 | 1.9 | 2.5 | 4.3 | 1.7 | 3.3 | 3.3 | 1.9 | 2.0 | 4.5 | 3.6 | 2.5 | 3.9 | 1.1 | 48.1 |
| 38 | 0.4 | 0.4 | 0.4 | 0.4 | 0.4 | 0.6 | 0.4 | 0.6 | 0.6 | 0.4 | 0.4 | 0.6 | 0.4 | 0.4 | 0.6 | 0.6 | 0.6 | 0.6 | 0.4 | |
| | 0.9 | 1.5 | 1.6 | 2.0 | 3.1 | 2.5 | 1.9 | 2.5 | 4.3 | 1.7 | 3.3 | 3.3 | 1.9 | 2.0 | 4.5 | 3.6 | 2.5 | 3.9 | 1.1 | 48.1 |
| 39 | 0.4 | 0.4 | 0.4 | 0.4 | 0.4 | 0.6 | 0.4 | 0.6 | 0.6 | 0.4 | 0.4 | 0.6 | 0.4 | 0.4 | 0.6 | 0.6 | 0.6 | 0.6 | 0.4 | |
| | 0.9 | 1.5 | 1.6 | 2.0 | 3.1 | 2.5 | 1.9 | 2.5 | 4.3 | 1.7 | 3.3 | 3.3 | 1.9 | 2.0 | 4.5 | 3.6 | 2.5 | 3.9 | 1.1 | 48.1 |

评估指标

续表

| 项目 | 评估指标 | | | | | | | | | | | | | | | | | | | 得分 |
|---|---|---|---|---|---|---|---|---|---|---|---|---|---|---|---|---|---|---|---|---|
| | 气候影响 | 环境污染 | 自然灾害 | 制作技术 | 使用技术 | 文化空间 | 新价值观 | 族群迁移 | 群体记忆 | 保存完整 | 文化原真 | 文化独特 | 物质载体 | 空间载体 | 传承方式 | 传承人 | 遗产研究 | 遗产记录 | 公众喜爱 | |
| 40 | 0.4 | 0.4 | 0.4 | 0.4 | 0.4 | 0.6 | 0.4 | 0.6 | 0.6 | 1 | 0.4 | 0.6 | 0.4 | 0.4 | 0.6 | 0.6 | 0.6 | 0.6 | 0.4 | |
| | 0.9 | 1.5 | 1.6 | 2.0 | 3.1 | 2.5 | 1.9 | 2.5 | 4.3 | 4.2 | 3.3 | 3.3 | 1.9 | 2.0 | 4.5 | 3.6 | 2.5 | 3.9 | 1.1 | 50.6 |
| 41 | 0.4 | 0.4 | 0.4 | 0.4 | 0.4 | 0.6 | 0.4 | 0.6 | 0.6 | 0.4 | 0.4 | 0.6 | 0.4 | 0.4 | 0.6 | 0.6 | 0.6 | 0.6 | 0.4 | |
| | 0.9 | 1.5 | 1.6 | 2.0 | 3.1 | 2.5 | 1.9 | 2.5 | 4.3 | 1.7 | 3.3 | 3.3 | 1.9 | 2.0 | 4.5 | 3.6 | 2.5 | 3.9 | 1.1 | 48.1 |
| 42 | 0.4 | 0.4 | 0.4 | 0.4 | 0.4 | 0.6 | 0.4 | 0.6 | 0.6 | 1 | 0.4 | 0.6 | 0.4 | 0.4 | 0.6 | 0.6 | 0.6 | 0.6 | 0.4 | |
| | 0.9 | 1.5 | 1.6 | 2.0 | 3.1 | 2.5 | 1.9 | 2.5 | 4.3 | 4.2 | 3.3 | 3.3 | 1.9 | 2.0 | 4.5 | 3.6 | 2.5 | 3.9 | 1.1 | 50.6 |
| 43 | 0.4 | 0.4 | 0.4 | 0.4 | 0.4 | 0.6 | 0.4 | 0.6 | 0.6 | 0.4 | 0.4 | 0.6 | 0.4 | 0.4 | 0.6 | 0.6 | 0.6 | 0.6 | 0.4 | |
| | 0.9 | 1.5 | 1.6 | 2.0 | 3.1 | 2.5 | 1.9 | 2.5 | 4.3 | 1.7 | 3.3 | 3.3 | 1.9 | 2.0 | 4.5 | 3.6 | 2.5 | 3.9 | 1.1 | 48.1 |
| 44 | 0.4 | 0.4 | 0.4 | 0.4 | 0.4 | 0.6 | 0.4 | 0.6 | 1 | 1 | 0.4 | 0.6 | 0.4 | 0.4 | 0.6 | 0.6 | 0.6 | 0.6 | 0.4 | |
| | 0.9 | 1.5 | 1.6 | 2.0 | 3.1 | 2.5 | 1.9 | 2.5 | 7.2 | 4.2 | 3.3 | 3.3 | 1.9 | 2.0 | 4.5 | 3.6 | 2.5 | 3.9 | 1.1 | 53.5 |
| 45 | 0.4 | 0.4 | 0.4 | 0.6 | 0.4 | 0.6 | 0.4 | 0.8 | 0.8 | 0.4 | 0.4 | 0.4 | 0.4 | 0.4 | 0.6 | 0.6 | 0.6 | 0.6 | 0.4 | |
| | 0.9 | 1.5 | 1.6 | 2.0 | 4.7 | 2.5 | 1.9 | 3.4 | 5.8 | 1.7 | 3.3 | 2.2 | 1.9 | 2.0 | 4.5 | 3.6 | 2.5 | 3.9 | 1.1 | 51 |
| 46 | 0.4 | 0.4 | 0.4 | 0.6 | 0.4 | 0.6 | 0.4 | 0.4 | 0.8 | 0.4 | 0.4 | 0.4 | 0.4 | 0.4 | 0.6 | 0.6 | 0.6 | 0.6 | 0.4 | |
| | 0.9 | 1.5 | 1.6 | 3.1 | 3.1 | 2.5 | 1.9 | 1.7 | 5.8 | 1.7 | 3.3 | 2.2 | 1.9 | 2.0 | 4.5 | 3.6 | 2.5 | 3.9 | 1.1 | 48.8 |
| 47 | 0.4 | 0.4 | 0.4 | 0.4 | 0.4 | 0.6 | 0.4 | 0.4 | 0.6 | 0.4 | 0.6 | 0.4 | 0.4 | 0.4 | 0.6 | 0.4 | 0.4 | 0.4 | 0.4 | |
| | 0.9 | 1.5 | 1.6 | 2.0 | 3.1 | 2.5 | 1.9 | 1.7 | 4.3 | 1.7 | 4.9 | 2.2 | 1.9 | 2.0 | 4.5 | 2.4 | 1.7 | 2.6 | 1.1 | 44.5 |
| 48 | 0.4 | 0.4 | 0.4 | 0.4 | 0.4 | 0.6 | 0.4 | 0.4 | 0.6 | 0.4 | 0.6 | 0.4 | 0.4 | 0.4 | 0.6 | 0.4 | 0.4 | 0.4 | 0.4 | |
| | 0.9 | 1.5 | 1.6 | 2.0 | 3.1 | 2.5 | 1.9 | 1.7 | 4.3 | 1.7 | 4.9 | 2.2 | 1.9 | 2.0 | 4.5 | 2.4 | 1.7 | 2.6 | 1.1 | 44.5 |
| 49 | 0.4 | 0.4 | 0.4 | 0.6 | 0.4 | 0.6 | 0.4 | 0.4 | 0.6 | 0.4 | 0.6 | 0.4 | 0.4 | 0.4 | 0.6 | 0.4 | 0.4 | 0.4 | 0.4 | |
| | 0.9 | 1.5 | 1.6 | 3.1 | 3.1 | 2.5 | 1.9 | 1.7 | 4.3 | 1.7 | 4.9 | 2.2 | 1.9 | 2.0 | 4.5 | 2.4 | 1.7 | 2.6 | 1.1 | 45.6 |

续表

| 项目 | 评估指标 | | | | | | | | | | | | | | | | | | | 得分 |
|---|---|---|---|---|---|---|---|---|---|---|---|---|---|---|---|---|---|---|---|---|
| | 气候影响 | 环境污染 | 自然灾害 | 制作技术 | 使用技术 | 文化空间 | 新价值观 | 族群迁移 | 群体记忆 | 保存完整 | 文化原真 | 文化独特 | 物质载体 | 空间载体 | 传承方式 | 传承人 | 遗产研究 | 遗产记录 | 公众喜爱 | |
| 50 | 0.4 | 0.4 | 0.4 | 0.6 | 0.4 | 0.6 | 0.8 | 0.4 | 0.6 | 0.4 | 0.6 | 0.4 | 0.4 | 0.4 | 0.6 | 0.4 | 0.4 | 0.4 | 0.4 | |
| | 0.9 | 1.5 | 1.6 | 3.1 | 3.1 | 2.5 | 3.7 | 1.7 | 4.3 | 1.7 | 4.9 | 2.2 | 1.9 | 2.0 | 4.5 | 2.4 | 1.7 | 2.6 | 1.1 | 47.4 |
| 51 | 0.4 | 0.4 | 0.4 | 0.6 | 0.4 | 0.6 | 0.4 | 0.4 | 0.6 | 0.4 | 0.4 | 0.4 | 0.4 | 0.4 | 0.6 | 0.4 | 0.6 | 0.6 | 0.4 | |
| | 0.9 | 1.5 | 1.6 | 3.1 | 3.1 | 2.5 | 1.9 | 1.7 | 4.3 | 1.7 | 3.3 | 2.2 | 1.9 | 2.0 | 4.5 | 2.4 | 2.5 | 3.9 | 1.1 | 46.1 |
| 52 | 0.4 | 0.4 | 0.4 | 0.6 | 0.4 | 0.6 | 0.4 | 0.4 | 0.6 | 0.4 | 0.6 | 0.4 | 0.4 | 0.4 | 0.6 | 0.4 | 0.4 | 0.4 | 0.4 | |
| | 0.9 | 1.5 | 1.6 | 3.1 | 3.1 | 2.5 | 1.9 | 1.7 | 4.3 | 1.7 | 3.3 | 2.2 | 1.9 | 2.0 | 4.5 | 2.4 | 1.7 | 2.6 | 1.1 | 44 |
| 53 | 0.4 | 0.4 | 0.4 | 1 | 1 | 0.4 | 0.8 | 0.4 | 1 | 0.4 | 0.6 | 0.8 | 0.4 | 0.4 | 0.4 | 0.4 | 0.4 | 0.4 | 0.4 | |
| | 0.9 | 1.5 | 1.6 | 5.1 | 7.8 | 1.7 | 3.7 | 1.7 | 7.2 | 1.7 | 4.9 | 4.3 | 1.9 | 2.0 | 3.0 | 2.4 | 1.7 | 2.6 | 1.1 | 56.8 |
| 54 | 0.4 | 0.4 | 0.4 | 0.6 | 0.4 | 0.6 | 0.4 | 0.4 | 0.6 | 0.4 | 0.4 | 0.4 | 0.4 | 0.4 | 0.6 | 0.4 | 0.6 | 0.6 | 0.4 | |
| | 0.9 | 1.5 | 1.6 | 3.1 | 3.1 | 2.5 | 1.9 | 1.7 | 4.3 | 1.7 | 3.3 | 2.2 | 1.9 | 2.0 | 4.5 | 2.4 | 2.5 | 3.9 | 1.1 | 46.1 |
| 55 | 0.4 | 0.4 | 0.4 | 1 | 1 | 0.4 | 0.8 | 0.4 | 1 | 0.4 | 0.6 | 0.8 | 0.4 | 0.4 | 0.4 | 0.4 | 0.4 | 0.4 | 0.4 | |
| | 0.9 | 1.5 | 1.6 | 5.1 | 7.8 | 1.7 | 3.7 | 1.7 | 7.2 | 1.7 | 4.9 | 4.3 | 1.9 | 2.0 | 3.0 | 2.4 | 1.7 | 2.6 | 1.1 | 56.8 |
| 56 | 0.4 | 0.4 | 0.4 | 0.4 | 0.4 | 1 | 0.8 | 0.6 | 0.8 | 1 | 0.8 | 0.6 | 0.4 | 0.4 | 1 | 1 | 0.8 | 1 | 0.6 | |
| | 0.9 | 1.5 | 1.6 | 2.0 | 3.1 | 4.2 | 3.7 | 2.5 | 5.8 | 4.2 | 6.5 | 3.3 | 1.9 | 2.0 | 7.4 | 6.1 | 3.4 | 6.5 | 3.1 | 69.7 |
| 57 | 0.4 | 0.4 | 0.4 | 0.6 | 0.4 | 0.6 | 0.4 | 0.4 | 0.6 | 0.4 | 0.6 | 0.4 | 0.4 | 0.4 | 0.6 | 0.4 | 0.4 | 0.4 | 0.4 | |
| | 0.9 | 1.5 | 1.6 | 3.1 | 3.1 | 2.5 | 1.9 | 1.7 | 4.3 | 1.7 | 4.9 | 2.2 | 1.9 | 2.0 | 4.5 | 2.4 | 1.7 | 2.6 | 1.1 | 45.6 |
| 58 | 0.4 | 0.4 | 0.4 | 0.4 | 0.4 | 0.6 | 0.4 | 0.4 | 0.6 | 0.4 | 0.4 | 0.4 | 0.4 | 0.4 | 0.6 | 0.4 | 0.4 | 0.4 | 0.4 | |
| | 0.9 | 1.5 | 1.6 | 2.0 | 3.1 | 2.5 | 1.9 | 1.7 | 4.3 | 1.7 | 3.3 | 2.2 | 1.9 | 2.0 | 4.5 | 2.4 | 1.7 | 2.6 | 1.1 | 42.9 |
| 59 | 0.4 | 0.4 | 0.4 | 0.4 | 0.4 | 0.6 | 0.4 | 0.4 | 0.6 | 0.4 | 0.4 | 0.4 | 0.4 | 0.4 | 0.6 | 0.4 | 0.4 | 0.4 | 0.4 | |
| | 0.9 | 1.5 | 1.6 | 2.0 | 3.1 | 2.5 | 1.9 | 1.7 | 4.3 | 1.7 | 3.3 | 2.2 | 1.9 | 2.0 | 4.5 | 2.4 | 1.7 | 2.6 | 1.1 | 42.9 |

续表

| 项目 | 气候影响 | 环境污染 | 自然灾害 | 制作技术 | 使用技术 | 文化空间 | 新价值观 | 族群迁移 | 群体记忆 | 保存完整 | 文化原真 | 文化独特 | 物质载体 | 空间载体 | 传承方式 | 传承人 | 遗产研究 | 遗产记录 | 公众喜爱 | 得分 |
|---|---|---|---|---|---|---|---|---|---|---|---|---|---|---|---|---|---|---|---|---|
| 60 | 0.4 | 0.4 | 0.4 | 0.4 | 0.4 | 0.6 | 0.4 | 0.4 | 0.6 | 0.4 | 0.4 | 0.4 | 0.4 | 0.4 | 0.6 | 0.6 | 0.4 | 0.4 | 0.4 | |
| | 0.9 | 1.5 | 1.6 | 2.0 | 3.1 | 2.5 | 1.9 | 1.7 | 4.3 | 1.7 | 3.3 | 2.2 | 1.9 | 2.0 | 4.5 | 3.6 | 1.7 | 2.6 | 1.1 | 44.1 |
| 61 | 0.4 | 0.4 | 0.8 | 0.8 | 0.6 | 1 | 0.8 | 0.6 | 0.8 | 1 | 0.6 | 0.6 | 0.6 | 1 | 1 | 1 | 0.8 | 1 | 0.8 | |
| | 0.9 | 1.5 | 3.2 | 4.1 | 4.7 | 4.2 | 3.7 | 2.5 | 5.8 | 4.2 | 4.9 | 3.3 | 2.8 | 5.0 | 7.4 | 6.1 | 3.4 | 6.5 | 4.2 | 78.4 |
| 62 | 0.4 | 0.4 | 0.4 | 0.6 | 0.4 | 0.8 | 0.6 | 0.6 | 0.8 | 0.6 | 0.6 | 0.4 | 0.6 | 0.4 | 0.6 | 0.6 | 0.8 | 0.6 | 0.8 | |
| | 0.9 | 1.5 | 1.6 | 3.1 | 3.1 | 3.3 | 2.8 | 2.5 | 5.8 | 2.5 | 4.9 | 2.2 | 2.8 | 2.0 | 4.5 | 3.6 | 3.4 | 3.9 | 4.2 | 58.6 |
| 63 | 0.4 | 0.4 | 0.4 | 0.4 | 0.4 | 0.8 | 0.8 | 0.6 | 0.8 | 0.6 | 0.4 | 0.4 | 0.4 | 0.4 | 0.6 | 0.8 | 0.4 | 0.4 | 0.4 | |
| | 0.9 | 1.5 | 1.6 | 2.0 | 6.2 | 3.3 | 3.7 | 2.5 | 5.8 | 2.5 | 3.3 | 2.2 | 1.9 | 2.0 | 4.5 | 4.9 | 1.7 | 2.6 | 1.1 | 54.2 |
| 64 | 0.4 | 0.4 | 0.6 | 0.4 | 0.4 | 0.4 | 0.4 | 0.4 | 1 | 0.4 | 0.4 | 0.8 | 0.4 | 0.4 | 0.4 | 0.4 | 0.4 | 0.4 | 0.4 | |
| | 0.9 | 1.5 | 2.4 | 2.0 | 3.1 | 1.7 | 1.9 | 1.7 | 7.2 | 1.7 | 3.3 | 4.3 | 1.9 | 2.0 | 3.0 | 2.4 | 1.7 | 2.6 | 1.1 | 46.4 |
| 65 | 0.4 | 0.4 | 0.6 | 0.4 | 0.4 | 0.4 | 0.4 | 0.6 | 0.6 | 0.4 | 0.4 | 0.6 | 0.4 | 0.4 | 0.4 | 0.6 | 0.4 | 0.4 | 0.4 | |
| | 0.9 | 1.5 | 2.4 | 2.0 | 6.2 | 1.7 | 1.9 | 1.7 | 4.3 | 1.7 | 3.3 | 3.3 | 1.9 | 2.0 | 3.0 | 3.6 | 1.7 | 2.6 | 1.1 | 46.8 |
| 66 | 0.4 | 0.4 | 0.6 | 0.4 | 0.8 | 0.4 | 0.4 | 0.6 | 0.8 | 0.6 | 0.6 | 0.6 | 0.4 | 0.4 | 0.6 | 0.6 | 0.6 | 0.4 | 0.4 | |
| | 0.9 | 1.5 | 2.4 | 2.0 | 6.2 | 1.7 | 1.9 | 2.5 | 5.8 | 2.5 | 4.9 | 3.3 | 1.9 | 2.0 | 4.5 | 3.6 | 2.5 | 2.6 | 1.1 | 53.8 |
| 67 | 0.6 | 0.6 | 0.8 | 0.4 | 0.8 | 0.4 | 0.4 | 0.6 | 1 | 0.4 | 0.6 | 0.8 | 0.4 | 0.4 | 0.4 | 0.4 | 0.4 | 0.4 | 0.4 | |
| | 1.3 | 2.2 | 3.2 | 2.0 | 6.2 | 1.7 | 1.9 | 2.5 | 7.2 | 1.7 | 4.9 | 4.3 | 1.9 | 2.0 | 3.0 | 2.4 | 1.7 | 2.6 | 1.1 | 53.8 |
| 68 | 0.4 | 0.4 | 0.4 | 0.6 | 0.8 | 0.6 | 0.8 | 0.4 | 0.8 | 0.6 | 0.4 | 0.4 | 0.4 | 0.8 | 0.6 | 0.6 | 0.6 | 0.4 | 0.4 | |
| | 0.9 | 1.5 | 1.6 | 3.1 | 6.2 | 2.5 | 3.7 | 1.7 | 5.8 | 2.5 | 3.3 | 2.2 | 1.9 | 2.0 | 4.5 | 3.6 | 2.5 | 2.6 | 1.1 | 53.2 |
| 69 | 0.4 | 0.4 | 0.4 | 0.6 | 0.4 | 0.8 | 0.6 | 0.6 | 0.8 | 0.8 | 0.4 | 0.4 | 0.6 | 0.8 | 0.6 | 0.6 | 0.6 | 0.4 | 0.8 | |
| | 0.9 | 1.5 | 1.6 | 3.1 | 3.1 | 3.3 | 2.8 | 2.5 | 5.8 | 3.3 | 3.3 | 2.2 | 2.8 | 4.0 | 4.5 | 3.6 | 2.5 | 2.6 | 4.2 | 57.6 |

评估指标

续表

| 项目 | 气候影响 | 环境污染 | 自然灾害 | 制作技术 | 使用技术 | 文化空间 | 新价值观 | 族群迁移 | 群体记忆 | 保存完整 | 文化原真 | 文化独特 | 物质载体 | 空间载体 | 传承方式 | 传承人 | 遗产研究 | 遗产记录 | 公众喜爱 | 得分 |
|---|---|---|---|---|---|---|---|---|---|---|---|---|---|---|---|---|---|---|---|---|
| 70 | 0.4 | 0.4 | 0.4 | 0.4 | 0.8 | 0.8 | 0.8 | 0.4 | 1 | 0.4 | 0.6 | 0.4 | 0.4 | 0.4 | 0.8 | 0.8 | 0.4 | 0.4 | 0.4 | |
| | 0.9 | 1.5 | 1.6 | 2.0 | 6.2 | 3.3 | 3.7 | 1.7 | 7.2 | 1.7 | 4.9 | 2.2 | 1.9 | 2.0 | 6.0 | 4.9 | 1.7 | 2.6 | 1.1 | 57.1 |
| 71 | 0.4 | 0.4 | 0.4 | 0.6 | 0.4 | 0.4 | 0.4 | 0.6 | 0.6 | 0.4 | 0.4 | 0.4 | 0.4 | 0.4 | 0.4 | 0.4 | 0.4 | 0.4 | 0.4 | |
| | 0.9 | 1.5 | 1.6 | 3.1 | 3.1 | 1.7 | 1.9 | 2.5 | 4.3 | 1.7 | 3.3 | 2.2 | 1.9 | 2.0 | 3.0 | 2.4 | 1.7 | 2.6 | 1.1 | 42.5 |
| 72 | 0.4 | 0.4 | 0.4 | 0.6 | 0.4 | 0.4 | 0.4 | 0.6 | 0.6 | 0.4 | 0.4 | 0.8 | 0.4 | 0.4 | 0.4 | 0.4 | 0.4 | 0.4 | 0.4 | |
| | 0.9 | 1.5 | 1.6 | 3.1 | 3.1 | 1.7 | 1.9 | 2.5 | 4.3 | 1.7 | 3.3 | 4.3 | 1.9 | 2.0 | 3.0 | 2.4 | 1.7 | 2.6 | 1.1 | 44.6 |
| 73 | 0.6 | 0.6 | 0.8 | 0.4 | 0.8 | 0.6 | 0.8 | 0.4 | 0.8 | 0.4 | 0.6 | 0.4 | 0.4 | 0.4 | 0.4 | 0.6 | 0.4 | 0.4 | 0.4 | |
| | 1.3 | 2.2 | 3.2 | 2.0 | 6.2 | 2.5 | 3.7 | 1.7 | 5.8 | 1.7 | 4.9 | 2.2 | 1.9 | 2.0 | 3.0 | 3.6 | 1.7 | 2.6 | 1.1 | 53.3 |
| 74 | 0.4 | 0.4 | 0.4 | 0.6 | 0.4 | 0.8 | 0.6 | 0.6 | 0.8 | 0.6 | 0.4 | 0.4 | 0.6 | 0.8 | 0.6 | 0.6 | 0.6 | 0.4 | 0.8 | |
| | 0.9 | 1.5 | 1.6 | 3.1 | 3.1 | 3.3 | 2.8 | 2.5 | 5.8 | 2.5 | 3.3 | 2.2 | 2.8 | 4.0 | 4.5 | 3.6 | 2.5 | 2.6 | 4.2 | 56.8 |
| 75 | 0.4 | 0.4 | 0.4 | 0.6 | 0.4 | 1 | 0.4 | 0.6 | 0.8 | 1 | 0.4 | 0.4 | 0.8 | 1 | 1 | 1 | 0.6 | 0.4 | 0.4 | |
| | 0.9 | 1.5 | 1.6 | 3.1 | 3.1 | 4.2 | 1.9 | 2.5 | 5.8 | 4.2 | 3.3 | 2.2 | 3.8 | 5.0 | 7.4 | 6.1 | 2.5 | 2.6 | 1.1 | 62.8 |
| 76 | 0.4 | 0.4 | 0.4 | 0.8 | 0.8 | 0.4 | 0.4 | 0.4 | 0.6 | 0.4 | 0.4 | 0.8 | 0.4 | 0.4 | 0.4 | 0.4 | 0.4 | 0.4 | 0.4 | |
| | 0.9 | 1.5 | 1.6 | 4.1 | 6.2 | 1.7 | 1.9 | 1.7 | 4.3 | 1.7 | 3.3 | 4.3 | 1.9 | 2.0 | 3.0 | 2.4 | 1.7 | 2.6 | 1.1 | 47.9 |
| 77 | 0.4 | 0.4 | 0.4 | 0.6 | 0.8 | 0.4 | 0.4 | 0.4 | 0.6 | 0.4 | 0.4 | 0.8 | 0.4 | 0.4 | 0.4 | 0.4 | 0.4 | 0.4 | 0.4 | |
| | 0.9 | 1.5 | 1.6 | 4.1 | 6.2 | 1.7 | 1.9 | 1.7 | 4.3 | 1.7 | 3.3 | 4.3 | 1.9 | 2.0 | 3.0 | 2.4 | 1.7 | 2.6 | 1.1 | 47.9 |
| 78 | 0.4 | 0.4 | 0.4 | 0.6 | 0.6 | 0.4 | 0.4 | 0.4 | 0.6 | 0.4 | 0.4 | 0.8 | 0.4 | 0.4 | 0.4 | 0.4 | 0.4 | 0.4 | 0.4 | |
| | 0.9 | 1.5 | 1.6 | 3.1 | 4.7 | 1.7 | 1.9 | 1.7 | 4.3 | 1.7 | 3.3 | 4.3 | 1.9 | 2.0 | 3.0 | 2.4 | 1.7 | 2.6 | 1.1 | 45.4 |
| 79 | 0.4 | 0.4 | 0.4 | 1 | 1 | 0.4 | 0.6 | 0.4 | 0.8 | 0.4 | 0.4 | 0.4 | 0.4 | 0.4 | 0.6 | 0.6 | 0.6 | 0.4 | 0.4 | |
| | 0.9 | 1.5 | 1.6 | 5.1 | 7.8 | 1.7 | 2.8 | 1.7 | 5.8 | 1.7 | 3.3 | 2.2 | 1.9 | 2.0 | 4.5 | 3.6 | 2.5 | 2.6 | 1.1 | 54.3 |

评估指标

续表

| 项目 | 评估指标 | | | | | | | | | | | | | | | | | | | 得分 |
|---|---|---|---|---|---|---|---|---|---|---|---|---|---|---|---|---|---|---|---|---|
| | 气候影响 | 环境污染 | 自然灾害 | 制作技术 | 使用技术 | 文化空间 | 新价值观 | 族群迁移 | 群体记忆 | 保存完整 | 文化原真 | 文化独特 | 物质载体 | 空间载体 | 传承方式 | 传承人 | 遗产研究 | 遗产记录 | 公众喜爱 | |
| 80 | 0.4 | 0.4 | 0.4 | 0.6 | 0.6 | 0.8 | 0.8 | 0.4 | 0.8 | 0.6 | 0.6 | 0.4 | 0.4 | 0.4 | 0.6 | 0.6 | 0.6 | 0.4 | 0.4 | |
| | 0.9 | 1.5 | 1.6 | 3.1 | 4.7 | 3.3 | 3.7 | 1.7 | 5.8 | 2.5 | 4.9 | 2.2 | 1.9 | 2.0 | 4.5 | 3.6 | 2.5 | 2.6 | 1.1 | 54.1 |
| 81 | 0.4 | 0.4 | 0.4 | 0.6 | 0.6 | 0.4 | 0.4 | 0.4 | 0.6 | 0.4 | 0.4 | 0.6 | 0.4 | 0.4 | 0.4 | 0.4 | 0.4 | 0.4 | 0.4 | |
| | 0.9 | 1.5 | 1.6 | 3.1 | 4.7 | 1.7 | 1.9 | 1.7 | 4.3 | 1.7 | 3.3 | 3.3 | 1.9 | 2.0 | 3.0 | 2.4 | 1.7 | 2.6 | 1.1 | 44.4 |
| 82 | 0.4 | 0.4 | 0.4 | 0.6 | 0.6 | 0.4 | 0.4 | 0.4 | 0.6 | 0.4 | 0.4 | 0.8 | 0.4 | 0.4 | 0.6 | 0.4 | 0.4 | 0.4 | 0.4 | |
| | 0.9 | 1.5 | 1.6 | 3.1 | 4.7 | 1.7 | 1.9 | 1.7 | 4.3 | 1.7 | 3.3 | 4.3 | 1.9 | 2.0 | 4.5 | 2.4 | 1.7 | 2.6 | 1.1 | 46.9 |
| 83 | 0.4 | 0.4 | 0.4 | 0.6 | 0.6 | 0.4 | 0.4 | 0.4 | 0.6 | 0.4 | 0.6 | 0.6 | 0.4 | 0.4 | 0.4 | 0.8 | 0.6 | 0.4 | 0.4 | |
| | 0.9 | 1.5 | 1.6 | 3.1 | 4.7 | 1.7 | 1.9 | 1.7 | 4.3 | 1.7 | 4.9 | 3.3 | 1.9 | 2.0 | 3.0 | 4.9 | 2.5 | 2.6 | 1.1 | 49.3 |
| 84 | 0.4 | 0.4 | 0.4 | 1 | 1 | 0.4 | 0.4 | 0.4 | 0.4 | 0.4 | 0.4 | 0.4 | 0.4 | 0.4 | 0.4 | 0.4 | 0.4 | 0.4 | 0.4 | |
| | 0.9 | 1.5 | 1.6 | 5.1 | 7.8 | 1.7 | 1.9 | 1.7 | 2.9 | 1.7 | 3.3 | 2.2 | 1.9 | 2.0 | 3.0 | 2.4 | 1.7 | 2.6 | 1.1 | 47 |
| 85 | 0.4 | 0.4 | 0.4 | 0.6 | 0.6 | 0.4 | 0.4 | 0.4 | 0.6 | 0.4 | 0.6 | 0.6 | 0.4 | 0.4 | 0.8 | 0.4 | 0.6 | 0.4 | 0.4 | |
| | 0.9 | 1.5 | 1.6 | 3.1 | 4.7 | 1.7 | 1.9 | 1.7 | 4.3 | 1.7 | 4.9 | 3.3 | 1.9 | 2.0 | 6.0 | 2.4 | 2.5 | 2.6 | 1.1 | 49.8 |
| 86 | 0.4 | 0.4 | 0.4 | 1 | 1 | 0.4 | 0.4 | 0.4 | 0.4 | 0.4 | 0.4 | 0.8 | 0.4 | 0.4 | 0.4 | 0.4 | 0.4 | 0.4 | 0.4 | |
| | 0.9 | 1.5 | 1.6 | 5.1 | 7.8 | 1.7 | 1.9 | 1.7 | 2.9 | 1.7 | 3.3 | 4.3 | 1.9 | 2.0 | 3.0 | 2.4 | 1.7 | 2.6 | 1.1 | 49.1 |
| 87 | 0.6 | 0.6 | 0.6 | 0.6 | 0.6 | 0.4 | 0.4 | 0.4 | 0.4 | 0.4 | 0.4 | 0.4 | 0.4 | 0.4 | 0.6 | 0.4 | 0.4 | 0.4 | 0.4 | |
| | 1.3 | 2.2 | 2.4 | 3.1 | 4.7 | 1.7 | 1.9 | 1.7 | 2.9 | 1.7 | 3.3 | 2.2 | 1.9 | 2.0 | 4.5 | 2.4 | 1.7 | 2.6 | 1.1 | 50.4 |
| 88 | 0.4 | 0.4 | 0.4 | 0.6 | 0.6 | 0.4 | 0.4 | 0.4 | 0.8 | 0.4 | 0.6 | 0.6 | 0.4 | 0.4 | 0.4 | 0.4 | 0.4 | 0.4 | 0.4 | |
| | 0.9 | 1.5 | 1.6 | 3.1 | 4.7 | 1.7 | 1.9 | 1.7 | 5.8 | 1.7 | 4.9 | 3.3 | 1.9 | 2.0 | 3.0 | 2.4 | 1.7 | 2.6 | 1.1 | 44.6 |
| 89 | 0.6 | 0.6 | 0.6 | 0.4 | 0.4 | 0.4 | 0.4 | 0.4 | 0.8 | 0.4 | 0.6 | 0.8 | 0.4 | 0.4 | 0.4 | 0.4 | 0.4 | 0.4 | 0.4 | |
| | 1.3 | 2.2 | 2.4 | 2.0 | 3.1 | 1.7 | 1.9 | 1.7 | 5.8 | 1.7 | 4.9 | 4.3 | 1.9 | 2.0 | 3.0 | 2.4 | 1.7 | 2.6 | 1.1 | 47.7 |

续表

| 项目 | 评估指标 | | | | | | | | | | | | | | | | | | | 得分 |
|---|---|---|---|---|---|---|---|---|---|---|---|---|---|---|---|---|---|---|---|---|
| | 气候影响 | 环境污染 | 自然灾害 | 制作技术 | 使用技术 | 文化空间 | 新价值观 | 族群迁移 | 群体记忆 | 保存完整 | 文化原真 | 文化独特 | 物质载体 | 空间载体 | 传承方式 | 传承人 | 遗产研究 | 遗产记录 | 公众喜爱 | |
| 90 | 0.4 | 0.4 | 0.4 | 0.8 | 0.8 | 0.6 | 0.8 | 0.4 | 0.6 | 1 | 0.6 | 0.4 | 0.4 | 0.4 | 0.4 | 0.4 | 0.4 | 0.4 | 0.4 | |
| | 0.9 | 1.5 | 1.6 | 4.1 | 6.2 | 2.5 | 3.7 | 1.7 | 4.3 | 4.2 | 4.9 | 2.2 | 1.9 | 2.0 | 3.0 | 2.4 | 1.7 | 2.6 | 1.1 | 52.5 |
| 91 | 0.4 | 0.4 | 0.4 | 0.6 | 0.6 | 0.4 | 0.4 | 0.4 | 0.6 | 0.4 | 0.6 | 0.6 | 0.4 | 0.4 | 0.4 | 0.4 | 0.4 | 0.4 | 0.4 | |
| | 0.9 | 1.5 | 1.6 | 3.1 | 4.7 | 1.7 | 1.9 | 1.7 | 4.3 | 1.7 | 4.9 | 3.3 | 1.9 | 2.0 | 3.0 | 2.4 | 1.7 | 2.6 | 1.1 | 46 |
| 92 | 0.6 | 0.6 | 0.8 | 0.4 | 0.4 | 0.4 | 0.8 | 0.4 | 0.6 | 0.4 | 0.6 | 0.6 | 0.4 | 0.4 | 0.6 | 0.4 | 0.4 | 0.4 | 0.4 | |
| | 1.3 | 2.2 | 3.2 | 2.0 | 3.1 | 1.7 | 3.7 | 1.7 | 4.3 | 1.7 | 4.9 | 3.3 | 1.9 | 2.0 | 4.5 | 2.4 | 1.7 | 2.6 | 1.1 | 49.3 |
| 93 | 0.4 | 0.4 | 0.8 | 1 | 1 | 1 | 0.6 | 0.6 | 1 | 1 | 0.8 | 0.6 | 0.6 | 1 | 1 | 0.8 | 0.4 | 0.4 | 0.6 | |
| | 0.9 | 1.5 | 3.2 | 5.1 | 7.8 | 4.2 | 2.8 | 2.5 | 7.2 | 4.2 | 6.5 | 3.3 | 2.8 | 5.0 | 7.4 | 4.9 | 1.7 | 2.6 | 3.1 | 76.7 |
| 94 | 0.4 | 0.4 | 0.4 | 1 | 0.6 | 0.4 | 0.4 | 0.4 | 0.4 | 0.4 | 0.4 | 0.4 | 0.4 | 0.4 | 0.8 | 0.4 | 0.4 | 0.4 | 0.4 | |
| | 0.9 | 1.5 | 1.6 | 5.1 | 7.8 | 1.7 | 1.9 | 1.7 | 2.9 | 1.7 | 3.3 | 2.2 | 1.9 | 2.0 | 6.0 | 2.4 | 1.7 | 2.6 | 1.1 | 50 |
| 95 | 0.4 | 0.4 | 0.4 | 0.4 | 0.4 | 0.4 | 0.4 | 0.4 | 0.4 | 0.4 | 0.4 | 0.4 | 0.4 | 0.4 | 0.4 | 0.4 | 0.4 | 0.4 | 0.4 | |
| | 0.9 | 1.5 | 1.6 | 2.0 | 3.1 | 1.7 | 1.9 | 1.7 | 2.9 | 1.7 | 3.3 | 2.2 | 1.9 | 2.0 | 3.0 | 2.4 | 1.7 | 2.6 | 1.1 | 39.2 |
| 96 | 0.4 | 0.4 | 0.4 | 0.6 | 0.6 | 0.4 | 0.4 | 0.4 | 0.4 | 0.4 | 0.4 | 0.4 | 0.4 | 0.4 | 0.4 | 0.4 | 0.4 | 0.4 | 0.4 | |
| | 0.9 | 1.5 | 1.6 | 3.1 | 4.7 | 1.7 | 1.9 | 1.7 | 2.9 | 1.7 | 3.3 | 2.2 | 1.9 | 2.0 | 3.0 | 2.4 | 1.7 | 2.6 | 1.1 | 41.9 |
| 97 | 0.4 | 0.4 | 0.4 | 0.8 | 0.6 | 0.4 | 0.4 | 0.4 | 0.6 | 0.4 | 0.8 | 0.6 | 0.8 | 0.8 | 0.8 | 0.6 | 0.4 | 0.4 | 0.6 | |
| | 0.9 | 1.5 | 1.6 | 4.1 | 4.7 | 1.7 | 1.9 | 1.7 | 4.3 | 1.7 | 6.5 | 3.3 | 3.8 | 4.0 | 6.0 | 3.6 | 1.7 | 2.6 | 3.1 | 58.7 |
| 98 | 0.4 | 0.4 | 0.4 | 0.8 | 0.6 | 0.4 | 0.4 | 0.4 | 0.4 | 0.4 | 0.4 | 0.4 | 0.4 | 0.4 | 0.4 | 0.4 | 0.4 | 0.4 | 0.4 | |
| | 0.9 | 1.5 | 1.6 | 4.1 | 4.7 | 1.7 | 1.9 | 1.7 | 2.9 | 1.7 | 3.3 | 2.2 | 1.9 | 2.0 | 3.0 | 2.4 | 1.7 | 2.6 | 1.1 | 42.9 |
| 99 | 0.4 | 0.4 | 0.4 | 0.4 | 0.4 | 0.4 | 0.6 | 0.4 | 0.8 | 0.4 | 0.6 | 0.4 | 0.4 | 0.4 | 0.6 | 0.4 | 0.4 | 0.4 | 0.6 | |
| | 0.9 | 1.5 | 1.6 | 2.0 | 3.1 | 1.7 | 2.8 | 1.7 | 5.8 | 1.7 | 4.9 | 2.2 | 1.9 | 2.0 | 4.5 | 2.4 | 1.7 | 2.6 | 3.1 | 48.1 |

续表

| 项目 | 评估指标 | | | | | | | | | | | | | | | | | | | 得分 |
|---|---|---|---|---|---|---|---|---|---|---|---|---|---|---|---|---|---|---|---|---|
| | 气候影响 | 环境污染 | 自然灾害 | 制作技术 | 使用技术 | 文化空间 | 新价值观 | 族群迁移 | 群体记忆 | 保存完整 | 文化原真 | 文化独特 | 物质载体 | 空间载体 | 传承方式 | 传承人 | 遗产研究 | 遗产记录 | 公众喜爱 | |
| 100 | 0.4 | 0.4 | 0.4 | 1 | 1 | 0.4 | 0.6 | 0.4 | 0.8 | 0.4 | 0.4 | 0.4 | 0.4 | 0.4 | 0.8 | 0.4 | 0.4 | 0.6 | 0.4 | |
| | 0.9 | 1.5 | 1.6 | 5.1 | 7.8 | 1.7 | 2.8 | 1.7 | 5.8 | 1.7 | 3.3 | 2.2 | 1.9 | 2.0 | 6.0 | 2.4 | 1.7 | 3.9 | 1.1 | 55.1 |
| 101 | 0.4 | 0.4 | 0.4 | 0.4 | 0.4 | 0.4 | 0.6 | 0.4 | 0.8 | 0.4 | 0.4 | 0.4 | 0.4 | 0.4 | 0.6 | 0.4 | 0.4 | 0.6 | 0.6 | |
| | 0.9 | 1.5 | 1.6 | 2.0 | 3.1 | 1.7 | 2.8 | 1.7 | 5.8 | 1.7 | 3.3 | 2.2 | 1.9 | 2.0 | 3.6 | 2.4 | 1.7 | 3.9 | 3.1 | 46.9 |
| 102 | 0.4 | 0.4 | 0.4 | 0.6 | 0.6 | 0.4 | 0.4 | 0.4 | 0.4 | 0.4 | 0.4 | 0.4 | 0.4 | 0.4 | 0.4 | 0.4 | 0.4 | 0.4 | 0.4 | |
| | 0.9 | 1.5 | 1.6 | 3.1 | 4.7 | 1.7 | 1.9 | 1.7 | 2.9 | 1.7 | 3.3 | 2.2 | 1.9 | 2.0 | 3.0 | 2.4 | 1.7 | 2.6 | 1.1 | 41.9 |
| 103 | 0.4 | 0.4 | 0.4 | 0.4 | 0.4 | 0.6 | 0.6 | 0.4 | 0.8 | 0.4 | 0.6 | 0.4 | 0.4 | 0.4 | 0.6 | 0.4 | 0.6 | 0.6 | 0.8 | |
| | 0.9 | 1.5 | 1.6 | 2.0 | 3.1 | 2.5 | 2.8 | 1.7 | 5.8 | 1.7 | 4.9 | 2.2 | 1.9 | 2.0 | 4.5 | 2.4 | 2.5 | 3.9 | 4.2 | 52.1 |
| 104 | 0.4 | 0.4 | 0.4 | 0.4 | 0.4 | 0.6 | 0.6 | 0.4 | 0.8 | 0.4 | 0.6 | 0.4 | 0.4 | 0.4 | 0.6 | 0.4 | 0.6 | 0.6 | 0.8 | |
| | 0.9 | 1.5 | 1.6 | 2.0 | 3.1 | 2.5 | 2.8 | 1.7 | 5.8 | 1.7 | 4.9 | 2.2 | 1.9 | 2.0 | 4.5 | 2.4 | 2.5 | 3.9 | 4.2 | 52.1 |
| 105 | 0.4 | 0.4 | 0.4 | 1 | 1 | 0.8 | 0.6 | 0.4 | 0.8 | 0.4 | 0.8 | 0.4 | 0.4 | 0.4 | 0.8 | 0.4 | 0.6 | 0.4 | 0.4 | |
| | 0.9 | 1.5 | 1.6 | 5.1 | 7.8 | 3.3 | 2.8 | 1.7 | 5.8 | 1.7 | 6.5 | 2.2 | 1.9 | 2.0 | 6.0 | 2.4 | 2.5 | 2.6 | 1.1 | 51.6 |
| 106 | 0.4 | 0.4 | 0.4 | 1 | 1 | 0.4 | 0.6 | 0.4 | 0.6 | 0.4 | 0.8 | 0.4 | 0.4 | 0.4 | 0.8 | 0.6 | 0.6 | 0.4 | 0.8 | |
| | 0.9 | 1.5 | 1.6 | 5.1 | 7.8 | 1.7 | 2.8 | 1.7 | 4.3 | 1.7 | 6.5 | 2.2 | 1.9 | 2.0 | 6.0 | 3.6 | 2.5 | 2.6 | 4.2 | 60.6 |
| 107 | 0.4 | 0.4 | 0.4 | 1 | 1 | 0.4 | 0.6 | 0.4 | 0.4 | 0.4 | 0.4 | 0.4 | 0.4 | 0.4 | 0.4 | 0.4 | 0.4 | 0.4 | 0.4 | |
| | 0.9 | 1.5 | 1.6 | 5.1 | 7.8 | 1.7 | 2.8 | 1.7 | 2.9 | 1.7 | 3.3 | 2.2 | 1.9 | 2.0 | 3.0 | 2.4 | 1.7 | 2.6 | 1.1 | 47.9 |
| 108 | 0.4 | 0.4 | 0.4 | 0.8 | 0.8 | 0.4 | 0.6 | 0.4 | 0.8 | 0.4 | 0.4 | 0.4 | 0.4 | 0.4 | 0.6 | 0.6 | 0.6 | 0.4 | 0.6 | |
| | 0.9 | 1.5 | 1.6 | 5.1 | 7.8 | 1.7 | 2.8 | 1.7 | 5.8 | 1.7 | 3.3 | 2.2 | 1.9 | 2.0 | 4.5 | 3.6 | 2.5 | 2.6 | 3.1 | 56.3 |
| 109 | 0.4 | 0.4 | 0.4 | 0.8 | 0.8 | 0.4 | 0.4 | 0.4 | 0.4 | 0.4 | 0.4 | 0.4 | 0.4 | 0.4 | 0.4 | 0.4 | 0.6 | 0.4 | 0.4 | |
| | 0.9 | 1.5 | 1.6 | 4.1 | 6.2 | 1.7 | 1.9 | 1.7 | 2.9 | 1.7 | 3.3 | 2.2 | 1.9 | 2.0 | 3.0 | 2.4 | 2.5 | 2.6 | 1.1 | 45.2 |

续表

| 项目 | 气候影响 | 环境污染 | 自然灾害 | 制作技术 | 使用技术 | 文化空间 | 新价值观 | 族群迁移 | 群体记忆 | 保存完整 | 文化原真 | 文化独特 | 物质载体 | 空间载体 | 传承方式 | 传承人 | 遗产研究 | 遗产记录 | 公众喜爱 | 得分 |
|---|---|---|---|---|---|---|---|---|---|---|---|---|---|---|---|---|---|---|---|---|
| 110 | 0.4 | 0.4 | 0.4 | 0.8 | 0.8 | 0.4 | 0.4 | 0.4 | 0.4 | 0.4 | 0.4 | 0.4 | 0.4 | 0.4 | 0.4 | 0.4 | 0.4 | 0.4 | 0.4 | |
|  | 0.9 | 1.5 | 1.6 | 4.1 | 6.2 | 1.7 | 1.9 | 1.7 | 2.9 | 1.7 | 3.3 | 2.2 | 1.9 | 2.0 | 3.0 | 2.4 | 1.7 | 2.6 | 1.1 | 44.4 |
| 111 | 0.4 | 0.4 | 0.4 | 0.4 | 0.4 | 0.6 | 0.6 | 0.4 | 1 | 0.4 | 0.4 | 0.8 | 0.4 | 0.4 | 0.6 | 0.4 | 0.4 | 0.4 | 0.6 | |
|  | 0.9 | 1.5 | 1.6 | 2.0 | 3.1 | 2.5 | 2.8 | 1.7 | 7.2 | 1.7 | 3.3 | 4.3 | 1.9 | 2.0 | 4.5 | 2.4 | 1.7 | 2.6 | 3.1 | 50.8 |
| 112 | 0.4 | 0.4 | 0.4 | 0.4 | 0.4 | 0.6 | 0.6 | 0.4 | 0.6 | 0.4 | 0.4 | 0.6 | 0.4 | 0.4 | 0.6 | 0.6 | 0.6 | 0.4 | 0.6 | |
|  | 0.9 | 1.5 | 1.6 | 2.0 | 3.1 | 2.5 | 2.8 | 1.7 | 4.3 | 1.7 | 3.3 | 3.3 | 1.9 | 2.0 | 4.5 | 3.6 | 2.5 | 2.6 | 3.1 | 48.9 |
| 113 | 0.4 | 0.4 | 0.4 | 0.4 | 0.4 | 0.6 | 0.6 | 0.4 | 0.6 | 0.4 | 0.4 | 0.6 | 0.4 | 0.4 | 0.6 | 0.6 | 0.6 | 0.4 | 0.6 | |
|  | 0.9 | 1.5 | 1.6 | 2.0 | 3.1 | 2.5 | 2.8 | 1.7 | 4.3 | 1.7 | 3.3 | 3.3 | 1.9 | 2.0 | 4.5 | 3.6 | 2.5 | 2.6 | 3.1 | 48.9 |
| 114 | 0.4 | 0.4 | 0.4 | 0.4 | 0.4 | 0.6 | 0.6 | 0.4 | 0.6 | 0.4 | 0.4 | 0.6 | 0.4 | 0.4 | 0.6 | 0.6 | 0.6 | 0.4 | 0.6 | |
|  | 0.9 | 1.5 | 1.6 | 2.0 | 3.1 | 2.5 | 2.8 | 1.7 | 4.3 | 1.7 | 3.3 | 3.3 | 1.9 | 2.0 | 4.5 | 3.6 | 2.5 | 2.6 | 3.1 | 48.9 |
| 115 | 0.4 | 0.4 | 0.4 | 0.4 | 0.4 | 0.6 | 0.6 | 0.4 | 0.6 | 0.4 | 0.4 | 0.6 | 0.4 | 0.4 | 0.6 | 0.4 | 0.4 | 0.4 | 0.6 | |
|  | 0.9 | 1.5 | 1.6 | 2.0 | 3.1 | 2.5 | 2.8 | 1.7 | 4.3 | 1.7 | 3.3 | 3.3 | 1.9 | 2.0 | 4.5 | 2.4 | 1.7 | 2.6 | 3.1 | 46.9 |
| 116 | 0.4 | 0.4 | 0.4 | 0.6 | 0.4 | 0.6 | 0.6 | 0.4 | 0.6 | 0.4 | 0.4 | 0.6 | 0.4 | 0.4 | 0.6 | 0.6 | 0.6 | 0.4 | 0.6 | |
|  | 0.9 | 1.5 | 1.6 | 3.1 | 3.1 | 2.5 | 2.8 | 1.7 | 4.3 | 1.7 | 3.3 | 3.3 | 1.9 | 2.0 | 4.5 | 3.6 | 2.5 | 2.6 | 3.1 | 50 |
| 117 | 0.4 | 0.4 | 0.4 | 0.4 | 0.4 | 0.6 | 0.6 | 0.4 | 0.6 | 0.4 | 0.4 | 0.6 | 0.4 | 0.4 | 0.6 | 0.6 | 0.6 | 0.4 | 0.6 | |
|  | 0.9 | 1.5 | 1.6 | 2.0 | 3.1 | 2.5 | 2.8 | 1.7 | 4.3 | 1.7 | 3.3 | 3.3 | 1.9 | 2.0 | 4.5 | 3.6 | 2.5 | 2.6 | 3.1 | 48.9 |
| 118 | 0.4 | 0.4 | 0.4 | 0.4 | 0.4 | 0.6 | 0.6 | 0.4 | 0.6 | 0.4 | 0.4 | 0.8 | 0.4 | 0.4 | 0.6 | 0.6 | 0.6 | 0.4 | 0.6 | |
|  | 0.9 | 1.5 | 1.6 | 2.0 | 3.1 | 2.5 | 2.8 | 1.7 | 4.3 | 1.7 | 3.3 | 3.3 | 1.9 | 2.0 | 4.5 | 3.6 | 2.5 | 2.6 | 3.1 | 48.9 |
| 119 | 0.4 | 0.4 | 0.4 | 0.4 | 0.4 | 0.6 | 0.6 | 0.4 | 0.6 | 0.4 | 0.4 | 0.8 | 0.4 | 0.4 | 0.6 | 0.4 | 0.6 | 0.4 | 0.6 | |
|  | 0.9 | 1.5 | 1.6 | 2.0 | 3.1 | 2.5 | 2.8 | 1.7 | 4.3 | 1.7 | 3.3 | 4.3 | 1.9 | 2.0 | 4.5 | 2.4 | 2.5 | 2.6 | 3.1 | 48.7 |

评估指标

续表

| 项目 | 评估指标 | | | | | | | | | | | | | | | | | | | 得分 |
|---|---|---|---|---|---|---|---|---|---|---|---|---|---|---|---|---|---|---|---|---|
| | 气候影响 | 环境污染 | 自然灾害 | 制作技术 | 使用技术 | 文化空间 | 新价值观 | 族群迁移 | 群体记忆 | 保存完整 | 文化原真 | 文化独特 | 物质载体 | 空间载体 | 传承方式 | 传承人 | 遗产研究 | 遗产记录 | 公众喜爱 | |
| 120 | 0.4 | 0.4 | 0.4 | 0.4 | 0.4 | 0.6 | 0.6 | 0.4 | 0.6 | 0.4 | 0.4 | 0.6 | 0.4 | 0.4 | 0.6 | 0.6 | 0.6 | 0.4 | 0.6 | |
| | 0.9 | 1.5 | 1.6 | 2.0 | 3.1 | 2.5 | 2.8 | 1.7 | 4.3 | 1.7 | 3.3 | 3.3 | 1.9 | 2.0 | 4.5 | 3.6 | 2.5 | 2.6 | 3.1 | 48.9 |
| 121 | 0.4 | 0.4 | 0.4 | 0.4 | 0.4 | 0.6 | 0.6 | 0.4 | 0.6 | 0.4 | 0.4 | 0.6 | 0.4 | 0.4 | 0.6 | 0.6 | 0.6 | 0.4 | 0.6 | |
| | 0.9 | 1.5 | 1.6 | 2.0 | 3.1 | 2.5 | 2.8 | 1.7 | 4.3 | 1.7 | 3.3 | 3.3 | 1.9 | 2.0 | 4.5 | 3.6 | 2.5 | 2.6 | 3.1 | 48.9 |
| 122 | 0.4 | 0.4 | 0.4 | 0.4 | 0.4 | 0.6 | 0.6 | 0.4 | 0.6 | 0.4 | 0.4 | 0.6 | 0.4 | 0.4 | 0.6 | 0.6 | 0.6 | 0.4 | 0.6 | |
| | 0.9 | 1.5 | 1.6 | 2.0 | 3.1 | 2.5 | 2.8 | 1.7 | 4.3 | 1.7 | 3.3 | 3.3 | 1.9 | 2.0 | 4.5 | 3.6 | 2.5 | 2.6 | 3.1 | 48.9 |
| 123 | 0.4 | 0.4 | 0.4 | 0.6 | 0.4 | 0.6 | 0.6 | 0.4 | 0.6 | 0.4 | 0.4 | 0.6 | 0.4 | 0.4 | 0.6 | 0.6 | 0.4 | 0.4 | 0.6 | |
| | 0.9 | 1.5 | 1.6 | 3.1 | 3.1 | 2.5 | 2.8 | 1.7 | 4.3 | 1.7 | 3.3 | 3.3 | 1.9 | 2.0 | 4.5 | 3.6 | 1.7 | 2.6 | 3.1 | 49.2 |
| 124 | 0.4 | 0.4 | 0.4 | 0.4 | 0.4 | 0.6 | 0.6 | 0.4 | 0.6 | 0.4 | 0.4 | 0.6 | 0.4 | 0.4 | 0.6 | 0.6 | 0.6 | 0.4 | 0.6 | |
| | 0.9 | 1.5 | 1.6 | 2.0 | 3.1 | 2.5 | 2.8 | 1.7 | 4.3 | 1.7 | 3.3 | 3.3 | 1.9 | 2.0 | 4.5 | 3.6 | 2.5 | 2.6 | 3.1 | 48.9 |
| 125 | 0.4 | 0.4 | 0.4 | 0.6 | 0.4 | 0.4 | 0.4 | 0.4 | 0.6 | 0.4 | 0.4 | 0.8 | 0.4 | 0.4 | 0.4 | 0.4 | 0.4 | 0.4 | 0.6 | |
| | 0.9 | 1.5 | 1.6 | 2.0 | 3.1 | 1.7 | 2.8 | 1.7 | 4.3 | 1.7 | 3.3 | 3.3 | 1.9 | 2.0 | 4.5 | 2.4 | 2.5 | 2.6 | 3.1 | 46.9 |
| 126 | 0.4 | 0.4 | 0.4 | 0.6 | 0.6 | 0.4 | 0.4 | 0.4 | 0.4 | 0.4 | 0.4 | 0.8 | 0.4 | 0.4 | 0.4 | 0.4 | 0.4 | 0.4 | 0.4 | |
| | 0.9 | 1.5 | 1.6 | 3.1 | 4.7 | 1.7 | 1.9 | 1.7 | 2.9 | 1.7 | 3.3 | 4.3 | 1.9 | 2.0 | 3.0 | 2.4 | 1.7 | 2.6 | 1.1 | 44 |
| 127 | 0.4 | 0.4 | 0.4 | 0.4 | 0.4 | 0.6 | 0.8 | 0.4 | 1 | 0.4 | 0.8 | 0.8 | 0.4 | 0.4 | 0.4 | 0.4 | 0.4 | 0.4 | 0.6 | |
| | 0.9 | 1.5 | 1.6 | 2.0 | 3.1 | 3.3 | 3.7 | 1.7 | 7.2 | 1.7 | 6.5 | 4.3 | 1.9 | 2.0 | 3.0 | 2.4 | 1.7 | 2.6 | 3.1 | 54.2 |
| 128 | 0.6 | 0.6 | 0.6 | 0.4 | 0.4 | 0.6 | 0.8 | 0.4 | 0.8 | 0.6 | 0.6 | 0.4 | 0.4 | 0.6 | 0.4 | 0.6 | 0.6 | 0.8 | 0.6 | |
| | 1.3 | 2.2 | 2.4 | 2.0 | 3.1 | 2.5 | 3.7 | 1.7 | 5.8 | 2.5 | 4.9 | 2.2 | 1.9 | 3.0 | 3.0 | 3.6 | 2.5 | 5.2 | 3.1 | 56.6 |
| 129 | 0.6 | 0.6 | 0.6 | 0.4 | 0.4 | 0.6 | 0.8 | 0.4 | 0.8 | 0.6 | 0.6 | 0.4 | 0.4 | 0.6 | 0.4 | 0.6 | 0.6 | 0.8 | 0.6 | |
| | 1.3 | 2.2 | 2.4 | 2.0 | 3.1 | 2.5 | 3.7 | 1.7 | 5.8 | 2.5 | 4.9 | 2.2 | 1.9 | 3.0 | 3.0 | 3.6 | 2.5 | 5.2 | 3.1 | 56.6 |

续表

| 项目 | 气候影响 | 环境污染 | 自然灾害 | 制作技术 | 使用技术 | 文化空间 | 新价值观 | 族群迁移 | 群体记忆 | 保存完整 | 文化原真 | 文化独特 | 物质载体 | 空间载体 | 传承方式 | 传承人 | 遗产研究 | 遗产记录 | 公众喜爱 | 得分 |
|---|---|---|---|---|---|---|---|---|---|---|---|---|---|---|---|---|---|---|---|---|
| 130 | 0.6 | 0.6 | 0.6 | 0.4 | 0.4 | 0.6 | 0.8 | 0.4 | 0.8 | 0.6 | 0.6 | 0.4 | 0.4 | 0.6 | 0.4 | 0.6 | 0.6 | 0.8 | 0.6 | |
|  | 1.3 | 2.2 | 2.4 | 2.0 | 3.1 | 2.5 | 3.7 | 1.7 | 5.8 | 2.5 | 4.9 | 2.2 | 1.9 | 3.0 | 3.0 | 3.6 | 2.5 | 5.2 | 3.1 | 56.6 |
| 131 | 0.6 | 0.6 | 0.6 | 0.4 | 0.4 | 0.6 | 0.8 | 0.4 | 0.8 | 0.6 | 0.6 | 0.4 | 0.4 | 0.6 | 0.4 | 0.6 | 0.6 | 0.8 | 0.6 | |
|  | 1.3 | 2.2 | 2.4 | 2.0 | 3.1 | 2.5 | 3.7 | 1.7 | 5.8 | 2.5 | 4.9 | 2.2 | 1.9 | 3.0 | 3.0 | 3.6 | 2.5 | 5.2 | 3.1 | 56.6 |
| 132 | 0.4 | 0.4 | 0.4 | 0.4 | 0.6 | 0.6 | 0.8 | 0.4 | 0.8 | 0.8 | 0.6 | 0.4 | 0.6 | 0.6 | 0.8 | 0.8 | 0.6 | 0.8 | 0.6 | |
|  | 0.9 | 1.5 | 1.6 | 2.0 | 4.7 | 2.5 | 3.7 | 1.7 | 5.8 | 3.3 | 4.9 | 2.2 | 2.8 | 3.0 | 6.0 | 4.9 | 2.5 | 5.2 | 3.1 | 62.3 |
| 133 | 0.6 | 0.6 | 0.6 | 0.4 | 0.4 | 0.6 | 0.8 | 0.4 | 0.8 | 0.6 | 0.6 | 0.4 | 0.4 | 0.6 | 0.4 | 0.6 | 0.6 | 0.8 | 0.6 | |
|  | 1.3 | 2.2 | 2.4 | 2.0 | 3.1 | 2.5 | 3.7 | 1.7 | 5.8 | 2.5 | 4.9 | 2.2 | 1.9 | 3.0 | 3.0 | 3.6 | 2.5 | 5.2 | 3.1 | 56.6 |
| 134 | 0.4 | 0.4 | 0.4 | 0.4 | 0.4 | 0.4 | 0.6 | 0.4 | 0.6 | 0.6 | 0.4 | 0.8 | 0.8 | 0.4 | 1 | 0.6 | 0.6 | 0.8 | 0.8 | |
|  | 0.9 | 1.5 | 1.6 | 2.0 | 3.1 | 1.7 | 2.8 | 1.7 | 4.3 | 2.5 | 3.3 | 4.3 | 3.8 | 2.0 | 7.4 | 3.6 | 2.5 | 5.2 | 4.2 | 58.4 |
| 135 | 0.4 | 0.4 | 0.4 | 0.4 | 0.4 | 0.8 | 0.8 | 0.4 | 0.6 | 0.6 | 0.8 | 0.8 | 0.8 | 0.4 | 0.6 | 0.6 | 0.4 | 0.4 | 0.6 | |
|  | 0.9 | 1.5 | 1.6 | 2.0 | 3.1 | 3.3 | 3.7 | 1.7 | 4.3 | 2.5 | 6.5 | 4.3 | 3.8 | 2.0 | 4.5 | 3.6 | 1.7 | 2.6 | 3.1 | 56.7 |
| 136 | 0.4 | 0.4 | 0.4 | 0.4 | 0.4 | 1 | 1 | 1 | 0.8 | 1 | 0.6 | 0.8 | 0.4 | 0.4 | 1 | 1 | 0.8 | 0.8 | 0.8 | |
|  | 0.9 | 1.5 | 3.2 | 2.0 | 3.1 | 4.2 | 4.7 | 4.2 | 5.8 | 4.2 | 4.9 | 4.3 | 1.9 | 2.0 | 7.4 | 6.1 | 3.4 | 5.2 | 4.2 | 73.2 |
| 137 | 0.4 | 0.4 | 0.4 | 0.4 | 0.6 | 0.8 | 0.8 | 0.4 | 0.8 | 0.8 | 0.8 | 0.4 | 0.6 | 0.6 | 0.8 | 0.8 | 0.6 | 0.8 | 0.6 | |
|  | 0.9 | 1.5 | 1.6 | 2.0 | 4.7 | 3.3 | 3.7 | 1.7 | 5.8 | 3.3 | 6.5 | 2.2 | 2.8 | 3.0 | 6.0 | 4.9 | 2.5 | 5.2 | 3.1 | 64.7 |

评估指标

## 五、评价结果分析

### （一）分级评价

通过定量评估，可以看出肥城市非遗项目保护濒危度评价结果分布在 40 分 ~80 分之间，总体平均分为 52.6 分，可以划分为三个等级：高濒危（评估值得分大于 65）、中濒危（评估值得分在 55~65 之间）、低濒危（评估值得分小于 55）（表 7-10）。从整体评估情况看，肥城市非遗保护濒危度整体情况较好，但有个别项目处于严重濒危的状态，需要进一步引起重视，对其进行抢救性保护。

表 7-10　肥城市非遗项目保护濒危度分级表

| 类型 | 项目及得分（满分100分） |
|---|---|
| 高濒危<br>（7项） | 卧虎城传说 71；横笛梆 66.6；坡西调 66.6；肥城青石干茬缝砌墙技艺 69.7；白窑土陶烧制 78.4；罗窑土陶制作技艺 76.7；五埠伙大门居住民俗 73.2。 |
| 中濒危<br>（40项） | 泥马渡康王 58.4；穆柯寨的传说 58.3；范蠡与陶山的故事 62.9；李邦珍与胡氏之墓 62.2；栾家林与老县城 64.9；孙家小庄的传说 59.7；虞舜仁孝感后母 59.8；肥桃的传说 60.2；大汶河的传说（汶阳镇）55.6；大明銮台侯与左丘明的故事 56.8；大汶河传说（孙伯镇）56.6；汶阳哩言杂字 62.3；左丘明传说故事 58.3；肥城汶阳田传说 64.5；肥城张志纯传说 59.6；晒书城传说 62.9；高跷牌坊 58.3；望鲁山皮影 59.7；肥城拉大画影子戏 59.5；石横武术 56.1；肥城桃木雕刻技艺 56.8；王氏桃木雕刻技艺 56.8；扎龙灯 58.6；袁寨武赵氏扎制技艺 57.6；尚氏铜艺 57.1；百尺龙灯扎制 56.8；宝聚鼎烧鸡制作技艺 62.8；肥桃酒酿造技艺 58.7；肥城桃核微雕技艺 55.1；肥城刘氏手工石白艾绒艾条制作技艺 60.6；泰安古字画装裱修复技艺 56.3；岱阳观庙会 56.6；石横四月八庙会 56.6；宝金山庙会 56.6；小泰山庙会 56.6；四大件宴席习俗 62.3；安站青龙山庙会 56.6；书画印艺术传承中华孝道文化 58.4；肥城桃木桃符制作民俗 56.7；张氏四大件 64.7。 |
| 低濒危<br>（90项） | 肥桃的来历 49.6；望鲁泉的传说 52.5；孙膑·孙伯·云蒙山 51.2；剪云山的传说 54.7；牛山的传说 52.6；肥城云蒙山（莲花峪）传说 52；肥城砖舍李氏唢呐 54.4；肥城安站梁氏唢呐 54.4；安站陈氏唢呐 51；抬芯子 49.6；东坞花棍舞 49.6；石横出山拳 48.1；石横大枪 53.5；石横佛汉拳 48.1；石横秘宗拳 48.1；肥城迷祖拳 48.1；石横梅家拳 50.6；五花八叉梅花拳 48.1；肥城徐家拳 50.6；金刚罗汉拳 48.1；石横徐家枪 53.5；夏氏石刻 51；葛氏捧瓷 48.8；肥城王氏泥塑 44.5；张氏陶泥彩塑 44.5；金凤剪纸 45.6；汶阳烙画 47.4；李氏火笔画 46.1；肥城李君剪纸 44；肥城李氏刻瓷 46.1；杨氏剪纸艺术 45.6；幸福面塑 42.9；赵家面塑 42.9；倪氏面塑 44.1；徐氏锡具制作技艺 54.2；肥城桃栽培技艺 46.4；下庄"泰山极顶"生姜 46.8；东虎门柿子 53.8； |

| 类型 | 项目及得分（满分 100 分） |
|------|--------------------------|
| 低濒危<br>（90项） | 河岔口鸭蛋 53.8；弭氏锡艺 53.2；鼓腔烧饼制作技艺 42.5；演马金光牛肉制作技艺 44.6；柳沟茶栽培与制作技艺 53.3；肥城东孔绿豆粉皮制作技艺 47.9；肥城韩庄头豆腐皮制作技艺 47.9；肥城大辛庄犬肉制作技艺 45.4；李氏装裱技艺 54.3；肥城刘氏锡艺 54.1；武家烧鸡制作技艺 44.4；肥城甲氏瓯鸡制作技艺 46.9；南栾犬肉制作技艺 49.3；刘家小磨香油 47；大辛庄"担山狗肉王"加工技艺 49.8；湖屯豆腐皮制作技艺 49.1；肥城肥子茶传统制茶技艺 50.4；康王河酒老五甑酿造工艺 44.6；肥城王晋甜瓜栽培技艺 47.7；汶阳人家手工布鞋制作技艺 52.5；孙伯岈山豆腐丝制作技艺 46；孙伯西程金丝绞瓜栽培技艺 49.3；肥城聂氏铜器铸造工艺 50；尹家吊炉烧饼制作技艺 39.2；肥城"八字古卤"法技艺 41.9；肥城花粉糕点传统制作技艺 42.9；肥城袁氏陶艺 48.1；肥城张氏印章手工镌刻技艺 46.9；"刘大姐"叉子火烧 41.9；古早味大鹏糖艺 52.1；肥城王氏糖画制作技艺 52.1；肥城梁氏草编 51.6；汶阳薛寨小磨香油传统制作技艺 47.9；竹清香鲜汁汤包制作技艺 45.2；王西水塔豆制品制作技艺 44.4；安驾庄梁氏正骨疗法 50.8；范氏治疗咽炎 48.9；河岔口"杨氏膏药" 48.9；苏氏治疗面部神经麻痹 48.9；洪德堂于氏皮肤病疗法 46.9；泰和堂刘氏膏药秘方 50；翟氏疮疡疗法 48.9；湖屯孟氏推拿按摩术 48.9；瑞泽堂王氏膏方 48.7；中和堂口腔溃疡、咽炎疗法 48.9；王氏中医推拿按摩 48.9；肥城致中和中医药 48.9；鸿仁堂王氏膏方 49.2；肥城李氏面瘫疗法 48.9；天丰堂整脊正骨疗法 46.9；开口笑水饺 44；桃木雕刻民俗 54.2。 |

第一类：高濒危项目。评估值得分大于 65 的五埠伙大门居住民俗、罗窑土陶制作技艺、白窑土陶烧制、肥城青石干茬缝砌墙技艺、坡西调、横笛梆、卧虎城传说等 7 个项目属于高频危项目。由于这些非遗项目存在形式、内容与现有文化生活差距较大，受到现代价值观冲击，面临传承的困境。建议对此类项目进行深入而全面的普查，建立名录数据库，开展抢救性保护。

第二类：中濒危项目。评估值得分在 55~65 之间的泥马渡康王、穆柯寨的传说、范蠡与陶山的故事、望鲁山皮影、石横武术、肥城桃木雕刻技艺、尚氏铜艺、百尺龙灯扎制、泰安古字画装裱修复技艺、小泰山庙会、四大件宴席习俗等 40个项目属于中濒危项目。这些非遗项目随着现代科学技术的更新、文化变迁和传承人老龄化而难以为继等原因，逐渐走向低迷。建议强化对此类项目历史内涵的深入挖掘，以保护、传承、发展为基础，推动非遗项目进一步融入百姓生活，实现产业化、品牌化、市场化。

第三类：低濒危项目。评估值得分小于 55 的肥桃的来历、牛山的传说、肥城砖舍李氏唢呐、东坞花棍舞、汶阳烙画、徐氏锡具制作技艺、河岔口鸭蛋、演马金光牛肉制作技艺、肥城肥子茶传统制茶技艺、肥城聂氏铜器铸造工艺、肥城梁氏草编、安驾庄梁氏正骨疗法、桃木雕刻民俗等90个项目属于低濒危项目。这类非遗项目保护传承状态较好，资源本身具有可塑性和可变性，其中部分项目已有良好的旅游活化利用基础，是肥城非遗旅游活化利用的重点项目。建议针对此类项目的突出特色，融入高新技术，经过重新包装和市场运营，形成具有地方特色的非遗活化利用模式，打造区域品牌，实现价值增值。

### （二）分类评价

根据肥城非遗项目保护濒危度评价结果，按照非遗类别进行分类统计（表7-11）。

表 7-11　肥城非遗项目保护濒危度分类统计

| 类型 | 平均得分 | 项目及得分（满分100分） |
|---|---|---|
| 民间文学<br>（23项） | 58.5 | 泥马渡康王 58.4；穆柯寨的传说 58.3；肥桃的来历 49.6；范蠡与陶山的故事 62.9；李邦珍与胡氏之墓 62.2；栾家林与老县城 64.9；卧虎城传说 71；望鲁泉的传说 52.5；孙膑·孙伯·云蒙山 51.2；孙家小庄的传说 59.7；虞舜仁孝感后母 59.8；肥桃的传说 60.2；大汶河的传说（汶阳镇）55.6；大明鋈台侯与左丘明的故事 56.8；蔫云山的传说 54.7；大汶河传说 56.6；汶阳哩言杂字 62.3；左丘明传说故事 58.3；牛山的传说 52.6；肥城汶阳田传说（孙伯镇）64.5；肥城云蒙山（莲花峪）传说 52；肥城张志纯传说 59.6；晒书城传说 62.9。 |
| 传统音乐<br>（3项） | 53.3 | 肥城砖舍李氏唢呐 54.4；肥城安站梁氏唢呐 54.4；肥城安站陈氏唢呐 51。 |
| 传统舞蹈<br>（3项） | 52.5 | 高跷牌坊 58.3；抬芯子 49.6；东坞花棍舞 49.6。 |
| 传统戏剧<br>（4项） | 63.1 | 望鲁山皮影 59.7；横笛梆 66.6；肥城拉大画影子戏 59.5；坡西调 66.6。 |
| 传统体育、游艺、杂技<br>（11项） | 50.1 | 石横武术 56.1；石横出山拳 48.1；石横大枪 53.5；石横佛汉拳 48.1；石横秘宗拳 48.1；肥城迷祖拳 48.1；石横梅家拳 50.6；五花八叉梅花拳 48.1；肥城徐家拳 50.6；金刚罗汉拳 48.1；石横徐家枪 53.5。 |

肥城市非物质文化遗产旅游活化研究

续表

| 类型 | 平均得分 | 项目及得分（满分100分） |
|---|---|---|
| 传统美术<br>（16项） | 45.9 | 夏氏石刻51；葛氏捧瓷48.8；肥城王氏泥塑44.5；张氏陶泥彩塑44.5；金凤剪纸45.6；汶阳烙画47.4；李氏火笔画46.1；肥城李君剪纸44；肥城桃木雕刻技艺56.8；肥城李氏刻瓷46.1；王氏桃木雕刻技艺56.8；肥城青石干茬缝砌墙技艺69.7；杨氏剪纸艺术45.6；幸福面塑42.9；赵家面塑42.9；倪氏面塑44.1。 |
| 传统技艺<br>（50项） | 51.5 | 白窑土陶烧制78.4；扎龙灯58.6；徐氏锡具制作技艺54.2；肥城桃栽培技艺46.4；下庄"泰山极顶"生姜46.8；东虎门柿子53.8；河岔口鸭蛋53.8；弭氏锡艺53.2；袁寨武赵氏扎制技艺57.6；尚氏铜艺57.1；鼓腔烧饼制作技艺42.5；演马金光牛肉制作技艺44.6；柳沟茶栽培与制作技艺53.3；百尺龙灯扎制56.8；宝聚鼎烧鸡制作技艺62.8；肥城东孔绿豆粉皮制作技艺47.9；肥城韩庄头豆腐皮制作技艺47.9；肥城大辛庄犬肉制作技艺45.4；李氏装裱技艺54.3；肥城刘氏锡艺54.1；武家烧鸡制作技艺44.4；肥城甲氏瓯鸡制作技艺46.9；南栾犬肉制作技艺49.3；刘家小磨香油47；大辛庄"担山狗肉王"加工技艺49.8；湖屯豆腐皮制作技艺49.1；肥城肥子茶传统制茶技艺50.4；康王河酒老五甑酿造工艺44.6；肥城王晋甜瓜栽培技艺47.7；汶阳人家手工布鞋制作技艺52.5；孙伯岈山豆腐丝制作技艺46；孙伯西程金丝绞瓜栽培技艺49.3；罗窑土陶制作技艺76.7；肥城聂氏铜器铸造工艺50；尹家吊炉烧饼制作技艺39.2；肥城"八字古卤"法技艺41.9；肥桃酒酿造技艺58.7；肥城花粉糕点传统制作技艺42.9；肥城袁氏陶艺48.1；肥城桃核微雕技艺55.1；肥城张氏印章手工镌刻技艺46.9；"刘大姐"叉子火烧41.9；古早味大鹏糖47；肥城王氏糖画制作技艺52.1；肥城梁氏草编51.6；肥城刘氏手工石臼艾绒艾条制作技艺60.6；汶阳薛寨小磨香油传统制作技艺47.9；泰安古字画装裱修复技艺56.3；竹清香鲜汁汤包制作技艺45.2；王西水塔豆制品制作技艺44.4。 |
| 传统医药<br>（15项） | 48.8 | 安驾庄梁氏正骨疗法50.8；范氏治疗咽炎48.9；河岔口"杨氏膏药"48.9；苏氏治疗面部神经麻痹48.9；洪德堂于氏皮肤病疗法46.9；泰和堂刘氏膏药秘方50；翟氏疮疡疗法48.9；湖屯孟氏推拿按摩术48.9；瑞泽堂王氏膏方48.7；中和堂口腔溃疡、咽炎疗法48.9；王氏中医推拿按摩48.9；肥城致中和中医药48.9；鸿仁堂王氏膏方49.2；肥城李氏面瘫疗法48.9；天丰堂整脊正骨疗法46.9。 |
| 民俗<br>（12项） | 58 | 开口笑水饺44；桃木雕刻民俗54.2；岱阳观庙会56.6；石横四月八庙会56.6；宝金山庙会56.6；小泰山庙会56.6；四大件宴席习俗62.3；安站青龙山庙会56.6；书画印艺术传承中华孝道文化58.4；肥城桃木桃符制作民俗56.7；五埠伙大门居住民俗73.2；张氏四大件64.7。 |

**1. 民间文学**。肥城市民间文学类非遗项目共有 23 项，非遗保护濒危度评价平均得分 58.5 分，大于总体平均分 52.6 分，说明民间文学类非遗项目整体传承保护情况不理想。从具体评价指标得分来看，群体记忆部分失传、物质载体保存状况、传承人存续状况以及遗产记录和储存等 4 项评价指标得分较高，主要原因是民间文学是一种群体记忆，一些靠口头传承的项目，由于缺少文字记录和物质载体保存，它的生存载体就是传承人。随着时代和社会变化，一部分项目在流传过程中，会随着传承人的消失而逐渐消亡。

**2. 传统音乐**。肥城市传统音乐类非遗项目共有 3 项，非遗保护濒危度评价平均得分为 53.3 分，大于总体平均分 52.6 分，说明传统音乐类非遗项目整体保护情况不理想。从具体评价指标得分来看，群体记忆部分失传、传承方式、传承人存续状况以及遗产记录和储存等 4 项评价指标得分最高，主要有两个方面的原因，一是受新艺术形式影响，传统音乐受到冷落和忽视，很多项目面临失传和消逝。二是传统音乐传承方式非常脆弱，大多是通过家族内部一对一的口口相传，传承人的数量十分有限，部分项目因无人传承而陷入了困境。

**3. 传统舞蹈**。肥城市传统舞蹈类非遗项目共有 3 项，非遗保护濒危度评价平均得分为 52.5 分，小于总体平均分 52.6 分，说明传统舞蹈类非遗项目整体保护情况较好。从具体评价指标得分来看，族群迁移、群体记忆部分失传、空间载体保存状况、传承方式等 4 项评价指标得分最高，主要有三个方面原因：一是有些在节日庆典、仪礼仪式、信仰习俗等活动中形成和传承的传统舞蹈，随着历史变迁失去生存土壤而逐渐消亡；二是随着城镇化加快，农村年轻人多数外出务工，一些传统舞蹈的传承人群大量流失，面临后继无人窘境；三是受西方现代舞影响，青年人对于传统族舞蹈的兴趣不断下降，不利于传统舞蹈的传播与传承。

**4. 传统戏剧**。肥城市传统戏剧类非遗项目共有 4 项，非遗保护濒危度评价平均得分为 63.1 分，大于总体平均分 52.6 分，说明传统戏剧类非遗项目整体保护传承情况比较差，需要引起高度重视，加大保护力度。从具体评价指标得分情况看，文化空间萎缩、群体记忆部分失传、保存完整与否、遗产记录和储存等 4 项评价指标得分最高，主要有三个方面原因：一是在多元文化形态的冲击下，传统戏剧原有文化空间萎缩，剧目创作逐渐萎缩，优秀演员也逐渐流失，面临生存困境，影响其保存和传承；二是现代生活节奏加快，传统戏剧程式化的表演，难以在年轻人中拓展受众，使传统戏剧遭遇前所未有的困境；三是传统戏剧多为师徒传承、家族传承，传承人数少、容易出现传承断层，影响传统戏剧的保护和传承。

**5. 传统体育、游艺、杂技。**肥城市传统体育、游艺、杂技类非遗项目共有11项，非遗保护濒危度评价平均得分为50.1分，小于总体平均分52.6分，说明传统体育、游艺、杂技类非遗项目整体保护情况较好。从具体评价指标得分来看，文化空间萎缩、保存完整与否等2项评价指标得分较高，主要有四个方面的原因：一是传统体育、游艺、杂技受到现代体育冲击，导致原有文化空间萎缩，逐渐失去了生存的土壤和空间，影响了其生存和传承；二是一些武术类的非遗项目因为历史原因和门户观念影响，很多内容"秘不外传"，仅限于通过家族传承或师徒传承，导致文化流失；三是部分传承人虽有较高的技艺水平，但受年龄、身体健康和文化水平限制，推进项目传承和合理利用效果不佳，给项目的传承保护带来不利影响；四是青年人受现代生活方式影响，有"习武练拳，不如打工挣钱"思想，倾向于外出务工挣钱，参与非遗传承积极性不高。

**6. 传统美术。**肥城市传统美术类非遗项目共有16项，非遗保护濒危度评价平均得分为45.9分，小于总体平均分52.6分，说明传统美术类非遗项目整体保护情况较好。从具体评价指标层得分来看，制作技术取代、使用技术升级、新价值观冲击、文化独特与否等4项评价指标得分较高，主要有三个方面的原因：一是随着经济社会发展，有些仅有艺术价值而市场需求有限的传统美术项目制作周期过长，经济效益低，缺乏创新意识，生产经营难以为继，面临失传；二是市场经济环境下，有些传统美术项目为了适应市场，维持生存，采用过度市场化、商业化的运作模式，已基本改变了传统特色；三是传统美术受到现代科技影响，现代化机器流水线作业取代了传统的手工技法，失去了原有的文化内涵。

**7. 传统技艺。**肥城市传统技艺类非遗项目共有50项，非遗保护濒危度评价平均得分为51.5分，小于总体平均分52.6分，说明传统技艺类非遗项目整体保护情况较好。从具体评价指标得分来看，制作技术取代、使用技术升级、传承方式、传承人存续状况等4项评价指标得分较高，主要有三个方面的原因：一是肥城市传统技艺项目传承多为家族传承或师徒传承，随着市场经济发展，仅靠传统技艺已经无法养家活口，很多传承人都不愿让子女继承衣钵。同时，一些传统技艺学艺周期长，很少有年轻人能够"十年磨一剑"拜师学艺，技艺传承出现断层，陷入后继无人的窘境。二是随着经济社会发展，人们对传统技艺文化情感逐渐淡漠，传统手工制作的物品及其制作者得不到应有的尊重，手工艺者难以实现自我价值，不得不舍弃传统技艺，谋求新的生存方式，致使传统技艺出现断层现象。三是传统手工制品制作周期一般较长，生产效率低，生产成本高。随着现代制造业发展，传统手工制品在市场竞争中逐渐被工业产品取代。手工制品因高价格成为仅供少数人欣赏的收藏品，实用功能日渐弱化，使传统技艺逐渐与日常生活脱节，面临严峻的生存危机。

**8. 传统医药**。肥城市传统医药类非遗项目共有 15 项，非遗保护濒危度评价平均得分为 48.8 分，小于总体平均分 52.6 分，说明传统医药类非遗项目整体保护情况较好。从具体评价指标得分来看，文化空间萎缩、新价值观冲击、传承方式、传承人存续状况 4 项得分最高，主要有三个方面的原因：一是近代以来，人们逐渐崇尚西方医学，传统医药生存发展的文化生态逐渐改变，一些特色诊疗技术、方法濒临失传，传统医药生存空间逐渐缩小，传承保护面临危机。二是传统医药多保持家族传承方式，主要依靠口口相传及临床实践中手把手地授受，传承群体相对比较封闭。同时，由于传统医药医疗服务价格较低，大多数传承人无法维持生计，甚至中途改行，人才流失的问题很严重。三是传统医药博大精深，需要至少数十年时间的潜心钻研，通过大量临床实践才能掌握，但在市场经济环境下，年轻人很少愿意花费这么长时间潜心学习技艺，导致传承出现断层危机。

**9. 民俗**。肥城市民俗类非遗项目共有 12 项，非遗保护濒危度评价平均得分为 58 分，大于总体平均分 52.6 分，说明民俗类非遗项目整体保护情况较差。从具体评价指标得分来看，新价值观冲击、群体记忆部分失传、空间载体保存状况、遗产的记录和存储等 4 项评价指标得分较高，主要有三个方面的原因：一是随着经济的快速发展和生产生活方式的深刻变化，民俗文化的生存空间逐步萎缩，一些传统民俗逐渐被淡化甚至遗忘；二是随着城市化进程加快推进，大量农村人口常年外出务工，村落中年轻人缺乏，"空心化"严重，民俗文化传承人面临断层危机，致使很多民俗文化衰败和消亡；三是大多数民俗文化都是以口传、演示等方式进行传承，文字、图片、视频记载资料较少，可参照的历史资料不多，这些民俗项目一旦消亡，难以恢复。

# 第二节　肥城市非物质文化遗产旅游活化度评价

## 一、确定研究方法

基于非物质文化遗产旅游活化度要素分析和王丽非遗活化 ROMCPE 模式，采用层次分析法和德尔菲法构建肥城市非遗旅游活化度评价指标体系，在对肥城市 137 项非遗项目进行单项评分、综合汇总的基础上，最后得出评价对象的旅游活化度相对价值。

## 二、设计指标体系

### （一）选取指标评价

基于非物质文化遗产旅游活化度要素分析，借鉴王丽非遗活化 ROMCPE 模式，从宏观和微观兼具、相关性、可获取性、科学性原则，从旅游资源状况、资源创意能力、旅游市场状况、开发资本、政策环境、旅游地环境容量效率等七个方面遴选了 19 个指标进入海选范围。在调研文献和多次专家访谈的基础上，经过筛选，确定资源本身、文化内涵、区位条件等 15 个指标为初选评价指标（表 7-12）。

表 7-12　海选、初选指标汇总

| 序号 | 海选指标 | 初步筛选 | 序号 | 海选指标 | 初步筛选 |
|------|----------|----------|------|----------|----------|
| 1 | 资源本身 | √ | 11 | 促销 | |
| 2 | 文化内涵 | √ | 12 | 资金投入与使用 | √ |
| 3 | 区位条件 | √ | 13 | 资金来源 | √ |
| 4 | 创意人才结构数量 | √ | 14 | 宏观政策保障 | √ |
| 5 | 创意研究资金投入 | √ | 15 | 地方扶持 | √ |
| 6 | 创意成果 | √ | 16 | 环境承载能力 | √ |
| 7 | 创意可持续性 | √ | 17 | 环境综合防治 | √ |
| 8 | 价格 | | 18 | 景区自然环境质量现状 | √ |
| 9 | 产品 | | 19 | 环境可持续发展能力 | √ |
| 10 | 渠道 | | | | |

## （二）构建评价体系

将初选指标向 12 位非遗、旅游方面的专家进行意见征询，在兼顾科学性、有效性和合理性的情况下，综合考虑专家建议及对有效数据进行初步处理的基础上，对评价指标进行了细化优化、调整修订，最终确定活化资源基础、活化传承情况、活化资本投入、活化政策保障、活化环境质量五个维度作为肥城市非遗旅游活化度评价的综合层指标，并根据这五个维度的价值标准，确定了资源基础、文化内涵等 12 项指标来构建非遗旅游活化度评估指标体系（表 7–13），用来考量肥城市非遗项目旅游活化度。

表 7–13　非遗旅游活化度评价指标体系

| 目标层 | 综合层 | 指标层 |
|---|---|---|
| 非遗旅游活化度评价体系 A | 活化资源基础 $B_1$ | 资源本身 $C_1$ |
| | | 文化内涵 $C_2$ |
| | | 区位条件 $C_3$ |
| | 活化传承情况 $B_2$ | 传承载体 $C_4$ |
| | | 传承方式 $C_5$ |
| | | 传承人 $C_6$ |
| | 活化资本投入 $B_3$ | 资金投入与使用 $C_7$ |
| | | 资金来源 $C_8$ |
| | 活化政策保障 $B_4$ | 宏观政策保障 $C_9$ |
| | | 地方扶持 $C_{10}$ |
| | 活化环境质量 $B_5$ | 环境承载能力 $C_{11}$ |
| | | 环境可持续发展能力 $C_{12}$ |

## 三、指标权重确定

### （一）指标总体分析

从非遗旅游活化度评价权重（表 7–14）看，综合层中，活化资源基础 $B_1$ 所占的权重最大，为 0.49，是肥城市非遗旅游活化度评价中最重要的因素。这表明，对于肥城市非遗旅游活化度，活化资源基础具有关键性的作用。其次是活化传承情况 $B_2$ 所占权重为 0.23，居第二位；活化环境质量 $B_5$ 所占权重为 0.14，居第三位；活化资本投入 $B_3$ 和活化政策保障 $B_4$ 同居第四位，所占权重都为 0.07。

表 7-14　肥城市非遗旅游活化度评价权重

| 目标层 | 要素层 | 权重 | 位次 | 指标层 | 权重 | 位次 |
|---|---|---|---|---|---|---|
| 非遗旅游活化度评价 A | 活化资源基础 $B_1$ | 0.49 | 1 | 资源基础 $C_1$ | 0.3589 | 1 |
| | | | | 文化内涵 $C_2$ | 0.0925 | 3 |
| | | | | 区位条件 $C_3$ | 0.0398 | 9 |
| | 活化传承情况 $B_2$ | 0.23 | 2 | 传承载体 $C_4$ | 0.0366 | 10 |
| | | | | 传承方式 $C_5$ | 0.0581 | 6 |
| | | | | 传承人 $C_6$ | 0.1383 | 2 |
| | 活化资本投入 $B_3$ | 0.07 | 4 | 资金投入与使用 $C_7$ | 0.0526 | 7 |
| | | | | 资金来源 $C_8$ | 0.0175 | 11 |
| | 活化政策保障 $B_4$ | 0.07 | 4 | 宏观政策保障 $C_9$ | 0.0526 | 7 |
| | | | | 地方扶持 $C_{10}$ | 0.0175 | 11 |
| | 活化环境质量 $B_5$ | 0.14 | 3 | 环境承载能力 $C_{11}$ | 0.0678 | 4 |
| | | | | 环境可持续发展能力 $C_{12}$ | 0.0678 | 4 |

## （二）指标各层次比较分析

根据肥城市非遗旅游活化度评价权重（表 7-14），在指标层 12 个因素中，资源基础 $C_1$ 所占权重最大，为 0.3589，体现了自身因素对于非遗旅游活化度有着重要的影响。文化内涵 $C_2$ 所占权重为 0.0925，居第三位。区位条件 $C_3$ 所占权重为 0.0398，居第九位。可看出资源基础、文化内涵和区位条件这三项指标，是衡量非遗旅游活化度的重要因素。特别是资源基础、文化内涵对非遗旅游活化度影响极大，因此，肥城在非遗旅游活化利用中对于非遗的资源基础和文化内涵应当首先考虑。

活化传承情况 $B_2$ 在指标层中所占权重为 0.23，居第二位，表明传承因素在非遗保护和利用中发挥着非常关键的作用，因此在非遗旅游活化利用中应当特别注重传承方面的有关情况。在活化传承情况 $B_2$ 下面的三级指标中，传承人 $C_6$ 的权重为 0.1383，居第一位，反映了当前非遗能否活化取决于传承人，必须加大传承人培养力度，尤其要注重培养传承人的创新能力；传承方式 $C_5$ 所占权重为 0.0581，居第二位，体现了非遗旅游活化与传承方式有着极大的关系；传承载体 $C_4$ 所占权重为 0.0366，居第三位，表明良好的遗产载体对于提升非遗旅游活化度具有重要推动作用。

活化环境质量 $B_5$ 在指标层中所占权重为 0.14，排在第三位，表明环境质量是旅游重要构成要素，支持并约束着旅游发展，是旅游业发展的生命线。活化环境质量 $B_5$ 下面的三级指标中，环境承载能为 $C_{11}$、环境可持续发展能力 $C_{12}$ 所占权重相同，为 0.0678，在指标层 12 个因素中居第四位，说明环境承载能为和环境可持续发展能力对于非遗整体性呈现具有重要意义，只有较完整地保存原始遗存环境，才能更加原真地展现非遗的制作工艺和文化内涵。

活化资本投入 $B_3$、活化政策保障 $B_4$ 在指标层中所占权重均为 0.07，在指标层中并列第四位。资金的投入与使用 $C_7$ 位居活化资本投入 $B_3$ 下面三级指标的第一位，体现了资金投入对于非遗旅游活化具有重要支持作用；宏观政策保障 $C_9$ 和地方扶持 $C_{10}$ 分列活化政策保障 $B_4$ 下面三级指标的第一、二位，说明国家政策和地方政府在非遗旅游活化中发挥着重要作用，强有力的政策支持对非遗旅游活化具有积极的推动作用。

### （三）简化结果分析

为了简化最后的计算结果，将得出的指标层 12 个指标对评估目标层的最终权重值乘 100 得到 W，形成肥城市非遗旅游活化度评价参数表（表 7-15）。

表 7-15 肥城市非遗旅游活化度评价参数表

| 总目标层 | 分值 | 综合层 | 分值（W） | 项目层 | 分值（W） |
|---|---|---|---|---|---|
| 肥城市非遗旅游活化度评价 A | 100 | 活化资源基础 $B_1$ | 49 | 资源基础 $C_1$ | 35.89 |
| | | | | 文化内涵 $C_2$ | 9.25 |
| | | | | 区位条件 $C_3$ | 3.98 |
| | | 活化传承情况 $B_2$ | 23 | 传承载体 $C_4$ | 3.66 |
| | | | | 传承方式 $C_5$ | 5.81 |
| | | | | 传承人 $C_6$ | 13.83 |
| | | 活化资本投入 $B_3$ | 7 | 资金投入与使用 $C_7$ | 5.26 |
| | | | | 资金来源 $C_8$ | 1.75 |
| | | 活化政策保障 $B_4$ | 7 | 宏观政策保障 $C_9$ | 5.26 |
| | | | | 地方扶持 $C_{10}$ | 1.75 |
| | | 活化环境质量 $B_5$ | 14 | 环境承载能力 $C_{11}$ | 6.78 |
| | | | | 环境可持续发展能力 $C_{12}$ | 6.78 |

## 四、评价结果

### （一）评价过程

1.因为各个评价指标都是定性评价指标，利用模糊数学评分法，将每个评价指标分别赋予分值10、8、6、4、2。评分标准见表7-16。

表7-16　肥城市非遗旅游活化评定因子评价赋值表

| 评价因子 | 赋值依据 | 赋值 | | | | |
|---|---|---|---|---|---|---|
| 资源基础 $C_1$ | 非遗资源赋存情况 | 10 | 8 | 6 | 4 | 2 |
| 文化内涵 $C_2$ | 非遗文化内涵原真性情况 | 10 | 8 | 6 | 4 | 2 |
| 区位条件 $C_3$ | 非遗区位条件可通达度情况 | 10 | 8 | 6 | 4 | 2 |
| 传承载体 $C_4$ | 物质载体和空间载体保存状况 | 10 | 8 | 6 | 4 | 2 |
| 传承方式 $C_5$ | 非遗的传承方式 | 10 | 8 | 6 | 4 | 2 |
| 传承人 $C_6$ | 非遗传承人数量、年龄结构 | 10 | 8 | 6 | 4 | 2 |
| 资金投入与使用 $C_7$ | 非遗保护资金的投入和使用 | 10 | 8 | 6 | 4 | 2 |
| 资金来源 $C_8$ | 非遗保护资金的来源 | 10 | 8 | 6 | 4 | 2 |
| 宏观政策保障 $C_9$ | 非遗宏观政策、申遗与否 | 10 | 8 | 6 | 4 | 2 |
| 地方扶持 $C_{10}$ | 地方政府对非遗支持力度 | 10 | 8 | 6 | 4 | 2 |
| 环境承载能力 $C_{11}$ | 非遗的环境承载能力 | 10 | 8 | 6 | 4 | 2 |
| 环境可持续发展能力 $C_{12}$ | 非遗的环境可持续发展能力 | 10 | 8 | 6 | 4 | 2 |

2.由于指标评分是一个技术性和经验性极强的工作，目前还没有形成一个通用的标准，因此，借鉴菲什宾多属性态度模型，为了简化最后的计算结果，将专家评分的标度简化成系数取值表（表7-17），如果专家评分是10分，则该项目该指标的系数记为专家评分1.0分，以此类推。

表7-17　指标系数取值表

| 相应指标特征程度 | 良好 | 好 | 较好 | 一般 | 较差 |
|---|---|---|---|---|---|
| 系数 | 10~1.0 | 8~0.8 | 6~0.6 | 4~0.4 | 2~0.2 |

3.邀请12位非遗、旅游方面的专家进行问卷评分和意见征询，共发放调查问卷12份，回收12份，回收率100%。汇总专家的评分问卷结果，将各位专家就相应指标的评分换算成系数，最后用各个指标的评分系数去乘对应的权重，得出相应指标的分值，再把各个分值相加，最后得到各项目的定量评估总分。

### （二）评价结果（表7-18）

表 7-18　肥城市非遗旅游活化度评价得分

| 项目 | 资源基础 | 文化内涵 | 区位条件 | 传承载体 | 传承方式 | 传承人 | 资金投入使用 | 资金来源 | 宏观政策保障 | 地方扶持 | 环境承载能力 | 环境可持续发展能力 | 得分 |
|---|---|---|---|---|---|---|---|---|---|---|---|---|---|
| 参考分 | 35.89 | 9.25 | 3.98 | 3.66 | 5.81 | 13.83 | 5.26 | 1.75 | 5.26 | 1.75 | 6.78 | 6.78 | 100 |
| 1 | 0.4 | 0.4 | 0.6 | 0.2 | 0.4 | 0.4 | 0.4 | 0.4 | 0.4 | 0.2 | 0.6 | 0.4 | |
|  | 14.4 | 3.7 | 5.6 | 0.7 | 2.3 | 5.5 | 2.1 | 0.7 | 2.1 | 0.4 | 4.1 | 2.7 | 44.3 |
| 2 | 1 | 0.8 | 0.8 | 0.2 | 0.4 | 0.4 | 0.4 | 0.4 | 0.4 | 0.4 | 0.4 | 0.4 | |
|  | 35.9 | 7.4 | 3.2 | 0.7 | 2.3 | 5.5 | 2.1 | 0.7 | 2.1 | 0.7 | 2.7 | 2.7 | 66 |
| 3 | 1 | 0.8 | 0.6 | 0.4 | 0.4 | 0.4 | 0.4 | 0.4 | 0.4 | 0.4 | 0.4 | 0.4 | |
|  | 35.9 | 7.4 | 5.6 | 1.5 | 2.3 | 5.5 | 2.1 | 0.7 | 2.1 | 0.7 | 2.7 | 2.7 | 69.2 |
| 4 | 1 | 1 | 1 | 0.4 | 0.6 | 0.6 | 0.6 | 0.6 | 0.8 | 0.8 | 0.6 | 0.8 | |
|  | 35.9 | 9.3 | 4.0 | 1.5 | 3.5 | 8.3 | 3.1 | 1.1 | 4.2 | 1.4 | 4.1 | 5.4 | 81.8 |
| 5 | 0.4 | 0.8 | 0.4 | 0.2 | 0.4 | 0.4 | 0.4 | 0.4 | 0.4 | 0.2 | 0.6 | 0.4 | |
|  | 14.4 | 7.4 | 1.6 | 0.7 | 2.3 | 5.5 | 2.1 | 0.7 | 2.1 | 0.4 | 4.1 | 2.7 | 44 |
| 6 | 0.4 | 0.8 | 0.4 | 0.2 | 0.4 | 0.4 | 0.4 | 0.4 | 0.4 | 0.2 | 0.6 | 0.4 | |
|  | 14.4 | 7.4 | 1.6 | 0.7 | 2.3 | 5.5 | 2.1 | 0.7 | 2.1 | 0.4 | 4.1 | 2.7 | 44 |
| 7 | 0.8 | 0.8 | 0.4 | 0.2 | 0.4 | 0.4 | 0.4 | 0.4 | 0.4 | 0.2 | 0.6 | 0.4 | |
|  | 28.7 | 7.4 | 1.6 | 0.7 | 2.3 | 5.5 | 2.1 | 0.7 | 2.1 | 0.4 | 4.1 | 2.7 | 58.3 |
| 8 | 0.4 | 0.8 | 0.4 | 0.2 | 0.4 | 0.4 | 0.4 | 0.4 | 0.4 | 0.2 | 0.6 | 0.4 | |
|  | 14.4 | 7.4 | 1.6 | 0.7 | 2.3 | 5.5 | 2.1 | 0.7 | 2.1 | 0.4 | 4.1 | 2.7 | 44 |
| 9 | 1 | 0.8 | 0.4 | 0.4 | 0.4 | 0.4 | 0.4 | 0.4 | 0.4 | 0.4 | 0.6 | 0.4 | |
|  | 35.9 | 7.4 | 1.6 | 1.5 | 2.3 | 5.5 | 2.1 | 0.7 | 2.1 | 0.7 | 4.1 | 2.7 | 66.6 |

续表

| 项目 | 评估指标 | | | | | | | | | | | | 得分 |
|---|---|---|---|---|---|---|---|---|---|---|---|---|---|
| | 资源基础 | 文化内涵 | 区位条件 | 传承载体 | 传承方式 | 传承人 | 资金投入使用 | 资金来源 | 宏观政策保障 | 地方扶持 | 环境承载能力 | 环境可持续发展能力 | |
| 10 | 0.4 | 0.8 | 0.6 | 0.2 | 0.4 | 0.4 | 0.4 | 0.4 | 0.4 | 0.2 | 0.6 | 0.4 | |
| | 14.4 | 7.4 | 5.6 | 0.7 | 2.3 | 5.5 | 2.1 | 0.7 | 2.1 | 0.4 | 4.1 | 2.7 | 48 |
| 11 | 0.8 | 0.8 | 0.4 | 0.2 | 0.4 | 0.4 | 0.4 | 0.4 | 0.4 | 0.2 | 0.6 | 0.4 | |
| | 28.7 | 7.4 | 1.6 | 0.7 | 2.3 | 5.5 | 2.1 | 0.7 | 2.1 | 0.4 | 4.1 | 2.7 | 58.3 |
| 12 | 1 | 1 | 0.6 | 1 | 0.6 | 0.6 | 0.6 | 0.6 | 0.8 | 0.8 | 0.6 | 0.8 | |
| | 35.9 | 9.3 | 5.6 | 3.7 | 3.5 | 8.3 | 3.1 | 1.1 | 4.2 | 1.4 | 4.1 | 5.4 | 85.6 |
| 13 | 1 | 0.8 | 0.4 | 0.2 | 0.4 | 0.4 | 0.4 | 0.4 | 0.4 | 0.4 | 0.6 | 0.4 | |
| | 35.9 | 7.4 | 1.6 | 0.7 | 2.3 | 5.5 | 2.1 | 0.7 | 2.1 | 0.7 | 4.1 | 2.7 | 65.8 |
| 14 | 0.6 | 0.8 | 0.4 | 0.2 | 0.4 | 0.4 | 0.4 | 0.4 | 0.4 | 0.2 | 0.6 | 0.4 | |
| | 21.5 | 7.4 | 1.6 | 0.7 | 2.3 | 5.5 | 2.1 | 0.7 | 2.1 | 0.4 | 4.1 | 2.7 | 51.1 |
| 15 | 1 | 0.8 | 0.6 | 0.2 | 0.4 | 0.4 | 0.4 | 0.4 | 0.6 | 0.2 | 0.6 | 0.4 | |
| | 35.9 | 7.4 | 5.6 | 0.7 | 2.3 | 5.5 | 2.1 | 0.7 | 3.2 | 0.4 | 4.1 | 2.7 | 70.6 |
| 16 | 1 | 0.8 | 0.4 | 0.2 | 0.4 | 0.4 | 0.4 | 0.4 | 0.4 | 0.4 | 0.6 | 0.4 | |
| | 35.9 | 7.4 | 1.6 | 0.7 | 2.3 | 5.5 | 2.1 | 0.7 | 2.1 | 0.7 | 4.1 | 2.7 | 65.8 |
| 17 | 0.4 | 0.8 | 0.4 | 0.2 | 0.4 | 0.4 | 0.4 | 0.4 | 0.4 | 0.2 | 0.6 | 0.4 | |
| | 14.4 | 7.4 | 1.6 | 0.7 | 2.3 | 5.5 | 2.1 | 0.7 | 2.1 | 0.4 | 4.1 | 2.7 | 44 |
| 18 | 1 | 1 | 0.4 | 0.6 | 0.6 | 0.6 | 0.6 | 0.6 | 0.8 | 0.8 | 0.6 | 0.4 | |
| | 35.9 | 9.3 | 1.6 | 2.2 | 3.5 | 8.3 | 3.1 | 1.1 | 4.2 | 1.4 | 4.1 | 2.7 | 77.4 |
| 19 | 1 | 0.8 | 1 | 0.6 | 0.4 | 0.4 | 0.4 | 0.4 | 0.4 | 0.4 | 0.6 | 0.4 | |
| | 35.9 | 7.4 | 4.0 | 2.2 | 2.3 | 5.5 | 2.1 | 0.7 | 2.1 | 0.7 | 4.1 | 2.7 | 69.7 |

续表

| 项目 | 评估指标 | | | | | | | | | | | | 得分 |
| --- | --- | --- | --- | --- | --- | --- | --- | --- | --- | --- | --- | --- | --- |
| | 资源基础 | 文化内涵 | 区位条件 | 传承载体 | 传承方式 | 传承人 | 资金投入使用 | 资金来源 | 宏观政策保障 | 地方扶持 | 环境承载能力 | 环境可持续发展能力 | |
| 20 | 1 | 1 | 0.4 | 0.6 | 0.6 | 0.6 | 0.6 | 0.6 | 0.8 | 0.8 | 0.6 | 0.8 | |
| | 35.9 | 9.3 | 1.6 | 2.2 | 3.5 | 8.3 | 3.1 | 1.1 | 4.2 | 1.4 | 4.1 | 5.4 | 80.1 |
| 21 | 0.8 | 0.8 | 0.4 | 0.6 | 0.4 | 0.4 | 0.4 | 0.4 | 0.4 | 0.4 | 0.6 | 0.4 | |
| | 28.7 | 7.4 | 1.6 | 2.2 | 2.3 | 5.5 | 2.1 | 0.7 | 2.1 | 0.7 | 4.1 | 2.7 | 60.1 |
| 22 | 0.8 | 0.8 | 0.4 | 0.2 | 0.4 | 0.4 | 0.4 | 0.4 | 0.4 | 0.4 | 0.6 | 0.4 | |
| | 28.7 | 7.4 | 1.6 | 0.7 | 2.3 | 5.5 | 2.1 | 0.7 | 2.1 | 0.7 | 4.1 | 2.7 | 58.6 |
| 23 | 1 | 1 | 0.6 | 0.6 | 0.4 | 0.4 | 0.4 | 0.4 | 0.4 | 0.4 | 0.6 | 0.4 | |
| | 35.9 | 9.3 | 5.6 | 2.2 | 2.3 | 5.5 | 2.1 | 0.7 | 2.1 | 0.7 | 4.1 | 2.7 | 73.2 |
| 24 | 1 | 0.6 | 0.4 | 0.6 | 0.6 | 0.6 | 0.4 | 0.4 | 0.4 | 0.6 | 0.4 | 0.4 | |
| | 35.9 | 5.6 | 1.6 | 2.2 | 3.5 | 8.3 | 2.1 | 0.7 | 2.1 | 1.1 | 2.7 | 2.7 | 68.5 |
| 25 | 1 | 0.6 | 0.4 | 0.6 | 0.6 | 0.6 | 0.4 | 0.4 | 0.4 | 0.4 | 0.4 | 0.4 | |
| | 35.9 | 5.6 | 1.6 | 2.2 | 3.5 | 8.3 | 2.1 | 0.7 | 2.1 | 1.1 | 2.7 | 2.7 | 68.5 |
| 26 | 1 | 0.6 | 0.4 | 0.6 | 0.6 | 0.6 | 0.4 | 0.4 | 0.4 | 0.4 | 0.4 | 0.4 | |
| | 35.9 | 5.6 | 1.6 | 2.2 | 3.5 | 8.3 | 2.1 | 0.7 | 2.1 | 0.7 | 2.7 | 2.7 | 68.1 |
| 27 | 1 | 1 | 0.4 | 0.6 | 0.4 | 0.4 | 0.4 | 0.4 | 0.4 | 0.6 | 0.6 | 0.4 | |
| | 35.9 | 7.4 | 1.6 | 2.2 | 2.3 | 5.5 | 2.1 | 0.7 | 2.1 | 1.1 | 4.1 | 2.7 | 67.7 |
| 28 | 0.8 | 0.8 | 0.8 | 0.6 | 0.6 | 0.4 | 0.4 | 0.4 | 0.4 | 0.2 | 0.6 | 0.4 | |
| | 28.7 | 7.4 | 3.2 | 2.2 | 3.5 | 5.5 | 2.1 | 0.7 | 2.1 | 0.4 | 4.1 | 2.7 | 62.6 |
| 29 | 0.8 | 0.8 | 0.4 | 0.6 | 0.6 | 0.6 | 0.4 | 0.4 | 0.4 | 0.4 | 0.6 | 0.4 | |
| | 28.7 | 7.4 | 1.6 | 2.2 | 3.5 | 8.3 | 2.1 | 0.7 | 2.1 | 0.7 | 4.1 | 2.7 | 64.1 |

续表

| 项目 | 评估指标 | | | | | | | | | | | | 得分 |
| --- | --- | --- | --- | --- | --- | --- | --- | --- | --- | --- | --- | --- | --- |
| | 资源基础 | 文化内涵 | 区位条件 | 传承载体 | 传承方式 | 传承人 | 资金投入使用 | 资金来源 | 宏观政策保障 | 地方扶持 | 环境承载能力 | 环境可持续发展能力 | |
| 30 | 0.8 | 1 | 0.4 | 0.6 | 0.6 | 0.8 | 0.6 | 0.4 | 0.4 | 0.6 | 0.6 | 0.6 | |
| | 28.7 | 9.3 | 1.6 | 2.2 | 3.5 | 11.1 | 3.1 | 0.7 | 2.1 | 1.1 | 4.1 | 4.1 | 71.6 |
| 31 | 0.8 | 0.8 | 0.4 | 0.2 | 0.4 | 0.4 | 0.4 | 0.4 | 0.4 | 0.4 | 0.6 | 0.4 | |
| | 28.7 | 7.4 | 1.6 | 0.7 | 2.3 | 5.5 | 2.1 | 0.7 | 2.1 | 0.7 | 4.1 | 2.7 | 58.6 |
| 32 | 0.8 | 0.8 | 0.4 | 0.6 | 0.4 | 0.4 | 0.4 | 0.4 | 0.4 | 0.4 | 0.6 | 0.4 | |
| | 28.7 | 7.4 | 1.6 | 2.2 | 2.3 | 5.5 | 2.1 | 0.7 | 2.1 | 0.7 | 4.1 | 2.7 | 60.1 |
| 33 | 0.8 | 0.8 | 0.6 | 0.2 | 0.4 | 0.4 | 0.4 | 0.4 | 0.4 | 0.4 | 0.6 | 0.4 | |
| | 28.7 | 7.4 | 5.6 | 0.7 | 2.3 | 5.5 | 2.1 | 0.7 | 2.1 | 0.7 | 4.1 | 2.7 | 62.6 |
| 34 | 1 | 1 | 0.4 | 0.6 | 0.6 | 0.6 | 0.4 | 0.4 | 0.4 | 0.4 | 0.4 | 0.4 | |
| | 35.9 | 9.3 | 1.6 | 2.2 | 3.5 | 8.3 | 2.1 | 0.7 | 2.1 | 0.7 | 2.7 | 2.7 | 71.8 |
| 35 | 0.8 | 0.8 | 0.4 | 0.6 | 0.6 | 0.6 | 0.4 | 0.4 | 0.4 | 0.6 | 0.4 | 0.4 | |
| | 28.7 | 7.4 | 1.6 | 2.2 | 3.5 | 8.3 | 2.1 | 0.7 | 2.1 | 1.1 | 2.7 | 2.7 | 63.1 |
| 36 | 1 | 0.8 | 0.4 | 0.6 | 0.6 | 0.6 | 0.4 | 0.4 | 0.4 | 0.6 | 0.4 | 0.4 | |
| | 35.9 | 7.4 | 1.6 | 2.2 | 3.5 | 8.3 | 2.1 | 0.7 | 2.1 | 1.1 | 2.7 | 2.7 | 70.3 |
| 37 | 0.8 | 0.8 | 0.4 | 0.6 | 0.6 | 0.6 | 0.4 | 0.4 | 0.4 | 0.6 | 0.4 | 0.4 | |
| | 28.7 | 7.4 | 1.6 | 2.2 | 3.5 | 8.3 | 2.1 | 0.7 | 2.1 | 1.1 | 2.7 | 2.7 | 63.1 |
| 38 | 0.8 | 0.8 | 0.4 | 0.6 | 0.6 | 0.6 | 0.4 | 0.4 | 0.4 | 0.6 | 0.4 | 0.4 | |
| | 28.7 | 7.4 | 1.6 | 2.2 | 3.5 | 8.3 | 2.1 | 0.7 | 2.1 | 1.1 | 2.7 | 2.7 | 63.1 |
| 39 | 0.8 | 0.8 | 0.4 | 0.6 | 0.6 | 0.6 | 0.4 | 0.4 | 0.4 | 0.4 | 0.4 | 0.4 | |
| | 28.7 | 7.4 | 1.6 | 2.2 | 3.5 | 8.3 | 2.1 | 0.7 | 2.1 | 0.7 | 2.7 | 2.7 | 62.7 |

续表

| 项目 | 评估指标 | | | | | | | | | | | | 得分 |
|---|---|---|---|---|---|---|---|---|---|---|---|---|---|
| | 资源基础 | 文化内涵 | 区位条件 | 传承载体 | 传承方式 | 传承人 | 资金投入使用 | 资金来源 | 宏观政策保障 | 地方扶持 | 环境承载能力 | 环境可持续发展能力 | |
| 40 | 0.8 | 0.8 | 0.4 | 0.6 | 0.6 | 0.6 | 0.4 | 0.4 | 0.4 | 0.4 | 0.4 | 0.4 | |
| | 28.7 | 7.4 | 1.6 | 2.2 | 3.5 | 8.3 | 2.1 | 0.7 | 2.1 | 0.7 | 2.7 | 2.7 | 62.7 |
| 41 | 0.8 | 0.8 | 0.4 | 0.6 | 0.6 | 0.6 | 0.4 | 0.4 | 0.4 | 0.4 | 0.4 | 0.4 | |
| | 28.7 | 7.4 | 1.6 | 2.2 | 3.5 | 8.3 | 2.1 | 0.7 | 2.1 | 0.7 | 2.7 | 2.7 | 62.7 |
| 42 | 0.8 | 0.8 | 0.4 | 0.6 | 0.6 | 0.6 | 0.4 | 0.4 | 0.4 | 0.6 | 0.4 | 0.4 | |
| | 28.7 | 7.4 | 1.6 | 2.2 | 3.5 | 8.3 | 2.1 | 0.7 | 2.1 | 1.1 | 2.7 | 2.7 | 63.1 |
| 43 | 0.8 | 0.8 | 0.4 | 0.6 | 0.6 | 0.6 | 0.4 | 0.4 | 0.4 | 0.4 | 0.4 | 0.4 | |
| | 28.7 | 7.4 | 1.6 | 2.2 | 3.5 | 8.3 | 2.1 | 0.7 | 2.1 | 0.7 | 2.7 | 2.7 | 62.7 |
| 44 | 1 | 0.8 | 0.4 | 0.6 | 0.6 | 0.6 | 0.4 | 0.4 | 0.4 | 0.4 | 0.4 | 0.4 | |
| | 35.9 | 7.4 | 1.6 | 2.2 | 3.5 | 8.3 | 2.1 | 0.7 | 2.1 | 0.7 | 2.7 | 2.7 | 69.9 |
| 45 | 0.8 | 0.8 | 0.4 | 0.4 | 0.4 | 0.4 | 0.4 | 0.4 | 0.4 | 0.4 | 0.4 | 0.4 | |
| | 28.7 | 7.4 | 1.6 | 1.5 | 2.3 | 5.5 | 2.1 | 0.7 | 2.1 | 0.2 | 2.7 | 2.7 | 57.7 |
| 46 | 0.8 | 0.4 | 0.4 | 0.4 | 0.4 | 0.4 | 0.4 | 0.4 | 0.4 | 0.4 | 0.4 | 0.4 | |
| | 28.7 | 3.7 | 1.6 | 1.5 | 2.3 | 5.5 | 2.1 | 0.7 | 2.1 | 0.7 | 2.7 | 2.7 | 54.3 |
| 47 | 1 | 0.8 | 0.6 | 0.8 | 0.6 | 0.8 | 0.8 | 0.4 | 0.4 | 0.6 | 0.6 | 0.8 | |
| | 35.9 | 7.4 | 5.6 | 2.9 | 3.5 | 11.1 | 4.2 | 0.7 | 2.1 | 1.1 | 4.1 | 5.4 | 84 |
| 48 | 1 | 0.8 | 0.6 | 0.8 | 0.6 | 0.8 | 0.6 | 0.4 | 0.4 | 0.6 | 0.6 | 0.8 | |
| | 35.9 | 7.4 | 5.6 | 2.9 | 3.5 | 11.1 | 3.1 | 0.7 | 2.1 | 1.1 | 4.1 | 5.4 | 82.9 |
| 49 | 1 | 1 | 0.6 | 0.8 | 0.6 | 0.8 | 0.6 | 0.4 | 0.4 | 0.6 | 0.6 | 0.8 | |
| | 35.9 | 9.3 | 5.6 | 2.9 | 3.5 | 11.1 | 3.1 | 0.7 | 2.1 | 1.1 | 4.1 | 5.4 | 84.8 |

续表

| 项目 | 资源基础 | 文化内涵 | 区位条件 | 传承载体 | 传承方式 | 传承人 | 资金投入使用 | 资金来源 | 宏观政策保障 | 地方扶持 | 环境承载能力 | 环境可持续发展能力 | 得分 |
|---|---|---|---|---|---|---|---|---|---|---|---|---|---|
| 50 | 0.8 | 0.8 | 0.4 | 0.4 | 0.6 | 0.8 | 0.6 | 0.4 | 0.4 | 0.4 | 0.6 | 0.4 | |
| | 28.7 | 7.4 | 1.6 | 1.5 | 3.5 | 11.1 | 3.1 | 0.7 | 2.1 | 0.7 | 4.1 | 2.7 | 67.2 |
| 51 | 0.8 | 0.4 | 0.4 | 0.4 | 0.4 | 0.4 | 0.4 | 0.4 | 0.4 | 0.4 | 0.6 | 0.4 | |
| | 28.7 | 3.7 | 1.6 | 1.5 | 2.3 | 5.5 | 2.1 | 0.7 | 2.1 | 0.7 | 4.1 | 2.7 | 55.7 |
| 52 | 0.8 | 0.8 | 0.6 | 0.6 | 0.6 | 0.4 | 0.4 | 0.4 | 0.4 | 0.4 | 0.6 | 0.4 | |
| | 28.7 | 7.4 | 5.6 | 2.2 | 3.5 | 5.5 | 2.1 | 0.7 | 2.1 | 0.7 | 4.1 | 2.7 | 65.3 |
| 53 | 1 | 1 | 1 | 1 | 1 | 1 | 1 | 0.8 | 1 | 1 | 0.4 | 0.8 | |
| | 35.9 | 9.3 | 4.0 | 3.7 | 5.8 | 13.8 | 5.3 | 1.4 | 5.3 | 1.8 | 2.7 | 5.4 | 94.4 |
| 54 | 0.8 | 0.8 | 0.6 | 0.6 | 0.6 | 0.4 | 0.4 | 0.4 | 0.4 | 0.6 | 0.6 | 0.4 | |
| | 28.7 | 7.4 | 5.6 | 2.2 | 3.5 | 5.5 | 2.1 | 0.7 | 2.1 | 1.1 | 4.1 | 2.7 | 65.7 |
| 55 | 1 | 1 | 1 | 1 | 1 | 1 | 1 | 0.8 | 1 | 1 | 0.4 | 0.8 | |
| | 35.9 | 9.3 | 4.0 | 3.7 | 5.8 | 13.8 | 5.3 | 1.4 | 5.3 | 1.8 | 2.7 | 5.4 | 94.4 |
| 56 | 0.6 | 0.4 | 0.6 | 0.2 | 0.4 | 0.4 | 0.4 | 0.4 | 0.4 | 0.4 | 0.4 | 0.4 | |
| | 21.5 | 3.7 | 5.6 | 0.7 | 2.3 | 5.5 | 2.1 | 0.7 | 2.1 | 0.7 | 2.7 | 2.7 | 50.3 |
| 57 | 0.8 | 0.8 | 0.6 | 0.6 | 0.6 | 0.8 | 0.4 | 0.4 | 0.4 | 0.4 | 0.6 | 0.4 | |
| | 28.7 | 7.4 | 5.6 | 2.2 | 3.5 | 11.1 | 2.1 | 0.7 | 2.1 | 0.7 | 4.1 | 2.7 | 70.9 |
| 58 | 0.8 | 0.8 | 0.4 | 0.6 | 0.6 | 0.8 | 0.4 | 0.4 | 0.4 | 0.4 | 0.6 | 0.4 | |
| | 28.7 | 7.4 | 1.6 | 2.2 | 3.5 | 11.1 | 2.1 | 0.7 | 2.1 | 0.7 | 4.1 | 2.7 | 66.9 |
| 59 | 0.8 | 0.8 | 0.4 | 0.6 | 0.6 | 0.8 | 0.4 | 0.4 | 0.4 | 0.4 | 0.6 | 0.4 | |
| | 28.7 | 7.4 | 1.6 | 2.2 | 3.5 | 11.1 | 2.1 | 0.7 | 2.1 | 0.7 | 4.1 | 2.7 | 66.9 |

评估指标

续表

| 项目 | 评估指标 | | | | | | | | | | | | 得分 |
|---|---|---|---|---|---|---|---|---|---|---|---|---|---|
| | 资源基础 | 文化内涵 | 区位条件 | 传承载体 | 传承方式 | 传承人 | 资金投入使用 | 资金来源 | 宏观政策保障 | 地方扶持 | 环境承载能力 | 环境可持续发展能力 | |
| 60 | 0.6 | 0.4 | 0.4 | 0.6 | 0.6 | 0.4 | 0.4 | 0.4 | 0.4 | 0.4 | 0.6 | 0.4 | |
| | 21.5 | 3.7 | 1.6 | 2.2 | 3.5 | 5.5 | 2.1 | 0.7 | 2.1 | 0.7 | 4.1 | 2.7 | 50.4 |
| 61 | 0.4 | 0.8 | 0.4 | 0.4 | 0.4 | 0.4 | 0.4 | 0.4 | 0.4 | 0.2 | 0.2 | 0.4 | |
| | 14.4 | 7.4 | 1.6 | 1.5 | 2.3 | 5.5 | 2.1 | 0.7 | 2.1 | 0.4 | 1.4 | 2.7 | 42.1 |
| 62 | 0.4 | 0.8 | 0.4 | 0.4 | 0.4 | 0.4 | 0.4 | 0.4 | 0.4 | 0.2 | 0.6 | 0.4 | |
| | 14.4 | 7.4 | 1.6 | 1.5 | 2.3 | 5.5 | 2.1 | 0.7 | 2.1 | 0.4 | 4.1 | 2.7 | 44.8 |
| 63 | 0.8 | 0.8 | 0.4 | 0.4 | 0.4 | 0.4 | 0.4 | 0.4 | 0.4 | 0.6 | 0.6 | 0.4 | |
| | 28.7 | 7.4 | 1.6 | 1.5 | 2.3 | 5.5 | 2.1 | 0.7 | 2.1 | 1.1 | 4.1 | 2.7 | 59.8 |
| 64 | 1 | 1 | 0.4 | 1 | 1 | 1 | 0.8 | 0.8 | 1 | 0.4 | 0.2 | 0.8 | |
| | 35.9 | 9.3 | 1.6 | 3.7 | 5.8 | 13.8 | 4.2 | 1.4 | 5.3 | 0.7 | 1.4 | 5.4 | 88.5 |
| 65 | 1 | 0.8 | 0.4 | 0.8 | 0.6 | 0.6 | 0.8 | 0.4 | 0.6 | 0.4 | 0.2 | 0.8 | |
| | 35.9 | 7.4 | 1.6 | 2.9 | 3.5 | 8.3 | 4.2 | 0.7 | 3.2 | 0.7 | 1.4 | 5.4 | 75.2 |
| 66 | 0.8 | 0.8 | 0.4 | 0.8 | 0.6 | 0.4 | 0.4 | 0.4 | 0.4 | 0.4 | 0.2 | 0.4 | |
| | 28.7 | 7.4 | 1.6 | 2.9 | 3.5 | 5.5 | 2.1 | 0.7 | 2.1 | 0.7 | 1.4 | 2.7 | 59.3 |
| 67 | 0.8 | 1 | 0.4 | 0.8 | 0.6 | 0.8 | 0.8 | 0.6 | 0.6 | 0.4 | 0.4 | 0.8 | |
| | 28.7 | 9.3 | 1.6 | 2.9 | 3.5 | 11.1 | 4.2 | 1.1 | 3.2 | 0.7 | 2.7 | 5.4 | 74.4 |
| 68 | 0.8 | 0.6 | 0.4 | 0.4 | 0.4 | 0.4 | 0.4 | 0.4 | 0.4 | 0.4 | 0.4 | 0.4 | |
| | 28.7 | 5.6 | 1.6 | 1.5 | 2.3 | 5.5 | 2.1 | 0.7 | 2.1 | 0.7 | 2.7 | 2.7 | 56.2 |
| 69 | 0.6 | 0.8 | 0.4 | 0.4 | 0.4 | 0.4 | 0.4 | 0.4 | 0.4 | 0.2 | 0.6 | 0.4 | |
| | 21.5 | 7.4 | 1.6 | 1.5 | 2.3 | 5.5 | 2.1 | 0.7 | 2.1 | 0.4 | 4.1 | 2.7 | 51.9 |

续表

| 项目 | 评估指标 | | | | | | | | | | | | 得分 |
| --- | --- | --- | --- | --- | --- | --- | --- | --- | --- | --- | --- | --- | --- |
| | 资源基础 | 文化内涵 | 区位条件 | 传承载体 | 传承方式 | 传承人 | 资金投入使用 | 资金来源 | 宏观政策保障 | 地方扶持 | 环境承载能力 | 环境可持续发展能力 | |
| 70 | 1 | 1 | 0.4 | 0.4 | 0.4 | 0.4 | 0.4 | 0.4 | 0.4 | 0.8 | 0.6 | 0.4 | 69.2 |
| | 35.9 | 9.3 | 1.6 | 1.5 | 2.3 | 5.5 | 2.1 | 0.7 | 2.1 | 1.4 | 4.1 | 2.7 | |
| 71 | 0.8 | 0.8 | 0.4 | 0.8 | 0.8 | 0.8 | 0.6 | 0.4 | 0.4 | 0.4 | 0.6 | 0.4 | 69.7 |
| | 28.7 | 7.4 | 1.6 | 2.9 | 4.6 | 11.1 | 3.1 | 0.7 | 2.1 | 0.7 | 4.1 | 2.7 | |
| 72 | 1 | 1 | 0.4 | 0.8 | 1 | 1 | 0.8 | 0.8 | 0.8 | 0.6 | 0.6 | 0.8 | 89.7 |
| | 35.9 | 9.3 | 1.6 | 2.9 | 5.8 | 13.8 | 4.2 | 1.4 | 4.2 | 1.1 | 4.1 | 5.4 | |
| 73 | 0.8 | 0.4 | 0.6 | 0.8 | 0.6 | 0.4 | 0.6 | 0.4 | 0.4 | 0.4 | 0.2 | 0.4 | 60.6 |
| | 28.7 | 3.7 | 5.6 | 2.9 | 3.5 | 5.5 | 3.1 | 0.7 | 2.1 | 0.7 | 1.4 | 2.7 | |
| 74 | 0.6 | 0.8 | 0.4 | 0.6 | 0.4 | 0.4 | 0.4 | 0.4 | 0.4 | 0.2 | 0.8 | 0.4 | 53.9 |
| | 21.5 | 7.4 | 1.6 | 2.2 | 2.3 | 5.5 | 2.1 | 0.7 | 2.1 | 0.4 | 5.4 | 2.7 | |
| 75 | 0.8 | 0.6 | 0.4 | 0.6 | 0.4 | 0.4 | 0.4 | 0.4 | 0.4 | 0.2 | 0.4 | 0.4 | 56.6 |
| | 28.7 | 5.6 | 1.6 | 2.2 | 2.3 | 5.5 | 2.1 | 0.7 | 2.1 | 0.4 | 2.7 | 2.7 | |
| 76 | 1 | 1 | 0.4 | 0.8 | 1 | 1 | 0.8 | 0.8 | 0.8 | 0.8 | 0.4 | 0.8 | 88.6 |
| | 35.9 | 9.3 | 1.6 | 2.9 | 5.8 | 13.8 | 4.2 | 1.4 | 4.2 | 1.4 | 2.7 | 5.4 | |
| 77 | 1 | 1 | 0.4 | 0.8 | 1 | 1 | 0.8 | 0.6 | 0.8 | 0.8 | 0.4 | 0.8 | 86.4 |
| | 35.9 | 7.4 | 1.6 | 2.9 | 5.8 | 13.8 | 4.2 | 1.1 | 4.2 | 1.4 | 2.7 | 5.4 | |
| 78 | 1 | 1 | 0.4 | 0.8 | 1 | 1 | 0.8 | 0.6 | 0.4 | 0.4 | 0.4 | 0.8 | 85.5 |
| | 35.9 | 9.3 | 1.6 | 2.9 | 5.8 | 13.8 | 4.2 | 1.1 | 2.1 | 0.7 | 2.7 | 5.4 | |
| 79 | 0.8 | 0.8 | 0.4 | 0.4 | 0.6 | 0.4 | 0.4 | 0.4 | 0.4 | 0.2 | 0.6 | 0.4 | 60.3 |
| | 28.7 | 7.4 | 1.6 | 1.5 | 3.5 | 5.5 | 2.1 | 0.7 | 2.1 | 0.4 | 4.1 | 2.7 | |

续表

| 项目 | 评估指标 | | | | | | | | | | | | 得分 |
| | 资源基础 | 文化内涵 | 区位条件 | 传承载体 | 传承方式 | 传承人 | 资金投入使用 | 资金来源 | 宏观政策保障 | 地方扶持 | 环境承载能力 | 环境可持续发展能力 | |
| 80 | 0.8 | 0.8 | 0.4 | 0.6 | 0.6 | 0.8 | 0.4 | 0.4 | 0.4 | 0.4 | 0.6 | 0.4 | |
| | 28.7 | 7.4 | 1.6 | 2.2 | 3.5 | 11.1 | 2.1 | 0.7 | 2.1 | 0.7 | 4.1 | 2.7 | 66.9 |
| 81 | 1 | 1 | 0.6 | 0.8 | 0.6 | 0.6 | 0.6 | 0.6 | 0.4 | 0.4 | 0.4 | 0.6 | |
| | 35.9 | 9.3 | 5.6 | 2.9 | 3.5 | 8.3 | 3.1 | 1.1 | 2.1 | 0.7 | 2.7 | 4.1 | 79.3 |
| 82 | 1 | 1 | 0.4 | 1 | 1 | 1 | 0.8 | 0.8 | 0.4 | 0.6 | 0.4 | 0.8 | |
| | 35.9 | 9.3 | 1.6 | 3.7 | 5.8 | 13.8 | 4.2 | 1.4 | 2.1 | 1.1 | 2.7 | 5.4 | 87 |
| 83 | 0.8 | 0.8 | 0.4 | 0.8 | 0.6 | 0.6 | 0.6 | 0.6 | 0.4 | 0.2 | 0.4 | 0.6 | |
| | 28.7 | 7.4 | 1.6 | 2.9 | 3.5 | 8.3 | 3.1 | 1.1 | 2.1 | 0.4 | 2.7 | 4.1 | 65.9 |
| 84 | 0.8 | 0.6 | 0.4 | 0.8 | 0.8 | 0.8 | 0.8 | 0.6 | 0.4 | 0.2 | 0.6 | 0.8 | |
| | 28.7 | 5.6 | 1.6 | 2.9 | 4.6 | 11.1 | 4.2 | 1.1 | 2.1 | 0.4 | 4.1 | 5.4 | 71.8 |
| 85 | 0.8 | 0.8 | 0.4 | 0.8 | 0.8 | 0.6 | 0.6 | 0.6 | 0.4 | 0.2 | 0.4 | 0.6 | |
| | 28.7 | 7.4 | 1.6 | 2.9 | 4.6 | 8.3 | 3.1 | 1.1 | 2.1 | 0.4 | 2.7 | 4.1 | 67 |
| 86 | 1 | 0.8 | 0.4 | 0.8 | 1 | 1 | 0.8 | 0.6 | 0.6 | 0.4 | 0.4 | 0.8 | |
| | 35.9 | 7.4 | 1.6 | 2.9 | 5.8 | 13.8 | 4.2 | 1.1 | 3.2 | 0.7 | 2.7 | 5.4 | 84.7 |
| 87 | 0.8 | 0.8 | 0.8 | 1 | 0.6 | 0.8 | 0.8 | 0.8 | 0.6 | 0.6 | 0.2 | 0.8 | |
| | 28.7 | 7.4 | 5.6 | 2.2 | 3.5 | 11.1 | 4.2 | 1.4 | 3.2 | 1.1 | 1.4 | 5.4 | 75.2 |
| 88 | 1 | 1 | 0.8 | 1 | 1 | 0.8 | 1 | 0.8 | 1 | 0.4 | 0.8 | 0.8 | |
| | 35.9 | 9.3 | 3.2 | 3.7 | 5.8 | 11.1 | 5.3 | 1.4 | 5.3 | 0.7 | 5.4 | 5.4 | 92.5 |
| 89 | 1 | 0.8 | 0.4 | 0.4 | 0.6 | 0.6 | 0.6 | 0.6 | 0.6 | 0.4 | 0.2 | 0.6 | |
| | 35.9 | 7.4 | 1.6 | 1.5 | 3.5 | 8.3 | 3.1 | 1.1 | 3.2 | 0.7 | 1.4 | 4.1 | 71.8 |

| 项目 | 评估指标 | | | | | | | | | | | | 得分 |
| | 资源基础 | 文化内涵 | 区位条件 | 传承载体 | 传承方式 | 传承人 | 资金投入使用 | 资金来源 | 宏观政策保障 | 地方扶持 | 环境承载能力 | 环境可持续发展能力 | |
|---|---|---|---|---|---|---|---|---|---|---|---|---|---|
| 90 | 0.8 | 0.6 | 0.4 | 0.6 | 0.8 | 0.8 | 0.8 | 0.6 | 0.6 | 0.4 | 0.6 | 0.6 | |
| | 28.7 | 5.6 | 1.6 | 2.2 | 4.6 | 11.1 | 4.2 | 1.1 | 3.2 | 0.7 | 4.1 | 4.1 | 71.2 |
| 91 | 0.8 | 0.6 | 0.4 | 0.8 | 0.6 | 0.8 | 0.6 | 0.6 | 0.4 | 0.4 | 0.4 | 0.6 | |
| | 28.7 | 5.6 | 1.6 | 2.9 | 3.5 | 11.1 | 3.1 | 1.1 | 2.1 | 0.7 | 2.7 | 4.1 | 67.2 |
| 92 | 0.8 | 0.6 | 0.4 | 0.4 | 0.6 | 0.6 | 0.6 | 0.6 | 0.4 | 0.4 | 0.2 | 0.6 | |
| | 28.7 | 5.6 | 1.6 | 1.5 | 3.5 | 8.3 | 3.1 | 1.1 | 2.1 | 0.7 | 1.4 | 4.1 | 61.7 |
| 93 | 0.8 | 0.8 | 0.4 | 0.4 | 0.4 | 0.4 | 0.4 | 0.4 | 0.4 | 0.6 | 0.2 | 0.4 | |
| | 28.7 | 7.4 | 1.6 | 1.5 | 2.3 | 5.5 | 2.1 | 0.7 | 2.1 | 1.1 | 1.4 | 2.7 | 57.1 |
| 94 | 1 | 1 | 1 | 1 | 1 | 1 | 1 | 0.8 | 1 | 0.8 | 0.6 | 0.8 | |
| | 35.9 | 9.3 | 4.0 | 3.7 | 5.8 | 13.8 | 5.3 | 1.4 | 5.3 | 1.4 | 4.1 | 5.4 | 95.4 |
| 95 | 0.8 | 0.8 | 0.4 | 0.8 | 0.8 | 0.8 | 0.6 | 0.6 | 0.4 | 0.6 | 0.4 | 0.6 | |
| | 28.7 | 7.4 | 1.6 | 2.9 | 4.6 | 11.1 | 3.1 | 1.1 | 2.1 | 1.1 | 2.7 | 4.1 | 70.5 |
| 96 | 0.8 | 0.6 | 0.8 | 0.8 | 0.8 | 1 | 0.8 | 0.6 | 0.6 | 0.4 | 0.8 | 0.6 | |
| | 28.7 | 5.6 | 3.2 | 2.9 | 5.8 | 13.8 | 4.2 | 1.1 | 3.2 | 0.7 | 5.4 | 4.1 | 78.7 |
| 97 | 0.8 | 0.8 | 0.6 | 0.8 | 0.8 | 0.8 | 0.8 | 0.6 | 0.6 | 0.4 | 0.4 | 0.6 | |
| | 28.7 | 7.4 | 5.6 | 2.9 | 4.6 | 8.3 | 4.2 | 1.1 | 3.2 | 0.7 | 2.7 | 4.1 | 73.5 |
| 98 | 0.8 | 0.6 | 0.8 | 0.6 | 0.8 | 0.8 | 0.8 | 0.6 | 0.6 | 0.4 | 0.6 | 0.6 | |
| | 28.7 | 5.6 | 3.2 | 2.9 | 4.6 | 11.1 | 4.2 | 1.1 | 3.2 | 0.7 | 4.1 | 5.4 | 74.8 |
| 99 | 0.8 | 0.8 | 0.4 | 0.6 | 0.6 | 0.4 | 0.4 | 0.4 | 0.4 | 0.6 | 0.6 | 0.4 | |
| | 28.7 | 7.4 | 1.6 | 2.2 | 3.5 | 5.5 | 2.1 | 0.7 | 2.1 | 1.1 | 4.1 | 2.7 | 61.7 |

续表

| 项目 | 评估指标 | | | | | | | | | | | | 得分 |
|---|---|---|---|---|---|---|---|---|---|---|---|---|---|
| | 资源基础 | 文化内涵 | 区位条件 | 传承载体 | 传承方式 | 传承人 | 资金投入使用 | 资金来源 | 宏观政策保障 | 地方扶持 | 环境承载能力 | 环境可持续发展能力 | |
| 100 | 0.6 | 0.8 | 0.6 | 0.4 | 0.6 | 0.8 | 0.4 | 0.4 | 0.4 | 0.6 | 0.8 | 0.4 | |
| | 21.5 | 7.4 | 5.6 | 1.5 | 3.5 | 11.1 | 2.1 | 0.7 | 2.1 | 1.1 | 5.4 | 2.7 | 64.7 |
| 101 | 0.4 | 0.8 | 0.4 | 0.6 | 0.4 | 0.4 | 0.4 | 0.4 | 0.4 | 0.4 | 0.6 | 0.4 | |
| | 14.4 | 7.4 | 1.6 | 2.2 | 2.3 | 5.5 | 2.1 | 0.7 | 2.1 | 0.7 | 4.1 | 2.7 | 45.8 |
| 102 | 1 | 0.6 | 0.4 | 0.8 | 0.8 | 0.8 | 0.6 | 0.6 | 0.6 | 0.4 | 0.8 | 0.6 | |
| | 35.9 | 5.6 | 1.6 | 2.9 | 4.6 | 11.1 | 3.1 | 1.1 | 3.2 | 0.7 | 5.4 | 4.1 | 79.3 |
| 103 | 0.4 | 0.6 | 0.4 | 0.4 | 0.6 | 0.4 | 0.4 | 0.4 | 0.4 | 0.2 | 0.4 | 0.4 | |
| | 14.4 | 5.6 | 1.6 | 1.5 | 3.5 | 5.5 | 2.1 | 0.7 | 2.1 | 0.4 | 2.7 | 2.7 | 42.8 |
| 104 | 0.4 | 0.6 | 0.4 | 0.4 | 0.6 | 0.4 | 0.4 | 0.4 | 0.4 | 0.4 | 0.4 | 0.4 | |
| | 14.4 | 5.6 | 1.6 | 1.5 | 3.5 | 5.5 | 2.1 | 0.7 | 2.1 | 0.7 | 2.7 | 2.7 | 43.1 |
| 105 | 0.4 | 0.8 | 0.6 | 0.4 | 0.6 | 0.4 | 0.4 | 0.4 | 0.4 | 0.4 | 0.6 | 0.4 | |
| | 14.4 | 7.4 | 5.6 | 1.5 | 3.5 | 5.5 | 2.1 | 0.7 | 2.1 | 0.7 | 4.1 | 2.7 | 50.3 |
| 106 | 0.4 | 0.4 | 0.4 | 0.4 | 0.4 | 0.4 | 0.4 | 0.4 | 0.4 | 0.4 | 0.4 | 0.4 | |
| | 14.4 | 3.7 | 1.6 | 1.5 | 2.3 | 5.5 | 2.1 | 0.7 | 2.1 | 0.7 | 2.7 | 2.7 | 40 |
| 107 | 1 | 0.6 | 0.4 | 0.6 | 0.8 | 0.8 | 0.8 | 0.6 | 0.6 | 0.4 | 0.8 | 0.8 | |
| | 35.9 | 5.6 | 1.6 | 2.2 | 4.6 | 11.1 | 4.2 | 1.1 | 3.2 | 0.7 | 5.4 | 5.4 | 81 |
| 108 | 0.8 | 1 | 0.6 | 0.4 | 0.6 | 0.4 | 0.4 | 0.4 | 0.4 | 0.4 | 0.6 | 0.4 | |
| | 28.7 | 9.3 | 5.6 | 1.5 | 3.5 | 5.5 | 2.1 | 0.7 | 2.1 | 0.7 | 4.1 | 2.7 | 66.5 |
| 109 | 1 | 0.6 | 0.6 | 0.8 | 1 | 1 | 0.8 | 0.8 | 0.6 | 0.4 | 0.6 | 0.8 | |
| | 35.9 | 5.6 | 5.6 | 2.9 | 5.8 | 13.8 | 4.2 | 1.4 | 3.2 | 0.7 | 4.1 | 5.4 | 88.6 |

续表

| 项目 | 资源基础 | 文化内涵 | 区位条件 | 传承载体 | 传承方式 | 传承人 | 评估指标 资金投入使用 | 资金来源 | 宏观政策保障 | 地方扶持 | 环境承载能力 | 环境可持续发展能力 | 得分 |
|---|---|---|---|---|---|---|---|---|---|---|---|---|---|
| 110 | 1 | 0.8 | 0.4 | 0.8 | 1 | 1 | 0.8 | 0.8 | 0.6 | 0.4 | 0.6 | 0.8 | |
| | 35.9 | 7.4 | 1.6 | 2.9 | 5.8 | 13.8 | 4.2 | 1.4 | 3.2 | 0.7 | 4.1 | 5.4 | 86.4 |
| 111 | 1 | 1 | 0.4 | 0.4 | 0.8 | 0.8 | 0.8 | 0.8 | 0.8 | 0.8 | 0.8 | 0.6 | |
| | 35.9 | 9.3 | 1.6 | 1.5 | 4.6 | 11.1 | 4.2 | 1.4 | 4.2 | 1.4 | 5.4 | 4.1 | 84.7 |
| 112 | 0.4 | 0.6 | 0.4 | 0.4 | 0.6 | 0.4 | 0.4 | 0.4 | 0.4 | 0.2 | 0.8 | 0.6 | |
| | 14.4 | 5.6 | 1.6 | 1.5 | 3.5 | 5.5 | 2.1 | 0.7 | 2.1 | 0.4 | 5.4 | 4.1 | 46.9 |
| 113 | 0.6 | 0.6 | 0.4 | 0.4 | 0.6 | 0.4 | 0.4 | 0.4 | 0.4 | 0.2 | 0.8 | 0.6 | |
| | 21.5 | 5.6 | 1.6 | 1.5 | 3.5 | 5.5 | 2.1 | 0.7 | 2.1 | 0.4 | 5.4 | 4.1 | 54 |
| 114 | 0.4 | 0.6 | 0.4 | 0.4 | 0.6 | 0.4 | 0.4 | 0.4 | 0.4 | 0.4 | 0.8 | 0.6 | |
| | 14.4 | 5.6 | 1.6 | 1.5 | 3.5 | 5.5 | 2.1 | 0.7 | 2.1 | 0.7 | 5.4 | 4.1 | 47.2 |
| 115 | 1 | 1 | 0.4 | 0.4 | 0.8 | 0.8 | 0.4 | 0.8 | 0.4 | 0.6 | 0.8 | 0.6 | |
| | 35.9 | 9.3 | 1.6 | 1.5 | 4.6 | 11.1 | 2.1 | 1.4 | 2.1 | 1.1 | 5.4 | 4.1 | 80.2 |
| 116 | 0.8 | 0.8 | 0.4 | 0.4 | 0.6 | 0.4 | 0.4 | 0.4 | 0.4 | 0.4 | 0.8 | 0.6 | |
| | 28.7 | 7.4 | 1.6 | 1.5 | 3.5 | 5.5 | 2.1 | 0.7 | 2.1 | 0.7 | 5.4 | 4.1 | 63.3 |
| 117 | 0.8 | 0.8 | 0.4 | 0.4 | 0.6 | 0.4 | 0.4 | 0.4 | 0.4 | 0.6 | 0.8 | 0.6 | |
| | 28.7 | 7.4 | 1.6 | 1.5 | 3.5 | 5.5 | 2.1 | 0.7 | 2.1 | 1.1 | 5.4 | 4.1 | 63.7 |
| 118 | 0.8 | 0.8 | 0.4 | 0.4 | 0.6 | 0.4 | 0.4 | 0.4 | 0.4 | 0.4 | 0.8 | 0.6 | |
| | 28.7 | 7.4 | 1.6 | 1.5 | 3.5 | 5.5 | 2.1 | 0.7 | 2.1 | 0.7 | 5.4 | 4.1 | 63.3 |
| 119 | 1 | 1 | 0.4 | 0.4 | 0.8 | 0.4 | 0.8 | 0.8 | 0.8 | 0.4 | 0.8 | 0.6 | |
| | 35.9 | 9.3 | 1.6 | 1.5 | 4.6 | 5.5 | 4.2 | 1.4 | 4.2 | 0.7 | 5.4 | 4.1 | 78.4 |

续表

| 项目 | 评估指标 | | | | | | | | | | | | 得分 |
|---|---|---|---|---|---|---|---|---|---|---|---|---|---|
| | 资源基础 | 文化内涵 | 区位条件 | 传承载体 | 传承方式 | 传承人 | 资金投入使用 | 资金来源 | 宏观政策保障 | 地方扶持 | 环境承载能力 | 环境可持续发展能力 | |
| 120 | 0.8 | 0.6 | 0.4 | 0.4 | 0.6 | 0.4 | 0.4 | 0.4 | 0.4 | 0.4 | 0.8 | 0.6 | |
| | 28.7 | 5.6 | 1.6 | 1.5 | 3.5 | 5.5 | 2.1 | 0.7 | 2.1 | 0.7 | 5.4 | 4.1 | 61.5 |
| 121 | 0.8 | 0.8 | 0.4 | 0.4 | 0.6 | 0.4 | 0.4 | 0.4 | 0.4 | 0.4 | 0.8 | 0.6 | |
| | 28.7 | 7.4 | 1.6 | 1.5 | 3.5 | 5.5 | 2.1 | 0.7 | 2.1 | 0.7 | 5.4 | 4.1 | 63.3 |
| 122 | 0.8 | 0.8 | 0.4 | 0.4 | 0.6 | 0.4 | 0.4 | 0.4 | 0.4 | 0.4 | 0.8 | 0.6 | |
| | 28.7 | 7.4 | 1.6 | 1.5 | 3.5 | 5.5 | 2.1 | 0.7 | 2.1 | 0.7 | 5.4 | 4.1 | 63.3 |
| 123 | 0.8 | 0.8 | 0.4 | 0.4 | 0.6 | 0.4 | 0.4 | 0.4 | 0.4 | 0.6 | 0.8 | 0.6 | |
| | 28.7 | 7.4 | 1.6 | 1.5 | 3.5 | 5.5 | 2.1 | 0.7 | 2.1 | 1.1 | 5.4 | 4.1 | 63.7 |
| 124 | 0.8 | 0.6 | 0.4 | 0.4 | 0.6 | 0.4 | 0.4 | 0.4 | 0.4 | 0.2 | 0.8 | 0.6 | |
| | 28.7 | 5.6 | 1.6 | 1.5 | 3.5 | 5.5 | 2.1 | 0.7 | 2.1 | 0.4 | 5.4 | 4.1 | 61.2 |
| 125 | 0.8 | 0.6 | 0.6 | 0.4 | 0.6 | 0.4 | 0.4 | 0.4 | 0.4 | 0.2 | 0.8 | 0.6 | |
| | 28.7 | 5.6 | 5.6 | 1.5 | 3.5 | 5.5 | 2.1 | 0.7 | 2.1 | 0.4 | 5.4 | 4.1 | 65.2 |
| 126 | 1 | 0.8 | 0.8 | 0.6 | 0.4 | 0.4 | 0.8 | 0.8 | 0.6 | 0.4 | 0.8 | 0.6 | |
| | 35.9 | 7.4 | 3.2 | 2.2 | 2.3 | 5.5 | 4.2 | 1.4 | 3.2 | 0.7 | 5.4 | 4.1 | 75.5 |
| 127 | 1 | 1 | 1 | 1 | 1 | 0.4 | 1 | 0.8 | 1 | 0.8 | 0.8 | 0.8 | |
| | 35.9 | 9.3 | 4.0 | 3.7 | 5.8 | 5.5 | 5.3 | 1.4 | 5.3 | 1.4 | 5.4 | 5.4 | 88.4 |
| 128 | 0.8 | 0.6 | 0.6 | 0.6 | 0.6 | 0.4 | 0.4 | 0.4 | 0.4 | 0.4 | 0.4 | 0.4 | |
| | 28.7 | 5.6 | 5.6 | 2.2 | 3.5 | 5.5 | 2.1 | 0.7 | 2.1 | 0.7 | 2.7 | 2.7 | 62.1 |
| 129 | 0.8 | 0.6 | 0.6 | 0.6 | 0.6 | 0.4 | 0.4 | 0.4 | 0.4 | 0.4 | 0.4 | 0.4 | |
| | 28.7 | 5.6 | 5.6 | 2.2 | 3.5 | 5.5 | 2.1 | 0.7 | 2.1 | 0.7 | 2.7 | 2.7 | 62.1 |

续表

| 项目 | 评估指标 | | | | | | | | | | | | 得分 |
|---|---|---|---|---|---|---|---|---|---|---|---|---|---|
| | 资源基础 | 文化内涵 | 区位条件 | 传承载体 | 传承方式 | 传承人 | 资金投入使用 | 资金来源 | 宏观政策保障 | 地方扶持 | 环境承载能力 | 环境可持续发展能力 | |
| 130 | 0.8 | 0.6 | 0.6 | 0.6 | 0.6 | 0.4 | 0.4 | 0.4 | 0.4 | 0.4 | 0.4 | 0.4 | |
| | 28.7 | 5.6 | 5.6 | 2.2 | 3.5 | 5.5 | 2.1 | 0.7 | 2.1 | 0.7 | 2.7 | 2.7 | 62.1 |
| 131 | 0.8 | 0.6 | 0.6 | 0.6 | 0.6 | 0.4 | 0.4 | 0.4 | 0.4 | 0.4 | 0.4 | 0.4 | |
| | 28.7 | 5.6 | 5.6 | 2.2 | 3.5 | 5.5 | 2.1 | 0.7 | 2.1 | 0.7 | 2.7 | 2.7 | 62.1 |
| 132 | 0.8 | 1 | 0.4 | 0.6 | 0.6 | 0.8 | 0.4 | 0.4 | 0.4 | 0.2 | 0.4 | 0.4 | |
| | 28.7 | 9.3 | 1.6 | 2.2 | 3.5 | 11.1 | 2.1 | 0.7 | 2.1 | 0.4 | 2.7 | 2.7 | 67.1 |
| 133 | 0.8 | 0.6 | 0.6 | 0.6 | 0.6 | 0.4 | 0.4 | 0.4 | 0.4 | 0.4 | 0.4 | 0.4 | |
| | 28.7 | 5.6 | 5.6 | 2.2 | 3.5 | 5.5 | 2.1 | 0.7 | 2.1 | 0.7 | 2.7 | 2.7 | 62.1 |
| 134 | 0.4 | 1 | 0.8 | 0.2 | 0.4 | 1 | 0.4 | 0.4 | 0.4 | 0.2 | 0.6 | 0.4 | |
| | 14.4 | 9.3 | 3.2 | 0.7 | 2.3 | 5.5 | 2.1 | 0.7 | 2.1 | 0.4 | 4.1 | 2.7 | 47.5 |
| 135 | 1 | 1 | 0.4 | 0.8 | 0.8 | 1 | 0.8 | 0.6 | 0.4 | 0.4 | 0.8 | 0.8 | |
| | 35.9 | 9.3 | 1.6 | 2.9 | 4.6 | 13.8 | 4.2 | 1.1 | 2.1 | 0.7 | 5.4 | 5.4 | 87 |
| 136 | 1 | 1 | 0.8 | 0.6 | 0.4 | 0.4 | 0.8 | 0.8 | 0.8 | 0.8 | 0.4 | 0.4 | |
| | 35.9 | 9.3 | 3.2 | 2.2 | 2.3 | 5.5 | 4.2 | 1.4 | 4.2 | 1.4 | 2.7 | 2.7 | 75 |
| 137 | 0.8 | 1 | 0.4 | 0.6 | 0.6 | 0.8 | 0.4 | 0.4 | 0.4 | 0.2 | 0.6 | 0.4 | |
| | 28.7 | 9.3 | 1.6 | 2.2 | 3.5 | 11.1 | 2.1 | 0.7 | 2.1 | 0.4 | 4.1 | 2.7 | 68.5 |

## 五、评价结论

### （一）分级评价

通过定量评估，可以看出肥城非遗项目旅游活化度评价结果在 36 分 ~91 分之间（表 7–19），总体平均分 66.4 分，大致可以划分为三个等级，分别是强活化（评估值得分大于 75 分）、中活化（评估值得分在 50~75 分之间）、弱活化（评估值得分小于 50 分）。从肥城市非遗旅游活化度等级分布情况可见，非遗项目之间的旅游活化度差距较大，主要是部分非遗项目自身类型和资源基础决定了其旅游活化度不高，再加上后期保护力度不够、活化利用不当等原因，导致部分非遗项目旅游活化度较低。

表 7–19　肥城市非遗项目旅游活化度分级表

| 类型 | 项目及得分（满分 100 分） |
|---|---|
| 强活化<br>（33 项） | 范蠡与陶山的故事 81.8；肥桃的传说 85.6；左丘明传说故事 77.4；肥城汶阳田传说 80.1；肥城王氏泥塑 84；张氏陶泥彩塑 82.9；金凤剪纸 84.8；肥城桃木雕刻技艺 94.4；王氏桃木雕刻技艺 94.4；肥城桃栽培技艺 88.5；下庄"泰山极顶"生姜 75.2；演马金光牛肉制作技艺 89.7；肥城东孔绿豆粉皮制作技艺 88.6；肥城韩庄头豆腐皮制作技艺 86.4；肥城大辛庄犬肉制作技艺 85.5；武家烧鸡制作技艺 79.3；肥城甲氏瓯鸡制作技艺 87；湖屯豆腐皮制作技艺 84.7；肥城肥子茶传统制茶技艺 75.2；康王河酒老五甑酿造工艺 92.5；肥城聂氏铜器铸造工艺 95.4；肥城"八字古卤"法技艺 78.7；"刘大姐"叉子火烧 79.3；汶阳薛寨小磨香油传统制作技艺 81；竹清香鲜汁汤包制作技艺 88.6；王西水塔豆制品制作技艺 86.4；安驾庄梁氏正骨疗法 84.7；洪德堂于氏皮肤病疗法 80.2；瑞泽堂王氏膏方 78.4；开口笑水饺 75.5；桃木雕刻民俗 88.4；肥城桃木桃符制作民俗 87；五埠伙大门居住民俗 75。 |
| 中活化<br>（88 项） | 穆柯寨的传说 66；肥桃的来历 69.2；卧虎城传说 58.3；孙膑·孙伯·云蒙山 66.6；虞舜仁孝感后母 58.3；大汶河的传说（汶阳镇）65.8；大明銮台侯与左丘明的故事 51.1；翦云山的传说 70.6；大汶河传说（孙伯镇）65.8；牛山的传说 69.7；肥城云蒙山（莲花峪）传说 60.1；肥城张志纯传说 58.6；晒书城传说 73.2；肥城砖舍李氏唢呐 68.5；肥城安站梁氏唢呐 68.5；安站陈氏唢呐 68.1；高跷牌坊 67.7；抬芯子 62.6；东坞花棍舞 64.1；望鲁山皮影 71.6；横笛梆 58.6；肥城拉大画影子戏 60.1；坡西调 62.6；石横武术 71.8；石横出山拳 63.1；石横大枪 70.3；石横佛汉拳 63.1；石横秘宗拳 63.1；肥城迷祖拳 62.7；石横梅家拳 62.7；五花八叉梅花拳 62.7；肥城徐家拳 63.1；金刚罗汉拳 62.7；石横徐家枪 69.9；夏氏石刻 57.7；葛氏捧瓷 54.3； |

| 类型 | 项目及得分（满分 100 分） |
|---|---|
| 中活化<br>（88 项） | 汉阳烙画 67.2；李氏火笔画 55.7；肥城李君剪纸 65.3；肥城李氏刻瓷 65.7；肥城青石干茬缝砌墙技艺 50.3；杨氏剪纸艺术 70.9；幸福面塑 66.9；赵家面塑 66.9；倪氏面塑 50.4；徐氏锡具制作技艺 59.8；东虎门柿子 59.3；河岔口鸭蛋 74.4；弭氏锡艺 56.2；袁寨武赵氏扎制技艺 51.9；尚氏铜艺 69.2；鼓腔烧饼制作技艺 69.7；柳沟茶栽培与制作技艺 60.6；百尺龙灯扎制 53.9；宝聚鼎烧鸡制作技艺 56.6；李氏装裱技艺 60.3；肥城刘氏锡艺 66.9；南栾犬肉制作技艺 65.9；刘家小磨香油 71.8；大辛庄"担山狗肉王"加工技艺 67；肥城王晋甜瓜栽培技艺 71.8；汉阳人家手工布鞋制作技艺 71.2；孙伯峄山豆腐丝制作技艺 67.2；孙伯西程金丝绞瓜栽培技艺 61.7；罗窑土陶制作技艺 57.1；尹家吊炉烧饼制作技艺 70.5；肥桃酒酿造技艺 73.5；肥城花粉糕点传统制作技艺 74.8；肥城袁氏陶艺 61.7；肥城桃核微雕技艺 64.7；肥城梁氏草编 50.3；泰安古字画装裱修复技艺 66.5；泰和堂刘氏膏药秘方 63.3；翟氏疮疡疗法 63.7；湖屯孟氏推拿按摩术 63.3；中和堂口腔溃疡、咽炎疗法 61.5；王氏中医推拿按摩 63.3；肥城致中和中医药 63.3；鸿仁堂王氏膏方 63.7；肥城李氏面瘫疗法 61.2；天丰堂整脊正骨疗法 65.2；岱阳观庙会 62.1；石横四月八庙会 62.1；宝金山庙会 62.1；小泰山庙会 62.1；四大件宴席习俗 67.1；安站青龙山庙会 62.1；张氏四大件 68.5。 |
| 弱活化<br>（16 项） | 泥马渡康王 44.3；李邦珍与胡氏之墓 44；栾家林与老县城 44；望鲁泉的传说 44；孙家小庄的传说 48；汉阳哩言杂字 44；白窑土陶烧制 42.1；扎龙灯 44.8；肥城张氏印章手工镂刻技艺 45.8；古早味大鹏糖艺 42.8；肥城王氏糖画制作技艺 43.1；肥城刘氏手工石白艾绒艾条制作技艺 40；范氏治疗咽炎 46.9；河岔口"杨氏膏药" 54；苏氏治疗面部神经麻痹 47.2；书画印艺术传承中华孝道文化 47.5。 |

**第一级：强活化项目。** 评估值得分大于 75 分的范蠡与陶山的故事、肥桃的传说、肥城王氏泥塑、金凤剪纸、肥城桃木雕刻技艺、肥城聂氏铜器铸造工艺、肥城桃栽培技艺、康王河酒老五甑酿造工艺、肥城东孔绿豆粉皮制作技艺、安驾庄梁氏正骨疗法、湖屯豆腐皮制作技艺、开口笑水饺等 33 项属于强活化项目。这些项目无论是在形式上还是在内容上都贴近现代人的生产生活，在现代市场竞争中具有较强的竞争活力，经济效益好，社会名气大。建议对这类项目进行深层次的产业化旅游活化，在保护和传承原有文化特色的基础上，进一步拓宽思路、提高站位，加大内容和形式创新力度，通过与演艺、研学、文创、民宿等的深入融合，促进非遗适应现代发展方向，丰富旅游供给，提升游客体验，促进肥城非遗与旅游共融发展。

**第二级：中活化项目。** 评估值得分在 50~75 分之间的高跷牌坊、石横武术、穆柯寨的传说、肥城砖舍李氏唢呐、望鲁山皮影、坡西调、汶阳烙画、赵家面塑、河岔口鸭蛋、肥城王晋甜瓜栽培技艺、罗窑土陶制作技艺、泰安古字画装裱修复技艺、湖屯孟氏推拿按摩术、岱阳观庙会、四大件宴席习俗等88项属于中活化项目。这类项目大部分价值较高，具有一定的市场活力和旅游活化价值。建议深入挖掘这类非遗项目的时代价值，结合当今消费与技术变化，创新资源转化的路径与形式，使它们能够在旅游活化中进一步提高可见度、影响力，形成双向互补的积极作用，提升非遗旅游的吸引力。同时，要注重传承人保护，利用多种活化手段激发非遗传承活力。

**第三级：弱活化项目。**评估值得分小于50分的汶阳哩言杂字、扎龙灯、肥城王氏糖画制作技艺、苏氏治疗面部神经麻痹、书画印艺术传承中华孝道文化等16项属于弱活化项目。这类项目由于生存文化环境逐渐消亡、传承机制弱化、经济自生能力不足、可塑性和可变性较弱等原因导致活化利用基础较弱，甚至个别项目面临失传的困境。建议正确把握这类项目传承保护与旅游活化的关系，一方面要持续加大保护力度，注重普查保存，做好传承人保护工作，通过资料收集与影像记录建立传承人专题资源库。要加大对传承人的扶持力度，提高其履行非遗保护职责的能力和传承能力，鼓励、资助传承人授徒传艺。另一方面可以进行适度的旅游活化利用，通过适应现代生活的创新创意将其转化为项目和产品，产生经济效益，实现非遗保护传承与旅游活化利用的良性互动。

## （二）分类评价

根据定量评估，对肥城非遗旅游活化度评价结果按照项目属性进行分类统计（表7–20）。

表7–20　肥城市非遗旅游活化度评价分类统计

| 类型 | 平均得分 | 项目及得分（满分100分） |
| --- | --- | --- |
| 民间文学（23项） | 62 | 泥马渡康王44.3；穆柯寨的传说66；肥桃的来历69.2；范蠡与陶山的故事81.8；李邦珍与胡氏之墓44；栾家林与老县城44；卧虎城传说58.3；望鲁泉的传说44；孙膑·孙伯·云蒙山66.6；孙家小庄的传说48；虞舜仁孝感后母58.3；肥桃的传说85.6；大汶河的传说（汶阳镇）65.8；大明蛮台侯与左丘明的故事51.1；剪云山的传说70.6；大汶河传说（孙伯镇）65.8；汶阳哩言杂字44；左丘明传说故事77.4；牛山 |

续表

| 类型 | 平均得分 | 项目及得分（满分100分） |
|---|---|---|
| 民间文学<br>（23项） | 62 | 的传说69.7；肥城汶阳田传说80.1；肥城云蒙山（莲花峪）传说60.1；肥城张志纯传说58.6；晒书城传说73.2。 |
| 传统音乐<br>（3项） | 68.3 | 肥城砖舍李氏唢呐68.5；肥城安站梁氏唢呐68.5；安站陈氏唢呐68.1。 |
| 传统舞蹈<br>（3项） | 64.8 | 高跷牌坊67.7；抬芯子62.6；东坞花棍舞64.1。 |
| 传统戏剧<br>（4项） | 63.2 | 望鲁山皮影71.6；横笛梆58.6；肥城拉大画影子戏60.1；坡西调62.6。 |
| 传统体育、<br>游艺、杂技<br>（11项） | 65 | 石横武术71.8；石横出山拳63.1；石横大枪70.3；石横佛汉拳63.1；石横秘宗拳63.1；肥城迷祖拳62.7；石横梅家拳62.7；五花八叉梅花拳62.7；肥城徐家拳63.1；金刚罗汉拳62.7；石横徐家枪69.9。 |
| 传统美术<br>（16项） | 69.5 | 夏氏石刻57.7；葛氏捧瓷54.3；肥城王氏泥塑84；张氏陶泥彩塑82.9；金凤剪纸84.8；汶阳烙画67.2；李氏火笔画55.7；肥城李君剪纸65.3；肥城桃木雕刻技艺94.4；肥城李氏刻瓷65.7；王氏桃木雕刻技艺94.4；肥城青石干茬缝砌墙技艺50.3；杨氏剪纸艺术70.9；幸福面塑66.9；赵家面塑66.9；倪氏面塑50.4。 |
| 传统技艺<br>（50项） | 68.7 | 白窑土陶烧制42.1；扎龙灯44.8；徐氏锡具制作技艺59.8；肥城桃栽培技艺88.5；下庄"泰山极顶"生姜75.2；东虎门柿子59.3；河岔口鸭蛋74.4；弭氏锡艺56.2；袁寨武赵氏扎制技艺51.9；尚氏铜艺69.2；鼓腔烧饼制作技艺69.7；演马金光牛肉制作技艺89.7；柳沟茶栽培与制作技艺60.6；百尺龙灯扎制53.9；宝聚鼎烧鸡制作技艺56.6；肥城东孔绿豆粉皮制作技艺88.6；肥城韩庄头豆腐皮制作技艺86.4；肥城大辛庄犬肉制作技艺85.5；李氏装裱技艺60.3；肥城刘氏锡艺66.9；武家烧鸡制作技艺79.3；肥城甲氏瓯鸡制作技艺87；南栾犬肉制作技艺65.9；刘家小磨香油71.8；大辛庄"担山狗肉王"加工技艺67；湖屯豆腐皮制作技艺84.7；肥城肥子茶传统制茶技艺75.2；康王河酒老五甑酿造工艺92.5；肥城王晋甜瓜栽培技艺71.8；汶阳人家手工布鞋制作技艺71.2；孙伯岈山豆腐丝制作技艺67.2；孙伯西程金丝绞瓜栽培技艺61.7；罗窑土陶制作技艺57.1；肥城聂氏铜器铸造工艺95.4；尹家吊炉烧饼制作技艺70.5；肥城"八字古卤"法技艺78.7；肥桃酒酿造技艺73.5；肥城花粉糕点传统制作技艺74.8；肥城袁氏陶艺61.7；肥城桃核微雕技艺64.7；肥城张氏印章手工镌刻技艺45.8；"刘大姐"叉子火烧79.3；古早味大鹏糖油42.8；肥城王氏糖画制作技艺43.1；肥城梁氏草编50.3；肥城刘氏手工石白艾绒艾条制作技艺40；汶阳薛寨小磨香油传统制作技艺81；泰安古字画装裱修复技艺66.5；竹清香鲜汁汤包制作技艺88.6；王西水塔豆制品制作技艺86.4。 |

| 类型 | 平均得分 | 项目及得分（满分 100 分） |
| --- | --- | --- |
| 传统医药（15 项） | 64 | 安驾庄梁氏正骨疗法 84.7；范氏治疗咽炎 46.9；河岔口"杨氏膏药" 54；苏氏治疗面部神经麻痹 47.2；洪德堂于氏皮肤病疗法 80.2；泰和堂刘氏膏药秘方 63.3；翟氏疮疡疗法 63.7；湖屯孟氏推拿按摩术 63.3；瑞泽堂王氏膏方 78.4；中和堂口腔溃疡、咽炎疗法 61.5；王氏中医推拿按摩 63.3；肥城致中和中医药 63.3；鸿仁堂王氏膏方 63.7；肥城李氏面瘫疗法 61.2；天丰堂整脊正骨疗法 65.2。 |
| 民俗（12 项） | 68.3 | 开口笑水饺 75.5；桃木雕刻民俗 88.4；岱阳观庙会 62.1；石横四月八庙会 62.1；宝金山庙会 62.1；小泰山庙会 62.1；四大件宴席习俗 67.1；安站青龙山庙会 62.1；书画印艺术传承中华孝道文化 47.5；肥城桃木桃符制作民俗 87；五埠伙大门居住民俗 75；张氏四大件 68.5。 |

1. **民间文学**。肥城市民间文学类非遗项目共有 23 项，非遗旅游活化度评价平均得分为 62 分，低于总体平均分 66.4 分，说明民间文学类非遗项目整体旅游活化情况一般。从具体评价指标得分来看，资源基础、文化内涵、区位条件、环境承载能力等 4 项评价指标得分最高，主要有两个方面的原因：一是肥城市民间文学项目都有悠久的历史传承，文化价值突出，具有很强的感染力和生命力，长期在当地群众中流传，深受群众喜爱。二是肥城市对民间文学的重视度高，多次组织开展大规模的收集和整理工作，并编辑出版了众多相关书籍。特别是从 2022 年开始在全市组织开展了"古村古物故事多　新人新事新风貌——'肥乐'宣讲给你听"活动，通过志愿者宣讲的形式，既能够让民间文学得到较好的保护与传承，还有利于展示肥城文化的独特魅力。

2. **传统音乐**。肥城市传统音乐类非遗项目共有 3 项，非遗旅游活化度评价平均得分为 68.3 分，大于总体平均分 66.4 分，说明传统音乐类非遗项目整体旅游活化情况较好。从具体评价指标得分来看，资源基础、文化内涵、传承方式、传承人等 4 项评价指标得分较高，主要有两个方面的原因：一是肥城市传统音乐项目产生于民间、流传于民间，底蕴深厚，内涵丰富，源远流长，具有较高的艺术价值，在人们生活中起着重要的作用，深受百姓热爱。二是相关部门高度重视传统音乐保护传承，通过非遗普查收集整理了大量传统音乐的相关资料，将价值较高的项目列入非遗代表性项目名录，明确了传承人，并组织有关项目参加各类展示展演活动，为传承保护打下了坚实的基础。

3.**传统舞蹈**。肥城市传统舞蹈类非遗项目共有 3 项，非遗旅游活化度评价平均得分为 64.8 分，小于总体平均分 66.4 分，说明传统舞蹈类非遗项目整体旅游活化情况较差。从具体评价指标得分来看，资源基础、文化内涵、传承载体、环境承载能力等 4 项评价指标得分较高，主要有三个方面的原因：一是肥城传统舞蹈作为珍贵的文化遗存，是肥城文化气质和民俗民风的表现，具有较高的旅游开发价值，能够增加对游客的吸引力。二是政府部门制定了传统舞蹈保护计划，广泛搜集、整理相关材料，文化馆每年定期派专业人员深入基层举办培训班，指导有关镇街村广泛组建队伍，组织汇演比赛，努力提高传统舞蹈普及率。三是肥城各地每逢传统节日都会组织包括传统舞蹈在内群众文化活动，对传统舞蹈进行动态的保护和宣传，使传统舞蹈概念和文化内涵深入人心，进一步提升群众认同感。

4.**传统戏剧**。肥城市传统戏剧类非遗项目共有 4 项，非遗旅游活化度评价平均得分为 63.2 分，小于总体平均分 66.4 分，说明传统戏剧类非遗项目整体旅游活化情况较差。从具体评价指标得分来看，资源基础、文化内涵、传承载体、传承人等 4 项评价指标得分较高，主要有三个方面的原因：一是肥城传统戏剧传承历史悠久、文化内涵深厚，具有鲜明的地方特色和浓郁的乡土气息，深受当地百姓喜爱。二是针对传统戏剧人才断层现象，鼓励传承人收徒授艺，培养后继人才。同时通过组织才艺大赛、戏曲大赛等搭建交流展示平台，引导广大戏剧爱好者加入传承保护工作。三是在有关部门支持下，恢复组建了多支传统戏剧队伍，创新编排了部分优秀剧目，使文化惠民演出与传统戏剧保护传承密切结合，通过互助互利模式广泛开展"进学堂、进家庭、进企业、进社区"活动，让传统戏剧曲重新焕发了生机活力，扩大了传统戏剧的影响力。

5.**传统体育、游艺、杂技**。肥城市传统体育、游艺、杂技类非遗项目共有 11 项，非遗旅游活化度评价平均得分为 65 分，小于总体平均分 66.4 分，说明传统体育、游艺、杂技类非遗项目整体旅游活化情况一般。从具体评价指标得分来看，资源基础、文化内涵、传承载体、传承人等 4 项评价指标得分较高，主要有三个方面的原因：一是肥城传统体育、游艺、杂技主要是以石横武术为代表的武术类项目。石横是全国著名的武术之乡，自古就有"镖不打铜城，枪不扎石横"的美誉。多年来，石横武术传人热心传艺，众多武术爱好者参与习武，培养了大批武术后人。有多人参加全国和省市举办的比武大赛，数次获奖。二是为将"石横武术"这一独具地方特色传统文化发扬光大，先后成立了石横武术协会和众多的民间武术团体，并积极组织开展"武术进校园"活动，纳入复兴少年宫教学计划，常态化进行"石横传统武术"特色教学，为传承和弘扬石横武术提供了新的载体和平台。三是每年定期组织石横镇传统武术表演大会，搭建"推陈出新、互鉴互学、共同发展"平台。同时，传统武术骨干志愿者常年在公园、社区，面向广大传统武术爱好者开展"传统武术展演交流"活动，切磋技艺，亮招显威，有力地推动了石横武术的传承发展。

**6. 传统美术**。肥城市传统美术类非遗项目共有 16 项，非遗旅游活化度评价平均得分为 69.5 分，大于总体平均分 66.4 分，说明传统美术整体旅游活化情况较好。从具体评价指标得分来看，资源基础、文化内涵、传承载体、传承人等 4 项评价指标得分较高，主要有三个方面的原因：一是肥城传统美术资源丰富，具有深厚的人文内涵、独特的审美价值和强大的群众基础，已经渗透进肥城人民生活的方方面面。二是肥城传统美术具有非常高的教育价值，近年来，肥城教育部门积极开展传统美术进校园活动，通过开发校本教材、邀请传承人进课堂、组织举办展示展览等方式，激发学生对传统美术的兴趣，为更好地传承弘扬传统美术奠定了良好基础。三是近年来，肥城传统美术项目传承人创作了大量优秀作品，并通过举办展览、参加大赛等形式广泛宣传，越来越多的作品得到广泛关注和收藏，具有较高的知名度和美誉度。

**7. 传统技艺**。肥城市传统技艺类非遗项目共有 50 项，非遗旅游活化度评价平均得分为 68.7 分，大于总体平均分 66.4 分，说明传统技艺类非遗项目整体旅游活化情况较好。从具体评价指标得分来看，资源基础、文化内涵、资金的投入与使用等 3 项评价得分较高。主要有四个方面的原因：一是肥城市非常注重传统技艺的挖掘与保护，先后将 50 多项具有文化价值的传统技艺纳入了非物质文化遗产代表性项目名录，明确了一批传承技艺非遗传承人，收集整理相关资料和作品，建立了数据库，形成了传统技艺传承发展的人员、物质和文化基础。二是采取举办传承人培训班、参加中国非遗传承人研修培训等方式，提升传承人的传承能力和水平。鼓励传承人采取家庭式、师带徒、生产式等方式开展传承活动，推进传统技艺传承工作常态化开展。组织传统技艺进校园活动，通过举办讲座、开展手工制作，让传统技艺在学生中"热起来"。三是充分利用深厚的传统技艺资源，建立非遗工坊，积极为传统手工艺人开拓市场创造条件，引导传统手工艺品在创作思路、制作工具、宣传推介、市场营销等方面不断创新，实现产品有市场、匠人有收益、文化有传承。四是通过组织举办中国桃木雕刻旅游商品创新设计大赛暨桃文化旅游商品展评活动，带动肥城传统技艺实现创新转化。积极组织传统技艺项目参加非遗宣传推介活动、展会大赛，先后获得中国旅游商品大赛、中国特色旅游商品大赛、山东省文化和旅游商品创新设计大赛金奖等200多项。特别是按照"山东手造"推进工程要求，着力打造的有情怀、有温度、有品位、有影响力的"肥城手造"品牌体系，使以肥城传统技艺为主体的肥城手造走上了产业化、品牌化、品质化发展之路。

**8. 传统医药。**肥城市传统医药类非遗项目共有15项，非遗旅游活化度评价平均得分为64分，小于总体平均分66.4分，说明传统医药类非遗项目整体旅游活化情况一般。从具体评价指标层得分来看，资源基础、传承方式、传承人、地方扶持等4项评价指标得分较高。主要有三个方面的原因：一是政府部门通过对传统医药类非遗资源广泛深入的调查和研究，搜集和整理了一批民间传统医药验方、秘方和技法，将16项具有重要价值的项目列入了非遗代表性项目名录，并通过数字化、影像化、智能化方式加强对传承人和传统医药技艺的记录保护。二是通过实施非遗传承人研修培训计划、传统医药非遗记录工程，优化传统医药非遗名录和记录体系，加强传统医药非遗传承人培育。三是通过广泛开展非遗项目进学校、进社区，参加各种非遗展览展示活动，加强对传统医药非遗项目的宣传推介。依托传承人建立了一批传统医药项目传习所、传习基地，打造了传统医药类非遗项目传承宣传阐释的新场景，大幅度提升了社会认知度。

**9. 民俗。**肥城市民俗类非遗项目共有12项，非遗旅游活化度评价平均得分为68.3分，大于总体平均分66.4分，说明民俗类非遗项目整体旅游活化情况较好。从具体评价指标得分来看，资源基础、文化内涵、资金的投入与使用、宏观政策保障等4项评价指标得分较高。主要有三个方面的原因：一是通过开展非遗普查，建立了肥城民俗文化数据库，将12项具有重要历史文化价值的民俗项目列入了肥城市级非遗代表性项目名录，并以文字、图片、影像视频等形式进行了抢救性的档案化、数字化保存。同时，对5项独特的优秀民俗类非遗项目进行重新包装，深化内涵，完善资料，积极申报提升为省市级民俗类非遗项目。二是通过政府引导，以民俗文化传承人为主体成立了一批民俗研究社团，长期组织开展民俗文化的挖掘整理和研究，并编纂出版了大量民俗文化研究书籍。三是充分利用传统节日，以农村、社区为单位，组织城乡居民开展丰富多彩的文化活动。一些景区积极利用民俗资源活化开发互动体验类的旅游项目，丰富了景区旅游业态，提升了文化内涵，增强了旅游吸引力。

# 第三节　肥城市非遗旅游活化综合评价分析

非遗保护濒危度反映的是非遗项目的濒危程度，而非遗旅游活化度则体现了非遗项目旅游活化利用的可能性，将非遗通过旅游开发的方式进行活化可以在一定程度上缓解非遗濒危的问题。因此，将非遗濒危度和旅游活化度二者结合起来，综合评价非遗濒危和旅游活化的组合情况，对分析结果进行分类，有助于对每类非遗提出具有针对性的旅游开发建议。

## 一、肥城非遗保护濒危度和旅游活化度评价情况

对肥城非遗保护濒危度和旅游活化度评价结果进行汇总（表7-21），可以将肥城非遗项目分为高濒危强活化、高濒危中活化、高濒危弱活化、中濒危强活化、中濒危中活化、中濒危弱活化、低濒危强活化、低濒危中活化、低濒危弱活化等九类。

表7-21　肥城非遗保护濒危度及旅游活化度评价结果

| 序号 | 项目名称 | 保护濒危度得分 | 濒危等级 | 利用活化度得分 | 活化等级 |
|---|---|---|---|---|---|
| 1 | 泥马渡康王 | 58.4 | 中濒危 | 44.3 | 弱活化 |
| 2 | 穆柯寨的传说 | 58.3 | 中濒危 | 66 | 中活化 |
| 3 | 肥桃的来历 | 49.6 | 低濒危 | 69.2 | 中活化 |
| 4 | 范蠡与陶山的故事 | 62.9 | 中濒危 | 81.8 | 强活化 |
| 5 | 李邦珍与胡氏之墓 | 62.2 | 中濒危 | 44.6 | 弱活化 |
| 6 | 栾家林与老县城 | 64.9 | 中濒危 | 44 | 弱活化 |

| 序号 | 项目名称 | 保护濒危度得分 | 濒危等级 | 利用活化度得分 | 活化等级 |
|---|---|---|---|---|---|
| 7 | 卧虎城传说 | 71 | 高濒危 | 58.3 | 中活化 |
| 8 | 望鲁泉的传说 | 52.5 | 低濒危 | 44 | 弱活化 |
| 9 | 孙膑·孙伯·云蒙山 | 51.2 | 低濒危 | 66.6 | 中活化 |
| 10 | 孙家小庄的传说 | 59.7 | 中濒危 | 48 | 弱活化 |
| 11 | 虞舜仁孝感后母 | 59.8 | 中濒危 | 58.3 | 中活化 |
| 12 | 肥桃的传说 | 60.2 | 中濒危 | 85.6 | 强活化 |
| 13 | 大汶河的传说（汶阳镇） | 55.6 | 中濒危 | 65.8 | 中活化 |
| 14 | 大明銮台侯与左丘明的故事 | 56.8 | 中濒危 | 51.1 | 中活化 |
| 15 | 翦云山的传说 | 54.7 | 低濒危 | 70.6 | 中活化 |
| 16 | 大汶河传说（孙伯镇） | 56.6 | 中濒危 | 65.8 | 中活化 |
| 17 | 汶阳哩言杂字 | 62.3 | 中濒危 | 44 | 弱活化 |
| 18 | 左丘明传说故事 | 58.3 | 中濒危 | 77.4 | 强活化 |
| 19 | 牛山的传说 | 52.6 | 低濒危 | 69.7 | 中活化 |
| 20 | 肥城汶阳田传说 | 64.5 | 中濒危 | 80.1 | 强活化 |
| 21 | 肥城云蒙山（莲花峪）传说 | 52 | 低濒危 | 60.1 | 中活化 |
| 22 | 肥城张志纯传说 | 59.6 | 中濒危 | 58.6 | 中活化 |
| 23 | 晒书城传说 | 62.9 | 中濒危 | 73.2 | 中活化 |
| 24 | 肥城砖舍李氏唢呐 | 54.4 | 低濒危 | 68.5 | 中活化 |
| 25 | 肥城安站梁氏唢呐 | 54.4 | 低濒危 | 68.5 | 中活化 |
| 26 | 安站陈氏唢呐 | 51 | 低濒危 | 68.1 | 中活化 |
| 27 | 高跷牌坊 | 58.3 | 中濒危 | 67.7 | 中活化 |
| 28 | 抬芯子 | 49.6 | 低濒危 | 62.6 | 中活化 |
| 29 | 东坞花棍舞 | 49.6 | 低濒危 | 64.1 | 中活化 |
| 30 | 望鲁山皮影 | 59.7 | 中濒危 | 71.6 | 中活化 |
| 31 | 横笛梆 | 66.6 | 高濒危 | 58.6 | 中活化 |
| 32 | 肥城拉大画影子戏 | 59.5 | 中濒危 | 60.1 | 中活化 |
| 33 | 坡西调 | 66.6 | 高濒危 | 62.6 | 中活化 |
| 34 | 石横武术 | 56.1 | 中濒危 | 71.8 | 中活化 |
| 35 | 石横出山拳 | 48.1 | 低濒危 | 63.1 | 中活化 |

| 序号 | 项目名称 | 保护濒危度得分 | 濒危等级 | 利用活化度得分 | 活化等级 |
|---|---|---|---|---|---|
| 36 | 石横大枪 | 53.5 | 低濒危 | 70.3 | 中活化 |
| 37 | 石横佛汉拳 | 48.1 | 低濒危 | 63.1 | 中活化 |
| 38 | 石横秘宗拳 | 48.1 | 低濒危 | 63.1 | 中活化 |
| 39 | 肥城迷祖拳 | 48.1 | 低濒危 | 62.7 | 中活化 |
| 40 | 石横梅家拳 | 50.6 | 低濒危 | 62.7 | 中活化 |
| 41 | 五花八叉梅花拳 | 48.1 | 低濒危 | 62.7 | 中活化 |
| 42 | 肥城徐家拳 | 50.6 | 低濒危 | 63.1 | 中活化 |
| 43 | 金刚罗汉拳 | 48.1 | 低濒危 | 62.7 | 中活化 |
| 44 | 石横徐家枪 | 53.5 | 低濒危 | 69.9 | 中活化 |
| 45 | 夏氏石刻 | 51.46 | 低濒危 | 57.7 | 中活化 |
| 46 | 葛氏捧瓷 | 48.8 | 低濒危 | 54.3 | 中活化 |
| 47 | 肥城王氏泥塑 | 44.5 | 低濒危 | 84 | 强活化 |
| 48 | 张氏陶泥彩塑 | 44.5 | 低濒危 | 82.9 | 强活化 |
| 49 | 金凤剪纸 | 45.6 | 低濒危 | 84.8 | 强活化 |
| 50 | 汶阳烙画 | 47.4 | 低濒危 | 67.2 | 中活化 |
| 51 | 李氏火笔画 | 46.1 | 低濒危 | 55.7 | 中活化 |
| 52 | 肥城李君剪纸 | 44 | 低濒危 | 65.3 | 中活化 |
| 53 | 肥城桃木雕刻技艺 | 56.8 | 中濒危 | 94.4 | 强活化 |
| 54 | 肥城李氏刻瓷 | 46.1 | 低濒危 | 65.7 | 中活化 |
| 55 | 王氏桃木雕刻技艺 | 56.8 | 中濒危 | 94.4 | 强活化 |
| 56 | 肥城青石干茬缝砌墙技艺 | 69.7 | 高濒危 | 50.3 | 中活化 |
| 57 | 杨氏剪纸艺术 | 45.6 | 低濒危 | 70.9 | 中活化 |
| 58 | 幸福面塑 | 42.9 | 低濒危 | 66.9 | 中活化 |
| 59 | 赵家面塑 | 42.9 | 低濒危 | 66.9 | 中活化 |
| 60 | 倪氏面塑 | 44.1 | 低濒危 | 50.4 | 中活化 |
| 61 | 白窑土陶烧制 | 78.4 | 高濒危 | 42.1 | 弱活化 |
| 62 | 扎龙灯 | 58.6 | 中濒危 | 44.8 | 弱活化 |
| 63 | 徐氏锡具制作技艺 | 54.2 | 低濒危 | 59.8 | 中活化 |
| 64 | 肥城桃栽培技艺 | 46.4 | 低濒危 | 88.5 | 强活化 |
| 65 | 下庄"泰山极顶"生姜 | 46.8 | 低濒危 | 75.2 | 强活化 |

| 序号 | 项目名称 | 保护濒危度得分 | 濒危等级 | 利用活化度得分 | 活化等级 |
|---|---|---|---|---|---|
| 66 | 东虎门柿子 | 53.8 | 低濒危 | 59.3 | 弱活化 |
| 67 | 河岔口鸭蛋 | 53.8 | 低濒危 | 74.4 | 中活化 |
| 68 | 珥氏锡艺 | 53.2 | 低濒危 | 56.2 | 中活化 |
| 69 | 袁寨武赵氏扎制技艺 | 57.6 | 中濒危 | 51.9 | 中活化 |
| 70 | 尚氏铜艺 | 57.1 | 中濒危 | 69.2 | 中活化 |
| 71 | 鼓腔烧饼制作技艺 | 42.5 | 低濒危 | 69.7 | 中活化 |
| 72 | 演马金光牛肉制作技艺 | 44.6 | 低濒危 | 89.7 | 强活化 |
| 73 | 柳沟茶栽培与制作技艺 | 53.3 | 低濒危 | 60.6 | 中活化 |
| 74 | 百尺龙灯扎制 | 56.8 | 中濒危 | 53.9 | 中活化 |
| 75 | 宝聚鼎烧鸡制作技艺 | 62.8 | 中濒危 | 56.6 | 中活化 |
| 76 | 肥城东孔绿豆粉皮制作技艺 | 47.9 | 低濒危 | 88.6 | 强活化 |
| 77 | 肥城韩庄头豆腐皮制作技艺 | 47.9 | 低濒危 | 86.4 | 强活化 |
| 78 | 肥城大辛庄犬肉制作技艺 | 45.4 | 低濒危 | 85.5 | 强活化 |
| 79 | 李氏装裱技艺 | 54.3 | 低濒危 | 60.3 | 中活化 |
| 80 | 肥城刘氏锡艺 | 54.1 | 低濒危 | 66.9 | 中活化 |
| 81 | 武家烧鸡制作技艺 | 44.4 | 低濒危 | 79.3 | 强活化 |
| 82 | 肥城甲氏瓯鸡制作技艺 | 46.9 | 低濒危 | 87 | 强活化 |
| 83 | 南栾犬肉制作技艺 | 49.3 | 低濒危 | 65.9 | 中活化 |
| 84 | 刘家小磨香油 | 47 | 低濒危 | 71.8 | 中活化 |
| 85 | 大辛庄"担山狗肉王"加工技艺 | 49.8 | 低濒危 | 67 | 中活化 |
| 86 | 湖屯豆腐皮制作技艺 | 49.1 | 低濒危 | 84.7 | 强活化 |
| 87 | 肥城肥子茶传统制茶技艺 | 50.4 | 低濒危 | 75.2 | 强活化 |
| 88 | 康王河酒老五甑酿造工艺 | 44.6 | 低濒危 | 92.5 | 强活化 |
| 89 | 肥城王晋甜瓜栽培技艺 | 47.7 | 低濒危 | 71.8 | 中活化 |
| 90 | 汶阳人家手工布鞋制作技艺 | 52.5 | 低濒危 | 71.2 | 中活化 |
| 91 | 孙伯岈山豆腐丝制作技艺 | 46 | 低濒危 | 67.2 | 中活化 |

| 序号 | 项目名称 | 保护濒危度得分 | 濒危等级 | 利用活化度得分 | 活化等级 |
|---|---|---|---|---|---|
| 92 | 孙伯西程金丝绞瓜栽培技艺 | 49.3 | 低濒危 | 61.7 | 中活化 |
| 93 | 罗窑土陶制作技艺 | 76.7 | 高濒危 | 57.1 | 中活化 |
| 94 | 肥城聂氏铜器铸造工艺 | 50 | 低濒危 | 95.4 | 强活化 |
| 95 | 尹家吊炉烧饼制作技艺 | 39.2 | 低濒危 | 70.5 | 中活化 |
| 96 | 肥城"八字古卤"法技艺 | 41.9 | 低濒危 | 78.7 | 强活化 |
| 97 | 肥桃酒酿造技艺 | 58.7 | 中濒危 | 73.5 | 中活化 |
| 98 | 肥城花粉糕点传统制作技艺 | 42.9 | 低濒危 | 74.8 | 中活化 |
| 99 | 肥城袁氏陶艺 | 48.1 | 低濒危 | 61.7 | 中活化 |
| 100 | 肥城桃核微雕技艺 | 55.1 | 中濒危 | 64.7 | 中活化 |
| 101 | 肥城张氏印章手工镌刻技艺 | 46.9 | 低濒危 | 45.8 | 弱活化 |
| 102 | "刘大姐"叉子火烧 | 41.9 | 低濒危 | 79.3 | 强活化 |
| 103 | 古早味大鹏糖艺 | 52.1 | 低濒危 | 42.8 | 弱活化 |
| 104 | 肥城王氏糖画制作技艺 | 52.1 | 低濒危 | 43.1 | 弱活化 |
| 105 | 肥城梁氏草编 | 51.6 | 低濒危 | 50.3 | 中活化 |
| 106 | 肥城刘氏手工石臼艾绒艾条制作技艺 | 60.6 | 中濒危 | 40 | 弱活化 |
| 107 | 汶阳薛寨小磨香油传统制作技艺 | 47.9 | 低濒危 | 81 | 强活化 |
| 108 | 泰安古字画装裱修复技艺 | 56.3 | 中濒危 | 66.5 | 中活化 |
| 109 | 竹清香鲜汁汤包制作技艺 | 45.2 | 低濒危 | 88.6 | 强活化 |
| 110 | 王西水塔豆制品制作技艺 | 44.4 | 低濒危 | 86.4 | 强活化 |
| 111 | 安驾庄梁氏正骨疗法 | 50.8 | 低濒危 | 84.7 | 强活化 |
| 112 | 范氏治疗咽炎 | 48.9 | 低濒危 | 46.9 | 弱活化 |
| 113 | 河岔口"杨氏膏药" | 48.9 | 低濒危 | 54 | 弱活化 |
| 114 | 苏氏治疗面部神经麻痹 | 48.9 | 低濒危 | 47.2 | 弱活化 |
| 115 | 洪德堂于氏皮肤病疗法 | 46.9 | 低濒危 | 80.2 | 强活化 |
| 116 | 泰和堂刘氏膏药秘方 | 50 | 低濒危 | 63.3 | 中活化 |
| 117 | 翟氏疮疡疗法 | 48.9 | 低濒危 | 63.7 | 中活化 |

| 序号 | 项目名称 | 保护濒危度得分 | 濒危等级 | 利用活化度得分 | 活化等级 |
|---|---|---|---|---|---|
| 118 | 湖屯孟氏推拿按摩术 | 48.9 | 低濒危 | 63.3 | 中活化 |
| 119 | 瑞泽堂王氏膏方 | 48.7 | 低濒危 | 78.4 | 强活化 |
| 120 | 中和堂口腔溃疡、咽炎疗法 | 48.9 | 低濒危 | 61.5 | 中活化 |
| 121 | 王氏中医推拿按摩 | 48.9 | 低濒危 | 63.3 | 中活化 |
| 122 | 肥城致中和中医药 | 48.9 | 低濒危 | 63.3 | 中活化 |
| 123 | 鸿仁堂王氏膏方 | 49.2 | 低濒危 | 63.7 | 中活化 |
| 124 | 肥城李氏面瘫疗法 | 48.9 | 低濒危 | 61.2 | 中活化 |
| 125 | 天丰堂整脊正骨疗法 | 46.9 | 低濒危 | 65.2 | 中活化 |
| 126 | 开口笑水饺 | 44 | 低濒危 | 75.5 | 强活化 |
| 127 | 桃木雕刻民俗 | 54.2 | 低濒危 | 88.4 | 强活化 |
| 128 | 岱阳观庙会 | 56.6 | 中濒危 | 62.1 | 中活化 |
| 129 | 石横四月八庙会 | 56.6 | 中濒危 | 62.1 | 中活化 |
| 130 | 宝宝金山庙会 | 56.6 | 中濒危 | 62.1 | 中活化 |
| 131 | 小泰山庙会 | 56.6 | 中濒危 | 62.1 | 中活化 |
| 132 | 四大件宴席习俗 | 62.3 | 中濒危 | 67.1 | 中活化 |
| 133 | 安站青龙山庙会 | 56.6 | 中濒危 | 62.1 | 中活化 |
| 134 | 书画印艺术传承中华孝道文化 | 58.4 | 中濒危 | 47.5 | 弱活化 |
| 135 | 肥城桃木桃符制作民俗 | 56.7 | 中濒危 | 87 | 强活化 |
| 136 | 五埠伙大门居住民俗 | 73.2 | 高濒危 | 75 | 强活化 |
| 137 | 张氏四大件 | 64.7 | 中濒危 | 68.5 | 中活化 |

## 二、肥城非遗保护濒危度和旅游活化分类情况

### （一）评价情况

根据肥城市非遗保护濒危度和旅游活化度综合评价分类（表7-22），可以了解肥城市非遗保护传承和旅游活化利用现状，并有针对性地提出相应的保护和利用建议，推动非遗与旅游深度融合。

表 7-22　肥城非遗保护濒危度和旅游活化度综合评价分类

| 序号 | 类别 | 非遗项目 |
|---|---|---|
| 1 | 高濒危强活化<br>（1项） | 136 五埠伙大门居住民俗。 |
| 2 | 高濒危中活化<br>（5项） | 7 卧虎城传说；31 横笛梆；33 坡西调；56 肥城青石干茬缝砌墙技艺；93 罗窑土陶制作技艺。 |
| 3 | 高濒危弱活化<br>（1项） | 61 白窑土陶烧制。 |
| 4 | 中濒危强活化<br>（7项） | 4 范蠡与陶山的故事；12 肥桃的传说；18 左丘明传说故事；20 肥城汶阳田传说；53 肥城桃木雕刻技艺；55 王氏桃木雕刻技艺；135 肥城桃木桃符制作民俗。 |
| 5 | 中濒危中活化<br>（25项） | 2 穆柯寨的传说；11 虞舜仁孝感后母；13 大汶河的传说（汶阳镇）；14 大明鎏台侯与左丘明的故事；16 大汶河传说（孙伯镇）；22 肥城张志纯传说；23 晒书城传说；27 高跷牌坊；30 望鲁山皮影；32 肥城拉大画影子戏；34 石横武术；69 袁寨武赵氏扎制技艺；70 尚氏锔艺；74 百尺龙灯扎制；75 宝聚鼎烧鸡制作技艺；97 肥桃酒酿造技艺；100 肥城桃核微雕技艺；108 泰安古字画装裱修复技艺；128 岱阳观庙会；129 石横四月八庙会；130 宝金山庙会；131 小泰山庙会；132 四大件宴席习俗；133 安站青龙山庙会；137 张氏四大件。 |
| 6 | 中濒危弱活化<br>（8项） | 1 泥马渡康王；5 李邦珍与胡氏之墓；6 栾家林与老县城；10 孙家小庄的传说；17 汶阳哩言杂字；62 扎龙灯；106 肥城刘氏手工石白艾绒艾条制作技艺；134 书画印艺术传承中华孝道文化。 |
| 7 | 低濒危强活化<br>（26项） | 12 肥桃的传说；47 肥城王氏泥塑；48 张氏陶泥彩塑；49 金凤剪纸；64 肥城桃栽培技艺；65 下庄"泰山极顶"生姜；72 演马金光牛肉制作技艺；76 肥城东孔绿豆粉皮制作技艺；77 肥城韩庄头豆腐皮制作技艺；78 肥城大辛庄犬肉制作技艺；81 武家烧鸡制作技艺；82 肥城甲氏瓯鸡制作技艺；86 湖屯豆腐皮制作技艺；87 肥城肥子茶传统制茶技艺；88 康王河酒老五甑酿造工艺；94 肥城聂氏铜器铸造工艺；96 肥城"八字古卤"法技艺；102 "刘大姐"叉子火烧；107 汶阳薛寨小磨香油传统制作技艺；109 竹清香鲜汁汤包制作技艺；110 王西水塔豆制品制作技艺；111 安驾庄梁氏正骨疗法；115 洪德堂于氏皮肤病疗法；119 瑞泽堂王氏膏方；126 开口笑水饺；127 桃木雕刻民俗。 |
| 8 | 低濒危中活化<br>（56项） | 9 孙膑·孙伯·云蒙山；15 剪云山的传说；19 牛山的传说；21 肥城云蒙山（莲花峪）传说；24 肥城砖舍李氏唢呐；25 肥城安站梁氏唢呐；26 安站陈氏唢呐；28 抬芯子；29 东坞花棍舞；35 石横出山拳；36 石横大枪；37 石横佛汉拳；38 石横秘宗拳；39 肥城迷祖拳；40 石横梅家拳；41 五花八叉梅花拳；42 肥城徐家拳；43 金刚罗汉拳；44 石横徐家枪；45 夏 |

续表

| 序号 | 类别 | 非遗项目 |
|---|---|---|
| 8 | 低濒危中活化<br>（56项） | 氏石刻；46 葛氏捧瓷；50 汶阳烙画；51 李氏火笔画；52 肥城李君剪纸；54 肥城李氏刻瓷；57 杨氏剪纸艺术；58 幸福面塑；59 赵家面塑；60 倪氏面塑；63 徐氏锡具制作技艺；67 河岔口鸭蛋；68 弭氏锡艺；71 鼓腔烧饼制作技艺；73 柳沟茶栽培与制作技艺；79 李氏装裱技艺；80 肥城刘氏锡艺；83 南栾犬肉制作技艺；84 刘家小磨香油；85 大辛庄"担山狗肉王"加工技艺；89 肥城王晋甜瓜栽培技艺；90 汶阳人家手工布鞋制作技艺；91 孙伯呀山豆腐丝制作技艺；92 孙伯西程金丝绞瓜栽培技艺；95 尹家吊炉烧饼制作技艺；98 肥城花粉糕点传统制作技艺；99 肥城袁氏陶艺；105 肥城梁氏草编；116 泰和堂刘氏膏药秘方；117 翟氏疮疡疗法；118 湖屯孟氏推拿按摩术；120 中和堂口腔溃疡、咽炎疗法；121 王氏中医推拿按摩；122 肥城致中和中医药；123 鸿仁堂王氏膏方；124 肥城李氏面瘫疗法；125 天丰堂整脊正骨疗法。 |
| 9 | 低濒危弱活化<br>（8项） | 8 望鲁泉的传说；66 东虎门柿子；101 肥城张氏印章手工镌刻技艺；103 古早味大鹏糖艺；104 肥城王氏糖画制作技艺；112 范氏治疗咽炎；113 河岔口"杨氏膏药"；114 苏氏治疗面部神经麻痹。 |

## （二）评价分析

### 第一类：高濒危强活化项目

#### 1. 总体评价

第一类非遗项目保护濒危度大于 65 分，旅游活化度大于 75 分。共有五埠伙大门居住民俗 1 个项目。这类项目保护濒危度较高，旅游活化度较好，是肥城市非遗旅游活化的重点项目。下一步要在有效保护的前提下，进行旅游活化重点扶持，根据项目特色特点，创新融入文旅融合体验项目，激发非遗的生机和活力，通过旅游活化反哺非遗保护。

#### 2. 分项评价（表 7-23）

表 7-23 高濒危强活化非遗项目情况

| 项目名称 | 得分 | 项目情况 |
|---|---|---|
| 五埠岭伙大门居住民俗 | 项目濒危度 73.2<br>旅游活化度 75 | 五埠村建于明洪武十四年（公元 1381 年），是由数百栋石头民宅组成的古村落。伙大门是北方最典型的民宅特色，具有血缘关系的同宗之人居住在一个胡同内，胡同有一个大门，形成门里有门、院中有院的建筑格局。伙大门居住民俗反映了农耕文 |

| 项目名称 | 得分 | 项目情况 |
|---|---|---|
| 五埠岭伙大门居住民俗 | 项目濒危度 73.2 旅游活化度 75 | 明时期家族式居住特点，具有很强的防御性能。这与当时五埠村位于三县交界，周边盗贼横行，三面环山经常有猛兽出没的特殊地理环境有关。随着时代变迁，这种居住形式已不适应现代生活，一些旧民居随着新农村建设已经拆除，"伙大门"建筑风格在全国已难以见到。近年来，五埠村通过对老石头建筑修复建设打造的五埠岭伙大门景区，成为集非遗保护、文化旅游、消费体验、研学教育为一体的国家 AAAA 级旅游景区，实现了"非遗＋旅游"的高度融合发展。 |

### 第二类：高濒危中活化项目

#### 1. 总体评价

第二类项目保护濒危度大于 65 分，旅游活化度在 50~75 分之间。共有卧虎城传说、横笛梆、坡西调、肥城青石干茬缝砌墙技艺、罗窑土陶制作技艺等 5 个项目。这类非遗项目保护濒危度较高，旅游活化情况中等，在旅游活化利用方面，可以作为重点改进对象，在完善保护的同时，对有条件的项目进行适当旅游开发，以开发促保护。

#### 2. 分项评价（表 7-24）。

表 7-24　高濒危中活化非遗项目情况

| 项目名称 | 得分 | 项目情况 |
|---|---|---|
| 卧虎城传说 | 项目濒危度 71 旅游活化度 58.3 | 卧虎城，在解放前是肥城县城的别称，始建于西汉，位于市境东北部，因其形状酷似平川卧虎而得名。元明清三代多次修补城池。1946 年 5 月，城墙被部分拆除，1958 年全部拆掉。1980 年 1 月开始，政府驻地迁至新城。1982 年县城搬迁基本结束。自古以来，卧虎城就有众多传说故事在民间广泛流传，影响深远。但随着县城搬迁和一些老县城居民故去，其生存环境逐渐消失，项目濒危情况较为严重。 |
| 横笛梆 | 项目濒危度 66.6 旅游活化度 58.6 | 横笛梆是以晋剧唱腔为主旋律，融入山西梆子、陕西梆子、武安落子和河北梆子等唱腔精华并具有石横地方语言风格，经过创新发展而形成的一种地方小剧种，主要流行于石横镇一带。横笛梆唱腔旋律婉转流畅，曲调高亢圆润优美，道白清晰易懂动听，具有浓郁的乡土气息和独特的演唱风格。因突出横笛伴奏，故名"横笛梆"。2019 年，石横镇南大留村成立了"横笛梆" |

| 项目名称 | 得分 | 项目情况 |
|---|---|---|
| 横笛梆 | 项目濒危度 66.6<br>旅游活化度 58.6 | 戏社，复排了"横笛梆"传统曲目《拾玉镯》《大登殿》《红楼梦》《祖国大建设》等剧目，积极参与"送戏下乡"活动，累计在全镇演出 80 多场次，受益群众近 5 万人。由于传承人员出现断层，项目亟需抢救保护。 |
| 坡西调 | 项目濒危度 66.6<br>旅游活化度 62.6 | 坡西调是在仪阳街道荣华村孕育生成的特色剧种，它将山东梆子、莱芜梆子和地方方言相融合，具有鲜明的地方特色，乡土气息浓郁，传承至今已有 170 年历史。坡西调唱腔高亢激昂，先说后唱，便于观众听懂戏文。板式改四板为八板，动作夸张，娴熟大气，凸显山东人豪放豁达和忠勇不屈的刚烈性格。1848 年，荣华富户孙丕显自筹资金组建荣华剧团在乡间演出，深受乡民欢迎。"文化大革命"期间剧团演出终止。1984 年在村支部支持下，恢复荣华剧团，每年辗转平阴、泰安、济南等地演出十几场。目前，剧团发展到十几人，多为老年人，由于演出收入有限，传承问题出现断层，项目抢救保护工作刻不容缓。 |
| 肥城青石干茬缝砌墙技艺 | 项目濒危度 69.7<br>旅游活化度 50.3 | 在门窗位置，有的选用合适尺寸的长石头条作过梁，找好平按上去，刻上花纹或文字，美观大方；有的选用"发券"方式，在下雨时准备好材料，然后按"券"的大小支好称架，把精造好的料石一块块的按下去，形成严丝合缝的拱形结构，起到承重作用。近年来，由于现代建筑风格的变化和新型建筑材料的应用，仅用石头茬缝砌墙技艺的生存环境消亡，随着为数不多的传承人相继谢世，技艺后继乏人，致使项目濒危度高，亟待抢救性保护。 |
| 罗窑土陶制作技艺 | 项目濒危度 76.7<br>旅游活化度 57.1 | 罗窑村位于老县城东侧，始建于明洪武年间，建村后，罗氏立土窑，烧制的土陶器闻名四乡，罗家窑遂为村名。罗窑土陶用当地特有黄沙红土烧制，光滑度高，耐用坚固、抗腐蚀性强，在肥城及周边地区颇具影响。罗窑土陶将造型艺术、审美艺术融为一体，具有重要文化价值和收藏价值。随着社会发展和人们生活方式转变，土陶日渐淡出人们生活，市场需求减少，使该技艺中断，逐渐走向濒危，亟待抢救保护。 |

### 第三类：高濒危弱活化项目

#### 1. 总体评价

第三类非遗项目保护濒危度大于 65 分，旅游活化度小于 50 分。共有白窑土陶烧制 1 个项目。这类项目保护濒危度较高，旅游活化得分低，可以进行濒危性抢救保护。

#### 2. 分项评价（表 7-25）。

表 7-25　高濒危弱活化非遗项目情况

| 项目名称 | 得分 | 项目情况 |
|---|---|---|
| 白窑土陶烧制 | 项目濒危度 78.4<br>旅游活化度 42.1 | 潮泉镇白窑村白氏土陶烧制艺人，清乾隆年间迁此定居，以烧制土陶为业。白氏土陶加工以澄泥为原料，采用快、慢轮成型。烧制后坚固耐用，抗腐蚀，不出拱，里外光滑温润，制品有系列瓮、缸、盆、罐等几十种。产品行销往临沂、商河、高唐、夏津、德州、临清、济阳、齐河、长清、聊城等地，倍受商家和百姓的喜爱，成为人们生产生活的必需品。二十世纪六十年代白窑土陶烧制达到鼎盛时期，其技艺传至东北。近年来，土陶日渐淡出人们生活，市场需求减少，传统土陶生产利润微薄，使制陶户生活难以为继，大多停烧或改行。九十年代，土陶窑在新农村建设中逐步拆除，白窑土陶烧制技艺的物质、空间载体遭到破坏，亟待抢救性保护。 |

### 第四类：中濒危强活化项目

#### 1. 总体评价

第四类非遗项目保护濒危度在 55~65 分之间，旅游活化度大于 75 分。共有范蠡与陶山的故事、肥桃的传说、左丘明传说故事、肥城汶阳田传说、肥城桃木雕刻技艺、王氏桃木雕刻技艺、肥城桃木桃符制作民俗等 7 个项目。这类非遗项目保护濒危度一般，旅游活化得分高，保护濒危度和旅游活化度组合情况较好，可以在保护其相关资料和传承人的同时，作为旅游活化开发的重点，突出它们自身的文化特色，开拓更广阔的文化旅游市场，展现肥城深厚的历史文化底蕴。

#### 2. 分项评价（表 7-26）。

表 7-26　中濒危强活化非遗项目情况

| 项目名称 | 得分 | 项目情况 |
|---|---|---|
| 范蠡与陶山的故事 | 项目濒危度 62.9 旅游活化度 81.8 | 范蠡隐居陶山期间，与当地百姓和睦相处，慷慨资助他人，这种"富而行其德"的行为获得了百姓赞颂，并使范蠡与陶山、陷马坑、陶朱公的来历、千金台的传说以及陶朱公经商的故事流传后世。这些故事与传说来源于民间，传承于百姓，寓教于乐，乡土气息浓郁，蕴含着丰富的生活与处世哲理，富有深刻的教育意义，具有较高历史研究价值和旅游活化价值。1996 年肥城成立范蠡研究会，多次举办范蠡研讨会和祭拜中华商圣范蠡典礼，整理编纂了《范蠡研究文集》《范蠡与陶山的故事》，收录范蠡经济思想论文近百篇、民间传说 50 多篇，具有较好的保存基础。 |
| 肥桃的传说 | 项目濒危度 60.2 旅游活化度 85.6 | 肥桃的传说源远流长，内容丰富，流布范围波及肥城市境内及周边地区，是研究桃文化和肥城桃栽培历史、栽培技艺的重要依据。目前，已收集肥桃有关传说故事近 30 篇，这些故事内容丰富，情节生动，诠释了肥城人对善的追求、对美的向往和对幸福生活的憧憬，具有鲜明的地域文化特征和民间口头文学特征，是肥城桃文化旅游活化利用的重要文化支撑。 |
| 左丘明传说故事 | 项目濒危度 58.3 旅游活化度 77.4 | 肥城是史圣左丘明故里，素有"君子之邑"美誉。左丘明开创的君子文化对肥城产生了深远影响，特别是崇尚尚德的精神，一直被肥城人弘扬。因此，左丘明传说故事在肥城具有良好的群众基础和较高的旅游活化利用价值。 |
| 肥城汶阳田传说 | 项目濒危度 64.5 旅游活化度 80.1 | 肥城汶阳田是中华农耕文明重要发祥地，以"自古闻名膏腴地，齐鲁必争汶阳田"闻名天下。汶阳田传说丰富多彩，具有鲜明的地域特色，孔子帮鲁定公要回汶阳之地的传说、戚继光和汶阳田大豆的故事、羊岚角的传说、汶阳田玉米的传说、汶阳田麦穗的传说等，蕴含着儒家文化思想，反映了几千年来汶阳田超前的耕作技术、生产方式、宗法制度和高度发达的农耕文明，映射着肥城人承礼重义的淳朴民风和厚德载物的人文精神。随着文旅、农旅融合发展，肥城汶阳田传说已成为打造区域特色品牌的核心文化元素。 |
| 肥城桃木雕刻技艺 | 项目濒危度 56.8 旅游活化度 94.4 | 肥城桃木雕刻技艺源于古代桃符，产生于隋唐，发展于宋，明清时期进入鼎盛阶段，形成了高超的雕刻技法和独特的艺术风格。多年来，肥城多措并举推动桃木雕刻产业快速发展，成为全国桃木旅游商品集散中心。但随着科技发展，机器代替手工的现象日益突出，肥城桃木雕刻技艺面临传承难、手工雕刻人才紧缺、创新乏力、产品同质化等诸多问题。 |
| 王氏桃木雕刻技艺 | 项目濒危度 56.8 旅游活化度 94.4 | 王氏桃木雕刻技艺是在肥城桃木雕刻民俗影响下，经过王氏家族六代传承发展形成的桃木加工及雕刻技艺，在传统平面浮雕基础上，将镂空雕、线雕、多层叠雕等技法"植入"桃木雕刻，并研制出独特的"掐 |

续表

| 项目名称 | 得分 | 项目情况 |
|---|---|---|
| 王氏桃木雕刻技艺 | 项目濒危度56.8旅游活化度94.4 | 丝绘珐琅"技艺，创造出图形与吉祥寓意完美结合的雕刻形式。2004年创立肥城中大桃木工艺制品有限公司，完成手工与机械化结合生产的现代企业转型。但随着工业化生产与技术革新，王氏桃木雕刻技艺面临的技术代替艺术、机器代替手工、共性代替个性等问题日益凸显。 |
| 肥城桃木桃符制作民俗 | 项目濒危度56.7旅游活化度87 | 肥城桃木桃符制作民俗源远流长，最早可追溯至公元前26世纪，起源于古人过年时在桃木板上画上神荼、郁垒图像悬挂于门首用于祈福避祸的做法。由于桃在肥城民间具有"辟邪旺财、福寿平安、好运吉祥"等文化含义，桃木桃符制作日渐成为桃乡民间习俗，并逐渐延展为将桃木雕刻成精美佩饰挂件和工艺品。 |

### 第五类：中濒危中活化项目

#### 1.总体评价

第五类非遗项目保护濒危度在55~65分之间，旅游活化度在50~75分之间。共有穆柯寨的传说、虞舜仁孝感后母、大汶河的传说（汶阳镇）、大明銮台侯与左丘明的故事、大汶河传说（孙伯镇）、肥城张志纯传说、晒书城传说、高跷牌坊、望鲁山皮影、肥城拉大画影子戏、石横武术、袁寨武赵氏扎制技艺、尚氏锔艺、百尺龙灯扎制、宝聚鼎烧鸡制作技艺、肥桃酒酿造技艺、肥城桃核微雕技艺、泰安古字画装裱修复技艺、岱阳观庙会、石横四月八庙会、宝金山庙会、小泰山庙会、四大件宴席习俗、安站青龙山庙会、张氏四大件等25个项目。这类非遗项目保护濒危度和旅游活化度中等，重点是加强传承人和其他方面的保护，改善旅游开发条件。

#### 2.分项评价（表7-27）。

表7-27　中濒危中活化非遗项目情况

| 项目名称 | 得分 | 项目情况 |
|---|---|---|
| 穆柯寨的传说 | 项目濒危度58.3旅游活化度66 | 穆柯寨是肥城北部牛山主峰，海拔524米，山势险峻、松柏叠翠，雄伟壮观，是民间传说中北宋抗辽名将巾帼英雄穆桂英的屯兵之处。现仍存有宽2米，高3~5米，长达3600多米的石砌寨墙，及兵营、哨房、石碾、石臼、水井、旗杆窝等遗迹200多处。有关穆柯寨的传说故事在肥城家喻户晓、妇孺皆知，深受群众喜爱，具有较好的旅游活化利用基础。 |

| 项目名称 | 得分 | 项目情况 |
|---|---|---|
| 虞舜仁孝感后母 | 项目濒危度 59.8<br>旅游活化度 58.3 | 石横镇衡鱼村是舜帝成都之处。据说，舜帝来到衡鱼后，耕者让畔，渔者让泽，一年成聚，二年成邑，三年成都，后虞舜被尊为"都君"，陶河滨亦被更名为"都君庄"。村里至今仍流传着舜帝仁孝感后母、以孝治天下的动人故事。该故事列 24 孝之首，从上古时期流传至今，蕴含了数千年来不同历史阶段的文化信息，涉及文学艺术、社会伦理等多个方面，具有重要的历史研究价值。 |
| 大汶河的传说（汶阳镇） | 项目濒危度 55.6<br>旅游活化度 65.8 | 大汶河是一条古老的内陆河流，它发源于山东旋崮山北麓沂源县境内，自东向西流经济南（莱芜）、新泰、泰安、肥城、宁阳、汶上、东平等县市，注入东平湖。独特的"汶河西流"景观积淀了丰厚的文化底蕴，孕育了脍炙人口的传说故事，蕴含着汶河流域地理、物产、民俗等历史文化，折射着人们丰富的想象和美好的愿望，在汶阳镇、孙伯镇汶河沿岸一带广为流传，对研究汶阳田文化和当地的民风民俗有很高的参考价值。 |
| 大汶河传说（孙伯镇） | 项目濒危度 56.6<br>旅游活化度 51.1 | |
| 大明鎏台侯与左丘明的故事 | 项目濒危度 56.8<br>旅游活化度 51.1 | 左丘明是春秋末期鲁国都君庄（今肥城市石横镇东衡鱼村）人，是中国古代伟大的史学家、文学家、思想家、军事家。曾任鲁国史官，晚年眼睛失明，辞官回乡后，编纂了中国第一部国别体史书《国语》。被誉为"文宗史圣""经臣史祖"。孔子、司马迁均尊左丘明为"君子"。大明鎏台侯与左丘明的故事是在肥城流传的众多关于左丘明的传说故事之一，对研究左丘明和君子文化具有较高参考价值。 |
| 肥城张志纯传说 | 项目濒危度 59.6<br>旅游活化度 58.6 | 张志纯是元代著名道人，长期致力于泰山上下十数座建筑群的建设，最为艰巨而又名垂青史者当为创建南天门。其家乡张家安一带群众曾为其筑庙塑像铭记崇拜，其业绩至今传为佳话。张志纯传说对研究泰山文化、金元宗教文化和建筑文化具有重要价值。 |
| 晒书城传说 | 项目濒危度 62.9<br>旅游活化度 73.2 | 晒书城历史悠久，传说孔子带弟子周游列国时，路经桃园镇东里村北的凤凰山下遇雨，书被雨淋，孔子一行在路边石头上晾晒书卷，同时设坛讲学教化百姓。后人修建了晒书城纪念，成为古肥城八大景观之一。晒书城传说历经数千年，见证了当年孔子在肥城教书育人的圣德，也为肥城增添了深厚的文化底蕴。 |
| 高跷牌坊 | 项目濒危度 58.3<br>旅游活化度 67.7 | 该项目由清代嘉庆年间民间踩高跷发展而来，是融高跷、杂技和舞蹈艺术为一体的民间文化表演形式，欢快热烈、惊险火爆、灵活多变、诙谐夸张、舞姿优美，在边院一带备受 |

| 项目名称 | 得分 | 项目情况 |
|---|---|---|
| 高跷牌坊 | 项目濒危度 58.3<br>旅游活化度 67.7 | 欢迎。"文革"时期中断十余年。改革开放后，传统老艺人重新成立表演队伍，多次参加肥城市文化展演。近年来，由于高跷牌坊表演难度大，活动费用高，组织人员困难和老艺人相继去世等因素，高跷牌坊表演队伍青黄不接、后继乏人，亟待抢救性保护。 |
| 望鲁山皮影 | 项目濒危度 59.7<br>旅游活化度 71.6 | 安临站镇望鲁山皮影始创于清朝雍正年间，是融镂刻、绘画、音乐、戏曲等多种艺术形式为一体的艺术形式，后经历代传承人发扬光大，延续至 20 世纪 60 年代，"文革"期间中断。2012 年，在政府支持下，重组望鲁山王氏皮影艺术团，每年巡回演出 50 余场次，在全市产生较大影响。 |
| 肥城拉大画影子戏 | 项目濒危度 59.5<br>旅游活化度 60.1 | 安临站镇拉大画影子戏始创于清末，表演者手脚口并用。以手操控戏台上的人物，以脚敲锣打鼓，以口用不同的音乐和腔调，扮不同的人物，说不同的故事。近年来，受当代影视艺术和流行文娱形式冲击，拉大画影子戏由于经济效益不高，传承人年事渐高，技艺后继乏人等原因面临濒危，亟需抢救性保护。 |
| 石横武术 | 项目濒危度 56.1<br>旅游活化度 71.8 | 石横武术始于清康熙十三年，分为邹家皮锤、梅家棍、徐家枪三个门派，汇太极长拳、少林棍棒、杨家枪法之长，后又融入刀、剑、鞭等冷兵器套路，形成了套路多、器械全、出手猛、速度快、灵活多变的特征，展现了华夏民族的尚武精神，对研究中华武术发展历史具有重要意义。随着社会发展，石横武术已成为人们历练意志、强身健体的活动，参与人数众多，影响地区广泛。据不全完统计，三百多年来，累计习武者约两万人以上。 |
| 袁寨武赵氏扎制技艺 | 项目濒危度 57.6<br>旅游活化度 51.9 | 袁寨武赵氏扎制技艺是历史久远的民间传统手工技艺，汇集了绘画、雕刻、竹艺、刻纸、剪纸等传统手工制作，造型奇特，色彩鲜艳，形神兼备，栩栩如生，具有强烈的民间艺术特色，广泛应用于民俗活动中。由于印刷技术替代、工厂化生产等，传统扎制技艺被挤兑，经济效益不高，技艺传承后继乏人而面临濒危。 |
| 尚氏锢艺 | 项目濒危度 57.1<br>旅游活化度 69.2 | 尚氏锢艺最早创始于清道光二十三年，是众多锢艺中传承体系最为健全、锢钉布局最为精密、锢功运用最为巧妙的一种。在家族传承过程中，形成了工具自制、特色拼接、铁粉蒸补、全程手工的特色。尚氏锢艺讲究既能修好利器，又能装饰器具，以细、巧、精、微见称，严遵磴、抛、拉、砸、挫、刮、钻、锢八道流程，巧妙运用冲线残缺，确保锢子与器物融为 |

| 项目名称 | 得分 | 项目情况 |
|---|---|---|
| 尚氏铜艺 | 项目濒危度 57.1<br>旅游活化度 69.2 | 一体，最大程度呈现出分寸之美。经过铜补的器具不仅复原了原始功能，而且赋予其新的艺术生命，使之更具历史文化感，受到众多铜器爱好者欢迎。尚式铜艺承载了深厚的民间文化传统，不仅是一项技艺，更是一种生活方式和生活态度。它体现了物尽其用、节俭持家的美德，具有极高的历史价值、文化价值和艺术审美价值。 |
| 百尺龙灯扎制 | 项目濒危度 56.8<br>旅游活化度 53.9 | 老城街道百尺龙灯扎制技艺历史悠久，工艺奇特，造型生动，色彩亮丽，栩栩如生，深受龙灯爱好者喜爱，扎制的龙灯畅销肥城及周边地区，群众基础较好，具有较高的旅游活化利用价值。但随着社会经济的发展，年轻人外出务工增多，学习这门技艺的年轻人越来越少，加上市场经济冲击、制作经费短缺等原因，百尺龙灯扎制面临濒危。 |
| 宝聚鼎烧鸡制作技艺 | 项目濒危度 62.8<br>旅游活化度 56.6 | 宝聚鼎烧鸡制作技艺采用清朝宫廷御膳烤鸡制作工艺，从清朝嘉庆年间开始，历时200多年的工艺配方积累，经过原料选择、宰杀、整形、配料、腌制、煮制、烤色等工序精制而成，色泽红亮，肉质酥烂，香味浓郁。其制作工艺得到较好的保护和传承，具有较高的旅游商品开发潜力。 |
| 肥桃酒酿造技艺 | 项目濒危度 58.7<br>旅游活化度 73.5 | 肥桃酒酿造技艺是肥城佛桃源果酒有限公司与科研机构联合研发的以肥桃为原料酿制果酒的新技术，填补了国内以桃为原料酿制果酒的空白，获得泰安市科学技术进步奖，具有较高的旅游利用价值。目前，已开发出肥桃果白酒、干型酒、甜型酒三大系列十几个品种。 |
| 肥城桃核微雕技艺 | 项目濒危度 55.1<br>旅游活化度 64.7 | 肥城桃核微雕技艺源于民间吉祥文化，利用桃核外形特点及起伏变化，雕刻出神仙人物、辟邪神兽、亭台楼阁等，形态生动有致，刀法技艺细腻，构思布局精巧，具有较高的审美价值和收藏价值，作为旅游商品备受青睐。 |
| 泰安古字画装裱修复技艺 | 项目濒危度 56.3<br>旅游活化度 66.5 | 泰安古字画装裱修复技艺主要用于书画、碑帖等装饰和修复还原。由于古字画装裱修复技艺内容复杂，需要掌握不同朝代的绘画、纸张、绢缎等系列知识，学艺时间长，传承难度大，需要抢救性保护。 |
| 岱阳观庙会 | 项目濒危度 56.6<br>旅游活化度 62.1 | 孙伯岱阳观始建于唐，兴盛于明清，每年农历四月初八，香客不计其数，这种以祭祀为主要内容，民间文化踊跃参与的宗教文化活动以庙会形式延续下来。明清两代，岱阳观庙会鼎盛时期，"四方商贾云集，八方香客朝圣"。抗战时期及"文革"期间庙会中断。改革开放后，岱阳观庙会演变为地方政府倡导，民间组织主办，以发展农村 |

| 项目名称 | 得分 | 项目情况 |
|---|---|---|
| 岱阳观庙会 | 项目濒危度 56.6<br>旅游活化度 62.1 | 经济贸易和活跃基层群众文化生活为主、祭祀神灵为辅的特殊庙会集市活动。岱阳观庙会是研究当地民风民俗的宝贵资源，具有重要的民俗学和社会学价值。 |
| 石横四月八庙会 | 项目濒危度 56.6<br>旅游活化度 62.1 | 石横泰山显灵宫建于明代万历四十二年（1614 年），供奉元君女神，每年农历四月初八，进香朝拜的人山人海，之后随着民间戏班、龙灯、狮子等娱乐文化和商贸交易的参与，逐渐演变为庙会活动形式，并以特定地点、特定时间和固定模式延续下来。"文革"期间，庙会中断十余年。1980 年以后陆续恢复，1998 年在政府支持下，对泰山显灵宫进行修缮，庙会规模逐年扩大，会期延长至七天。石横四月八庙会是研究当地民风民俗的宝贵资源，具有重要民俗学和社会学价值。 |
| 宝金山庙会 | 项目濒危度 56.6<br>旅游活化度 62.1 | 边院宝金山庙会由来已久，具体创始年代无记载。宋代在宝金山前建起泰山行宫（碧霞元君行宫），每年农历三月三初，前来朝拜上香者络绎不断，逐渐形成庙会而延续下来。清代康乾盛世时，庙会进入鼎盛时期，"士女云集，数日不绝"。抗战时期及"文革"期间，因泰山行宫遭破坏两次中断。改革开放后，百姓筹资修复行宫，成立庙会管理组织，使庙会更加繁荣活跃。宝金山庙会是研究当地民风民俗的宝贵资源，具有重要的民俗学和社会学价值。 |
| 小泰山庙会 | 项目濒危度 56.6<br>旅游活化度 62.1 | 湖屯小泰山庙会形成于明代万历末年。每到农历三月三日，小泰山周边善男信女倾家出动，到山上的碧霞宫进香烧纸、磕头叩拜、祈祷元君赐福于家人，消灾免祸，平安健康。清代以来，小泰山庙会规模日趋扩大，进入兴盛时期。1937 年抗战爆发，小泰山萧条十余年。新中国建立后得以恢复。1966 年，庙会遭"文革"破坏，再次中断，20 世纪 80 代初再度恢复。小泰山庙会是研究当地民风民俗的宝贵资源，具有重要的民俗学和社会学价值。 |
| 大件宴席习俗 | 项目濒危度 62.3<br>旅游活化度 67.1 | 大件宴席习俗是为社交礼仪需要而举行的多人聚餐的一种饮食形式。肥城人向来热情友善、讲究礼仪。每逢亲友团聚或宾客往来，均据丰俭设宴款待。在数千年文化沿袭中，形成了"八顶八""十顶十""两大件""四大件"等具有饮食特色的大件宴席，并随着经济水平提高，不断变化。肥城大件宴席一般由凉菜、大件、行件、饭菜、点心、水果等组成，不仅是传统礼节和烹饪技艺的体现，更是数千年来肥城饮食文化的积累和民俗风情的缩影。 |

续表

| 项目名称 | 得分 | 项目情况 |
|---|---|---|
| 安站青龙山庙会 | 项目濒危度 56.6<br>旅游活化度 62.1 | 安临站青龙山玉皇庙创建于唐朝,兴盛于明清,因位于古官道附近,是过往商人聚会、交易的胜地,每年的二月二、九月九都举办青龙山庙会,历史上远近闻名。由于历史原因,"文革"期间古迹损毁,香火渐衰,庙会停止。2012年底,孟家村委发动整体修缮了玉皇庙,于2014年恢复举办庙会,方圆百里,前来赶会者络绎不绝。 |
| 张氏四大件 | 项目濒危度 64.7<br>旅游活化度 68.5 | 汶阳"张氏四大件"起源于清末,形成于民国年间,以其独特的菜品和文化享誉泰安西南,成为当地人民了解鲁菜菜系、礼制的纽带。"汶阳张氏四大件"全席共82道菜品,以"四大件"为主,由12个菜碟、20个果碟、36个小碗、10个大碗组成。上菜顺序严格考究,荤素搭配,五味俱全,独具特色。张氏四大件传承久远的动人味道,是乡村民众千百年来追求美好生活的生动体现和实践结晶,是几千年历史沉淀下来的一种独具特色的地方民俗文化。 |

### 第六类:中濒危弱活化项目

#### 1. 总体评价

第六类非遗项目保护濒危度在55~65分之间,旅游活化度小于50分。共有泥马渡康王、李邦珍与胡氏之墓、栾家林与老县城、孙家小庄的传说、汶阳哩言杂字、扎龙灯、肥城刘氏手工石臼艾绒艾条制作技艺、书画印艺术传承中华孝道文化等8个项目。这类非遗项目保护濒危度中等,而旅游活化度得分低,重点是加强传承人和其他方面的保护,改善旅游开发条件,提高其旅游活化度。

#### 2. 分项评价(表7-28)。

表7-28 中濒危弱活化非遗项目情况

| 项目名称 | 得分 | 项目情况 |
|---|---|---|
| 泥马渡康王 | 项目濒危度<br>58.4<br>旅游活化度<br>44.3 | 康王河位于肥城市境内,为横亘肥城市最大的山洪河道,由东向西,至后衡鱼村入汇河,经平阴、东平入汶,属汶河支流。据说,康王河来源于"泥马渡康王"的传说,自南宋起在肥城长期流传。80年代以来,文化部门曾多次对该传说进行搜集整理,具有较好的保存基础。 |

| 项目名称 | 得分 | 项目情况 |
|---|---|---|
| 李邦珍与胡氏之墓 | 项目濒危度 62.2 旅游活化度 44 | 李邦珍是明嘉靖进士，初任行人司，后在山西、河南、浙江任职，曾在福建沿海率军围剿上岸骚扰的倭寇。李邦珍为官以法办案，不徇私情，在位二十余年，两袖清风，卸任前官至正二品。李邦珍61岁致仕故里，将牛山原读书处改为同川书院，聚集亲戚及子孙授业讲学，曾参与第一部《肥城县志》的编纂。在肥城流传有很多关于李邦珍的传说故事，由于这些传说故事主要以口头传承，随着传承人老龄化严重，后继乏人，项目面临濒危，需进行抢救性保护。 |
| 栾家林与老县城 | 项目濒危度 64.9 旅游活化度 44 | 栾家林与老县城项目记录了肥城老县城的历史文化、民俗风情。随着县城搬迁和一些老县城居民故去，其生存环境逐渐消失，逐渐走向濒危，亟待抢救性保护。 |
| 孙家小庄的传说 | 项目濒危度 59.7 旅游活化度 48 | 据《孙氏族谱》记载，明初孙氏族人由江苏淮安迁此定居，孙家小庄由此得名。千百年来，孙家小庄流传下来许多脍炙人口的传说故事，靠着村民口口传承至今，历久弥新。近年来，因城中村改造，其赖以生存的文化环境消亡，随着传承人年老离世，后继乏人，面临濒危，需要进行抢救性保护。 |
| 汶阳哩言杂字 | 项目濒危度 62.3 旅游活化度 44 | 1915年汶阳乡村启蒙教育家马文源编写的《哩言杂字》先后在泰安、聊城出版，使用四言五言七言到两言单字，合辙押韵，全书内容周全传统，语言浅显易懂、易读易诵，说理叙事具体生动，教人识字明理，加强自身修养。在泰汶地区被选为小学生识字课本和乡土文化教材，为普及乡村文化发挥了积极作用，在肥城东南一带颇有影响，影响远及关外，对研究当地传统民俗具有重要的文献价值。 |
| 扎龙灯 | 项目濒危度 58.6 旅游活化度 44.8 | 边院镇东向北村袁氏扎龙灯技艺始于清咸丰初年，由袁恩田老艺人始创。最初他为当地百姓过年过节，婆媳妇扎花灯、宫灯、彩灯。之后随着民间故事班子的兴起，自悟摸索扎龙灯的技艺，在边院一带甚是出名，并将技艺传授给儿子袁棠铸、孙子袁栾顺。袁氏扎制龙灯十分讲究，选用材料轻柔而有张力，着色正，龙眼有神，身分九节，内有照明，连接牢固，以满足腾、跃、跨、翻、卷、转等舞龙动作的要求，深受当地百姓的喜爱。近年来，由于扎龙灯季节性强，经济效益低，导致后继乏人，濒危情况较重。 |
| 肥城刘氏手工石臼艾绒艾条制作技艺 | 项目濒危度 60.6 旅游活化度 40 | 肥城刘氏手工石臼艾绒艾条制作技艺源于唐代，成于北宋，伴随人们对艾草全面深入的研究应用和艾灸传承发展不断完善。艾绒是精选本地野生艾草用木杵在石臼内反复舂捣压碎，留取柔细的黄绒，揉搓晾晒即成。手工石臼艾绒艾条制作技艺比现代化机器制作更显细腻、提纯，在中医药领域有着重要的位置，是中华医学的重要组成部分。 |

| 项目名称 | 得分 | 项目情况 |
|---|---|---|
| 书画印艺术传承中华孝道文化 | 项目濒危度 58.4 旅游活化度 47.5 | 为传承孝道美德，肥城桃乡艺术馆利用书画印艺术作品表现孝道文化，具有很高的文化价值、艺术价值和收藏价值。该项目濒危情况严重，项目唯一传承人年龄较大，体弱多病，传承中华孝道文化的书画印存量少，亟需采取措施予以抢救和保护。 |

### 第七类：低濒危强活化项目

#### 1.总体评价

第七类非遗项目保护濒危度小于55分，旅游活化度大于75分。共有肥桃的传说、肥城王氏泥塑、张氏陶泥彩塑、金凤剪纸、肥城桃栽培技艺、下庄"泰山极顶"生姜、演马金光牛肉制作技艺、肥城东孔绿豆粉皮制作技艺、肥城韩庄头豆腐皮制作技艺、肥城大辛庄犬肉制作技艺、武家烧鸡制作技艺、肥城甲氏瓯鸡制作技艺、湖屯豆腐皮制作技艺、肥城肥子茶传统制茶技艺、康王河酒老五甑酿造工艺、肥城聂氏铜器铸造工艺、肥城"八字古卤"法技艺、"刘大姐"叉子火烧、汶阳薛寨小磨香油传统制作技艺、竹清香鲜汁汤包制作技艺、王西水塔豆制品制作技艺、安驾庄梁氏正骨疗法、洪德堂于氏皮肤病疗法、瑞泽堂王氏膏方、开口笑水饺、桃木雕刻民俗等26个项目。这类非遗项目保护濒危度很低，而旅游活化度得分高，项目保护濒危度和旅游活化度组合情况很好，可以成为肥城非遗旅游活化利用的重点项目，在下一步的非遗旅游活化利用中进行重点扶持，以旅游活化反哺非遗保护。

#### 2.分项评价（表7-29）。

表7-29　低濒危强活化非遗项目情况

| 项目名称 | 得分 | 项目情况 |
|---|---|---|
| 肥桃的传说 | 项目濒危度 60.2 旅游活化度 85.6 | 肥桃的传说源远流长，源于民间，传承于百姓，教化民众，其内容随着历史的发展而更加丰富，是研究肥桃文化、肥桃栽培历史、栽培技艺和肥城风土民情的重要依据。其流布范围波及肥城市境内及周边地区。保护和传承好肥桃的传说，对弘扬传统文化、研究民俗风情、促进社会和谐发展具有重要意义。 |
| 肥城王氏泥塑 | 项目濒危度 44.5 旅游活化度 84 | 王氏泥塑起源于民国时期，采用当地泥土，经过取泥、配泥、练泥、捏泥、晾晒、烧制等多道工序制作而成。题材大都取自乡里农家，表现民风民俗，乡土气息浓厚。作品形象生动、活泼传神、妙趣横生，呈现出别具特色的大拙与大美。为弘扬泥塑技艺，传承人王士荣在多所学校 |

| 项目名称 | 得分 | 项目情况 |
|---|---|---|
| 肥城王氏泥塑 | 项目濒危度 44.5 旅游活化度 84 | 义务为学生上课,并在多家博物馆和民俗馆展出泥塑作品,以提升项目知名度和美誉度。 |
| 张氏陶泥彩塑 | 项目濒危度 44.5 旅游活化度 82.9 | 张氏陶泥彩塑源于清末民初,其工艺严谨、技艺娴熟、环环相扣,成品不变形、不开裂、不褪色、耐腐蚀。多以历史人物、民间故事、吉祥动物、神话传说为塑形内容,反映不同时期的社会历史文化背景和人们的审美追求。张氏陶泥彩塑融汇展现了制作技艺,是集欢乐情趣、吉祥喜庆、忠孝礼仪和民俗风情等民间文化于一体的多元文化,彰显了手随心动、心手合一、构思巧妙、别具一格的精湛技艺。它不仅具有历史传承价值和工艺价值,而且具有浓郁的文化艺术观赏价值和经济价值,是我国民间文化中不可多得的艺术瑰宝。该项目利用活化度较高,是较受欢迎的旅游商品。但目前市场上泥塑作品基本上是以销定产,为了迎合市场,有些作品缺乏文化内涵,同质化严重。同时,技艺传承要求较高,传承困难,濒危度较高。 |
| 金凤剪纸 | 项目濒危度 45.6 旅游活化度 84.8 | 金凤剪纸是肥城传统民间艺术,传承人武金凤自幼酷爱剪纸艺术,逐渐形成独特的艺术风格,创作许多反映肥城民风民俗、生动细腻、形神兼备、具有鲜明艺术特色的剪纸作品,多次在省市乃至全国获奖,并被新闻媒体广泛宣传。特别是她结合自身专长,潜心钻研整理出了一套适合幼儿园和小学的剪纸教材,推动剪纸进课堂,有力推动了剪纸艺术的传承发展。 |
| 肥城桃栽培技艺 | 项目濒危度 46.4 旅游活化度 88.5 | 典史记载,2500 多年前,肥城境内就有桃树种植。肥桃是在原产毛桃的基础上,在数千年培育过程中,通过实生优选、自然杂交和人工嫁接发展而成的特有品牌产品。明清时期,肥桃已名扬四海,成为皇室贡品。近代,肥桃栽培形成了育苗、嫁接、剪枝、管理等一整套较为完善的种植栽培技艺。肥桃也以个大、肉肥、味美的特点,被誉为群桃之冠、果中珍品。目前,全市肥城桃种植面积达到 10 万亩,品种达到 60 多个。 |
| 下庄"泰山极顶"生姜 | 项目濒危度 46.8 旅游活化度 75.2 | 下庄"泰山极顶"生姜是在 1468 年从外地引进的姜种,经多年栽培种植,延续至今。近几十年来,采用科学种植、大棚延时收姜等方法,下庄生姜以块大、肉嫩、皮薄、纤维少而闻名。1989 年被评为全国农副产品博览会金奖产品。2001 年被认定为"绿色食品"A 级产品。目前种植面积约 15000 亩以上,总产量约 5 万吨,远销日本、韩国、新加坡、俄罗斯和东欧各国。 |
| 演马金光牛肉制作技艺 | 项目濒危度 44.6 旅游活化度 89.7 | 演马金光牛肉制作技艺起源于清朝乾隆年间,其特点是取用 1~2 岁鲁西黄牛精肉为制作原料,采用祖传药料配方和传统烧 |

肥城市非物质文化遗产旅游活化研究

| 项目名称 | 得分 | 项目情况 |
|---|---|---|
| 演马金光牛肉制作技艺 | 项目濒危度 44.6 旅游活化度 89.7 | 制方式制作，具有干、香、透、宜存放、低脂肪、高营养，"清净无染、真乃独一"等特征，体现了伊斯兰文化的内涵和"清真"的特征。目前，演马牛肉每年加工量 1000 吨左右，在肥城、泰安、济南、北京、云南等地设有专柜或分店，远销日本、美国、东南亚等国家。2011 年，荣获全国农产品品牌博览会金奖。 |
| 肥城东孔绿豆粉皮制作技艺 | 项目濒危度 47.9 旅游活化度 88.6 | 东孔绿豆粉皮制作技艺起源于明朝末年，兴盛于康熙年间。以优质绿豆为原料，手工制作，天然晾干，薄如蝉翼，质地细腻，食之劲道，柔润爽滑，口感极佳。在沸水中浸泡煮 20 分钟以上，不黏，不烂，不碎，与肉类或蔬菜一起炖，不黏连，不破碎。曾荣获国家"名牌产品"和"金鸡奖"，被认证为有机产品、绿色食品。目前，以东孔为龙头的粉皮加工户达 400 多户，年加工粉皮上千吨，销售收入近亿元。产品在北京、上海、天津、青岛、深圳等十几个大中城市超市设有销售专柜，并远销欧洲及东南亚各国。 |
| 肥城韩庄头豆腐皮制作技艺 | 项目濒危度 47.9 旅游活化度 86.4 | 韩庄头豆腐皮制作技艺起源于明崇祯年间，清末已初具规模，有作坊 60 余家，成为名扬江南塞北的地方风味名吃。韩庄头豆腐皮具有特定品质：黄中泛红，油光发亮，柔嫩爽口，味道鲜美，质地筋韧。揉成一团后摊开，其面页无裂缝。2017 年，韩庄头豆腐皮核准注册国家地理标志证明商标。目前韩庄头村年产豆腐皮在 300 万斤左右，主要在省内销售，省外销售到上海、北京、四川等地。 |
| 肥城大辛庄犬肉制作技艺 | 项目濒危度 45.4 旅游活化度 85.5 | 肥城大辛庄犬肉制作技艺始创于清乾隆年间，以家养狗肉为原料，配适量中草药和调味品，经腌制、烹煮、高温杀菌等工序精制而成。味香、色鲜，肉嫩，益健康。常温下可保鲜十二个月，存放时间长，不变质，鲜美如初。是当地传统名吃，并影响省内外众多地区。 |
| 武家烧鸡制作技艺 | 项目濒危度 44.4 旅游活化度 79.3 | 老城街道武家烧鸡是肥城传统名吃，创立于解放前，闻名于市内外，色泽金黄，香味浓郁，咸淡适口、肉烂脱骨，有"岱下名吃"美称。武家烧鸡历经百年传承，经数代人精心研制，工艺不断创新，在祖传秘方 20 多种中药调味基础上，添加了十几种强身保健的药材加以充实，更具食疗和保健功能。 |
| 肥城甲氏瓯鸡制作技艺 | 项目濒危度 46.9 旅游活化度 87 | 肥城甲氏瓯鸡制作技艺起源于宋朝，以"汤清骨化，美味可口"堪称一绝。甲氏瓯鸡经数代人传承发展，在传统工艺基础上，科学调整配方，突出文火慢瓯，使口感爽、滑、嫩、鲜，入口即化。先后推出核桃鸡、乌鸡、金龟鸡、灵芝鸡、人参鸡、鸽子鸡等系列产品，更趋于治病保健、延年益寿功效。2012 年肥 |

| 项目名称 | 得分 | 项目情况 |
|---|---|---|
| 肥城甲氏瓯鸡制作技艺 | 项目濒危度 46.9 旅游活化度 87 | 城甲氏瓯鸡制作技艺获国家发明专利。2015 年被评为"美食山东·齐鲁名吃"。 |
| 湖屯豆腐皮制作技艺 | 项目濒危度 49.1 旅游活化度 84.7 | 湖屯豆腐皮制作始于明初，主要分布于湖屯镇西湖西村、西湖东村、东湖东村等 20 多个村庄。湖屯豆腐皮制作工艺经过泡、磨、熬、炖、泼、压、扒、煮、晾等十几道严格工序，成品外观呈淡黄色半透明状，皮薄、韧性强、口感好、入口筋道细腻，豆香扑鼻，营养丰富。切成细丝，连煮数次不粥化。 |
| 肥城肥子茶传统制茶技艺 | 项目濒危度 50.4 旅游活化度 75.2 | 泰山君子茶传统制茶技艺历史可追溯到 1950 年，炒制过程经过采青、摊晾、摇筛、轻摊、过红锅、揉团、压锅、过筛、辉锅、退燥等数十道工序，全长 16~22 个小时，环环相扣，生产出的干茶外形紧实、匀整、匀净、鲜绿、油润，气味鲜嫩清香、汤色嫩绿明亮、滋味鲜醇干爽、叶底细嫩。"泰山君子"品牌入选国家名优特产品名录，取得绿色食品认证，被认定为第五批山东老字号。 |
| 康王河酒老五甑酿造工艺 | 项目濒危度 44.6 旅游活化度 92.5 | 康王河酒老五甑酿造工艺传承于清末"恒益成"私家酒坊，是肥城康王酒业有限公司前身。采用高粱、大米、糯米、小米、小麦、玉米、豌豆等七种粮食为原料，通过严格的生产工艺流程，层层把关酿造而成，具有窖香醇正、绵甜爽净、余味悠长的典型浓香型白酒风格。肥城康王酒业有限公司为提高社会对传统酿造工艺的认知，宣传白酒传统酿造工艺，常年开展酒文化之旅参观活动，每年接待人数逾十万计，产品畅销泰安、济南、河北、东北、浙江等省市。 |
| 肥城聂氏铜器铸造工艺 | 项目濒危度 50 旅游活化度 95.4 | 肥城聂氏铜器铸造工艺起源于安驾庄镇，从清末至今已有 170 多年的传承历史，是一种运用铜合金原料铸造生活器具、礼器、乐器和人物的传统技艺。聂氏铜器铸造制作流程严谨细致，共有塑模、灌蜡模、精修蜡模、蜡模上底、沾水泥浆、反复粘沙、反复晾晒、脱蜡、铜水浇铸、脱壳、打磨、精修抛光、去沙、焊接、清洗、再次抛光、烘烤上色 17 个步骤、60 多道复杂工序，最终形成工艺品。传承人聂强 2006 年创立铜器铸造研发公司，2015 年成立泰安市龙藏深泉商贸有限公司，形成线上销售、线下展会并存的营销模式。同时，创办龙藏大学，开展培训、研究等工作，建设了龙藏铜器博物馆，促进铜器铸造工艺活态传承和生产性保护。产品连续参加两届中国国际进口博览会，日意向订单破 800 万元。 |

肥城市非物质文化遗产旅游活化研究

续表

| 项目名称 | 得分 | 项目情况 |
|---|---|---|
| 肥城"八字古卤"法技艺 | 项目濒危度 41.9 旅游活化度 78.7 | 安味轩"八字古卤"法技艺始于 1929 年。通过"八字古卤"法制成的猪头肉，还原真正的猪头肉肉香，能够彻底脱油、脱脂、脱酸，具有"高蛋白、高能量、高营养"的"三高"、"低糖、低胆固醇、低脂肪""三低"的特点，深受消费者的好评。 |
| "刘大姐"叉子火烧 | 项目濒危度 41.9 旅游活化度 79.3 | "刘大姐"叉子火烧由湖屯镇沙庄村李家一饭店刘玉梅传承制作，是传统特色名吃，已有 100 余年历史。"刘大姐"叉子火烧呈微黄色，入口麻香微咸，外酥里软，香脆可口，皮层可达十五、六层之多，便于携带，易于保存。近年来，"刘大姐"叉子火烧根据市场需求，先后开发出了油酥、菜香、甜香、肉香、芝麻香等品种，被肥城各大餐饮店、特色小吃店广泛采购。 |
| 汶阳薛寨小磨香油传统制作技艺 | 项目濒危度 47.9 旅游活化度 81 | 汶阳薛寨小磨香油传统制作技艺有 200 多年的历史，采用传统石磨磨浆，水代法提油，经过精选芝麻、净洗除杂、温控焙炒、扬烟筛净、石磨研磨、水代精制、低温冷滤、灌装销售等八道工序，制作过程中不添加任何化学原料，油品佳、味道好。薛寨小磨香油制作工艺较为繁琐，磨制出的香油最大限度地保留了芝麻的原本营养，质纯味香，深受人们喜爱。 |
| 竹清香鲜汁汤包制作技艺 | 项目濒危度 45.2 旅游活化度 88.6 | 竹清香鲜汁汤包制作技艺始于民国初年，延用传统手工制作，面皮松软筋道，入口软糯，麦香味十足，馅料饱满，汤汁鲜美，食材新鲜，干净实惠。2015 年，竹清香餐饮管理有限公司成立，通过直营和加盟形式，开始把"竹清香"品牌发扬光大。2020 年汤包先后被授予"泰山名吃""中华名吃"称号，并入选中国消费者喜爱十大名小吃。 |
| 王西水塔豆制品制作技艺 | 项目濒危度 44.4 旅游活化度 86.4 | 王西水塔豆制品制作技艺是在祖传秘方基础上，经过多年探索、研究改进而成。产品咸味适中、劲道留香，口感细腻、不留渣痕，在当地豆制品制作中独树一帜。王西水塔豆腐皮以手工制作为主，经过精选优质黄豆、浸泡黄豆、磨豆出浆、煮浆、过滤、点膏成形、铺包、脱包、煮皮、晾干等十几道工序加工而成，历史悠久，精工制作，环保卫生，营养丰富，属绿色健康食品。 |
| 安驾庄梁氏正骨疗法 | 项目濒危度 50.8 旅游活化度 84.7 | 安驾庄梁氏正骨始创于清雍正末年，讲究"法"从手起，体现稳、准、狠、快，不开刀不手术，医治费用低，疗效好，康复后能负重，具有极高的医学价值、学术价值和社会价值。梁氏正骨神奇的手法复位和处方膏药，传遍全国各地，慕名而来的重症骨伤患者络绎不绝。由于梁氏正骨手法复位学习时间长，技术难度大，加上西医手术治疗骨伤的普及，致使梁氏族人和后人不少无意承传而改行，影响了梁氏正骨疗法的发展。 |

| 项目名称 | 得分 | 项目情况 |
|---|---|---|
| 洪德堂于氏皮肤病疗法 | 项目濒危度 46.9 旅游活化度 80.2 | 洪德堂于氏中医皮肤病疗法始创于清朝道光年间,具有"简、廉、便、验"的特点,成本低、费用少、效果好、康复快,能大大减轻患者的经济负担,具有重要的社会价值。2021年入选山东省中医药特色疗法项目。传承人于洪文建立洪德堂于氏中医皮肤病疗法传习所,整理临床有效处方168个,总结临床医案8部,编写《洪德堂皮肤病治验》20余万字,设有洪德堂于氏中医皮肤病疗法展室、中药原生药材展厅等,为该疗法开展保护传承创造了有利条件。 |
| 瑞泽堂王氏膏方 | 项目濒危度 48.7 旅游活化度 78.4 | 瑞泽堂王氏膏方起源于石横镇旅店村,始创于明朝末年,配方严谨,灵活多变,因病辨证施治,对症下药,分内服膏方和外用膏方两大类。内服膏方主要医治各种慢性疾病,外用膏方以皮肤外用膏剂为主。瑞泽堂王氏膏方较之西医疗法,优势明显,对减轻病患经济负担,弘扬传统中医文化具有重要的医学价值、学术价值。 |
| 开口笑水饺 | 项目濒危度 44 旅游活化度 75.5 | 开口笑水饺原名尹家水饺,是我国北方汉民族普遍喜爱的传统水饺的一种衍生食品,在当地乃至全国有较强的品牌影响力和品牌美誉度,深受消费者喜爱。开口笑水饺皮薄耐煮,凉后不黏连,馅鲜饱满,入口滑爽,口感香脆,选料讲究。其加工技艺独特,具有"生饺开口笑,煮熟自然合,汤汁内渗不外溢"的特点。传承人尹涛注重研发保护,项目已申请国家发明和实用新型两项专利,并申请注册"开口笑"商标,曾在全国设立特许加盟店百余家,先后被评为绿色大众食品、山东名小吃。 |
| 桃木雕刻民俗 | 项目濒危度 54.2 旅游活化度 88.4 | 肥城桃木雕刻民俗历史源远流长,文化内涵丰富,艺术特色鲜明,影响区域广泛,寄托了人们向往平安、幸福、吉祥、长寿、恩爱等美好的生活信念,是与人们的生活联系密切的传统民俗文化,在肥城广泛流传,并远播海内外,影响深远。当前,肥城境内传承保留下来的桃木雕刻民俗有:春节前挂桃符的习俗;三月踏青赏桃花的习俗;端午节挂桃枝的习俗;中秋节供佛桃的习俗;佩戴桃木配饰的习俗;家中悬挂桃木剑、桃木斧镇宅纳福的习俗;儿童佩戴桃符、桃镯、桃珠的习俗等。 |

## 第八类：低濒危中活化项目

### 1.总体评价

第八类非遗项目保护濒危度大于65分之间,旅游活化度在50~75分之间。共有孙膑·孙伯·云蒙山、翦云山的传说、牛山的传说、肥城云蒙山(莲花峪)传说、肥城砖舍李氏唢呐、肥城安站梁氏唢呐、安站陈氏唢呐、抬芯子、东坞花棍舞、石横出山拳、石横大枪、石横佛汉拳、石横秘宗拳、肥城迷祖拳、石横梅家拳、五花八叉梅花拳、肥城徐家拳、金刚罗汉拳、石横徐家枪、夏氏石刻、葛氏捧瓷、汶阳烙画、李氏火笔画、肥城李君剪纸、肥城李氏刻瓷、杨氏剪纸艺术、幸福面塑、赵家面塑、倪氏面塑、徐氏锡具制作技艺、河岔口鸭蛋、弭氏锡艺、鼓腔烧饼制作技艺、柳沟茶栽培与制作技艺、李氏装裱技艺、肥城刘氏锡艺、南栾犬肉制作技艺、刘家小磨香油、大辛庄"担山狗肉王"加工技艺、肥城王晋甜瓜栽培技艺、汶阳人家手工布鞋制作技艺、孙伯峪山豆腐丝制作技艺、孙伯西程金丝绞瓜栽培技艺、尹家吊炉烧饼制作技艺、肥城花粉糕点传统制作技艺、肥城袁氏陶艺、肥城梁氏草编、泰和堂刘氏膏药秘方、翟氏疮疡疗法、湖屯孟氏推拿按摩术、中和堂口腔溃疡、咽炎疗法、王氏中医推拿按摩、肥城致中和中医药、鸿仁堂王氏膏方、肥城李氏面瘫疗法、天丰堂整脊正骨疗法等56个项目。这类非遗项目保护濒危度很低，而旅游活化度得分高，项目濒危度和旅游活化度组合情况很好，可以成为肥城市非遗旅游活化利用的重点项目，在下一步非遗旅游活化利用开发中进行重点扶持，打造形成丰富多彩的旅游休闲产品，增强旅游产品的文化内涵，充分展现非遗的文化魅力，通过旅游活化反哺非遗保护，推动非遗和旅游深度融合。

**2. 分项评价（表 7–30）。**

表 7–30　低濒危中活化非遗项目情况

| 项目名称 | 得分 | 项目情况 |
|---|---|---|
| 孙膑·孙伯·云蒙山 | 项目濒危度 51.2 旅游活化度 66.6 | 孙伯地名起源与战国时齐国军事家孙膑有密切联系。孙膑别号伯龄，相传他曾在孙伯云蒙山跟鬼谷子学习兵法，因此得名孙伯龄，现在演变为孙伯。孙伯云蒙山，有古寨门、寨墙，孙膑洞、演兵场、齐国古兵营、孙膑读书处等大量和孙膑、鬼谷子相关的兵家文化遗迹，并流传着众多关于兵圣孙膑斗智斗勇的故事，在肥城受众较多，具有较好的旅游活化基础。 |
| 鸾云山的传说 | 项目濒危度 54.7 旅游活化度 70.6 | 鸾云山位于肥城市东北部的潮泉镇境内，国家 AAA 级旅游景区，是古肥子国发源地。景区内历史古迹和自然景观丰富，文化积淀很深，有保存较为完整的齐长城遗址、黄巢寨、擂鼓台、将军墓、风动石等四十多处。鸾云山的传说涉及数千年历史信息，具有较高的历史研究价值和旅游活化价值。 |

| 项目名称 | 得分 | 项目情况 |
|---|---|---|
| 牛山的传说 | 项目濒危度 52.6<br>旅游活化 69.7 | 牛山位于肥城北部，是一处集旅游、观光、休闲于一体的综合性森林公园。园内名胜古迹众多，有唐朝古刹资圣院，明朝修建的无木建筑八角形文昌阁，以及牛山寺、三清殿等，其中尤以穆柯寨最为著名，号称"山东第一古寨"。寨内面积约 400 亩，现存有兵营、哨房遗址 100 多处，并有石砌寨、石碾、石臼等生活设施，是宋代巾帼英雄穆桂英屯兵时的军事防御工程。公元 1008 年，宋真宗泰山封禅归途中驾临牛山，赐名为"郁葱山"。穆桂英、李邦珍等历史名人传奇故事，构成了牛山独特的文化氛围，具有较高的旅游活化价值。 |
| 肥城云蒙山（莲花峪）传说 | 项目濒危度 52<br>旅游活化度 60.1 | 云蒙山，又名琵琶山，位于孙伯东北部，海拔 343 米，山体植被茂盛，风光秀丽。历史上孙膑、庞涓曾在此斗智斗勇，留下了孙伯陵、索鲁城、蝎子城等众多遗址和脍炙人口的传说故事，经过文化工作者的收集整理，具有较好的保存基础和旅游活化价值。 |
| 肥城砖舍李氏唢呐 | 项目濒危度 54.4<br>旅游活化度 68.5 | 砖舍村李氏唢呐创于清同治末年，以独特的演奏技巧闻名乡里。李氏唢呐演奏中融入杂技与魔术的表演技巧，闻之悦耳动听、视之赏心悦目；吹吐多变，收放自如；音律柔和细腻，富有感染力；指法运用灵活，刚柔并济，充满激情；演奏曲目丰富，形式变化多样，具有较高的观赏性和影响力。李氏唢呐沿袭家族传承方式，社会参与者甚少。同时受封建思想影响和西方文化冲击，人们对民间唢呐演奏趋向淡漠，致使李氏唢呐面临后继乏人状况。 |
| 肥城安站梁氏唢呐 | 项目濒危度 54.4<br>旅游活化度 68.5 | 安临站镇陈楼梁氏唢呐始创于光绪年间，唢呐转碟、唢呐卡戏及口中、鼻中、耳中插上燃烧的香烟吹唢呐，口中穿针吹唢呐，鼻中耳中插钢钉吹唢呐，口中喷火吹唢呐等表演项目深受欢迎，曾"声震三县"。2007 年代表泰安市参加山东省农村文化艺术节，获得吹打乐银奖。梁氏唢呐在指法运用、吹吐技巧等诸多方面都有独到之处，具有较高的传承价值和艺术价值。近年来，受市场经济和价值取向转变影响，原有的十人组合，其中有四人已离开团队，人员流失严重，面临后继乏人状况。 |
| 安站陈氏唢呐 | 项目濒危度 51<br>旅游活化度 68.1 | 该项目演奏活动多服务于农村丧事，随着移风易俗工作推进，日渐形成丧事简办的文明新风尚，唢呐演奏市场出现下滑趋势。同时，由于陈氏唢呐艺人年事已高，传承情况堪忧，后继乏人，导致项目濒危情况加剧。 |
| 抬芯子 | 项目濒危度 49.6<br>旅游活化度 62.6 | 抬芯子是流行在肥城地区的一种造型性舞蹈，是用一根长圆木中间做上踏脚，两头做上防止翻滚的抓手。玩耍时把 1~2 人 |

续表

| 项目名称 | 得分 | 项目情况 |
|---|---|---|
| 抬芯子 | 项目濒危度 49.6<br>旅游活化度 62.6 | 捆扎在踏脚上，由两人抬着圆木两头，手握抓手。芯子表演时，可在锣鼓声中串花、走故事，形式活泼灵巧。抬芯子历史悠久，具有浓厚的乡土气息和地方特色，群众基础广泛，旅游活化利用空间较大。 |
| 东坞花棍舞 | 项目濒危度 49.6<br>旅游活化度 64.1 | 花棍舞又称"打花棍"，是广泛流行于孙伯地区的一种集体舞蹈，表演时表演者手持花棍，整齐排列，边走边舞，时而变换队形。动作以跳、转、翻为主，灵巧多变，配合秧歌调的乐曲伴奏，气氛欢乐。花棍舞具有悠久历史，多次参与全市民间艺术表演活动，具有较强的商业价值和受众市场。 |
| 石横出山拳 | 项目濒危度 48.1<br>旅游活化度 63.1 | 出山拳是宋朝皇帝赵匡胤所创，在石横已传承 400 多年。主要有六种功法：一是内练精气神，外练眼手身；二是硬打硬接勇猛无比；三是大开大合舒展大方；四是铁砂掌硬气功，以硬著称；五是贴身短打，擒拿分筋挫骨点穴；六是内外双修，具有实用性、健身性、科学性。石横出山拳传人曾参加华东地区武术比赛、山东省武术锦标赛等，多次获锦旗、奖牌，在肥城、平阴、东平、长清、聊城等地区颇有影响。 |
| 石横大枪 | 项目濒危度 53.5<br>旅游活化度 70.3 | 石横大枪最早可上溯至宋朝杨家，是石横武术的代表，素有"枪不扎石横，镖不喊铜城"之说。石横大枪创始人宗国安精心研究杨家枪、岳家枪、六合枪等枪术枪法，并博采众家之长，逐渐形成自家体系及鲜明风格。石横大枪共分六路，各为一个完整的表演套路。演练时枪杆贴身，以腰催劲，力贯全身，上下翻飞、变幻莫测、气势如虹、刚柔相济。石横大枪曾在鲁中、鲁西一带广为流传，目前，由于历史原因练者甚少，存在失传危险。 |
| 石横佛汉拳 | 项目濒危度 48.1<br>旅游活化度 63.1 | 石横佛汉拳起源于清道光二十四年（1845 年），在石横已传承 170 多年。佛汉拳是一门完整的武术学科，有七大功法：盘手功、拨手功、鹰眼功、硬气功、拳法、腿法、步法。有四套拳、罗汉十八手、单路捶、击滑步和散手功，还有对打、坐桩等，佛汉拳以人身为依据，以实践求真为宗旨，以贴身靠打、擒拿分筋挫骨、点穴闭气为长，内外兼修，实现精、气、神、功和防自然的统一，具有实用性、健身性和科学性。1935 年，石横佛汉拳第五代传人王英坡，被肥城县国民政府聘为肥城县武术总教头，扩大了佛汉拳的影响。经过几代人的传承发展，佛汉拳已覆盖肥城、平阴、东平等地区。目前，老武术骨干都已达花甲之年，急需培养中青年尽快掌握各种套路技法，把石横佛汉拳传承下去。 |

| 项目名称 | 得分 | 项目情况 |
|---|---|---|
| 石横秘宗拳 | 项目濒危度 48.1<br>旅游活化度 63.1 | 石横秘宗拳属少林派，自清咸丰十年（1861年）传入石横村至今已有150多年历史，是我国优秀传统拳种之一。秘宗拳以人体骨骼结构为依据，打拳有紧有松，看似直，但兼顾八方，以心意为本，刚柔相济，快慢相间，拳势古朴明快，朴实无华，注重实战，深受群众喜爱。秘宗拳第六代传承人史瑞泉常年义务授徒，多次参加省级比赛并获奖，并整理《石横秘宗拳谱》《石横传统武术谱》，大力推广秘宗拳。目前，石横秘宗拳骨干大都年过花甲，长期形成的功法、套路和器械逐渐弱化，面临失传。 |
| 肥城迷祖拳 | 项目濒危度 48.1<br>旅游活化度 62.7 | 迷祖拳发源于肥城市石横镇，是梁山好汉浪子燕青最初授徒的拳种，属长拳门少林，是我国著名优秀拳种之一。迷祖拳主要有12趟软腿，6趟弹腿，4套拳法，粘、拿、跌、摔五种掌形，五种拳形。器械有：枪、刀、剑、棍、鞭等单练，对练有大刀、对枪、朴刀对枪、单刀对枪、枪对枪、空手对练、大梢棍对棍。2009年10月，迷祖拳传人代表山东参加"春生杯"华夏武术大赛，获二金二银三铜。近些年，年轻人纷纷外出务工，学拳人员逐年减少，迷祖拳骨干多数年过花甲，功法套路与对练器械已经弱化，石横迷祖拳正面临失传。 |
| 石横梅家拳 | 项目濒危度 50.6<br>旅游活化度 62.7 | 梅家拳发祥于石横镇石横三村，已有350年历史。梅家拳始祖梅占魁精通南方拳术。清康熙十三年（1674年）定居石横，传太祖（南）拳称为梅家拳。清中期梅家拳经后裔武都尉梅传本、武进士梅冠军、武庠生梅冠甲、举人梅绪武等人多次发扬光大。建国前夕第十代传承人著名武术大师梅绍斌，以家传武艺闯关东，使梅家拳名扬塞北，并吸取了北方拳术精华。梅家拳有徒手套路、器械套路、徒手对练、器械对练套路，有功力功法等。拳术刚柔并进，既有北派功夫出拳快、发力重的优点，又具南派功夫轻灵、迅猛的特点。器械招法多变，实用性强，有鲜明的民间传统武术特色。梅家拳在石横及周边地区广为流传，历史上习练者名人辈出，在冀、鲁、豫及东北地区有很大影响。 |
| 五花八叉梅花拳 | 项目濒危度 48.1<br>旅游活化度 62.7 | 五花八叉梅花拳属少林派拳术，是民国时期徐茂泉北洋陆军服役后带回石横的优秀拳术。其手法以柳叶掌、勾搂手、立拳、扁拳、五花手、开花掌为主，手快，出手如放箭，回手似火烧。腿法身法以弓马扑虚歇、叉步为主。加以窜蹦跳跃，闪战腾挪，在技术上刚柔并重，强刚报柔，处处带有弹性，长短兼备，上下交替，内外相接，处处保持完整态势。手法、步法、腿法、 |

| 项目名称 | 得分 | 项目情况 |
|---|---|---|
| 五花八叉梅花拳 | 项目濒危度 48.1<br>旅游活化度 62.7 | 身法连贯巧妙，稳健而灵活，活中求稳，稳中求快，快中求精。近年来，五花八叉梅花拳传承人多次在国际、全国武术比赛中获奖，在石横及周边泰安、长清、聊城、东阿、阳谷、沙镇等地影响较大。 |
| 肥城徐家拳 | 项目濒危度 50.6<br>旅游活化度 63.1 | 徐家拳始创于清康熙年间，是集健身、修身养性、攻守兼备，内外双修的完整的一种传统武术，风靡石横及周边地区三百余年，从未间断。徐家拳主练太祖长拳、梅花拳、梅花掌、梅花螳螂拳、拦截等拳术。动作刚劲有力，凶猛快捷，讲究手、眼、身、法、步。多年来，徐家拳第七代传承人徐光增继承发展祖传拳术套路，收徒千余人，影响覆盖了泰安、德州、聊城、济宁等地，先后参加肥城市武术赛事 20 多场次，多次获得金牌。 |
| 金刚罗汉拳 | 项目濒危度 48.1<br>旅游活化度 62.7 | 金刚罗汉拳历史悠久，拳势古朴，已有百年传承历史。金刚罗汉拳内容包括：内八腿、外八腿、内八捶、外八捶，暗八打（螳螂手）。拳法以功为基，以法致用，具有刚劲有力、迅猛果断、自然流畅的特点，是传统武术重要的组成部分，通过功法锻炼可达到强健身骨、养生长寿、提升修养的功效。近年来，传承人员基军带领学员积极开展金刚罗汉拳进社区、进校园活动，面向社会广泛宣传，越来越多的武术爱好者积极踊跃参与，荣获众多荣誉奖项。 |
| 石横徐家枪 | 项目濒危度 53.5<br>旅游活化度 69.9 | 石横徐家枪创立于清康熙年间，民谣"枪不扎石横，镖不打铜城"中"枪不扎石横"指的就是徐家枪。徐家枪动作凶猛、刚劲有力，充分体现了枪法的"封、合、粘、压、挑、劈、展、扎"。枪论是："提手三枪晃太阳，跨虎神枪谁敢挡，三枪拨开云间月，巧女缝针扎过去，神仙难躲这一枪。"久练此枪可强身健体，磨炼意志。 |
| 夏氏石刻 | 项目濒危度 51<br>旅游活化度 57.7 | 潮泉镇下寨村夏家石刻始于清光绪年间，至今已传承四代。夏氏石刻功底深厚，技艺精湛，自成流派，屡有创新。雕刻的鱼虫花鸟、奇禽异兽、二龙戏珠、人文景物，生动形象，逼真自然，形态各异，观者无不叫绝，件件都称得上是艺术品。民国时期雕刻的一对石狮（长 20 厘米，高 15 厘米）最为精致，后流传到日本。近年来，随着传承人年龄增长，面临后继无人现状，导致项目活化度较低。 |
| 葛氏捧瓷 | 项目濒危度 48.8<br>旅游活化度 54.3 | 孙伯镇东程村葛氏家族从事锔艺生涯已有 150 多年的历史。葛氏捧瓷最大特点是锔子好。每个锔子都要经过砸样、锉底、刮面、铰断、盘脚五个程序，最小的锔子比一粒芝麻切作两 |

| 项目名称 | 得分 | 项目情况 |
|---|---|---|
| 葛氏捧瓷 | 项目濒危度 48.8<br>旅游活化度 54.3 | 半还要小。锔子好才能咬得紧，扒得牢，光滑如鱼背，饱满似麦粒，肥瘦如一，锔距不差分毫，近看似雁阵列空，鱼群沉沙，远看流畅华美，如诗如画，具有极高的艺术观赏价值和收藏价值。目前，传承人葛延振已年过古稀，其捧瓷技艺却无后人承传，面临失传的境况。 |
| 汶阳烙画 | 项目濒危度 47.4<br>旅游活化度 67.2 | 汶阳烙画以烙铁为笔，高温为墨，在纸、木板和葫芦上进行艺术创作，烙绘时可进行润色、烫刻、细描和烘晕，色泽呈深浅褐色，高低不平的肌理变化可产生浮雕效果，古朴典雅，别具一格，具有强烈的艺术感染力。 |
| 李氏火笔画 | 项目濒危度 46.1<br>旅游活化度 55.7 | 李氏火笔画是肥城传统民间工艺美术之一，特征是以"铁"作笔，以"火"为墨，借鉴国画技法，运用远近虚实、浓淡相间的方法，在木板、竹簧等材料上烫出烙痕作画，具有较高的艺术欣赏价值。由于项目代表性传承人年事已高，技艺后继乏人，传承状况令人担忧，亟待保护。 |
| 肥城李君剪纸 | 项目濒危度 44<br>旅游活化度 65.3 | 李君剪纸具有强烈的民间情调和乡土气息。内容源于生活物象，通过提炼、抽象、夸张、变形、整合等艺术手法处理，色彩艳丽而不俗，构图饱满而不乱。剪纸作品多次参加市级展览并获奖。 |
| 肥城李氏刻瓷 | 项目濒危度 46.1<br>旅游活化度 65.7 | 肥城李氏刻瓷是集绘画、书法、刻镂于一身，集笔、墨、色、刀为一体的传统艺术。李氏刻瓷在实践中为增强刻瓷的表现力，研创出了复刀刻、铁线刻、阴阳刻等刀法，既可雕刻绵密细腻的工笔，也可制作恣肆粗犷的写意，并具有金石古朴典雅之效果，逐步形成了刻瓷的独特风格。 |
| 杨氏剪纸艺术 | 项目濒危度 45.6<br>旅游活化度 70.9 | 杨氏剪纸艺术传承于泰山剪纸，汲取泰山剪纸的精华，结合肥城地域特色，融入现代审美及艺术元素，为传统剪纸注入了新的活力。剪纸技法中擅长用舒密灵巧的锯齿纹，表现动物运动时带绒毛的动感，排列有序，张弛有度。每幅作品都能灵活运用阴阳结合的技法，丰富剪纸的表现力。在传承过程中，不断地汲取传统艺术的精华，努力使剪纸文化和学校教育有机结合，得以在肥城传承。 |
| 幸福面塑 | 项目濒危度 42.9<br>旅游活化度 66.9 | 幸福面塑雏形出现在清朝中期，多为简单的祭祀和庆典用品，清末逐渐脱离食用，演变成以人物作品为主的单纯艺术形式独立存在。其传统题材分为人物、动物、花卉三大类，原料主要是由面粉、糯米粉配制而成的面泥。近年来，幸福面塑传承人在传承传统技艺基础上吸收和借鉴泥塑和国画造型技 |

| 项目名称 | 得分 | 项目情况 |
|---|---|---|
| 幸福面塑 | 项目濒危度 42.9<br>旅游活化度 66.9 | 法，在赋予作品形、神、韵方面做了大量探索和尝试，极具保护和开发价值。 |
| 赵家面塑 | 项目濒危度 42.9<br>旅游活化度 66.9 | 赵家面塑最早可追溯到明万历年间，通过数代传承延续，20世纪 30 年代在老济南大观园占据了一席之地。赵家面塑造型完整饱满、夸张简练、淳朴敦厚、色彩艳丽，能传达出作者对生活的独特理解，蕴含着十分丰富的人文精神。如今赵家面塑融合各派手法技艺，将现代元素注入古老的手艺，使得传统工艺更加多样化，更容易为年轻人所接纳，从而焕发新活力。 |
| 倪氏面塑 | 项目濒危度 44.1<br>旅游活化度 50.4 | 倪氏面塑传承历史久远，主要作品包括古装人物、神话人物、现代现实人物，色彩艳丽、精致细腻、灵动多姿、趣味盎然，长期保存收藏不霉不裂不变形，具有较强的艺术价值和经济价值。随着生活水平不断提高，人们对民间艺术越来越感兴趣，倪氏面塑也越来越受到人们喜爱。 |
| 徐氏锡具制作技艺 | 项目濒危度 54.2<br>旅游活化度 59.8 | 王庄镇西徐村徐氏锡具制作技艺始于清代咸丰年间，所制锡具造型俊美，古朴典雅，线条流畅，色泽纯正，图案清晰，光滑温润，具有较高的观赏性和收藏价值，不少锡具作为高档礼品进入北京、上海等大中城市锡具市场，并远销蒙古、匈牙利等国家和香港地区。2007 年，荣获泰安市民间工艺展示奖。徐氏锡具制作技艺系家族式传承，民间作坊式生产。目前传承人徐衍文已近六十，家族内三个侄子虽然已掌握了制作技能，但因挣钱少而外出务工，面临后继乏人的境况。 |
| 河岔口鸭蛋 | 项目濒危度 53.8<br>旅游活化度 74.4 | 汶阳镇河岔口鸭蛋腌制技艺于明代洪武年间首创发明，其独特的腌制技艺名传四方。明永乐二年（1404 年）被皇宫注册立户，贡例一直延续到光绪三十四年（1908 年），时间长达五百多年。河岔口鸭蛋通过五种方法科学腌制，煮熟后剖开，蛋清白色，质优味美，有光泽，蛋黄分别呈橘红色、橙红色、红色。沙瓤、溢油，吃起来蛋黄沙沙作声，别具风味，自古被食客视为上乘佳肴。柬埔寨西哈努克亲王以及墨西哥、阿尔巴尼亚、美国等国外友人，国家领导人陈永贵、李先念、田纪云都曾品尝过，并给予高度评价。 |
| 弭氏锡艺 | 项目濒危度 53.2<br>旅游活化度 56.2 | 弭氏锡艺是传统锡作艺术，历史悠久，世代相传。弭氏锡艺制作时需经过成形、锉平、打磨、打孔、焊接、刨光等工序，精致的产品还需事先雕模、铸模。制出的产品做工精细，质地光亮，古色古香，具有明显的地域风格，实用性和观赏性都很强。 |

续表

| 项目名称 | 得分 | 项目情况 |
|---|---|---|
| 鼓腔烧饼制作技艺 | 项目濒危度 42.5<br>旅游活化度 69.7 | 鼓腔烧饼制作技艺起源于清光绪年间，系后黄庄回族丁氏祖传，在边院镇及周边地区享有盛名。鼓腔烧饼为鼓圆形，涂糖稀后撒上黑芝麻，烤熟后呈古铜色，薄如蛋壳且两面鼓起，内空外酥，香、脆、甜，风味宜人，是馈赠亲友的上乘礼品。 |
| 柳沟茶栽培与制作技艺 | 项目濒危度 53.3<br>旅游活化度 60.6 | 柳沟茶于 1970 年从南方引进，采用人工方法，勤浅耕，勤除草，保持传统的有机农业耕作方式，经过精心培育，形成了本地特色，具有咖啡因含量高、叶子厚、茶色浓、耐冲泡等特点，饮之芳香可口，有一种特殊的"面斗斗"的香味，颇受人们青睐。近年来，柳沟村大搞生态茶园建设，成立柳沟茶专业合作社，并注册了"泰山柳沟茶"商标，大力发展有机茶生产，新增茶园 200 多亩，年产干茶百千克以上，每亩效益万元以上。 |
| 李氏装裱技艺 | 项目濒危度 54.3<br>旅游活化度 60.3 | 李氏装裱技艺是一种保护和美化书画以及碑帖的技术。李氏装裱技艺具有浓郁的地域文化特色，历史悠久，工艺精湛。其基本步骤有：制糊、托画心、托绫、裁方画心、镶料、覆褙、装天地杆等。随着经济社会发展，李氏装裱技艺不断完善，在材料、形式、流程、技艺等方面得到持续发展，在肥城文化和书画产业发展中发挥着不可或缺的作用。 |
| 肥城刘氏锡艺 | 项目濒危度 54.1<br>旅游活化度 66.9 | 肥城刘氏锡艺历史悠久，通过建模、制模、浇铸、脱模、修胚、焊接、机械抛光、手工抛光、质检等工序，便可打造出造型各异的锡器，搭配精细匀称的锡花、弧线优美的造型、雕刻精美的装饰，堪称民间手工一绝。刘氏锡艺技艺精湛，所制作的锡器以精美独特的造型、意蕴深厚的图案带给人们美的享受，蕴含着深厚的精神内涵，为研究当地民情风俗提供了实体参考资料，从侧面反映了不同时代人们的审美标准和生活习俗，展现了一幅幅真实生动的历史生活画卷，具有独特的地方文化特色和较高的历史文化价值。 |
| 南栾犬肉制作技艺 | 项目濒危度 49.3<br>旅游活化度 65.9 | 南栾犬肉制作技艺已有一千多年历史，在当地负有盛名。南栾犬肉色鲜味美，肉质细嫩，韧而不挺，烂而不腻，色、香、味俱佳。由于南栾犬肉使用的原材料家狗狗源不足，每天只煮一两只狗，常年处于供不应求状态。 |
| 刘家小磨香油 | 项目濒危度 47<br>旅游活化度 71.8 | 边院刘家小磨香油历史悠久，是享有盛名的地方特产。刘家小磨香油采用低温（100℃以下）水代法制取，在制取过程中，无须添加任何化学溶剂，保证了芝麻中的芝麻酚不受高温影响而被破坏流失，营养成分在最大程度上得以保留。工艺独特，色、香、味均属上乘，深受客户青睐。 |

| 项目名称 | 得分 | 项目情况 |
|---|---|---|
| 大辛庄"担山狗肉王"加工技艺 | 项目濒危度 49.8<br>旅游活化度 67 | 大辛庄"担山狗肉王"加工技艺在祖传秘方的基础上根据不同季节对不同辅料进行分类添加，再配以十几种名贵的佐料，经过腌制、烹煮、高温杀菌等工序精制而成。以其肉质鲜味、营养丰富、色香味俱佳受到人们的青睐，成为肥城传统名吃。产品主要有坛子犬肉、真空包装犬肉、全狗宴、散装犬肉等，产品销往省内外。 |
| 肥城王晋甜瓜栽培技艺 | 项目濒危度 47.7<br>旅游活化度 71.8 | 仪阳街道王晋甜瓜的栽培技艺据传从清康熙四十二年（1703年）前后开始，主要分布于土晋村平原沙壤地和山区丘陵的向阳地带。地质好、吸光性强、水分蒸发较快、昼夜温差大的自然条件，易形成糖分的积累。《肥城地理志》记载：产于仪阳乡王晋村的甜瓜，瓜肉脆而甜，瓜味清香，营养丰富而被誉为"瓜中之王"。王晋甜瓜皮色光亮，外形美观，含糖量高，肉质细腻，甜脆可口，口味郁香。2014 年，"王晋甜瓜"核准注册为国家地理标志证明商标，并被农业部批准实施农产品地理标志登记保护。 |
| 汶阳人家手工布鞋制作技艺 | 项目濒危度 52.5<br>旅游活化度 71.2 | 汶阳人家手工布鞋制作技艺是一种传统技艺。汶阳人家鞋业有限公司专门生产传统手工布鞋，其加工的手工布鞋全程采用纯手工制作方式，经过剪裁底样、填底、糊底等 30 多道工序，外形典雅、工艺精巧，以舒适的脚感深受群众喜爱。目前，公司年产布鞋约 5000 双，通过"线上＋线下"模式销售，主要销往北京、上海、沈阳、泰安、济宁等地。 |
| 孙伯岈山豆腐丝制作技艺 | 项目濒危度 46<br>旅游活化度 67.2 | 孙伯岈山豆腐丝是孙伯镇传统名吃，已有几百年制作历史。岈山豆腐丝选用优质大豆原料，采用特有的传统工艺，经过筛选、泡制、磨浆、去渣、熬浆、凝固、压片、切丝八道工序加工而成，以浓郁的香味，乳黄的色泽，柔韧的条股，精细的制作，赢得"素食之首"的美誉。 |
| 孙伯西程金丝绞瓜栽培技艺 | 项目濒危度 49.3<br>旅游活化度 61.7 | 孙伯镇西程村独特的水土与气候条件，非常适宜金丝绞瓜生长。西程绞瓜外形长圆，外壳金黄色，皮薄，表皮光滑美观，有微棱浅沟。瓜皮薄、丝细，质脆微甜，入口清香、口感细腻。2013 年获得肥城市名特优擂台赛粮油菜类金奖。2018 年"肥城绞瓜"核准注册国家地理标志证明商标。 |
| 尹家吊炉烧饼制作技艺 | 项目濒危度 39.2<br>旅游活化度 70.5 | 据尹氏族谱记载，尹家吊炉烧饼制作技艺是明洪武年间由尹氏先祖从山西洪洞县移民时传至石横的，至今已有 600 多年历史。其制作精良、用料考究、外酥里嫩、香酥可口、外型美观，堪称一绝。 |

| 项目名称 | 得分 | 项目情况 |
|---|---|---|
| 肥城花粉糕点传统制作技艺 | 项目濒危度 42.9<br>旅游活化度 74.8 | 肥城花粉糕点传统制作技艺始于光绪年间，起源于肥城布山养蜂世家自创的花粉饼糕点，至民国时期，制作技艺已日臻成熟完美，深受老百姓的喜爱。目前，肥城花粉糕点主要品种已达近二十种，其工艺流程独具特色，形状规范整齐，色泽浅黄，小巧油润，内嵌馅料，组织细润紧密，绵软不粘牙，印章清晰，口味清香。 |
| 肥城袁氏陶艺 | 项目濒危度 48.1<br>旅游活化度 61.7 | 袁氏陶艺起源于 1910 年东平县沙河站镇韩圈村，第三代传承人随夫来到肥城生活并在当地开展传承活动。袁氏陶艺展现了集制作技艺、欢乐情趣、吉祥喜庆、忠孝礼仪和民俗风情等民间文化于一体的多元文化特征，彰显了手随心动、心手合一、构思巧妙、别具一格的精湛技艺。不仅具有历史传承价值和工艺价值，而且具有浓郁的文化艺术观赏价值和经济价值。第三、第四代传承人在肥城 36 年来扎实创作，开办东土陶艺馆，累计培训了 2.1 万人次，产生了广泛的影响，让这一民间艺术得到了更好的保护和传承。 |
| 肥城梁氏草编 | 项目濒危度 51.6<br>旅游活化度 50.3 | 肥城梁氏草编起源于汶水之阳，具有极强的地域性特征。梁氏草编材料普通，易于取材，作品形式独特，充分利用草本植物的自然特性，编织出的昆虫鸟兽造型生动、惟妙惟肖、色彩绚丽，极具观赏价值。近年来，在传承人梁志强的不懈努力下，通过进社区、幼儿园、高校、景区等开展非遗展示和培训，这一传统技艺得到了较好保护和传承。 |
| 泰和堂刘氏膏药秘方 | 项目濒危度 50<br>旅游活化度 63.3 | 泰和堂刘氏秘方膏药发明于乾隆三十三年（1768 年），主要以川乌、草乌、透骨草、麝香等为基础，分别添加不同属性与功能的中草药熬制成功能不同的五种秘方膏药，各有针对病症，一号方主治腰椎、颈椎、跌打劳损等疾症；二号方主治骨刺、骨质增生等引发的疼痛麻木等疾症；三号方主治脑中风疾症等；四号方主治乳腺疾症等；五号方主治疑难恶疮等疾症，均有显著疗效。以刘氏秘方膏药治疗骨科疾症时，先辅以刘氏正骨手法，或辅以点穴理筋手法。尤其秘方膏药与刘氏正骨、点穴手法相结合治疗骨科疾症，可起到事半功倍的效果。刘氏秘方膏药配方科学严谨，质性温和，不易过敏。秘方中的透骨草经提纯，可促进和引导膏药中的药材药性充分发挥作用，穿筋透骨，舒经通络，直达病灶，增强疗效，方法简便，易操作，花钱少，痛苦小。膏药采用传统工艺熬制，软硬适度，易贴易揭，不流膏，不粘皮，被誉为"神方"，影响到济宁、宁阳、兖州、曲阜、泰安等区域，具有较高的历史价值、医学价值。 |

| 项目名称 | 得分 | 项目情况 |
|---|---|---|
| 翟氏疮疡疗法 | 项目濒危度 48.9<br>旅游活化度 63.7 | 翟氏疮疡疗法始于明代永乐初年，翟氏秘方为中药制剂，配方严谨，集消炎、消肿、止痛、活血、通络、去腐、生肌、愈皮于一体，疮疡腐烂、腐肉、死骨、异物可通过药物自行排出，无须手术切除和缝合，自行愈合。不住院、康复快、痛苦小、费用少，为无数疮疡患者解除了病痛，影响遍及鲁中大地，慕名而来的外地求医者络绎不绝。近年来，由于学习掌握翟氏疮疡疗法难度大，时间长，加上受西医冲击和宣传力度不够等原因，导致后继乏人，面临失传境地。 |
| 湖屯孟氏推拿按摩术 | 项目濒危度 48.9<br>旅游活化度 63.3 | 湖屯孟氏推拿按摩术始创于清朝同治年间，历经五代 150 多年传承，技艺日趋成熟，形成了独具特色的精髓：手法推拿、祖传药酒、器具拍打。除治疗关节脱臼、骨折、跌打损伤等外科疾病外，还可治疗内科、妇科、儿科等疾病，对于慢性疾病、功能性疾病、发育性疾病疗效甚好。随着时代的发展，患者口口相传，其声名远播，接诊范围遍布山东省内外，更有广东、内蒙古、吉林等地患者慕名而来。因技术传承人年过古稀、制作药酒及按摩器具设备老化落后、慕名而来的患者大量增加等诸多因素，目前湖屯孟氏推拿按摩术存续艰难。 |
| 中和堂口腔溃疡、咽炎疗法 | 项目濒危度 48.9<br>旅游活化度 61.5 | 孙伯镇东程村"中和堂口腔溃疡、咽炎疗法"始于清道光十七年（1836 年），运用针灸、冲剂、散剂，形成了一套医治口腔类疾病的特效疗法，主要治疗口腔溃疡、咽炎、鼻炎、牙龈炎、小儿手足口病、小儿地图舌、扁桃体炎、淋巴结肿大、口腔疱疹、三叉神经痛、甲状腺结节等疾病，特别是对口腔溃疡、咽炎和喉炎的治疗有特殊疗效。主要通过手部及脑部相关穴位，形成特有的"配穴处方"，进行针灸，通经脉，调气血，使阴阳归于相对平衡，使脏腑功能趋于调和。然后，把知柏、地黄、黄芩、羚羊角等 20 多种名贵中药，制成散剂，病人按疗程服用，该散剂药力强、疗程短，无任何痛苦及副作用，对人体没有任何伤害。已治愈山东、河南、河北、辽宁等省市患者近万名，治愈率高达 98% 以上。 |
| 王氏中医推拿按摩 | 项目濒危度 48.9<br>旅游活化度 63.3 | 王瓜店街道王氏中医推拿按摩始创于清代道光末年，至今已经有 167 年。王氏中医推拿按摩以中医的脏腑经络学说为指导。在推拿按摩中，通过指尖感受人体经络的走向，结合独特的手法，使气血循经顺利运行，从而达到兴气血、通阴阳、养脏腑、利关节的作用。王氏中医推拿按摩疗法，对小儿麻痹后遗症、脑瘫有很好的疗效，在肥城及其周边地区百姓中享有很好的口碑。 |

| 项目名称 | 得分 | 项目情况 |
|---|---|---|
| 肥城致中和中医药 | 项目濒危度 48.9<br>旅游活化度 63.3 | 安驾庄镇致中和中医药始自清光绪八年（1882 年），五代嫡传至今已有 130 多年历史。世代传人运用古代哲学思想"致中和"，与中医理论、临床实践相结合，创造了以平脉辨证为主要手段的"致中和医学"辨证遣药治疗体系。在漫长的医疗实践中，积累了大量临床经验，积淀了丰厚的学术底蕴。一是将中药煎服治疗经验升华为"内病外治"，创立了治疗疑难大病的"辨证渗透学说"并创制了系列"子母膏药"辨证施贴；二是根据古今病理机制演变对"现代人体质"和"现代人病机"的研究，创立了"现代酒疗学说"并创制了系列"梁氏药酒"，获两项国家发明专利。致中和中医药是一套治疗当代疑难病的系统而独特的独家中医体系，具有显明的理论特色和奇特的临床疗效。 |
| 鸿仁堂王氏膏方 | 项目濒危度 49.2<br>旅游活化度 63.7 | 老城街道西百尺村"鸿仁堂王氏膏方"始创于清潮同治年间，历经五代传承，继承了独具特色的祖传制药工艺和治疗方法。中药硬膏、软膏的秘制配方及熬制工艺和外用方法。独创了许多外用制剂，治疗各种疑难杂症，尤其是在烧烫伤、颈肩腰腿疼等方面运用独特制剂形成特效疗法，药力强、疗程短、无任何痛苦及副作用，疗效明显，具有操作简便、费用低廉、治愈无后遗症等特点。 |
| 肥城李氏面瘫疗法 | 项目濒危度 48.9<br>旅游活化度 61.2 | 高新区北仪仙村李氏面瘫疗法始于清道光年间，已有 150 多年历史。李氏面瘫疗法针对不同患者的患病机理和个体差异，形成了因病辨证施治、同病分期而治、对症下药、数法并举、标本兼治的诊疗理念，研制出集消炎、活血、通络、驱风、散寒于一体的多种膏药秘方，再配合穴位按摩热敷等手法，对面瘫有神奇疗效。受现代经济观念冲击和自身传承方式制约，加之学习周期长，李氏面瘫疗法正面临着后继乏人的窘境。 |
| 天丰堂整脊正骨疗法 | 项目濒危度 46.9<br>旅游活化度 65.2 | 新城街道天丰堂整脊正骨疗法发源于河南省嵩山少室山，继承了《备急千金方》的老子按摩法，主要治疗脊柱骨及关节运动性损伤，复位手法独特，运用"以人为本的医患合作、筋骨并重、动静结合、内外兼治、上病下治、下病上治、腰病治腹、腹痛治脊"八项措施防治脊柱及关节劳损病。常用手法有揉法、搓擦法、捻弹法、捏拿法、震颤法、叩打法、经筋共振法、点穴法和运动松解法，病人痛苦小、疗程短、见效快，愈后基本无后遗症，具有较高的推广、开发和使用价值。 |

第九类：低濒危弱活化项目

**1. 总体评价**

第九类非遗项目保护濒危度小于 55 分，旅游活化度小于 50 分。共有望鲁泉的传说、东虎门柿子、肥城张氏印章手工镌刻技艺、古早味大鹏糖艺、肥城王氏糖画制作技艺、范氏治疗咽炎、河岔口"杨氏膏药"、苏氏治疗面部神经麻痹等 8 个项目。这类非遗项目保护濒危度低，旅游活化利用不佳，在旅游活化旅游方面可以作为重点改进对象，在保持低濒危情况下，进行适当旅游活化利用，以旅游活化利用促进非遗保护传承。

**2. 分项评价（表 7-31）。**

表 7-31　低濒危弱活化非遗项目情况

| 项目名称 | 得分 | 项目情况 |
|---|---|---|
| 望鲁泉的传说 | 项目濒危度 52.5<br>旅游活化度 44 | 该项目为民间文学，知名度较小，宣传力度不够，本身旅游活化可能性较小，可通过多种后期手段进行活化利用。 |
| 东虎门柿子 | 项目濒危度 53.8<br>旅游活化度 59.3 | 安临站镇东虎门柿子种植技艺源于清乾隆末年，是用从山西引入的栽培技艺和种苗，与当地野生黑枣树嫁接而成的。结出的"红灯笼"柿子，以个大、色艳、汁多、甘甜、营养丰富而著称，最多时年生产鲜柿多达 100 多万千克，为当地名优特产，一度影响到方圆数百里的县市区。由于柿子栽培周期长且见效慢，受急功近利思想的影响，近年来，东虎门柿子发展举步维艰，柿子树种植规模大幅萎缩。 |
| 肥城张氏印章手工镌刻技艺 | 项目濒危度 46.9<br>旅游活化度 45.8 | 肥城张氏印章手工镌刻技艺是书法和镌刻结合制作印章的艺术，兼有书法艺术和刀法工艺，是汉字艺术的一种表现形式，蕴含丰富的人文历史和技艺传承的脉络，具有较高的艺术鉴赏和收藏价值。随着现代科技运用，手工镌刻印章正逐步被电子刻章替代，导致项目继承和发展出现困难。 |
| 古早味大鹏糖艺 | 项目濒危度 52.1<br>旅游活化度 42.8 | 古早味大鹏糖艺是利用饴糖经过配比、熬制、拉糖、吹糖等造型方法加工处理，制作出的具有观赏性、可食性和艺术性的独立食品或食品装饰插件的加工工艺。造型既有常见的飞禽走兽，也有民间传说人物、吉祥植物和文字图案，反映了人们对幸福生活的祈福心理，表现了中华民族对和谐、圆满、平安、喜庆生活的美好愿景，深受民众喜爱。由于艺人收入不高，无法以此养家糊口，因此近年来很少有年轻人愿意学习糖艺，技艺面临后继无人的局面。 |

| 项目名称 | 得分 | 项目情况 |
|---|---|---|
| 肥城王氏糖画制作技艺 | 项目濒危度 52.1<br>旅游活化度 43.1 | 肥城王氏糖画制作技艺是集民间工艺美术与美食于一体的独特的传统手工技艺，是用麦芽糖、白糖、蜂蜜和水以一定比例混合熬制为半透明琥珀色糖稀作画，既可观赏又可食用，融物质与精神文化享受于一体，观之若画，食之有味，曾广泛流行于肥城年集庙会及集贸市场，是备受老百姓喜爱的手工艺食品。 |
| 范氏治疗咽炎 | 项目濒危度 48.9<br>旅游活化度 46.9 | 潮泉镇范氏中医咽喉疾症疗法始于清末光绪年间，采用中医中药与针灸相结合的方法，标本兼治，简单易行，患者痛苦小，疗效好，根治不复发，具有较高的医学价值和社会价值。范氏治疗咽炎中医诊治方法在"文革"期间遭到破坏，几近中断。改革开放后，随着社会发展和西医普及，加之缺乏宣传和资金，形不成规模，其影响日趋缩小，濒临失传，亟需抢救性保护。 |
| 河岔口"杨氏膏药" | 项目濒危度 48.9<br>旅游活化度 54 | 汶阳镇河岔口"杨氏膏药"产生于 1910 年前后，已有 100 多年的历史。"杨氏膏药"采用祖传秘方，用中草药、香油做原料，采取传统熬制和现代渗透相结合的方法，疗效胜于传统熬制膏药数倍，对腰腿痛、风湿性关节炎、肩周炎、颈椎痛等疗效明显，特别是对腰椎间盘突出、腰脊椎增生、腰椎劳损疗效更好。2007 年 7 月，"杨氏膏药"被国家批准为专利产品。 |
| 苏氏治疗面部神经麻痹 | 项目濒危度 48.9<br>旅游活化度 47.2 | 苏氏治疗面部神经麻痹由安临站镇下庄村村民苏明华所创，已有 200 多年历史。苏氏治疗面部神经麻痹采用纯中医疗法，选用穿山甲、金虫、蜈蚣、僵蚕、透骨草、白芷等十几味优质中草药制作而成，针对患者的不同病症情况，只需将分类分量配制的中药粉末用开水冲服 1~2 服，一般 24 小时内就可痊愈。疗效快、花费少，治愈后不复发。目前，由于传承人不专业从事医疗卫生工作，目前也没有新的传承人，苏氏治疗面部神经麻痹知名度较小，濒危度较高。 |

# 第八章　肥城市非物质文化遗产
# 旅游活化对策建议

## 第一节　肥城市非物质文化遗产旅游活化原则

非遗旅游活化利用是一把双刃剑，一方面旅游开发可以很好地展示非遗资源，充分利用其价值，扩宽资金来源，为非遗创造更大的生存、发展空间；另一方面，旅游开发不当会加速非遗的消亡，特别是过度商业化、舞台化的活化利用容易造成非遗文化内涵丧失，使非遗遭受不同程度的破坏。因此，非遗旅游活化利用必须尊重客观规律，协调好旅游活化利用与传承保护之间的关系，把握好尺度和力度，做到可持续性发展，才能做到以传承保护带动活化利用、以活化利用促进传承保护，最终实现"双赢"的目标。

### 一、保护性开发原则

由于非物质文化遗产具有稀缺性、脆弱性和不可再生等特征，如果对其活化开发不当，很容易削弱或者破坏非遗本身的文化内涵和生存环境并难以再造，导致难以估量的损失。要使非遗资源可持续利用，必须意识到旅游活化利用只是促进非遗保护的一种手段和形式，牢固树立科学的保护理念，坚持保护性开发原则，不走"先开发后治理"的路子。在保护的基础上，进行合理、适度的开发，时刻将"保护性"理念贯穿到旅游开发的全过程，避免过度商业化和活化利用不当威胁非遗的存续力，杜绝碎片化利用、歪曲性改编造成非遗内涵的曲解、丢失。唯有如此，才能实现非遗传承保护和开发利用的有机统一和良性循环。

### 二、本真性开发原则

非遗的本真性是其遗产的核心、精髓，也是遗产的灵魂和支柱。在对其进行活化开发时必须注重它的真实性和原生态特征，保护它遗留的全部历史信息，不可破坏其固有本质，不能强行将诸多非遗不能接受或融合的现代元素硬塞到非遗中，避免开展"伪民俗""伪遗产"等虚假旅游活动。这样游客在参观非遗类旅游景点时，才能够亲身体验最本真、最原生态的文化，感受到真正的文化魅力。坚持本真性开发原则，可提升对非遗资源旅游价值的正确认识，采取恰当的旅游活化利用，避免非遗活化后产生变异，丧失其文化内涵。因此，肥城市进行非遗旅游活化时必须要始终坚持本真性开发原则，针对不同项目特点，采取差异化发展方式，不能随意添加、篡改资源本身内涵，旅游产品在设计上也要坚持本真性，保持外在表现形式和内涵处于相对统一状态。

### 三、整体性保护原则

非遗涵盖内容广泛、形式多样，它的生存和发展离不开特定的生存环境。整体性保护原则强调的是全方位、多层次地保护非遗的全部内容和形式，包括对传承人、生态环境等多方面的综合保护。这种保护既体现在空间维度上，也体现在时间维度中。非遗是一种活态文化，随着历史发展的不断变化、更新，在与之相依的环境中它会不断进行更新、创造，融合新的时代内涵，承载新的历史印记。因此，肥城市在进行非遗旅游活化时必须要坚持整体性保护原则，综合考虑遗产的各种要素，使自然环境与人文环境相统一，形成和谐、共荣的发展态势；同时，活化利用过程也要注重对非遗产生的特定文化空间进行保护，结合物质文化遗产（如文物、古建筑等）进行活化利用，形成文化遗产旅游活化利用的最大合力。

### 四、独特性开发原则

只有具有极其鲜明个性的非遗才会更有文化魅力，对游客来说才更有吸引力与新鲜感，与其他地区同类旅游产品相比才会更有竞争力。独特性对于打造地区特色旅游品牌，提升资源的美誉度和知名度具有重要意义。因此，肥城市非遗旅游活化利用时必须要坚持独特性开发原则，要立足于当地文化遗产特色，充分挖掘遗产个性内涵，开发特色旅游产品，培育精品旅游项目，打造出"人无我有、人有我优、人优我绝"的资源优势，展现出肥城市非物质文化遗产的生机与活力。

# 第二节　肥城市非物质文化遗产旅游活化模式

非物质文化遗产的核心内涵是特殊内蕴及技艺等信息，因此在进行非遗旅游活化时必须依附于一定的物质载体进行重新表达，从而得以再生和创造。由于非遗项目之间在形态内容、资源禀赋、存续状况等方面差异较大，需要根据每个非遗项目的特点选择合适的活化模式进行有效的旅游活化，充分体现每个项目独特的价值，才能实现非遗活化与文旅消费有效对接，使非遗传承保护与旅游活化形成良性互动。借鉴国内外各种非遗旅游发展的成功经验，肥城市非遗旅游活化可以采取以下四种模式。

## 一、展示类开发模式

非遗博物馆、民俗馆、艺术馆等静态展示方式是目前收藏和展示非物质文化遗产的重要方式，以公益性免费参观为主，所提供的服务主要是静态展示非遗产品等物化载体和生存环境，有的有照片、音乐、影视资料等。其特点是主要以固态形式展出，展示内容齐全，原真性强，有利于非遗实物载体的收藏与保护，能够满足游客参观、认知的需求。但从实践来看，博物馆旅游容量有限，且对讲解人员及工作人员要求高，表现形式不生动，游客参与性差，难以满足游客的体验需求。这类场馆无论规模大小，既是本地文化精神的象征，也是外来游客了解当地历史、文化的主要场所，其吸引力主要依靠展示内容的级别和总量。虽然非遗博物馆等不是游客的直接旅游目的地，但他们对游客全面、深入了解当地文化有重要作用，已成为城市旅游业发展的重要文化资源和旅游休闲空间。因此建议肥城可以在城区人员聚集区域、旅游景区或非遗项目集中地区设置非遗专题博物馆或民俗馆，也可以在现有博物馆或艺术馆基础上增加非遗展示区域。博物馆模式可以采用现场展示、过程展示、前馆后厂等方式全方位展示非遗，要把产品完整制作过程拆分并展示出来，并将可参与的部分提供给游客参与设计、制作，增强展示的趣味性和体验性。同时，要充分利用互联网、直播、自助导览等高科技手段进行全面展示与教育宣传，让游客通过沉浸式体验感受传统文化、发现非遗之美。

（一）**非遗博物馆。**建立非遗博物馆展示、宣传肥城市非物质文化遗产，既能使非遗得到有效保护与利用，也能以此为窗口，使游客产生文化认同，彰显文化底蕴。非遗博物馆可以是综合性的，比如，结合肥城市博物馆建设，设立肥城市非物质文化遗产展厅，全方位展示肥城市丰富的非遗资源和非遗保护成果，以展演结合的活态方式综合展示、演示各个非遗代表作项目的工艺流程、文化内涵。也可以是专题性的，比如，肥城桃文化博物馆集中展示桃文化的基本内涵、社会民俗、物质载体以及肥城桃文化产业发展情况。再如，龙藏铜器博物馆，采取前馆后厂方式，集陈列、展览、收藏、研究、销售和社会教育于一体，全面展示聂氏铜器铸造工艺历史传承和加工过程，游客既可以了解项目文化内涵，又可以亲自体验制作过程。

（二）**民俗馆。**民俗馆是集收藏、研究、教育和展览为一体的民俗文化弘扬平台，多偏重于展示与我们生活渐行渐远的一些民俗事象的产生、发展及演变过程，是保留和存续民俗文化、风土人情和民间传说历史等重要信息的载体。肥城非常推崇和注重民俗文化的保护和宣传，目前建有马家埠民俗博物馆、五埠岭乡愁记忆馆、西徐民俗博物馆、砖舍村史馆等以民俗展示为主要内容的公共文化场馆，有些场馆还通过手工制作、民俗表演等互动体验项目，使展览更加生动直观，也使相关习俗得到活化保护，产生了良好社会效益。这种民俗馆可以布局于景区或村落中，布局的局限性小，空间利用性强，与乡村旅游、古村落旅游等线路的结合十分自由。

（三）**露天博物馆。**露天博物馆是传统博物馆的一种形式，它的兴起主要源于现代化和工业化对传统乡村生活的"吞噬"。露天博物馆主要是收藏和展示历史民居与风俗传统，可以弥补静态博物馆在游客参与体验方面的不足，让其感知鲜活的民俗体验和完整的生产生活方式。肥城五埠村、岈山村、鱼山、圣井峪等传统村落相对完整地保留有大量传统民居和民俗民风，是农耕社会的宝贵历史非物质文化遗产，同时又饱含着传统的生产和生活，体现了人与自然和谐相处的文化精髓和空间记忆，是天然的露天博物馆。在这种生活化的场景中将非遗活化融入文创、展示、演艺、餐饮、民宿等业态，让游客置身于真实的地方生活风貌中，以互动性、参与性、体验性方式感受活态的肥城历史文化，可增强旅游过程的真实感。

## 二、体验类开发模式

体验经济时代，游客的旅游需求日益多元化，更加看重旅游体验，这也对非遗旅游活化的水平和质量提出了更高的要求。需要在非遗活化过程中更加注重游客的参与体验和角色转换，使游客在旅游活动中体味传统文化的魅力，增强旅游的获得感。非遗是与生活息息相关的。因此，非遗体验载体无处不在，吃住行游购娱等旅游环节都可以体验非遗项目。

（一）"民宿（酒店）＋非遗体验"模式。在酒店和民宿设计建造、经营管理与服务中融入非遗主题元素，通过对非遗形态、技艺、观念的展示和表达，不仅可以提升酒店和民宿的景观形象和文化内涵，也能让非遗更好地融入生活。在这方面鱼山桃花海唐乡民宿、富世康城关往事餐厅已经进行了一些有益的探索。肥城非遗丰富多彩，只要深入挖掘提取非物质文化遗产中的文化基因、视觉元素、审美意境等，根据不同的非遗载体有针对性地打造不同的产品，融入酒店、民宿的体验项目、演艺活动、特色美食、展示展览以及文创产品、标识设计、景观小品、布景装饰，就可以为它们注入新内涵，贴上新标签，使其更有温度、有故事、有灵魂。同时也为非遗文化开辟活化路径，让更多游客感受到非遗文化的魅力。

（二）"乡村旅游＋非遗体验"模式。近年来，乡村旅游成为很多地方推动乡村振兴的重要路径之一，坚持以非遗活化利用赋能乡村旅游，推动创意设计、文化演出、节庆会展等业态与乡村旅游深度融合，培育集观光、旅游、研学等于一体的现代化乡村农文旅综合体，可以释放出巨大经济和社会价值。入选2022年全国非遗与旅游融合发展优选项目名录的五埠岭伙大门景区在肥城树立了样板。五埠岭伙大门景区打造的非遗工坊，在当地特有的"青石干茬缝砌墙技艺""五埠伙大门居住民俗"两项泰安市级非遗代表性项目基础上，引进桃木雕刻、岱宗传拓、许氏面塑、吴氏陶塑、王氏泥塑、泰山艾灸等10余项省市级非遗项目，游客在五埠岭伙大门景区不仅可以看到"门中有门、院中套院、巷中有巷"的"伙大门"古建筑群，还可以干农家活、吃农家饭、欣赏民俗表演、参与手工制作，满足游客"求新、求奇、求知、求乐"的旅游需求，实现以遗"促"旅、以旅"活"遗，全域带动地方经济发展。目前，村庄年均接待游客 50 万余人次，年均旅游总收入 960 余万元，带动周边村民 100 余人就业创业。

## 三、"旅游节庆＋非遗体验"模式

非遗在传统节庆中扮演着至关重要的角色，是传统节庆活动中不可或缺的"调味剂"，同时，传统节庆也是非遗的重要展示平台。因此，在非遗与传统节庆中寻找契合点，利用传统节庆组织非遗展示展演活动，开发一系列观光和参与相结合的旅游活动，可以有效促进非遗与传统节庆相互融合。

（一）**传统节日**。要围绕春节、元宵节、中秋节等传统节日，通过对非遗资源的考证、挖掘、整理和研究，将一些节日民俗和文化活动等非物质文化遗产转化为文化产品，推动节日文化不断交流、更新和完善，并使那些面临消失、退化或不被人重视的非遗找到一种重新适应现代市场经济和社会生活的土壤，得到复兴和发展。

（二）**庙会**。要将肥城众多的庙会打造为非遗汇集展示的载体，以经济搭台、文化唱戏的形式，通过旅游活化融入现代文化元素，开发更多的互动体验项目，让游客体验和感受到原真性的乡土文化特色，既能够丰富群众文化生活，扩大非遗传播效果，也可以更好地促进地域经济发展。

（三）**旅游节庆**。要重点围绕桃花节、金秋品桃节等旅游节庆，充分利用丰富的非遗资源创作视觉冲击大、参与互动性强的各类活动，增强旅游文化内涵和吸引力，打造肥城非遗旅游品牌，丰富"中国桃都　美好肥城"城市形象。由于节庆旅游与民众生活贴近，居民参与性较强，可以增强居民的心理认同和文化自觉，激发传承主体对自身文化的尊重和重新认识，实现其文化传承功能。如此，节庆旅游开发带来的经济和社会双重功效将使非遗保护工作由被动保护向主动发展转变。

## 四、创意类开发模式

文化创意是激活非遗旅游活化的新动能。"非遗"技艺丰富的文化内涵借助创意设计，嫁接流行元素，传统的"非遗"就可以优雅地走进现代生活，甚至能够引领潮流。要推动非遗融入文化旅游，形成产品向业态、场景、创新转化，必须通过文化创意，将产品和服务的设计、经营、管理与非遗文化内涵相结合，既要体现文化特色，又要带来良好的用户体验，产生更高的商业价值，真正实现非遗保护与旅游活化的结合，助力非遗保护和地域经济发展。

（一）**非遗旅游商品开发。**非遗旅游商品是最能直观地让民众感受非遗与旅游融合的链接点。肥城非遗旅游商品开发具有良好基础，"政府主导、企业主体、品牌主线"的桃木旅游商品开发"肥城模式"，已经成为山东省旅游商品的一张名片。要通过"守正创新"激活肥城丰富的非遗资源，充分利用现代科技聚合要素，阐发内涵，创新手段，打造非遗旅游商品品牌，构建非遗全产业链，推动非遗IP，为新时代肥城非遗寻求新的发展动力。要认真研究游客需求，面向不同的游客需求细分市场，从肥城非遗中提炼题材、素材，丰富深化旅游商品的文化内涵，突出地域文化特色，设计开发各具特色的非遗旅游商品，让传统老手艺更现代、更时尚、更贴近生活，彰显肥城非遗魅力。

（二）**空间装饰。**非遗来源于生活，亦当归于生活。非遗要实现创新发展，非遗的生活化传承尤为重要和关键，也只有在现实生活中促进非遗的自然发展，以非遗艺术营造出浓厚的生活美学，才符合潜在非遗需求者的生活现实。要通过跨界融合的方式，将非遗文化元素系统地融入城市公共空间，以艺术化的形式进入人们生活，实现非遗传承保护、城市形象提升、城市特色文化旅游资源开发"多赢"。肥城在十里画廊规划建设中已经进行了成功探索，下一步可以结合公共场馆、公园、车站、景区、城市综合体和道路交通等规划建设进行非遗景观化表达。通过标识系统、园林景观、建筑小品、雕塑、碑刻等将肥城非遗要素进行视觉表达，实现非遗元素景观化传承模式的创新。

（三）**舞台再生。**民间音乐，民间舞蹈，戏曲、曲艺、杂技等非遗项目本身以表演为主，在现代文明冲击下，这类项目在现代化生存中面临创作环节"写不好"、市场环节"演不火"和传承环节"传不下"三重困境。要传承发展这些宝贵的非遗资源，必须通过艺术创作和表演的方式，将传统元素整合设计转化，使其在形式与内容上适合现代人的消费偏好。非遗舞台化表演模式非常适于旅游活化，这类演出多以家庭或社团为组织单位，演出场所要求不高，规模小、灵活、原汁原味的传统表演更贴近生活，符合游客滞留时间短的特征，也能使游客更深入地体验。可以对肥城民间文学类的非遗进行提炼加工，通过坡西调、横笛梆、皮影、唢呐、花棍舞、抬芯子等多样的表现形式加以艺术化和舞台化创新，进行活态化呈现，打造具有观赏性、审美性、互动性、体验性的旅游演艺产品，让游客在独具桃都风韵的魅力演艺中领略自然风光、享受艺术盛宴、感受民俗风情、体验精神熏陶，实现非遗传承与旅游活化互利共赢。

### 五、融合类开发模式

随着经济社会快速发展，非遗也开始与各个行业融合发展，进行现代化和产业化转变，出现在更多的生活场景中，既拓宽了非遗保护视野，又凸显了文化价值。各地都通过打造综合街区、非遗主题公园、文化综合体等方式，打造非遗聚集区，让非遗可以和更广泛的人群、更多元的业态产生化学反应，进行多业态融合，发挥规模效应，进一步推动文商旅的有机融合发展，让非遗项目焕发新生机，为城市发展注入新动力。

（一）**综合街区模式**。打造非遗街区是非遗实现发展振兴的一条路径。非遗综合街区在"见人见物见生活"的理念下，提升了非遗可见度，实现了非遗进市场、近生活、有传承。近年来，肥城积极推进非遗集聚发展，规划建设的肥城桃木旅游商品城、春秋古镇先后被评为"山东省旅游商品研发基地""山东省十佳大型综合旅游购物场所""山东省旅游休闲购物街区""省级旅游休闲街区"，成为全省旅游购物场所建设的标杆。下一步要继续完善配套设施，丰富经营业态，吸引更多非遗项目入驻，采取"前店后厂"模式，通过建立非遗大师工作室、非遗传习所、现场展览展示、文创研发销售、沉浸式体验等多种传承形式，面向市民和游客免费开放，实现非遗项目的活态传承，促进非遗保护与经济社会协调发展的良性互动。

（二）**主题公园模式**。非遗主题公园是一种以展现非遗为主题，以满足游客多样化的休闲娱乐为目的，具有极强参与性和知识性的主题景区。非遗主题公园要同时实现两个方面的需求：一是满足游客体验非物质文化遗产需求，二是满足非物质文化遗产得以传承和保护的需求。肥城非遗项目众多，要使游客在短时间内、走很少的路程且尽可能多地领略肥城非遗魅力，建设集锦荟萃式的主题公园是最佳方式。非遗主题公园可以结合原有公园改建扩建，坚持公园的公益属性和定位，在优先保障和满足群众休闲、娱乐、健身的基础上，立足肥城深厚的非遗资源，以非遗原真性重建与虚拟体验空间形式，实现非遗景观载体化，并通过创意性游园和策划性活动方式，给游客带来多样化的文化盛宴和休闲娱乐。

（三）**文化综合体模式。**近年来，具有城市精神弘扬、市民休闲娱乐、历史非遗传承、城市历史教育、影视戏剧观赏、文化旅游体验、产业全链聚集等多重功能的文化综合体建设全面兴起，成为城市百姓与外来旅游人群的"主客共享"型城市名片。作为肥城的地标性建筑，市民中心要坚持高标准定位、高起点谋划，注重文化引领、价值引导、特色培育，推动肥城文化遗产特别是非物质文化遗产的全方位融入，致力于打造集展示展演、影视观赏、文化活动、非遗传承、艺术普及、休闲体验、交流交易、创意研发等多功能为一体的文化旅游综合体，使其成为感受、体验非遗文化的网红新地标。

# 第三节　　肥城市非物质文化遗产旅游活化路径

当前，随着文旅融合的深入推进，大量非遗项目通过旅游活化成为城乡居民文化旅游消费的重要形态。要推动肥城市非遗与旅游融合发展、高质量发展，就必须坚持"以文塑旅、以旅彰文"的理念，进一步拓宽思路、提高站位，充分挖掘和展示非遗所蕴含的精神价值、时代价值，促进非遗与旅游在空间、功能、产品、市场等方面深度融合，在做好非遗保护利用的基础上，努力激活数量巨大的非遗资源，丰富旅游供给，促进肥城非遗与旅游共融发展。

## 一、发挥政府主导作用，着力夯实发展支撑

（一）**强化政府引导。**非遗旅游活化涉及到政府、社团、民众三大主体，要妥善处理三者关系，合理界定职责和义务。政府要充分发挥主导作用，切实加强对全市非遗旅游活化的统筹，全面分析非遗资源旅游市场开发潜能，准确定位非遗旅游活化的范围、对象、目标，结合非遗资源的文化承载力和旅游成熟度，针对不同非遗项目分类施策，科学选择适宜旅游活化的非遗项目和开发模式，通过政府引导的方式推出一批活化利用条件成熟、资源利用率较高、市场效益良好的非遗旅游产品，形成非遗保护与旅游活化融合发展的良性循环。要兼顾"保

护链"和"产业链"衔接融合，充分运用市场机制，科学合理地分配投资主体与"非遗"传承人主体之间的利益，鼓励引导社会力量参与非遗保护和开发利用。对一些已经失去传承能力的非物质文化遗产，要尽快采取图像录制、图片采集、文字记录、实物收集等一切有效手段进行抢救性保护。对至今在生活中仍有一席之地的非物质文化遗产，要加快传承人培育，努力尝试与市场接轨，使其保持活力。

（二）**突出规划引领**。要以政府为主导，在全面梳理分析全市非遗资源基础上，结合全市旅游总体规划，尽快编制非遗保护与旅游活化融合发展规划，以规划引领非遗旅游活化和产品开发。要精选一批特色鲜明的非遗项目，采取文化演艺、互动体验、民俗节庆、商品开发、展示展览等形式进行多层次、立体化的旅游活化融合，建立全市非遗旅游活化利用项目库，分步骤统筹推进实施。要按照"宜融则融、能融尽融"的理念，重点围绕肥城"三横两纵"的旅游发展格局，充分利用桃文化、君子文化、商圣文化、军事文化、农耕文化等肥城优势非遗资源，在空间上加强各景区间资源要素的整合，拓展融合产品体系，增强景区之间旅游产品的关联度、互补性，形成一体化发展结构。

（三）**完善监管机制**。非物质文化遗产属于不可再生资源，政府必须制定指导性政策和法规，对非遗旅游活化利用进行合理引导和监管。要发挥好政府的主导作用，强化管理与监督机制，制定出台相关政策和法规规范非遗旅游活化利用的市场秩序，严格执行相关项目审批和核定制度，有效避免为了追求短期的经济效益而盲目开发的现象。同时对于合理开发的旅游机构实施鼓励政策，加大投入力度，保证肥城非遗保护和旅游活化之间的良性循环。相关部门要进一步明确职责，加强对容易滋生乱象的民宿、餐饮、出行等领域的监管力度，塑造良好的旅游环境，提升旅游满意度。

## 二、加大统筹协调力度，着力强化要素保障

（一）**强化政策保障**。政府是引导当地文旅产业发展的核心力量。市财政要进一步加大对非遗旅游活化的支持力度，将其作为保障和改善民生的重要工作，设立专项保护资金，纳入财政预算，并及时足额拨付到位，加强核算和监督力度，切实提高资金使用效益。同时，要鼓励多方筹集资金，通过社会捐资、市

场经营、旅游开发等不同参与模式，实现多元资金的投入，为非遗活化奠定坚实的基础。要学习借鉴先进地区的经验做法，出台鼓励非遗旅游活化的扶持政策，在项目、土地、资金等要素上给予倾斜。要通过政策引导，推动建立非遗活化金融服务体系，出台缓、减、免财税优惠措施，进一步拓宽文旅产业发展投融资渠道，鼓励社会资本以合资、合作、投资、参股等方式参与"非遗"产业建设，支持非遗项目企业开展培训、生产、推广等活动，促进其更好地融入生活。要出台具体的可操作的非遗项目配套支持政策，降低非遗项目和非遗传承人经营创业的门槛，落实租金减免、项目奖补等措施，进一步培育壮大本土文旅企业，切实推动全市非遗旅游活化产业链深度融合和高端跃升。

（二）**推动集聚发展**。与其他中小文化企业相比，由于项目多、种类杂、分布广，非遗生产多呈现"家族式创业"或"单打独斗"态势，没有相应的固定资产作支撑，规模小、分布散、抗风险能力弱。要推动非遗保护与旅游活化融合必须对非遗项目进行集聚开发，通过完善文化旅游产业链和消费链条，形成规模化体系化发展。要创造条件，建设融多种展陈方式、参观游览及体验于一体的综合性非物质文化遗产中心，以非遗项目的展览、展示、研发为主要职能，让市民及游客近距离接触和了解肥城非物质文化遗产的保护工作概况、非遗项目的历史渊源、工艺特色等，部分重点传统美术、传统技艺类项目可开设互动体验区，让参观者能够亲自动手体验制作非遗产品，将其打造成非遗项目的集聚地、传统文化的展示地、特色旅游的目的地、文旅融合的样板地。要重点围绕桃木旅游商品城和春秋古镇推进非遗文化街区建设，合理规划完善非遗文化欣赏区、非遗美食体验区、非遗技艺演示区、非遗文创交易区、非遗创意传播区等多个功能区，着力打造集文化艺术、娱乐休闲、商业消费为一体的文化旅游景观，通过聚集非遗传承人，整合非遗产业资源，孵化非遗文化产品，让桃木旅游商品城和春秋古镇成为肥城非遗项目的展示地、集散地和非遗传习交流基地。

（三）**注重人才培养**。当前，各级政府对非遗保护传承越来越重视，群众对非遗的认同度越来越高。但目前除代表性项目传承人外，专业化、年轻化人才十分稀缺，需要加快实施非遗进校园、非遗传承人培养计划，培养和打造一支能够协助传承人推动非遗传承创新的人才队伍。要积极联合泰山技师学院、泰山学院、泰安职业技术学院等，引入非遗旅游活化利用理论课程，培养能全面认知肥城非遗价值和特点的专业人才，结合肥城非遗特性，开发具有当地特色的非遗旅游产品。要采取等级评定、资金扶持、荣誉表彰等方式，营造尊重、支持、服务传承人的良好社会氛围，激发传承人通过带徒授艺开展传习活动的责任感和使命感，把非物质文化遗产传承下来。要积极推动非物质文化遗产进社区、进乡村、进家庭、进校园、进课堂、进教材、进景区等"活化"措施，提高群众对本地非遗文化的认知度，扩大非遗文化的覆盖面，培育潜在受众群。要积极探索非遗领域知识产权保护实践，主动开展知识产权与保护非遗的对接工作，使非遗活化成果得到应有的法律保护。要建立包括非遗传承人、政府、研究机构、相关企业、当地高校在内的非遗旅游活化开发人才库，为肥城非遗旅游活化利用提供智囊服务和人才支撑。

### 三、拓展活化利用思路，着力提升产品内涵

（一）探索融合模式。要积极探索非遗保护与旅游活化融合的方式，采取学习考察、经验复制、创新发展等方式，立足肥城非遗资源实际，借鉴"非遗＋研学""非遗＋民宿""非遗＋文创""非遗＋演艺""非遗＋节庆""非遗＋养生""非遗＋会展""非遗＋扶贫""非遗＋博物馆""非遗＋特色小镇""非遗＋特色街区"等 N 种非遗旅游活化利用的经验做法，全面激活非遗与文旅融合的因子。在非遗旅游活化中，要进行充分调查研究，科学合理设计方案，慎重对待每一环节。尤其是一些生存环境比较脆弱的非遗，一旦开发不当，会使保护变成人为性的破坏，造成无法弥补的遗憾。要加大对非遗旅游活化的研究力度，综合多学科知识，开展跨学科跨学界的研究，为探索非遗保护和旅游活化融合发展路径提供理论依据。

（二）迎合市场需求。推动非遗项目向文旅产品转化，市场需求永远是最好的风向标。从当前各地"非遗＋旅游"探索模式看，非遗的市场价值主要体现在附加值和衍生值方面。要改变现在单一的博物馆、民俗馆、体验基地等参观模式，引入一些动态过程展示、互动参与性活动或者舞台式表演吸引旅游者。要尝试在景区内融入一些互动、交互等深度沉浸式体验项目，找到非遗旅游活化过程标准化与定制化之间的平衡，提升游客对场景的体验感和参与感。可以

依托一些古村落或非遗企业建立传统技艺示范基地，由传承艺人现场展示表演，开发一些互动体验的项目，增强非遗旅游的趣味性，提高游客的参与性。要积极与旅行社、学校、协会等密切合作，以肥城民间文学、传统音乐、传统舞蹈、传统美术、传统技艺等为主题，开发非遗旅游纪念品，设计研学游、亲子游等非遗特色旅游线路，通过个性化的旅游产品持续吸引或带动外部消费，形成可市场化推广的非遗旅游产品集群。

（三）**促进产业融合**。非遗旅游活化过程，不仅仅是非物质文化遗产与旅游产业的单一融合，必须按照一二三产业融合发展的方法路径，推动"农商文旅"深度融合，因地制宜打造非遗旅游地域特色。要充分发挥乡村旅游在乡村振兴战略中的重要作用，围绕游客需求，将彰显肥城魅力的桃木雕刻、铜器铸造、君祥蜂蜜、君子茶、剪纸、烙画、皮影戏及传统美食等非遗元素，有机融入"吃、住、行、游、购、娱"各个环节，建立集自然观光、休闲采摘、民俗体验、特色餐饮、精品民宿、农业科普、农产品销售、工艺品加工等于一体的旅游体系，丰富旅游产品业态，延伸价值链，提升附加值，增强旅游核心竞争力。

## 四、创新宣传营销方式，着力打造特色品牌

（一）**加大宣传力度**。完整的非遗旅游活化产业链必然离不开宣传推广和市场营销。要善于借势借机借力，抓住一切有利的机会，宣传普及非遗保护知识，促进非遗传播，增强全社会保护非遗的意识，为非遗保护营造良好的社会氛围。要广泛运用广播、电视、网络、报刊等传统媒体优势，采取深度报道等方式定期推出非遗专栏专版。同时，积极借助现代技术传播平台，通过微信、微博、抖音、快手等新媒体，建设报、网、端、微等多媒体传播矩阵，积极宣传肥城文旅资源、旅游资讯等，以全方位、多层面、立体式的宣传攻势，扩大非遗资源的有效利用和宣传展示。

（二）**搭建宣传平台**。要着眼于构建肥城旅游一体化大宣传格局，将不同特色的景区串联起来，形成多元化的文化景点，打造独具特色的文化旅游宣传系统。要借助桃花节、金秋品桃节以及各镇街区举办的采摘节和品牌民俗活动，通过非遗演艺、展示展览、民俗体验等形式宣传非物质文化遗产，助力全市旅游综合实力、综合效益实现双提升。鼓励全市非遗传承人或者民间艺术表演团体，

积极参与非遗展演、文化赛事、文化惠民等活动，孵化培育一批具有肥城特色的非遗文化品牌。要持续推进"古村古物故事多 新人新事新风貌——肥乐宣讲给你听"新时代文明实践活动，组织编写一批肥城非遗故事，培训一批懂肥城文化、知肥城风情、讲肥城故事的优秀宣讲人才，讲好肥城文旅故事。

（三）**打造旅游品牌**。由市委宣传部牵头组织各相关部门成立宣传工作专班，制定旅游宣传策略，进行包括宣传口号和理念的提炼、旅游宣传短片的拍摄和制作、宣传载体的选择在内的一系列宣传策划。要紧扣游客不同需求，开展针对性、菜单式宣传，积极在中央电视台、新华社、人民日报等主流媒体上宣传推介肥城旅游，进一步提升"中国桃都 美好肥城"城市品牌。持续办好"桃花节""金秋品桃节""中国桃木旅游商品创新设计大赛暨桃文化旅游商品展评"等品牌文旅活动，利用承办高规格经济洽谈会、体育赛事、文化论坛等形式全方位、多角度宣传肥城，增强肥城的知名度。通过邀请知名专家学者、旅行社、旅游协会、网红达人走进肥城感受体验、宣传推介，在重点客源地机场、高速公路、高铁动车等区域投放旅游宣传短片等方式，全方位展现肥城宜居的生态环境、优美的自然风光、深厚的文化底蕴，全面提升肥城的影响力和知名度。

# 参考文献

1. 乌丙安.非物质文化遗产的界定和认定的若干理论和实践问题[J].河南教育学院学报（哲学社会科学版），2007，(01)：11-21.

2. 李世涛.关于"非物质文化遗产"概念的理解和规范问题[J].学习与实践，2006，(09)：134-141.

3. 黄永林，邓清源.中国非物质文化遗产学形成的历史背景与科学定位[J].民俗研究，2021，(05)：5-13+158.

4. 乌丙安."人类口头和非物质文化遗产保护"的由来与发展[J].广西师范大学学报，2004，(03)：5-11.

5. 李景平.非物质文化遗产与我国的保护措施探析[J].齐鲁艺苑，2011，(05)：4-9.

6. 王焯.国外非物质文化遗产保护的理论与实践[J].文化学刊，2008，(06)：27-35.

7. 王文章.非物质文化遗产概论[M].北京：教育科学出版社，2013.

8. 中国艺术研究院非物质文化遗产研究中心.中国非物质文化遗产普查手册[M].北京：文化艺术出版社，2007.

9. 刘先福.传统手工艺保护中的"物"及其意义[J].民艺，2021，(05)：28-30.

10. 韩基灿.浅议非物质文化遗产的价值、特点及其意义[J].延边大学学报(社会科学版)，2007，(04)：74-78.

11. 李世涛.试析"非物质文化遗产"的基本特点与性质[J].广西民族研究，2007，(03)：182-188.

12. 李雪宁，汪立珍.21世纪中国民间文学传承与保护概述[J].民族艺林，2022，(04)：129-137.

13. 孟桃，陆莉婷，张言彩，等.旅游业视角下非物质文化遗产产业化经营探析[J].中国市场，2013，(16)：44-46.

14. 辛儒.非物质文化遗产产业化经营管理的可行性研究[J].商场现代化，2008，(09)：49.

15. 林盛青. 开发非物质文化资源拓宽地方经济发展渠道 [J]. 中共铜仁地委党校学报，2007，(05)：37-39.

16. 刘思岐. 浅论非物质文化遗产的保护 [J]. 职业技术，2011，(09)：132.

17. 李华成. 论非物质文化遗产保护中的地方政府角色——基于湖北省荆州市非遗保护的实证分析 [J]. 太原理工大学学报 (社会科学版)，2011，29(01)：73-76.

18. 刘秀英. 新农村建设视阈下农村非物质文化遗产保护研究 [J]. 前沿，2011，(08)：151-154.

10. 杨振之. 前台、帷幕、后台——民族文化保护与旅游开发的新模式探索 [J]. 民族研究，2006，(2)：42-49.

20. 邓小艳. 基于建构主义原真性理论对非物质文化遗产旅游开发的解读 [J]. 贵州民族研究，2010，31(02)：90-95.

21. 黎洁，赵西萍. 社区参与旅游发展理论的若干经济学质疑 [J]. 旅游学刊，2001，(04)：44-47.

22. 李如生. 风景名胜区保护性开发的机制与评价模型研究 [D]. 长春：东北师范大学，2012.

23. 刘俊清. 生态旅游开发中的社区参与问题探析 [J]. 经济论坛，2010，(12)：184-185.

24. 马涛. 乡村振兴战略下非物质文化遗产旅游活化研究 [D]. 太原：山西大学，2020.

25. 刘慧娣，刘敏，任亚鹏. 国内非物质文化遗产旅游研究综述 [J]. 价值工程，2016，35(12)：24-26.

26. 李耀锋. 旅游地文化生产的支持性社会结构研究 [D]. 上海：上海大学，2011.

27. 朱子璇. 杭州传统村落文化空间保护评价及策略研究 [D]. 杭州：浙江理工大学，2022.

28. 黄永林. 非物质文化遗产产业利用意义和发展模式研究 [J]. 中国文艺评论，2022，(08)：13-26.

29. 杨红. 非遗与旅游融合的五大类型 [J]. 原生态民族文化学刊，2020，12(01)：146-149.

30. 邵俊生．肥城市志 [M]．北京：方志出版社，2006.

31. 张晓峰．千秋古邑汶阳县历史沿革考证 [J]．泰山学院学报，2019，41(03)：116–121.

32. 陈斌．"非遗"特色及开发现状分析——以襄樊为研究对象 [J]．人民论坛，2010，(35)：98–99.

33. 杜尊春，冯伟，杨奇．让"鲁君子"左丘明绽放光明——全国首届左丘明文化学术研讨会综述 [J]．春秋，2017，(05)：66–68.

34. 何敬鹏．肥城文化通览 [M]．济南：泰山出版社，2012.

35. 刘魁立．保护好我国非物质文化遗产 [J]．中国人大，2012，(11)：27–33.

36. 金一媚．新农村建设中非物质文化遗产保护传承个案研究 [J]．神州民俗 ( 学术版 )，2013，(01)：26–28.

37. 田莉，张树臣．泰安利用商标品牌战略集聚发展新动能 [J]．中华商标，2017，(09)：38–39.

38. 张莉杰．非物质文化遗产旅游开发探究 [J]．内蒙古教育 ( 职教版 )，2012，(05)：73–74+77.

39. 徐文燕．旅游开发对非物质文化遗产保护的适用性研究 [J]．旅游研究，2010，2(04)：9–15.

40. 魏帅．肥城桃文化产业发展探析 [J]．电影评介，2012，(08)：111–112.

41. 刘任力．肥城桃文化旅游商品创意与深度开发研究 [D]．兰州：西北师范大学，2015.

42. 赵学法．范蠡在陶山 [J]．春秋，2009，(1)：41–42.

43. 李志飞，吴锦超，张晨晨．从乡村性到后乡村性：乡村旅游的理论展望 [J]．旅游导刊，2021，5(06)：24–42.

44. 顾金孚，王显成．非物质文化遗产旅游资源价值评价体系初探 [J]．资源开发与市场，2008，(09)：793–795.

45. 刘慈萱．陕西省国家级非物质文化遗产的旅游利用研究 [D]．西安：陕西师范大学，2017.

46. 张希月．非物质文化遗产的旅游开发模式与优化策略 [J]．人民论坛，2016，(11)：80–82.

47. 雷蓉，胡北明．非物质文化遗产旅游开发的必要性分析——基于保护与传承的视角 [J]. 贵州民族研究，2012，33(02)：130-134.

48. 章尚正，张睿．非物质文化遗产的旅游利用模式与原真态保护 [J]. 宿州学院学报，2010，25(10)：12-17.

49. 萧放，王辉．非物质文化遗产融入当代生活的路径研究 [J]. 广西民族大学学报 ( 哲学社会科学版 )，2021，43(01)：70-77.

50. 易斌．试论非物质文化遗产的本质 [J]. 职业时空，2007，(20)：80-81.

51. 彭思婷．游客感知视角下芙蓉镇非物质文化遗产旅游活化效果评价研究 [D]. 湘潭：湘潭大学，2021.

52. 王兵，李传鲁，彭兵，等．肥城桃品牌现状及发展建议 [J]. 果树资源学报，2021，2(03)：66-68.

53. 王力荣．我国桃产业现状与发展建议 [J]. 中国果树，2021，(10)：1-5.

54. 高云侠，陈赛英，孙静．肥城桃产业现状及发展思路 [J]. 中国果菜，2022，42(04)：72-75.

55. 伊玲芝．肥城市桃文化旅游产业发展路径探析 [J]. 中国农村科技，2022，(03)：65-66.

56. 朱思柱．推进现代高效农业持续健康发展的对策建议——以无锡阳山水蜜桃为例 [J]. 江苏农村经济，2021，(04)：41-43.

57. 李武刚．肥城桃发展史 [M]. 济南：山东大学出版社，2023.

58. 杜尊春．风物肥城 [M]. 北京：九州出版社，2023.

59. 何敬鹏．肥城文化通览 [M]. 济南：泰山出版社，2012.

60. 周郓．文学作品中的肥城桃 [J]. 左丘明文化，2021，(1)：1-12.

61. 刘文斌．肥城市肥城桃产业发展对策研究 [D]. 泰安：山东农业大学，2019.

62. 时明．桃文化及其旅游开发研究——以当涂县桃花村为例 [D]. 南京：南京农业大学，2016.

63. 刘云．肥城桃木工艺品研究 [D]. 昆明：昆明理工大学，2015.

64. 潘虹，张岩丽，刘英．农业旅游节庆开发研究——以"泗水桃花节"为例 [J]. 安徽农业科学，2009，37(26)：12820-12822.

65. 潘心雨．基于 SWOT 分析法的肥城桃产业发展战略研究 [J]. 农村经济与科技，

2022，33(10)：65-67.

66. 魏洁云，赵节昌，杨琳. 徐州饮食类非物质文化遗产开发研究 [J]. 南京晓庄学院学报，2021，37(04)：100-106+124.

67. 唐娟. 文旅融合视角下饮食类非物质文化遗产保护发展现状及路径探析——以南宁市为例 [J]. 中共南宁市委党校学报，2021，23(05)：51-55.

68. 毛恒杰. 中国饮食类非遗与旅游融合发展研究 [J]. 现代食品，2022，28(13)：1-3.

69. 李希平，马士峰. 山东肥城边院镇：借力中央财政资金"杠杆"撬动集体经济"提质增效" [J]. 中国经贸，2020，(7)：102-103.

# 附　录

## 附录一：肥城市非物质文化遗产旅游认知偏好调查问卷

尊敬的女士/先生：

您好！非常感谢您于百忙之中参与我们的工作调研。本问卷是关于肥城市非遗游客认知偏好的调查，本次调查采取不记名方式，调查结果仅用于工作研究，不对外公布，请您放心作答。十分感谢您的理解和支持！

请根据您的情况如实作出选择，并请您在选择答案前面的字母上画"√"。

### 第一部分

1. 性别：
   A. 男　　　　　　　　　B. 女
2. 年龄：
   A. 18 岁以下　　　　B. 19~25 岁　　　　C. 26~45 岁　　　D. 46~60 岁
   E. 61 岁以上
3. 职业：
   A. 机关事业单位　　B. 国有企业　　　C. 民营企业　　　D. 学生
   E. 离退休人员　　　F. 农民　　　　　G. 其他（请写出　）
4. 学历：
   A. 高中及以下　　　B. 大专　　　　　C. 本科　　　　　D. 研究生及以上
5. 居住地：省（直辖市、自治区）市/县

### 第二部分

6. 您的出游方式：
   A. 报旅行团　　　　　　　　　　B. 跟随单位出游
   C. 家人结伴出游　　　　　　　　D. 朋友结伴出游

E. 自己出行

7. 您预计停留时间：

    A. 半天           B. 1 天           C. 2 天           D. 2 天以上

8. 您的最常出游时间：

    A. 寒暑假           B. 周末、传统节假日           C. 旅游淡季

    D. 随时都可以           E. 其他

9. 您了解肥城非遗的主要信息渠道（可多选）：

    A. 旅行社                        B. 亲友推荐

    C. 广告                         D. 网络文章或者报道

    E. 地方报纸                    F. 电视相关报道

    G. 其他

10. 您出游经常选择的交通工具：

    A. 自驾                        B. 旅行团大巴

    C. 长途公共汽车                D. 徒步

    E. 其他

11. 您预期花费：

    A. 100 元以下           B. 100~200 元           C. 200~300 元           D. 300~500 元

    E. 500 元以上

## 第三部分

12. 您感兴趣的非遗呈现方式（可多选）：

    A. 平面陈列           B. 动态表演           C. 高科技展示           D. 传统技艺体验

    E. 故事                F. 美食品尝           G. 装饰性商品           H. 实用性商品

    I. 节庆民俗活动

13. 您感兴趣的非遗旅游产品类型（可多选）：

    A. 民俗、庙会、节庆活动           B. 传统手工艺产品

    C. 历史人物故事解读              D. 主题街区、公园

    E. 舞台剧目                    F. 当地特色文化饮食

    G. 展览馆 / 博物馆

14. 您愿意主动参与非遗旅游吗?

    A. 非常不愿意        B. 不愿意        C. 不确定        D. 愿意

    E. 非常愿意

## 第四部分

15. 您了解肥城市的非物质文化遗产吗?

    A. 非常不了解        B. 不了解        C. 不确定        D. 了解

    E. 非常了解

16. 您喜欢肥城市非物质文化遗产吗?

    A. 非常不喜欢        B. 不喜欢        C. 不确定        D. 喜欢

    E. 非常喜欢

17. 您关注肥城市非物质文化遗产吗?

    A. 从不关注        B. 偶尔关注        C. 不确定        D. 经常关注

    E. 始终关注

18. 您对肥城市非物质文化遗产感兴趣吗?

    A. 很不感兴趣        B. 不感兴趣        C. 不确定        D. 感兴趣

    E. 非常感兴趣

## 第五部分

19. 请您根据对肥城市非遗项目认知情况,在肥城市非遗项目认知情况调查表相
    应栏内画"√"(见附表)。

## 第六部分

20. 请对肥城市非遗旅游活化利用提出您宝贵的意见和建议:

_____

_____

_____

_____

**附件：肥城市非物质文化遗产项目认知情况调查表**

| 序号 | 项目名称 | 一点不了解 | 不了解 | 不确定 | 了解 | 非常了解 |
|---|---|---|---|---|---|---|
| 1 | 泥马渡康王 | | | | | |
| 2 | 穆柯寨的传说 | | | | | |
| 3 | 肥桃的来历 | | | | | |
| 4 | 范蠡与陶山的故事 | | | | | |
| 5 | 李邦珍与胡氏之墓 | | | | | |
| 6 | 栾家林与老县城 | | | | | |
| 7 | 卧虎城传说 | | | | | |
| 8 | 望鲁泉的传说 | | | | | |
| 9 | 孙膑·孙伯·云蒙山 | | | | | |
| 10 | 孙家小庄的传说 | | | | | |
| 11 | 虞舜仁孝感后母 | | | | | |
| 12 | 肥桃的传说 | | | | | |
| 13 | 大汶河的传说 | | | | | |
| 14 | 大明崟台侯与左丘明的故事 | | | | | |
| 15 | 翦云山的传说 | | | | | |
| 16 | 大汶河传说 | | | | | |
| 17 | 汶阳哩言杂字 | | | | | |
| 18 | 左丘明传说故事 | | | | | |
| 19 | 牛山的传说 | | | | | |
| 20 | 肥城汶阳田传说 | | | | | |
| 21 | 肥城云蒙山（莲花峪）传说 | | | | | |
| 22 | 肥城张志纯传说 | | | | | |
| 23 | 晒书城传说 | | | | | |
| 24 | 肥城砖舍李氏唢呐 | | | | | |
| 25 | 肥城安站梁氏唢呐 | | | | | |
| 26 | 安站陈氏唢呐 | | | | | |
| 27 | 高跷牌坊 | | | | | |
| 28 | 抬芯子 | | | | | |
| 29 | 东坞花棍舞 | | | | | |
| 30 | 望鲁山皮影 | | | | | |
| 31 | 横笛梆 | | | | | |
| 32 | 肥城拉大画影子戏 | | | | | |
| 33 | 坡西调 | | | | | |
| 34 | 石横武术 | | | | | |
| 35 | 石横出山拳 | | | | | |

续表

| 序号 | 项目名称 | 一点不了解 | 不了解 | 不确定 | 了解 | 非常了解 |
|---|---|---|---|---|---|---|
| 36 | 石横大枪 | | | | | |
| 37 | 石横佛汉拳 | | | | | |
| 38 | 石横秘宗拳 | | | | | |
| 39 | 肥城迷祖拳 | | | | | |
| 40 | 石横梅家拳 | | | | | |
| 41 | 五花八叉梅花拳 | | | | | |
| 42 | 肥城徐家拳 | | | | | |
| 43 | 金刚罗汉拳 | | | | | |
| 44 | 石横徐家枪 | | | | | |
| 45 | 夏氏石刻 | | | | | |
| 46 | 葛氏捧瓷 | | | | | |
| 47 | 肥城王氏泥塑 | | | | | |
| 48 | 张氏陶泥彩塑 | | | | | |
| 49 | 金凤剪纸 | | | | | |
| 50 | 汶阳烙画 | | | | | |
| 51 | 李氏火笔画 | | | | | |
| 52 | 肥城李君剪纸 | | | | | |
| 53 | 肥城桃木雕刻技艺 | | | | | |
| 54 | 肥城李氏刻瓷 | | | | | |
| 55 | 王氏桃木雕刻技艺 | | | | | |
| 56 | 肥城青石干茬缝砌墙技艺 | | | | | |
| 57 | 杨氏剪纸艺术 | | | | | |
| 58 | 幸福面塑 | | | | | |
| 59 | 赵家面塑 | | | | | |
| 60 | 倪氏面塑 | | | | | |
| 61 | 白窑土陶烧制 | | | | | |
| 62 | 扎龙灯 | | | | | |
| 63 | 徐氏锡具制作技艺 | | | | | |
| 64 | 肥城桃栽培技艺 | | | | | |
| 65 | 下庄"泰山极顶"生姜 | | | | | |
| 66 | 东虎门柿子 | | | | | |
| 67 | 河岔口鸭蛋 | | | | | |
| 68 | 弭氏锡艺 | | | | | |
| 69 | 袁寨武赵氏扎制技艺 | | | | | |
| 70 | 尚氏锔艺 | | | | | |

续表

| 序号 | 项目名称 | 一点不了解 | 不了解 | 不确定 | 了解 | 非常了解 |
|---|---|---|---|---|---|---|
| 71 | 鼓腔烧饼制作技艺 | | | | | |
| 72 | 演马金光牛肉制作技艺 | | | | | |
| 73 | 柳沟茶栽培与制作技艺 | | | | | |
| 74 | 百尺龙灯扎制 | | | | | |
| 75 | 宝聚鼎烧鸡制作技艺 | | | | | |
| 76 | 肥城东孔绿豆粉皮制作技艺 | | | | | |
| 77 | 肥城韩庄头豆腐皮制作技艺 | | | | | |
| 78 | 肥城大辛庄犬肉制作技艺 | | | | | |
| 79 | 李氏装裱技艺 | | | | | |
| 80 | 肥城刘氏锡艺 | | | | | |
| 81 | 武家烧鸡制作技艺 | | | | | |
| 82 | 肥城甲氏瓯鸡制作技艺 | | | | | |
| 83 | 南栾犬肉制作技艺 | | | | | |
| 84 | 刘家小磨香油 | | | | | |
| 85 | 大辛庄"担山狗肉王"加工技艺 | | | | | |
| 86 | 湖屯豆腐皮制作技艺 | | | | | |
| 87 | 肥城肥子茶传统制茶技艺 | | | | | |
| 88 | 康王河酒老五甑酿造工艺 | | | | | |
| 89 | 肥城王晋甜瓜栽培技艺 | | | | | |
| 90 | 汶阳人家手工布鞋制作技艺 | | | | | |
| 91 | 孙伯蚜山豆腐丝制作技艺 | | | | | |
| 92 | 孙伯西程金丝绞瓜栽培技艺 | | | | | |
| 93 | 罗窑土陶制作技艺 | | | | | |
| 94 | 肥城聂氏铜器铸造工艺 | | | | | |
| 95 | 尹家吊炉烧饼制作技艺 | | | | | |
| 96 | 肥城"八字古卤"法技艺 | | | | | |
| 97 | 肥桃酒酿造技艺 | | | | | |
| 98 | 肥城花粉糕点传统制作技艺 | | | | | |
| 99 | 肥城袁氏陶艺 | | | | | |
| 100 | 肥城桃核微雕技艺 | | | | | |
| 101 | 肥城张氏印章手工镌刻技艺 | | | | | |
| 102 | "刘大姐"叉子火烧 | | | | | |
| 103 | 古早味大鹏糖艺 | | | | | |
| 104 | 肥城王氏糖画制作技艺 | | | | | |
| 105 | 肥城梁氏草编 | | | | | |

续表

| 序号 | 项目名称 | 一点不了解 | 不了解 | 不确定 | 了解 | 非常了解 |
|------|----------|-----------|--------|--------|------|---------|
| 106 | 肥城刘氏手工石臼艾绒艾条制作技艺 | | | | | |
| 107 | 汶阳薛寨小磨香油传统制作技艺 | | | | | |
| 108 | 泰安古字画装裱修复技艺 | | | | | |
| 109 | 竹清香鲜汁汤包制作技艺 | | | | | |
| 110 | 王西水塔豆制品制作技艺 | | | | | |
| 111 | 安驾庄梁氏正骨疗法 | | | | | |
| 112 | 范氏治疗咽炎 | | | | | |
| 113 | 河岔口"杨氏膏药" | | | | | |
| 114 | 苏氏治疗面部神经麻痹 | | | | | |
| 115 | 洪德堂于氏皮肤病疗法 | | | | | |
| 116 | 泰和堂刘氏膏药秘方 | | | | | |
| 117 | 翟氏疮疡疗法 | | | | | |
| 118 | 湖屯孟氏推拿按摩术 | | | | | |
| 119 | 瑞泽堂王氏膏方 | | | | | |
| 120 | 中和堂口腔溃疡、咽炎疗法 | | | | | |
| 121 | 王氏中医推拿按摩 | | | | | |
| 122 | 肥城致中和中医药 | | | | | |
| 123 | 鸿仁堂王氏膏方 | | | | | |
| 124 | 肥城李氏面瘫疗法 | | | | | |
| 125 | 天丰堂整脊正骨疗法 | | | | | |
| 126 | 开口笑水饺 | | | | | |
| 127 | 桃木雕刻民俗 | | | | | |
| 128 | 岱阳观庙会 | | | | | |
| 129 | 石横四月八庙会 | | | | | |
| 130 | 宝宝金山庙会 | | | | | |
| 131 | 小泰山庙会 | | | | | |
| 132 | 四大件宴席习俗 | | | | | |
| 133 | 安站青龙山庙会 | | | | | |
| 134 | 书画印艺术传承中华孝道文化 | | | | | |
| 135 | 肥城桃木桃符制作民俗 | | | | | |
| 136 | 五埠伙大门居住民俗 | | | | | |
| 137 | 张氏四大件 | | | | | |

# 附录二：肥城市五埠岭伙大门景区非遗
# 旅游活化效果调查问卷

尊敬的游客，您好！

我们正在对五埠岭伙大门景区非遗旅游活化效果进行游客感知评价研究，需要了解您在五埠岭伙大门景区旅游的体验感受及景区非遗旅游活化情况，特邀您填写问卷。问卷以不记名形式，且会保护您的个人信息。

衷心感谢您的支持与帮助！

**一、人口统计特征**

1. 居住地：_____省（直辖市 . 自治区）_____市／县

2. 性别：

    A. 男性　　　　　　　　B. 女性

3. 年龄：

    A. 低于 18 岁　　　　B. 18~30 岁　　　　C. 31~40 岁

    D. 41~50 岁　　　　E. 51~60 岁　　　　F. 高于 60 岁

4. 文化程度：

    A. 初中及初中以下　　　　　　B. 中专／高中

    C. 大专／本科　　　　　　　　D. 硕士及硕士以上

5. 职业：

    A. 机关事业单位职工　　　　　B. 公司职工

    C. 学生　　　　　　　　　　　D. 个体户工商户

    E. 农民　　　　　　　　　　　F. 退休职工

    G. 自由职业

6. 您的月收入：

    A. 2000 元以下　　　　　　　B. 2000~4000 元

    C. 4001~6000 元　　　　　　D. 6001~8000 元

    E. 8001 元以上

### 二、您对五埠岭伙大门景区非遗旅游活化的感知

1. 您对景区非遗相关知识的了解程度如何？

  A. 非常了解    B. 比较了解    C. 一般了解

  D. 不太了解    E. 完全不了解

2. 您游览景区时感受到了哪些方式体现了五埠岭伙大门景区非遗文化？（可多选）

  A. 旅游纪念品   B. 建筑风格   C. 住宿    D. 餐饮

  E. 多媒体设备   F. 现场解说标志  G. 娱乐活动   H. 微信公众号

  I. 其他（请填写）＿＿＿＿＿＿＿＿＿＿＿＿

3. 您认为景区对非遗宣传力度如何？

  A. 非常大     B. 比较大     C. 一般

  D. 差      E. 非常差

4. 您认为景区非物质文化遗产的原真性如何？

  A. 非常好     B. 比较好     C. 一般

  D. 差      E. 非常差

5. 您认为景区当前的非遗解说服务如何？

  A. 非常好     B. 比较好     C. 一般

  D. 差      E. 非常差

6. 您认为目前的非遗传承人开展的传承活动如何？

  A. 非常丰富    B. 比较丰富    C. 一般

  D. 匮乏     E. 非常匮乏

7. 您认为当地居民对非遗旅游的支持力度如何？

  A. 非常大     B. 比较大     C. 一般

  D. 小      E. 非常小

8. 您认为景区对非遗展现的方式如何？

  A. 非常多样化   B. 比较多样    C. 一般

  D. 单一     E. 非常单一

9. 您认为景区内非遗活动可参与程度如何？

  A. 非常高     B. 比较高     C. 一般

D. 低                  E. 非常低

10. 您认为景区的非遗活化互动项目是否具有趣味性？

    A. 非常有趣          B. 比较有趣          C. 一般

    D. 无趣              E. 非常无趣

11. 您认为景区非物遗旅游活动的创新程度如何？

    A. 非常高            B. 比较高            C. 一般

    D. 低                E. 非常低

12. 在体验非遗旅游活动后，自身所学习的非遗知识增长程度如何？

    A. 非常高            B. 比较高            C. 一般

    D. 低                E. 非常低

13. 您愿意参加景区哪些非遗相关活动？（多选题）

    A. 博物馆展览                    B. 体验非遗传统舞蹈

    C. 学习非遗传统技艺              D. 观看非遗实景演出

    E. 吟唱演奏非遗传统音乐          F. VR/AR 互动体验

    G. 其他（请填写）_____

14. 您认为非遗文化融入当地日常生产生活的程度如何？

    A. 非常深            B. 比较深            C. 一般

    D. 浅                E. 非常浅

15. 您认为景区的非遗保护传承氛围感染力如何？

    A. 非常浓厚          B. 比较浓厚          C. 一般

    D. 差                E. 非常差

16. 参观完景区后，您认为自身的非遗文化保护与传承意识提升程度如何？

    A. 非常高            B. 比较高            C. 一般

    D. 低                E. 非常低

17. 您对景区的非遗旅游体验总体满意度为：

    A. 非常满意          B. 比较满意          C. 一般

    D. 不满意            E. 非常不满意

# 附录三：肥城市非物质文化遗产旅游商品调查问卷

尊敬的游客，您好！

这是针对肥城非遗旅游商品的一项调查，通过您的参与我们将获得可靠真实的信息，所有信息仅供学术研究，感谢您的参与！

1. 您的性别？

 A. 男　　　　　　　　　　　　 B. 女

2. 您的年龄？

 A. 18 岁以下　　　 B. 18~25 岁　　　 C. 25~40 岁　　　 D. 40~60 岁

 E. 60 岁以上

3. 您的学历？

 A. 初中及以下　　　　　　　　 B. 高中（中技）

 C. 大专　　　　　　　　　　　 D. 本科（含在读）

 E. 研究生（含在读）

4. 您在肥城的旅游或生活情况？

 A. 旅游过 1~2 次　　　　　　　 B. 旅游过 3 次以上

 C. 生活过 1~3 年　　　　　　　 D. 生活过 3 年以上

 E. 肥城本地人

5. 您的税后月收入水平？

 A. 2000 元以下　　　　　　　　 B. 2000~4000 元

 C. 4000~6000 元　　　　　　　 D. 6000~8000 元

 E. 8000~10000 元　　　　　　　 F. 10000 元以上

6. 您从事的职业？

 A. 学生　　　　　　　　　　　 B. 企业员工

 C. 机关事业单位员工　　　　　 D. 私营业主

 E. 其他

7. 您了解肥城的非物质文化遗产吗？

    A. 没听说过    B. 了解一点    C. 比较了解    D. 非常了解

8. 您有兴趣了解肥城非遗旅游商品吗？

    A. 一点也不    B. 有点兴趣    C. 比较有兴趣    D. 非常有兴趣

9. 您是从哪些渠道了解肥城非遗旅游商品的？（可多选）

    A. 学校教育    B. 报纸、杂志    C. 课外书籍    D. 电视、广播

    E. 网络    F. 景点宣传    G. 其他

10. 您认为肥城非遗旅游商品的哪些方面会吸引你？（可多选）

    A. 造型    B. 文化内涵    C. 实用性    D. 创意

    E. 价格    F. 纪念意义

11. 您购买或收到过肥城非遗旅游商品吗？

    A. 没购买也没收到过    B. 购买过

    C. 收到过    D. 既购买过也收到过

12. 您认为目前市场上的肥城非遗旅游商品存在什么问题？（可多选）

    A. 缺乏创意、设计陈旧    B. 包装简陋、粗糙

    C. 千篇一律、缺乏地域特色    D. 缺乏实用性

    E. 质量较差、做工粗糙    F. 性价比低

    G. 销售和宣传渠道有限    H. 其他

13. 您喜欢购买肥城非遗旅游商品吗？

    A. 喜欢    B. 一般    C. 不喜欢    D. 没见过

14. 您认为肥城非遗旅游商品的设计方向是？（可多选）

    A. 设计简约    B. 设计复杂

    C. 手工制作、价格偏高    D. 批量生产、价格偏低

    E. 幽默风格设计    F. 传统风格设计

15. 您最高可以接受的肥城非遗旅游商品价格？

    A. 100 元以内    B. 101~300 元    C. 301~500 元    D. 501~700 元

    E. 701~1000 元    F. 1001~3000 元    G. 3001~5000 元    H. 5001~10000 元

    I. 10001 元以上

# 附录四：肥城市非物质文化遗产美食调查问卷

尊敬的先生、女士：

你好！非常感谢参与本次的问卷调查。本次调查是为我们工作研究提供数据，不做任何商业用途，也不会涉及您的任何隐私，请您放心填写。感谢您的支持与合作！

## 一、基本信息

1. 您的性别

   A. 男　　　　　　　　B. 女

2. 您的年龄

   A. 18 岁以下　　　　　B. 18~25 岁　　　　C. 25~45 岁　　　　D. 45~65 岁

   E. 65 岁以上

3. 您的月收入

   A. 3000 元以下　　　　　　　　　　B. 3000~5000 元

   C. 5000~10000 元　　　　　　　　　D. 10000 元以上

4. 您的受教育程度

   A. 初中及以下　　　　B. 高中（中专）　　C. 大专　　　　　　D. 大学本科

   E. 研究生及以上

5. 您从事的职业是

   A. 学生　　　　　　　B. 机关事业单位员工　　　　　　　　C. 企业员工

   D. 私营业主　　　　　E. 其他

6. 您的居住地

   A. 肥城本地　　　　　B. 泰安市内　　　　C. 山东省内　　　　D. 山东省外·

## 二、旅游偏好

7. 一般情况下您的出游时间安排为

   A. 一天以内　　　　　B. 1–2 天　　　　　C. 3–5 天　　　　　D. 5–7 天

   E. 7 天以上

8. 在选择旅游目的地时，您比较关注的是（多选，最多选三项）

A. 优美的自然风光　　　　　　B. 众多的文物古迹

C. 丰富的美食民俗　　　　　　D. 舒适的购物环境

E. 有趣的文化场馆

9. 您在旅游期间，就餐地点通常会选择（多选，最多选三项）

A. 不知名的路边摊　　　　　　B. 美食街

C. 有当地有特色的小吃店　　　D. 有一定档次的饭店

E. 其他

10. 您在旅游用餐选择菜品时，主要决定因素是（多选，最多选三项）

A. 味道　　　　B. 价格　　　　C. 营养　　　　D. 知名度

E. 文化底蕴　　　F. 安全卫生

11. 您在旅游期间，更愿意通过哪些方式参与美食活动（多选，最多选三项）

A. 品尝美食　　　　　　　　　B. 参与制作美食

C. 听美食传说故事　　　　　　D. 参观美食文化展示

E. 其他

12. 您在旅游中的就餐偏好

A. 不会特定选择　　　　　　　B. 有所选择，但不一定选择当地特色菜

C. 会考虑当地特色菜　　　　　D. 基本上都选择当地特色菜

E. 一定品尝当地特色菜

### 三、肥城非遗美食

13. 你听说或品尝过下列哪些肥城美食（多选）

| 项目 | 选项（在选择项后画"√"） | 项目 | 选项（在选择项后画"√"） |
|---|---|---|---|
| 肥桃 | | 康王河酒 | |
| 下庄"泰山极顶"生姜 | | 王晋甜瓜 | |
| 东虎门柿子 | | 孙伯岈山豆腐丝 | |
| 河岔口鸭蛋 | | 孙伯西程金丝绞瓜 | |
| 鼓腔烧饼 | | 尹家吊炉烧饼 | |
| 演马金光牛肉 | | 安味轩猪头肉 | |
| 柳沟茶 | | 肥桃酒 | |
| 宝聚鼎烧鸡 | | 肥城花粉糕点 | |

续表

| 项目 | 选项（在选择项后划"√"） | 项目 | 选项（在选择项后划"√"） |
|---|---|---|---|
| 东孔绿豆粉皮 | | "刘大姐"叉子火烧 | |
| 韩庄头豆腐皮 | | 古早味大鹏糖艺 | |
| 大辛庄犬肉 | | 王氏糖画制作技艺 | |
| 武家烧鸡 | | 汶阳薛寨小磨香油 | |
| 甲氏瓯鸡 | | 竹清香鲜汁汤包 | |
| 南栾犬肉 | | 王西水塔豆制品 | |
| 刘家小磨香油 | | 开口笑水饺 | |
| 大辛庄"担山狗肉王" | | 四大件宴席 | |
| 湖屯豆腐皮 | | 张氏四大件 | |
| 肥子茶 | | | |

14. 您是通过什么方式了解肥城美食的

　　A. 广播电视　　　　　　　　　B. 报纸杂志

　　C. 微信、微博、抖音等新媒体　　D. 旅行社推销

　　E. 亲友介绍　　　　　　　　　F. 其他

15. 你认为肥城旅游中在非遗美食方面中存在哪些问题（多选，最多选三项）

　　A. 价格偏高　　　　　　　　　B. 口味不适

　　C. 用餐环境不卫生　　　　　　D. 服务态度较差

　　E. 特色不明显，与其他地方区别不大　　F. 宣传力度不大

16. 你认为哪种方式能够树立肥城美食形象（多选，最多选三项）

　　A. 举办美食节庆活动

　　B. 打造品种丰富的美食街

　　C. 在广播电视报纸杂志投放传统广告

　　D. 利用微博、微信、抖音等新媒体传播美食攻略、美食地图、微视频等美食推广

　　E. 旅行社推出以肥城美食为主题的旅行团

　　F. 在影视作品、文学作品中介绍肥城美食

**再次感谢您的参与，祝您生活愉快！**

# 后 记

　　《肥城市非物质文化遗产旅游活化研究》终稿成书,掩卷细思,总觉意犹未尽。从事基层文化工作 20 余年,对本书的编撰,应该是我人生经历中一件具有重要意义的大事,可谓"其作始也简,其将毕也必巨"。经年的编撰过程中,汇聚了收集整理的艰辛、调查考证的困惑、编撰研究的曲折,以及终于完成书稿的愉悦,都令我难以忘怀。

　　多年工作中,一直对非物质文化遗产情有独钟,这其中有收获也有失落,有领悟也有困惑。子曰:述而不作,信而好古。在我看来,非遗既要信而好古,又要述而好作;既要保护传承,又要创新发展。现在,把自己在非遗工作中的一些点滴思考写出来与大家分享和交流。

　　本书在编撰过程中,得到了肥城市文化和旅游局、肥城市文化艺术服务中心(肥城市文化馆)、肥城市文物保护服务中心(肥城市博物馆)等有关单位领导、专家的鼓励支持和指导帮助,他们积极参与评价体系搭建和项目评价分析,并对本书编撰提出了很好的见解和修改建议,在此,对各位领导和专家所付出的劳动和心血表示诚挚的感谢!在研究调查过程中,肥城众多旅游景区、非遗企业和传承人给与了支持配合。同时,本书在编撰过程中也参考了大量网站资料、著作和论文,在此一并致谢!

　　"文章千古事,得失寸心知。"《肥城市非物质文化遗产旅游活化研究》仅仅是粗略地勾勒了肥城市非遗旅游活化的一个基本脉络,愿为其他有识之士进一步深入研究肥城非遗提供一些资料和线索。由于作者水平有限,书中难免有疏漏和不足之处,诚望专家和读者提出宝贵的批评意见。

张颖

2024 年 1 月